福建省哲学社会科学研究基地
FuJian Province Philosophy Socical Science Research Base

梁新潮 胡志勇 等 编著

福建省基本公共服务支出绩效分析

FUJIANSHENG JIBEN GONGGONGFUWU ZHICHU
JIXIAO FENXI

中国财经出版传媒集团

经济科学出版社
Economic Science Press

图书在版编目（CIP）数据

福建省基本公共服务支出绩效分析/梁新潮等编著．
—北京：经济科学出版社，2018.11
ISBN 978－7－5218－0030－2

Ⅰ．①福…　Ⅱ．①梁…　Ⅲ．①地方财政－社会服务－
财政支出－研究－福建　Ⅳ．①F812.757

中国版本图书馆 CIP 数据核字（2018）第 267839 号

责任编辑：杜　鹏　刘　悦
责任校对：王苗苗
责任印制：邱　天

福建省基本公共服务支出绩效分析
梁新潮　胡志勇　等　编著
经济科学出版社出版、发行　新华书店经销
社址：北京市海淀区阜成路甲 28 号　邮编：100142
编辑部电话：010－88191441　发行部电话：010－88191522
网址：www.esp.com.cn
电子邮件：esp_bj@163.com
天猫网店：经济科学出版社旗舰店
网址：http://jjkxcbs.tmall.com
固安华明印业有限公司印装
710×1000　16 开　26.25 印张　500000 字
2018 年 11 月第 1 版　2018 年 11 月第 1 次印刷
ISBN 978－7－5218－0030－2　定价：88.00 元
（图书出现印装问题，本社负责调换。电话：010－88191510）
（版权所有　侵权必究　打击盗版　举报热线：010－88191661
QQ：2242791300　营销中心电话：010－88191537
电子邮箱：dbts@esp.com.cn）

福建省社科研究基地（集美大学地方财政绩效研究中心）研究成果

中国财政学会绩效管理研究专业委员会研究基地研究成果

获以下项目（经费、基金）资助：

　　福建省哲学社会科学领军人才专项资助经费

　　福建省社科规划社科研究基地重大项目（2016JDZ060、2016JDZ061、2016JDZ062、2016JDZ063）

　　集美大学优势学科建设基金

前　　言

　　中共十九大报告提出"建立全面规范透明、标准科学、约束有力的预算制度，全面实施绩效管理"。全面预算绩效管理已经成为建设我国现代公共财政制度的关键制度内容之一，成为实现国家治理现代化的重要基石。这是我们编写这本书的重要背景之一。而"国家政府职能的转变导致财政职能的转变"是另一个重要的背景。经过四十年的改革开放，我国经济取得了巨大进步。目前我国经济正在进行经济发展模式和产业结构的调整。为了促进经济进一步发展，我国政府职能也正在发生巨大转变。按照习近平总书记讲话精神，政府职能转变实质是要"解决政府应该做什么，不应该做什么，重点是政府、市场、社会的关系……"。从财政职能角度看，目前我国财政支出应主要放在"民生财政"方面，即实现基本公共服务均等化。

　　福建省地处我国东南沿海，与我国台湾地区一水相隔，其经济在"十二五"期间快速发展。《福建省统计年鉴》显示，2014 年、2015年福建省地区生产总值增速排在全国第 4 位，2016 年生产总值为 2.85万亿元。福建省一般公共预算收入从 1978 年的 15.13 亿元增长到 2016年的 4295.36 亿元。从全国范围来看，福建省的社会保障、医疗卫生、基础教育、文化事业、环境保护等公共服务项目的保障水平均已处于全国中等偏上水平，部分地区的一些基本公共服务项目已经位于国内领先水平。集美大学地方财政绩效研究中心是福建省社科基地，自2013 年获批以来一直奉行"服务地方、建设地方"的主旨，积极为福建省财政绩效管理改革事业服务，2018 年 4 月经中国财政学会批准，集美大学地方财政绩效研究中心设立"中国财政学会绩效管理研究专业委员会研究基地"。基于上述宏观大背景，集美大学地方财政绩效研究中心认为，分析福建省基本公共服务财政支出绩效有益于促进福建省财政职能更好地转变，有益于促进福建省基本公共服务财政支出绩效更进一步的提高。为此，集美大学地方财政绩效研究中心以 4 个福建省社科基地重大课题和 3 个横向课题为核心展开研究，进而将研究成果汇总成书。本书的具体框架由以下八章组成：第一章基本公共服务支出绩效评价概述；第二章福建省基本公共服务支出的总体情况；第三章福建省社会保障支出绩效分析；第四章福建省九地市医疗卫生支出效率分析；第五章福建省九地市教育支出绩效分析；第六章福建省公共文化服务支出绩效分析；第七章福建省科技支出绩效分析；第八章福建省环保支出绩效分析。本书内容所涉及的基本公共服务支出仅限于一般公共预算支出，分析所使用的都是公开数据信息资料。

本书内容框架由集美大学地方财政绩效研究中心主任梁新潮教授和副主任胡志勇博士设计，各章分工如下：第一、第二章由梁新潮、陈旻、邱月华撰写；第三章由章颖薇、冼青华、陈莹、黄纯灿撰写；第四章由王金安、郭文叶、李诗慧撰写；第五章由胡志勇、郑雪莲、苏建平撰写；第六章由陈智撰写；第七章由宋生瑛、罗昌财、缑玉玉撰写；第八章由汤岩、甘庭芳撰写。最初，集美大学地方财政绩效中心设计的题目是"福建省基本公共服务支出绩效评价"，但因可获取的评价资料有限，无法对福建省九地市基本公共服务支出进行合理、科学的评价，因此退而求其次，将题目改为"福建省基本公共服务支出绩效分析"。本书不仅提供基本公共服务支出相关的绩效评价理论、方法，还对福建省九地市基本公共服务支出的大量数据进行分析。在资料可获取的前提下，有些章节还进行了财政绩效评价，最后提出相应的对策建议。尽管中心对本书的体例进行了统一，但本书成书是基于各个独立的课题研究，所以各章结构、内容、研究方法等存在一定差异。由于资料可获取性、研究时间限制、中心成员的理论水平等原因，本书还存在许多错漏与不足，敬请读者批评指正。

编者

2018 年 10 月 15 日于集美学村

目　　录

第一章

基本公共服务支出绩效评价概述

第一节　研究背景与意义

随着我国的经济转轨、社会转型，民生问题逐渐成为社会的关注热点，社会大众对与民生密切相关的基本公共服务需求不断增强。福建省作为海峡西岸经济区的中心地区、海上丝绸之路的核心区，改善并加强基本公共服务，对确保如期全面建成小康社会具有重要意义。

一、研究背景

（一）经济背景

1. 经济转轨背景下的中国经济新常态。1978 年以来，中国经济实现了三十多年持续高速增长，年均增长率9.83%，创造了"中国经济奇迹"。通过计划经济体制改革，中国已经初步建立起社会主义市场经济新体制。2010 年中国的国内生产总值（GDP）已经超过日本，成为世界第二大经济体。据北京大学国民经济核算和增长中心 2016 年发布的《中国经济增长报告》，至 2020 年按汇率法计算的中国 GDP 总额可能接近或者达到美国的水平。作为多年经济快速增长的结果，中国人均 GDP 在 2013 年突破 7000 美元，中国正式进入中等收入国家行列。按照国际惯例，人均 GDP 达 3000 美元是推进基本公共服务均等化的基础条件，7000～10000 美元是推进基本公共服务均等化的较好时机。

然而，进入"十二五"后，中国经济增速持续放缓，中国经济遭遇跨越

"中等收入陷阱"（middle income trap）[①] 的挑战。推动中国经济高速增长的传统动力机制弱化，经济增长面临诸如劳动力成本上升、资源环境瓶颈趋紧、资产泡沫化趋势、投资效率降低和出口增长受阻等一系列现实约束。

中国经济面临从制度转轨进入结构转型的新阶段。2014 年，国家主席习近平出席亚太经合组织（APEC）工商领导人峰会并做题为《谋求持久发展　共筑亚太梦想》的主旨演讲，指出中国经济呈现出新常态，有几个主要特点：一是从高速增长转为中高速增长；二是经济结构不断优化升级，第三产业消费需求逐步成为主体，城乡区域差距逐步缩小，居民收入占比上升，发展成果惠及更广大民众；三是从要素驱动、投资驱动转向创新驱动。推进基本公共服务建设是发展成果惠及广大民众的重要途径，科技教育投入是实施创新驱动战略的重要环节。

2. 福建抓住历史机遇，实现跨越式发展。受制于中心城市规模小、多山交通不发达等因素，福建与东部经济发达省份在经济总量、经济增速、产业结构、工业产值、财政实力等方面存在着较大的差距。[②] 2009 年《国务院关于支持福建省加快建设海峡西岸经济区的若干意见》出台，从国家战略高度规划了福建经济发展的主要目标。2014 年 12 月，国务院决定在福州片区、厦门片区和平潭片区设立福建自贸试验区（Fujian Pilot Free Trade Zone），定位于进一步深化两岸经济合作。2015 年 3 月，经国务院授权，国家发展改革委、外交部、商务部发布《推动共建丝绸之路经济带和 21 世纪海上丝绸之路的愿景与行动》，明确提出支持福建建设 21 世纪海上丝绸之路核心区。2015 年 9 月，国务院批复同意设立福州新区，旨在引领区域经济发展，发挥辐射带动和试验示范效应。政策上的"多区叠加"红利使福建相较于其他省份具有力度更大的投资优惠政策，涌现出更多的投资机遇。

福建省加大基础设施投入，建成"三纵八横"高速公路网和"三纵六横九环"铁路网，一举攻克困扰经济发展的交通难题。"十二五"期间，现代综合交通网络基本形成，实现市市通动车、县县通高速、镇镇通干线、村村通客车，五

---

① "中等收入陷阱"概念是世界银行在 2006 年《东亚经济发展报告》中最早提出的，是指某些国家在人均国民收入达到 3000 美元以后便陷入经济增长停滞期，在相当长时间内无法成功跻身高收入国家行列。按照世界银行的定义，人均国民收入在 824 美元以下的国家属于低收入国家；在 825～3254 美元之间的国家属于中低等收入国家；在 3255～10064 美元之间的国家属于中高等收入国家；超过 10065 美元则为高收入国家。据亚洲开发银行的研究，如果一个国家进入中低收入国家行列超过 28 年未达到中高收入标准，即可认为其落入"中低收入陷阱"；进入中高收入国家行列但未能在 14 年内进入高收入行列，则可看作落入"中高收入陷阱"。

② 李鸿阶. 福建经济发展差距与跨越发展战略研究 [J]. 福建论坛·人文社会科学版，2011（12）：164－170.

年新增铁路运营里程 1168 公里、高速公路里程 2600 公里、港口通过能力 1.3 亿吨、机场旅客吞吐量 1570 万人次。发挥福建各地的地缘、人缘、文化及产业优势，推进城市群建设，突破中心城市规模小的限制，强化沿海港口城市的支撑引领作用和山区城市的承接拓展作用。从建设海峡西岸城市群着手，推动省会福州、特区厦门、经济中心泉州的区域合作，迅速扩大经济总量。以建设 "21 世纪海上丝绸之路核心区" 为契机，支持泉州市建设 21 世纪海上丝绸之路先行区，支持福州、厦门、平潭等港口城市建设海上合作战略支点，支持三明、南平、龙岩等市建设海上丝绸之路腹地拓展重要支撑。

福建省抓住这些千载难逢的重大历史机遇，主动适应经济发展新常态，实现了跨越式发展。2015 年福建省人均 GDP 排在全国第 4 位；"十二五" 期间福建省保持持续高增长，地区生产总值增速 2014 年、2015 年连续两年排在全国第 4 位（见表 1 - 1）。福建省经济实力已经为基本公共服务建设的提高奠定了经济基础。

表 1 - 1　　　　　　　　　2006 ~ 2015 年福建经济发展态势

时间		地区生产总值		地区生产总值增速		人均地区生产总值	
		绝对数（亿元）	全国排位	比上年增长（%）	全国排位	绝对数（元/人）	全国排位
"十一五"期间	2006 年	7583.85	11	13.4	11	21152	6
	2007 年	9248.53	11	15.2	5	25582	7
	2008 年	10823.01	11	13	9	29755	7
	2009 年	12236.53	11	12.3	13	33437	7
	2010 年	14737.12	11	13.9	12	40025	7
"十二五"期间	2011 年	17560.18	11	12.3	15	47377	6
	2012 年	19701.78	11	11.4	13	52763	6
	2013 年	21759.64	11	11.0	6	58145	6
	2014 年	24055.76	11	9.9	4	63472	5
	2015 年	25979.82	11	9.0	4	67966	4

资料来源：中国国家统计局网站——分省年度数据。

（二）社会转型

1. 社会转型期民生问题成为关注热点。随着我国迈入中等发达国家行列，人口红利消失、人口老龄化加剧、劳动生产率增速下降等多方面因素造成了经济增速下滑，中国进入了第二次社会转型（social transformation）。^① 社会转型时期，社会大众的价值理念、生活方式、行为模式都会发生明显变化。^② 以人为本、以民为本的价值理念开始深入人心，公民意识、公共意识、公平意识、民主意识开始萌芽，人们开始追求一种更健康、更安全、更环保的生活方式。年轻一代更愿意质疑传统与权威，追求个性化和自由发展模式，老年人与子女同住的比例正在下降，家庭养老正因此面临着危机。

无独有偶，我国经过多年经济发展积累了很多问题：资源环境代价过大，发展难以持续；城乡不平衡、地区不平衡、发展不协调等。收入差距悬殊导致内需不足，分配不公不利于社会稳定。公共产品不足导致民生问题突出，公共教育、劳动就业、社会保障、医疗卫生、居民住房、环境保护等关系群众切身利益的问题越来越受到关注。一个经济体陷入长期滞胀，无法跻身高收入国家行列，陷入贫富分化加剧、产业升级艰难、城市化进程受阻、社会矛盾凸显的"中等收入陷阱"，根源是快速发展中积聚的问题集中爆发。中共十九大报告明确指出，我国社会主要矛盾已经转化为人民日益增长的美好生活需要和不平衡不充分的发展之间的矛盾。

1982 年以前，我国的五年规划叫"国民经济发展计划"，从"六五"期间开始称"经济与社会发展计划"，这是因为，只讲经济不行，还要重视社会发展。市场机制往往在公共服务领域"失灵"，政府应在公共服务供给领域发挥主导作用。政府为确保公民生存权、健康权、居住权、受教育权、劳动权、生命和财产安全等基本社会权利而提供的公共服务，是规避"中等收入陷阱"的重要手段之一。到 2020 年我国要全面建成小康社会，全面小康社会非常重要的内容就是建设覆盖比较全面的社会福利保障体系。

2. 福建省向高收入经济迈进的阶段性特征。福建省 2016 年生产总值为 2.85 万亿元。按汇率计算人均地区生产总值将突破 1.1 万美元，若按购买力平价计算则接近 1.3 万美元。根据世界银行的标准，人均地区生产总值在 4000～12000 美元之间为中等收入经济，高于 12000 美元为高收入经济。福建省正从中等收入经济向高收入经济迈进，正在跨越"中等收入陷阱"，迈向新的更高的发展阶段，呈现出新的趋势特征。

---

① 社会转型主要有三方面的内涵：一是社会形态变迁，即中国社会从传统社会向现代社会、从农业社会向工业社会、从封闭型社会向开放型社会的转变；二是经济体制转型，即从计划经济体制向市场经济体制的转变；三是发展模式的转变，即由单一、粗放发展向科学、集约发展的转变。

② 郑佳明. 中国社会转型与价值变迁 [J]. 清华大学学报（哲学社会科学版），2010，25（1）：113－126.

随着收入水平提高和中等收入群体扩大，需求结构转型升级。社会大众对产品和服务的品质、质量和性能的要求明显提高，绿色消费、品牌消费、健康消费、文化消费、信息消费等渐成主流，个性化、小批量、多样化消费模式取代了原来的模仿式、排浪式消费模式。特别是由于居民受教育水平普遍提高和人口老龄化加快，导致服务需求快速增长，在消费需求中的占比进一步提高（见表1-2）。①

表1-2　　　　　　　　　　2006~2015年福建人民生活水平

时间		城镇居民人均可支配收入		居民消费水平		城乡居民消费水平对比	
		绝对数（元/人）	全国排位	绝对数（元/人）	全国排位	倍数	全国排位
"十一五"期间	2006年	13753	4	7971	4	2.69	6
	2007年	15506	4	8943	4	2.66	5
	2008年	17962	4	10645	4	2.59	7
	2009年	19577	4	11336	4	2.51	7
	2010年	21781	4	13187	4	2.50	4
"十二五"期间	2011年	24907	4	14958	5	2.34	4
	2012年	28055	4	16144	5	2.16	4
	2013年	28174	4	17115	6	2.14	5
	2014年	30722	4	19099	7	1.99	5
	2015年	33275	4	20828	6	1.85	4

资料来源：国家统计局网站——分省年度数据。2013年起，国家统计局开展了城乡一体化住户收支与生活状况调查，农村居民人均可支配收入从2013年才开始有统计数据。

福建省居民生活水平长期超越经济发展程度，城乡差距小，生态环境质量领先全国。福建省已拥有将基本公共服务均等化全面推进的相对较好的基础。福建省一直被认为是"民富政府穷"的典型代表。福建省的GDP总量近几年保持了高速增长，完成了量的积累。福建省的城镇居民可支配收入长期稳居全国第7位，居北京、上海、天津、广东、浙江和江苏之后。居民消费水平"十一五""十二五"期间全国排位最高第4位，最低第7位。从城乡居民消费水平对比数据来看，福建省在缩小城乡差距方面在全国位居前列。福建省生态环境质量持续保持在优良水平。据福建省旅游局统计，福建森林覆盖率65.95%位居全国首位，

① 陆开锦. 把握福建经济发展的阶段性特征［N］. 福建日报，2016-12-13（9）.

"十二五"以来累计完成水土流失综合治理面积941万亩，建立自然保护区90个、森林公园178个、国家湿地公园5处。2016年，福建省成为全国首个生态文明试验区。

（三）制度背景

社会的转型迫切需要政府在涉及民生的基本公共服务方面有更积极的作为，经济的发展为对政府加强和改善基本公共服务奠定了坚实的基础。我国从中央到地方纷纷出台相关政策推动基本公共服务的规划方案。

1. 基本公共服务建设是中央各个时期五年规划的重要内容。2005年中共十六届五中全会通过的《中共中央关于制定国民经济和社会发展第十一个五年规划的建议》要求"按照公共服务均等化原则，加大国家对欠发达地区的支持力度"。2006年中共十六届六中全会通过的《中共中央关于构建社会主义和谐社会若干重大问题的决定》中，从财政角度提出"完善公共财政制度，逐步实现基本公共服务均等化"的表述。这是中央文件首次提出了"基本公共服务均等化"，它为我国新阶段公共服务体制建设的发展指明了方向。中共十七大报告进一步提出，"必须在经济发展的基础上，更加注重社会建设，着力保障和改善民生，推进社会体制改革，扩大公共服务，完善社会管理，促进社会公平正义，努力使全体人民学有所教、劳有所得、病有所医、老有所养、住有所居，推动建设和谐社会"，这可以说是基本公共服务均等化目标的具体化。

2010年中共十七届五中全会通过的《中共中央关于制定国民经济和社会发展第十二个五年规划的建议》明确指出，"未来五年要着力保障和改善民生，必须逐步完善符合国情、比较完整、覆盖城乡、可持续的基本公共服务体系，提高政府保障能力，推进基本公共服务均等化"。2012年国务院印发《国家基本公共服务体系"十二五"规划》，清晰界定"公共教育、劳动就业服务、社会保障、基本社会服务、医疗卫生、人口计生、住房保障、公共文化等领域"为基本公共服务范围，还明确了基础设施、环境保护两个领域的基本公共服务重点任务。

"十二五"以来，我国已初步构建起覆盖全民的国家基本公共服务制度体系，各级各类基本公共服务设施不断改善。2017年1月国务院印发的《"十三五"推进基本公共服务均等化规划》提出"到2020年，基本公共服务体系更加完善，体制机制更加健全，在学有所教、劳有所得、病有所医、老有所养、住有所居等方面持续取得新进展，基本公共服务均等化总体实现"的总体目标。

2. 建设机制活、产业优、百姓富、生态美的新福建。根据《国家基本公共服务体系"十二五"规划》《福建省国民经济和社会发展第十二个五年规划》，福建省人民政府在2013年印发《福建省推进基本公共服务均等化"十二五"规划》，提出"到2015年全省基本建立覆盖城乡、功能完善、分布合理、管理有效、水平适度的基本公共服务体系"。这意味着在"十二五"期间，福建省财政要把保障和改善民生放在优先位置，构建长效机制，提高基本公共服务均等化水平，努力实现基本公共服务均等化。

从全国范围来看，福建省的社会保障、医疗卫生、基础教育、文化事业、环境保护等公共服务项目的保障水平均已处于全国中等偏上水平，部分地区的一些基本公共服务项目已经位于国内领先水平。2016年，福建省全年民生相关支出为3147.6亿元，同比增长7.7%；全省统筹1738亿元用于社会保障，提高城乡居民基础养老金标准，企业养老金同比增长7.02%；城乡居民医保财政补助由每人每年380元提高到420元，实现大病医保全覆盖①。2014年，习近平总书记视察福建时提出"机制活、产业优、百姓富、生态美"的总体要求。其中"百姓富、生态美"与民生息息相关。着力百姓富，聚焦事关群众切身利益问题，加快补齐教育、医疗、养老和城乡民生基础设施等民生社会事业短板，让人民群众有更多获得感。山清水秀是福建最大的资源和资产，也是福建最宝贵的形象和品牌，着力生态美，加强生态建设和环境保护，把清新福建品牌擦得更亮。

二、研究意义

(一) 理论意义

1. 为进一步转变政府职能提供一定的理论分析。在计划经济条件下，政府通过指令性计划和行政手段进行经济管理和社会管理，政府是全能型的。政府扮演了生产者、监督者、控制者的角色，相反，为社会和民众提供公共服务的职能和角色被淡化。社会主义市场经济的发展要求明确政府与市场的职能。中共十九大明确了"使市场在资源配置中起决定性作用"的定位，强调政府的作用主要是保持宏观经济稳定，加强市场监管，维护市场秩序。政府职能中心由经济管理向社会管理转移，加强和优化公共服务，推动可持续发展，促进共同富裕，弥补市场失灵。政府履行职能，必须在抓好经济调节和市场监管的同时，更加注重社会管理和公共服务。推进基本公共服务建设是政府保障民生，彰显公平正义的工作重心所在，是中国近十年来政府职能转变的落脚点，本书将为进一步转变政府职

---

① 于伟国. 政府工作报告 [N]. 福建日报，2017 – 5 – 18 (1).

能提供一定的理论分析。

2. 为深化财政体制改革提供相关的理论指导。政府为公民提供基本而有保障的公共产品和服务，在推进基本公共服务建设过程中，资金投入的主渠道来自公共财政。基本公共服务的供给一般是通过政府转移支付进行的，是政府履行财政职能的主要手段之一。加快建立现代财政制度，充分发挥其在优化资源配置、提供公共服务、调节收入分配、保护生态环境等方面的职能，是决胜全面建成小康社会、实现中国梦的重要保障。本书探索缩小地区间的社会福利差距，优化财政安排，构建保障和改善民生的长效机制，为深化财政制度改革提供相关的理论指导。

（二）现实意义

1. 让改革发展成果更好地惠及广大人民群众。推动跨越发展不仅仅是为了发展经济、积累财富，最终都是为了不断改善民生、增进人民福祉、提高人民群众的幸福指数，发挥财政的作用，加大惠民力度，加快收入分配改革，缩小贫富差距，实现社会公共服务均等化。推动基本公共服务建设，让改革发展成果更好地惠及广大人民群众，不仅是广大人民群众的迫切愿望，也是加快福建经济发展方式转变和社会发展转型的必然要求。

2. 平衡各群体间的差距，为社会消除不和谐因素。随着经济快速发展，基本公共服务提供能力差别化和准入条件呈现出的"门槛效应"导致地区间差距扩大。城乡二元体制的存在以及户籍制度改革进程的缓慢，导致同一地区、不同身份主体享有基本公共服务的机会存在较大差别。有数据显示，沿海、沿江、沿主要交通线地区等人口净流入地区，74.7%的流动人口的基本保障保险没有转入工作城市中，84.5%的劳动年龄人口没有接受过职业培训，使得流动人口在工作城市中缺乏最起码的保障。建立良性的基本公共服务均等化机制可以优化社会资源的配置，平衡社会地区之间、城乡之间、社会群体之间的收入差距，提高社会总体福利水平。"均等化"可以缓解公共资源稀缺引发的社会矛盾，使社会生活有序进行，与和谐社会的发展目标相统一。推进基本公共服务均等化是促进社会公平公正、维护社会和谐安定的重大举措。

3. 促进创新驱动国家战略的实施。我国经济发展初期主要依赖要素驱动，包括廉价劳动力优势，引进、模仿和改造前沿技术，生产要素从农业部门向制造业部门转移。到一定阶段，经济发展具备了人才和经验储备，对技术进行了消化吸收和升级，企业通过规模生产保证成本优势，政府主导基础设施建设，依靠投资驱动保持经济高速增长。20世纪80年代后期，迈克尔·波特曾经指出，迄今为止，只有屈指可数的几个国家有能力从投资驱动的发展阶段进入创新驱动的发展阶段，其余的则长期停滞于要素驱动的或投资驱动的发展阶段。中共十八大明确提出实施创新驱动发展战略，一方面要加大教育均衡投入，普遍提高国民素质，并创新人才培养机制，构建更加高效的科研体系；另一方面要强化普惠性科技支持政策，促进企业真正成为技术创新主体。

第二节　基本公共服务支出绩效评价的理论基础

经济学和管理学理论中的公共产品理论、公共支出理论、委托代理理论、新公共管理理论等为政府部门管理理念和管理方式的变革提供了理论依据，是基本公共服务支出绩效评价的理论基础。

一、公共产品理论

公共产品也称公共物品（public goods），最早是意大利学者马尔科（Marco）等在边际效用价值论的基础上提出了"公共产品"的概念。1896 年瑞典经济学家维克塞尔（Knut Wincksell）在《财政理论研究》（Studies in the Theory of Public Finance）中将边际成本定价等设计应用于公共事业服务、带有垄断性的寡头产品等，由此开创了"纯公共产品理论"。1919 年产生的"林达尔均衡"是公共产品理论的最早成果之一，然而最直接和最有意义的贡献则来自现代福利经济学代表人物之一的萨缪尔森。1954 年美国经济学家保罗·萨缪尔森（Paul A. Samuelson）发表了《公共支出的纯理论》（The Pure Theory of Public Expenditure）一文，首次将"公共产品"作为一个经济学专业术语提了出来，给出了公共产品的经典定义，由此正式奠定了公共产品理论研究的现代基础。根据他的定义，公共产品是指每个人对这种产品的消费都不会导致其他人对该产品消费减少的产品①。由此可见，公共产品是具有共同受益或联合消费特征的物品。典型的公共物品如国防、司法、路灯、制度安排等。

根据公共经济学理论，社会产品分为公共产品和私人产品。公共产品具有与私人产品完全不同的三种特性：首先，公共产品的效用具有不可分割性。即公共

---

① Paul A. Samuelson. 1954. The Pure Theory of Public Expenditure. *The Review of Economics and Statistics*, 36（4）：387－389.

产品是向整个社会共同提供的，整个社会的成员共同享用公共产品的效用，而不能将其分割为若干部分分别归属于某些厂商或个人享用，或不能按照谁付款谁受益的原则限定为之付款的个人或厂商享用。其次，公共产品的消费具有非竞争性。即某一个人或厂商对某种公共产品的享用并不排斥、妨碍其他人或其他厂商同时享用，也不会因此而减少其他人或其他厂商享用的数量或质量。最后，公共产品受益的非排他性。即在技术上没有办法将拒绝为之付款的个人或厂商排除在公共产品的受益范围之外，或者说这样做成本太高。不论个人或厂商是否为之付款，都能从公共产品的提供中得到利益。

根据非竞争性与非排他性的程度，公共产品可以分为纯公共产品与准公共产品。纯公共产品是指具有完全的非竞争性和完全的非排他性的物品。例如，国防、外交、法律法规、基础设施等。准公共产品是介于私人物品和纯公共产品之间的一种物品形式，是指具有有限的非竞争性和非排他性的物品。准公共产品又可分为俱乐部产品和共同资源。俱乐部产品的特点是在消费上具有非竞争性，但可以轻易地做到排他。例如，那些可以收费的公路桥，以及公共游泳池、电影院等。共同资源在消费上具有竞争性，但无法有效地排他，即不付费者不能被排除在消费之外，例如，公共渔场、公用牧场等。

由于公共产品具有受益的非排他性和消费的非竞争性，使得个人无法从提供公共产品中获取效益，因而导致更多的人选择无偿享受公共产品带来的收益却不支付任务费用，这使得消费者很容易产生强烈的"搭便车"动机。在一个经济社会中，如果有公共产品存在，"搭便车者"（free rider）的出现就不可避免，但如果所有社会成员都成为"搭便车者"，最后的结果则是没有一个人能享受到公共产品的好处。这就是大卫·休谟早在 1740 年就指出的所谓"公共的悲剧"（tragedy of the commons）。"搭便车"现象使得通过市场交换获取公共产品利益的市场机制失灵，公共产品很难由市场提供。也即：市场在公共产品的提供上是无效率的，竞争性市场不可能达到公共产品的帕累托最优产量。而且，由于公共产品所提供的效用不能分割为若干单位，从而不能向个人或企业出售，也不能为其定价，市场的供给自然就成为无效的方式，即其效用的不可分割性使得消费者不愿为此付出价格，市场也无法通过供求双方的力量为其求得一种均衡价格。由于公共产品在私人边际效益和社会边际效益、私人边际成本和社会边际成本上发生了分离，市场显然不能按照有效的产量水平供给这类产品，市场机制的作用在这类产品上失灵了。由此可见，公共产品的特性和市场机制的失灵决定了政府部门应介入该领域，担当起供给这类产品的责任。政府部门的经济职能之一就是在个人之间以及眼前利益与长远利益之间合理配置资源，从而实现全体社会成员的公共利益最大化。

公共产品的供给是任何国家的社会生活中都不可缺少的，作为公共产品主要供给者的政府应如何有效率地来提供公共产品是一个非常重要的问题。新制度经济学是从交易费用和产权的角度进行分析，以供给效率为评判标准，得出了公共产品的供给形式可以多样化的结论。即根据公共产品的不同属性，诸如国防、基础设施建设等纯粹的公共产品可以由政府直接提供，而一些准公共产品，例如公路的维护、自来水供应、图书馆管理等，则可以通过签订合同、授予经营权、经济资助或政府参股等方式借助市场的力量提供。按照约翰·罗杰斯·康芒斯的观点，交易是普遍存在的。政府供给公共产品，既是政府与纳税人之间的交易活动，又是政府间的交易活动，交易费用不可避免地存在于公共产品供给的活动中①。公共产品复杂的供求关系决定了公共产品供给过程中要发生多种特殊的交易费用，其中最主要的是信息和监督成本：信息成本包括政府作为供给者为了获取消费者对公共产品的需求信息而花费的成本，以及政府部门内部信息的产生和收集、协调运作和相互制约所增加的信息成本；监督成本是为减少政府供给公共产品过程中可能发生的代理风险和道德风险而进行必要的监督所发生的成本，包括监督机构耗费的资源、执行部门遵守监督规则所产生的成本、因违反监督规则而带来的公共利益损失等。

瑞典经济学家林达尔提出的"林达尔均衡"理论模型和萨缪尔森的公共产品均衡模型均认为，税收是公民为了获得政府提供的公共产品而支付的价格，模型揭示了税收的本质应该是公共产品的价格，是公众为了获取公共产品而支付的一种交换税，政府将取得的税收用于提供各种公共服务。因此，作为价格支付者的纳税人应有权决定税收如何安排使用、应该提供什么样的公共服务以及由此产生的公共服务的数额等。这意味着，政府及其财政活动，如同个人产品的购买和消费一样，必须确保和体现"消费者"个人效用最大化的根本要求，从而实现对政府提供公共产品成本的约束和管理。

公共产品理论为基本公共服务支出绩效评价提供了最基本的理论依据和衡量标准，它对于正确处理政府与市场的关系、构建现代财政体系具有重要意义，推动了公共财政的发展与变革。作为公共财政的理论基石，公共产品理论具有十分丰富且深刻的内涵。首先，公共产品理论强调了政府应担当起供给公共产品的责任，满足社会的公共需求，这就界定了财政绩效评价对象和范围的基本尺度。其次，公共产品理论要求政府更加注重公共产品的投入和产出，强调支出的责任和

---

① 约翰·罗杰斯·康芒斯. 制度经济学（上）［M］. 北京：商务印书馆，1983.

效率，从而不断促使各国更加关注预算绩效。由于政府提供公共产品具有唯一性和排他性，公众被动接受公共产品且没有其他替代品，而且公共产品不能通过市场价格信号来反映，社会公众由于信息不对称等原因难以对政府产品进行评价，故政府应将绩效理念和效率原则贯穿到预算管理中，加强对政府公共产品的成本效益分析，实现对政府提供公共产品成本的约束和管理，提高政府公共产品的供给效率。最后，公共产品具有的多层次性与多样性，为财政支出绩效评价指标体系设置给予启示，说明财政支出绩效评价应采用分类评价机制；公共产品的范围与结构的变化，对财政支出绩效评价指标的设置及权重也产生了重大影响。

二、公共支出理论

公共支出（public expenditures），也称为财政支出或政府支出，是以政府为主体、以政府的事权为依据进行的一种货币资金的支出活动。公共支出实际上是政府向社会提供公共产品的成本，反映了政府的政策选择，即以多少数量、什么质量向社会提供公共产品。公共支出是公共部门经济活动的一个重要方面。公共部门对经济的影响作用主要表现在公共支出上，政府调节经济的职能也主要通过公共支出来实现。

公共支出的分类是按照一定标准将公共支出进行划分和归类。对公共支出进行分类能够使人们全面准确地把握财政支出的规模、结构和特点，有利于合理有效地使用财政资金，加强财政资金的管理和监督。公共支出根据不同的目的和标准有不同的分类方法：按照支出的性质分类，公共支出分为消耗性支出和转移性支出；按照支出的目的分类，公共支出分为预防性支出和创造性支出；按照支出的受益范围分类，公共支出分为一般利益支出与特殊利益支出；按照支出的级次分类，公共支出分为中央支出和地方财政支出；按照支出的功能分类，公共支出分为一般公共服务、外交、国防、公共安全、教育、科学技术、文化体育与传媒、社会保障和就业、社会保险基金支出、医疗卫生、环境保护、城乡社区事务、农林水事务、交通运输、工业商业金融等事务、转移性支出、其他支出。

公共支出作为社会总资源配置的有机组成部分，其支出总量占社会总资源配置的比重是否适当，不仅直接影响政府职能的实现情况，更直接制约着社会资源配置的优化程度，关系到社会再生产能否持续高效的发展。衡量公共支出规模的指标通常可以分为绝对指标和相对指标。衡量公共支出规模的绝对指标是指一国货币单位表示的公共支出的实际数额；衡量公共支出规模的相对指标包括公共支出水平、边际公共支出倾向和公共支出弹性。无论从绝对指标还是相对指标来衡量，世界各国的公共支出自 20 世纪以来都呈现不断增长的态势。公共支出规模由多种因素决定，经济、政治、社会与历史、财政收入规模等因素均会影响一国或地区公共支出的规模。

对于公共支出不断增长的问题，西方许多经济学者对此进行了分析与研究。德国经济学家阿道夫·瓦格纳提出"公共支出不断增长的法则"。他认为，在工业化进程中，随着国家职能的扩大和经济的发展，就要求保证行使这些国家职能的公共支出不断增加（Adolf Wagner，1882）。20 世纪 60 年代英国经济学家皮考克（Peacock）和威斯曼（Wiseman）在瓦格纳分析的基础上提出"梯度渐进增长理论"，即公共支出不断扩大是以一种梯度渐进的方式增长，公共支出之所以呈现梯度渐进增长趋势，是由内在因素与外在因素两方面导致的，且外在因素是说明财政支出增长超过 GDP 增长速度的主要原因。美国财政学家马斯格雷夫（Musgrave）和经济史学家罗斯托（Rostow）则用经济发展阶段论来解释财政支出增长的原因。他们认为，在经济发展的不同阶段导致财政支出增长的原因不同：在经济发展早期阶段，政府投资在社会总投资额中所占比例较高，因为公共部门要为经济发展提供社会基础设施；在经济发展中期阶段，政府投资只是作为对私人投资的补充，并开始将注意力转移到收入分配问题上；在经济发展后期阶段，公共支出将从基础设施投资支出转向不断增长的教育、保健与福利服务等支出，且这方面的支出增长将大大超过其他方面支出的增长，也会快于 GDP 的增长速度。布朗（Brown）和杰克逊（Jackson）构建了公共支出微观经济模型，考察了影响公共支出增长的诸如人口、公共产品的质量等微观因素。

财政收支过程就是将资源集中到政府手中并由政府支配使用。由于资源的稀缺性，只有当资源集中在政府手中能够发挥更大的效益时，政府集中支配资源才更能促进经济的发展和社会财富的增加。因此，提高公共支出的使用效益是公共支出理论的核心问题。衡量公共支出的效益可采用以下方法：（1）成本效益分析法，即通过比较各种备选方案的全部预期收益和全部预期成本的现值来评价这些项目，以作为决策参考或依据的一种方法；（2）最低费用选择法，即计算各种备选方案的有形成本，并以成本最低为择优的标准；（3）公共服务收费法，即政府通过制定和调整公共劳务的价格和收费标准，适当地限制和约束社会公众对公共劳务的消费量，从而使公共劳务得到最有效、最节约的运用，以达到提高公共效益的目的；（4）机会成本分析法，即运用预算资金的社会机会成本来评价公共支出效益的一种方法。由于公共支出项目千差万别，应根据公共支出项目的不同特点采用不同的效益衡量方法。例如，对于诸如电站投资等可用货币计量的公共支出项目，可以采用成本效益法衡量其效益；对于如军事、政治等项目成本易于计算、效益不易衡量且其提供的商品或劳务不存在市场交换的公共支出，一般采用最低费用选择法衡量其效益；对于如公路、邮电等项目成本易于衡量、效益不易计算但其提供的商品或劳务可进入市场交易的公共支出，可以采用公共服务收费法衡量其效益。

公共支出理论奠定了基本公共服务支出绩效评价的理论基础。公共支出理论中公共支出正确合理的分类是开展基本公共服务支出绩效评价的前提。诸如成本收益法等公共支出理论中衡量公共支出效益的方法为基本公共服务支出绩效评价提供了可资利用的工具。公共支出不断增长问题的研究要求我们必须重视预算绩效评价，向支出要效益，以实现支出内生性增长代替外延性扩张。

三、委托代理理论

委托代理理论起源于1932年美国经济学家伯利（Berle）和米恩斯（Means）在《现代企业和私人财产》（The Modem Corporation and Private Property）一书中提出的委托代理概念。他们指出："如果在所有权分散或者集体行动成本过高的情况下，从理论的角度而非实证的视角来看，职业型的公司经理作为代理人大多是无法控制的。"[①] 他们洞悉到企业所有者兼具经营者的做法存在着极大的弊端，因此，倡导所有权和经营权分离，企业所有者保留剩余索取权，而将经营权利让渡。但此时伯利和米恩斯的委托代理概念还仅限于研究"两权分离"的问题，并未真正建立起委托代理理论框架。20世纪70年代，委托代理理论得以真正发展起来。现代意义的委托代理概念最早是由科斯（Stephen A. Ross）在1973年发表的《代理经济理论：委托人问题》（The Economic Theory of Agency：The Principal's Problem）一文中提出的。他指出，"如果当事人双方，其中代理人一方代表委托人一方的利益行使某些决策权，则代理关系就随之产生。"[②] 1976年詹森（Jensen）和麦克林（Meckling）将委托代理关系的实质定义为一种契约关系。他们认为，在让渡某些决策权的基础上，代理人按照委托人的意愿和利益提供服务，委托人根据代理人提供的数量和质量支付相应的报酬；假定委托人和代理人都是理性的，当代理人出于自我寻利的动机时，其某些行为可能会损害委托人的利益，即代理人会偏离委托人利益最大化的目标，寻求自身利益最大化。詹

---

① ［美］伯利，米恩斯（著）. 甘华鸣，罗锐韧，蔡如海（译）. 现代公司与私有财产 ［M］. 北京：商务印书馆，2005.

② ［美］科斯，阿尔钦，诺斯. 财产权利与制度变迁——产权学派与新制度学派译文集 ［M］. 上海：上海人民出版社，2000.

森和麦克林的研究为委托代理理论的发展走向奠定了基础。20 世纪 80 年代，委托代理理论的模型方法研究发展迅速，其中最早为委托代理理论建立动态博弈模型的是伦德纳（Radner，1981）和罗宾斯泰英（Rubbinstein，1979），他们使用重复博弈模型证明：如果委托人和代理人保持长期的关系，且双方具有足够信心，那么帕累托一阶最优风险分担和激励是可以实现的。动态博弈模型的建立为人们研究委托代理关系开启了新角度。1985 年肯尼斯·阿罗（Kenneth J. Arrow）在《代理权经济学》一文中将委托代理问题区分为隐藏信息和隐藏行动两种类型，进而提出道德风险问题和逆向选择问题。委托代理理论的研究重点也逐渐由单纯研究委托代理关系转向信息不对称问题、激励相容机制等方面的研究。

委托代理关系的本质是委托人与代理人之间的信息不对称。委托代理理论研究的核心是委托人和代理人由于目标函数不一致以及信息不对称而产生的委托代理问题。工业革命以后，随着社会生产力的不断发展，企业规模的不断扩大，社会分工也进一步细化，企业所有者在专业知识和管理技巧等方面的局限性逐渐显现，企业所有者仅依靠自身能力进行企业管理与经营决策的难度也随之增加，许多企业所有者无意也没有足够的能力直接参与企业的经营管理。为了企业价值最大化，资本所有者会把企业财产的实际占用、使用和处置权委托给具有专业知识和经营决策能力的代理人行使，这样就形成了委托代理关系。然而，由于委托人和代理人的目标和利益不一致以及信息控制权的不对称，导致委托人与代理人之间"代理问题"的产生。首先，依据经济学理论中的经济人假设，委托人与代理人作为经济人，双方的效用函数不一样：委托人追求的是所拥有资本的价值增值和资本收益最大化，而代理人追求的是自己的工资津贴收入、奢侈消费和闲暇时间等自身效用的最大化，这必然导致两者的利益冲突。由于委托人和代理人双方的目标不一致，面对市场风险的存在，代理人行为有可能偏离委托人的目标，出现代理人为追求自身利益最大化而损害委托人利益的现象。其次，代理人直接控制并经营企业，掌握了大量具体的企业运营信息，而委托人的专业管理知识相对匮乏，授权后又不能过多地干预企业运营，所以掌握信息有限，对经营者的能力和努力程度无法做出准确判断，从而形成信息不对称情况下的代理人监督弱化。最后，由于不确定性的存在，委托人与代理人之间不可能事先穷尽各种情况，因而两者之间签订的只能是一个不完全契约。不完全契约和代理人权责不对等的情况，导致了代理人可能损害委托人利益的行为发生。上述委托代理问题的存在，意味着委托人必须通过建立合理的激励机制和有效的约束机制，让代理人追求委托人设定的目标，其行动符合委托人的利益，实现委托代理关系的持续发展。对委托人而言，实现对代理人的监督与控制需要付出相应的代价，即产生代理成本。例如，解决逆向选择会带来信息成本；规避道德风险会产生激励成本。

委托代理理论最初产生于企业关系的授权与被授权，由于其理论优势和强大的解释力，多纳休（Donahue，1989）、欧文·E. 休斯（Owen. E. Hughes，2001）、武夫刚和曼弗雷德（Wolfgang Kasper and Manfred E. Streir，2002）等进一步将委托代理理论运用于公共部门。多纳休（1989）和欧文·E. 休斯（2001）均认为，由于公共部门自身的特性和责任机制方面的问题，需要通过外包签订合同的形式，将公共部门的代理关系变成私营部门的代理关系，以减少公共部门中的代理人问题。武夫刚和曼弗雷德（2002）认为，在公共部门利益上，公民即委托人往往不可能从政府官员那里得到自己想要的东西，因为议员和官员们追求的是他们自己的目标，所以在解决委托代理这个资本主义的"阿喀里斯之踵"时，需要环绕一个企业的竞争性市场保证追求委托人的利益，而非追求代理人的机会主义目标。

委托代理理论对于政府公共管理和公共产品提供具有较强的指导意义，并为财政预算绩效管理提供了较好的理论解释。政府作为社会公共责任的代理人，是提供公共产品的供给方，其社会活动应该受到公众的监督，提供的公共产品应符合社会公众的需求，这就构建了最基本的典型委托代理关系。政府必须按照纳税人的意愿来分配和使用公共财政资源，保证财政资源使用的经济性、效率性和有效性，尽可能以低廉的成本和优质的服务满足日益多样性的公共需要，并就资源使用的最终结果向纳税人负责。然而，政府在执行委托责任时，由于信息不完全和道德风险等问题，导致政府在代理过程中可能偏向于选择有损委托人的行为。因此，应该加强社会公众对财政绩效的监督。财政预算绩效管理可以反映代理人完成委托人绩效目标的情况，根据预算支出绩效评价报告对代理人的行为进行监督和奖惩，可以减少"败德"行为，保证财政支出活动最终实现委托人的绩效目标。

委托代理理论是公共财政支出绩效评价的逻辑前提。公共财政支出过程中，政府各部门、政府与公众之间存在严重的信息不对称，预算资金使用部门比其他部门和公众掌握更多、更详细的信息，并清楚地知道资金项目的执行计划情况，信息不对称产生的委托代理问题通常会伴生道德风险和逆向选择两大问题。预算管理部门无法对资金使用全过程进行监控，公众也无法及时了解和监督各项公共资金使用的效果和效益情况。亦即，在激励不相容的情况下公共财政支出的委托人和代理人之间的目标一致性无法实现，很可能造成公共权力运用的偏差；在约束不足的情况下，处于信息弱势地位的委托人（预算管理部门和公众）难以对代理人（预算资金的使用部门）进行有效的监督和判断，很可能造成运行效率的低下。由此引出了预算管理部门和公众（委托人）如何监督评估预算资金的使用部门（代理人）这一重大课题。公共财政支出绩效评价就是通过对一系列绩效指标的评估和评价，跟踪财政资金的流向，促使预算资金的使用部门严格执行预算，能够满足预算管理部门对公共资金使用过程进行监管的需要，也有助于公众了解公共财政支出的决策过程和资金的使用过程。因此，公共财政支出绩效评价是对相关代理行为的一种监督，以尽可能降低委托代理所带来的负面作用。

解决公共财政支出中委托代理问题的关键，是如何设计适当的激励和约束机制，以提升政府作为代理人追求公共利益的动力，避免出现委托代理失灵，确保公共绩效管理的科学化。降低委托代理成本的公共绩效管理机制有：一是在公共管理尤其是公共服务领域，打破政府垄断，引入市场竞争机制，主张公共部门以委托代理方式尽可能多地对外签订合同，以充分发挥市场和社会力量在提供由公共部门转包出来的公共服务的作用，将公共部门委托代理问题转移到私营部门；二是加强监督，获取代理人所掌握的信息，降低代理人讨价还价的能力，从而抑制代理人的机会主义动机，同时加强有利益冲突的个人或部门的竞争，减少委托人的代理成本；三是制订激励契约，采取绩效工资制可以有效激励个人，实现个体利益与共同利益的兼容。

四、新公共管理理论

长期以来，受自然法则的深刻影响，政府提供公共服务被认为是天经地义的责任。但随着生产力的不断发展和科学技术的日益进步，政府的职能越来越多，公共服务的范围越来越广，政府的公共财政能力无法满足这一加速发展的社会需求。20 世纪 70 年代，西方各国相继陷入了严重的财政危机、管理危机和信任危机，对以政府为代表的公共部门的不满和抨击在全社会范围内出现，政府管理遭遇前所未有的挑战。传统公共行政及新公共行政学理论都无法解释和回应现实生活中所出现的许多新情况和新问题，以官僚制为基础的传统公共行政模式遭到普遍的质疑和批判，要求政府改革的呼声此起彼伏。为了使政府尽快摆脱所面临的困境，西方各国掀起了一场以市场化为取向，旨在推行绩效管理和强调顾客至上的政府改革运动，即"新公共管理运动"。与这一改革大潮相适应，西方国家逐渐产生并发展了一些关于公共管理的新的理论。这些理论被冠以"新公共管理""管理主义""企业化政府""以市场为导向的公共行政""后官僚制"等名称，后来逐渐统称为新公共管理理论。

新公共管理理论以现代经济学和企业管理理论为基础，从经济学理性角度出发，将经济学中的公共选择理论、委托代理理论和交易成本理论运用于公共部门管理，是对传统行政层级控制管理和官僚行为模式的反思与发展，代表了一种新的公共行政理论和管理模式。其核心思想是把私营部门的管理理论、方法和技术引入政府公共部门管理之中，提出以市场、顾客为导向来促进政府绩效的改进，并提出打造服务型政府、责任政府和效率政府，通过标杆管理法对不同部门的绩效进行评价。新公共管理理论的主要宗旨是实现公共部门的"企业化"管理，将公共部门视为以提供公共产品和服务为中心的"公司化"管理单位，以产出为导向，对政府机构实施管理控制，而不是依靠上层决策来实施控制。对于新公共管理理论的主要内容与特征，西方学者做出了不同的概括和描述。综观国内外学者的研究，可以将新公共管理理论的要点概括为以下五个方面。

第一，强调政府政策管理职能与资源配置实务职能的分离。作为形式上的社会管理者，政府要履行好"掌舵"功能，必须在信息尽可能完备的前提下，为社会资源实现合理配置提供尽可能完善与高效的政策和制度环境，而非亲自投身到社会资源配置与具体服务供给的实务中。

第二，将私营部门的管理经验和方法引入公共部门。新公共管理理论强调，公共部门应从私营部门管理中汲取营养，广泛采取私营部门成果的管理方法，先进的管理方式和手段、服务理念等；取消公共供给的政府垄断性，对政府实行全面质量管理和目标管理，提高公共产品和服务的质量；从投入为主转向产出，高度重视产出和结果，实行成本效益分析，加强绩效评估；在公共部门实施明确的绩效目标控制，在行政管理过程中引入目标管理、全面质量管理、成本效益分析等私营部门有效的管理理念，强调过程与结果并重。

第三，重塑政府与公众关系，营造"顾客导向"的行政价值取向。新公共管理理论主张重新对政府职能及政府与社会关系进行定位，提倡政府以顾客为导向，奉行顾客至上的全新价值理念，政府不再是发号施令的权威官僚机构，而是以人为本的服务提供者，政府公共行政不再是"管治行政"，而是"服务行政"。新公共管理一改传统官僚体制下政府凌驾于社会之上的旧形象，变身为富有社会责任的企业家政府新形象，社会公众作为其"顾客"被赋予了更多的主动权，这种新型关系不仅有利于推动政府提高工作效率，而且有利于加强政府公信力。

第四，强调分权化，放松行政规制。传统官僚体制下的组织集权结构的僵化使其难以适应多变的外部环境，针对这一体制弊端，立足于日新月异的技术进步和社会变迁，新公共管理在改革中仿照私营部门的应对思路而倡导分权理念。新公共管理理论认为，分权是一个高绩效组织的主要特征之一，主张将权利和责任降低到最低一级政府部门以降低行政成本，放松严格的行政规则管制，通过授权和分权增强政府部门决策自主权和灵活性。

第五，树立经济性、效率性和效益性的"3E"绩效管理准则。1995年著名学者芬维克（Terry Fenrick）提出的"3E"公共支出绩效管理准则，是新公共管理理论的基本准则。"3E"即"经济性（economy）、效率性（efficiency）和效益性（effectiveness）"三者有机结合的公共支出绩效管理模式。随着社会的不断进步和发展，又引入了公平性（equity）原则，合称"4E"原则。

新公共管理理论为公共财政支出绩效评价奠定了重要的理论基础。例如，根据新公共管理理论中的"3E"公共支出绩效管理模式，我们可以更加明确地考量"成本""资源"等经济类指标，在对政府公共财政支出进行绩效评价时可以明确特定对象在特定项目中花费了多少资金以及资金的有效使用情况和是否存在浪费现象；可以获得"资源"与"产出"等效率类指标，从而清楚各种财政支出究竟有怎样的产出水平；同时，还能考察"产出"和"结果"等效果类指标，政府进行财政支出的目的是为了追求社会公平，而财政支出是否实现了该目标可以通过投入产出指标予以衡量[①]。又如，新公共管理理论强调把社会公众看作顾客，要求政府的一切活动都要从满足社会公众的需求出发。因此，对公共财政支出进行绩效评价，可以强化政府为公众服务的意识，强化政府对公共资金使用结果的关注，提升公共服务的质量和水平。

第三节　基本公共服务支出绩效评价文献综述

关于基本公共服务的研究和财政支出绩效评级的研究，国内外都有较多的研究成果。但是，把两者结合起来的研究，即对基本公共服务支出绩效评价的研究相对较少。为了更全面地了解和把握基本公共服务支出绩效评价的研究变迁，本节分别对基本公共服务和财政支出绩效评价的相关文献进行综述，然后再综述有关基本公共服务支出绩效评价的文献。

一、基本公共服务的文献综述

（一）基本公共服务

2012年7月国务院印发的《国家基本公共服务体系"十二五"规划》首次

---

① 毛太田．地方政府公共财政支出绩效评价研究［M］．北京：光明日报出版社，2013.

从国家层面提出了基本公共服务项目及其标准。该规划指出，基本公共服务是建立在一定社会共识基础上，由政府主导提供的，与经济社会发展和阶段相适应，旨在保障全体公民生存和发展基本需求的公共服务；基本公共服务范围一般包括保障基本民生需求的教育、就业、社会保障、医疗卫生、计划生育、住房保障、文化体育等领域的公共服务，广义上还包括与人民生活环境紧密关联的交通、通信、公用设施、环境保护等领域的公共服务，以及保障安全需要的公共安全、消费安全和国防安全等领域的公共服务。2017年1月国务院印发的《"十三五"推进基本公共服务均等化规划》将基本公共服务界定为由政府主导、保障全体公民生存和发展基本需要、与经济社会发展水平相适应的公共服务。《"十三五"推进基本公共服务均等化规划》所附的《"十三五"国家基本公共服务清单》，列出了包括公共教育、劳动就业创业、社会保险、医疗卫生、社会服务、住房保障、公共文化体育、残疾人服务等八个领域的81个基本公共服务项目。

学术界也对基本公共服务进行了深入研究。陈昌盛（2007）认为，基本公共服务应是指纯公共服务。因此，不能笼统地将文化、教育、科学、卫生、社会保障等都归类为基本公共服务，只能提其中的义务教育、公共卫生、基础科学研究、公益性文化事业和社会救济等属于基本公共服务。陈昌盛等（2007）指出，基本公共服务是指建立在一定社会共识基础上，根据一国经济社会发展阶段和总体水平，全体公民不论其种族、收入和地位差距如何，都应公平、普遍享有的服务，其规定的是一定阶段基本公共服务应覆盖的最小范围和边界。吕炜和王伟同（2008）认为，基本公共服务应该包含以下四个要点：保障基本需求、体现公共属性、适应发展变化、针对现实问题。丁元竹（2009）将基本公共服务界定为政府为实现社会公平和公正，通过完善财政体制，提供财政保障来供给的与公民基本权利有关的公共项目。曾红颖（2012）提出基本公共服务的三大原则：以就业、养老、生活保障等服务保障人的基本生存权；以医疗卫生、医疗保险等服务保障人的基本健康权；以教育、环境、安全等服务保障人的自我发展权。

不同学者对基本公共服务的领域有不同的划分。常修泽（2007）将基本公共服务划分为基本民生性服务、公共事业性服务、公益基础性服务和公共安全性服务四个方面。陈海威等（2007）将基本公共服务分为底线生存服务、公众发展服务、基本环境服务和基本安全服务四个领域。童光辉等（2014）根据流动性和边际成本高低将基本公共服务分为以下四类：低流动性、低边际成本的基本公共服务，诸如行政审批、权益保护、社会治安；高流动性、低边际成本的基本公共服务，诸如医疗保险、失业保险等；低流动性、高边际成本的基本公共服务，诸如义务教育、职业技能培训等；高流动性、高边际成本的基本公共服务，诸如养老保险。他们认为应据此来确定各级政府支出责任及成本分担机制。总体而言，基本公共服务是公共服务范围中最基本、最核心和最应该优先保证的部分，包括基础教育、医疗卫生、社会保障和就业等领域。

（二）基本公共服务均等化

2006 年 10 月，中共十六届三中全会通过的《中共中央关于构建社会主义和谐社会若干重大问题的决定》提出了"完善公共财政制度，逐步实现基本公共服务均等化"。这是在中央文件中首次提出了"基本公共服务均等化"，为我国新阶段公共服务体制建设的发展指明了方向。2007 年 10 月，中共十七大报告进一步提出，"必须在经济发展的基础上，更加注重社会建设，着力保障和改善民生，推进社会体制改革，扩大公共服务，完善社会管理，促进社会公平正义，努力使全体人民学有所教、老有所得、病有所医、老有所养、住有所居，推动建设和谐社会。"可以说这是基本公共服务均等化目标的具体化，为我国社会事业的快速发展和建设和谐社会提出了努力的方向和突破口。2012 年 7 月国务院印发的《国家基本公共服务体系"十二五"规划》认为，基本公共服务均等化指全体公民都能公平可及地获得大致均等的基本公共服务，其核心是机会均等，而不是简单的平均化和无差异化。2017 年 1 月国务院印发的《"十三五"推进基本公共服务均等化规划》仍然强调，基本公共服务均等化是指全体公民都能公平可及地获得大致均等的基本公共服务，其核心是促进机会均等，重点是保障人民群众得到基本公共服务的机会，而不是简单的平均化。

基本公共服务均等化的理论起源于西方的经济学。例如，福利经济学、区域经济学和财政学等学科都从不同角度对基本公共服务均等化问题进行了深入的研究（马桑，2012）。目前，基本公共服务均等化的理论基础研究主要集中在福利经济学和社会公平正义理论两种视角。于树一（2007）认为，福利经济学是基本公共服务均等化的理论基础，包括庇古的社会福利思想、社会福利函数理论的基本思想和阿玛蒂亚·森的福利思想等。陈海威等（2007）从罗尔斯的正义理论中追溯了基本公共服务均等化的理论基础，并依据罗尔斯基于公平的正义理论的第一正义原则和第二正义原则，提出了建立基本公共服务均等化原则，即受益均等原则、主体广泛原则和优惠合理原则。

当前关于基本公共服务均等化的研究主要集中于对基本公共服务均等化相关概念的界定、基本公共服务均等化水平指标体系的设计、基本公共服务均等化的现状评估以及基本公共服务均等化政策选择与实现路径研究等。基本公共服务均等化内涵的界定尤其突出了对"均等化"一词的理解。学者们的一个普遍共识是：既要保证公民享受大致相同的基本公共服务，又要体现地区的差异性。"均等化"概念可以从居民享受的基本公共服务机会均等和结果均等方面进行理解，但这里的"均等"只能是大体相等，不可能是绝对的相等，并且政府在提供大体均等的基本公共服务成果的过程中，要尊重某些社会成员的自由选择权（安体富等，2007）。因此，"均等化"并不是简单的"平均化"，而是在承认地区、城乡、人群存在差别的前提下，保障所有公民都享有一定标准之上的基本公共服务，其实质是"底线均等"（郭小聪等，2013）。

科学合理的指标体系是推进基本公共服务均等化的前提和基础，也是考核各级政府工作绩效的重要标准。陈昌盛等（2007）编制了公共服务综合绩效评估指标体系。安体富等（2008）构建了一个包含4个级别共25个指标的中国公共服务均等化水平指标体系。王新民等（2011）编制的基本公共服务均等化水平评价指标体系是将基础教育均等化指数、基本医疗卫生均等化指数、公共就业服务均等化指数和基本社会保障均等化指数作为一级指标，在各个一级指标下选取若干二级指标，并对评价指标进行经验性优化与筛选。刘成奎等（2011）利用社会保障指数、卫生服务指数、义务教育指数、基础设施指数四大指标构建了城乡基本公共服务均等化指标体系。

度量财政基本公共服务支出差距的指标有基尼系数、泰尔指数、变异系数、对数标准差、广义熵指数等。任强（2009）利用基尼系数衡量2000~2006年间中国省际公共服务水平的差异，研究结果显示，中国省份间的公共服务水平差异程度并没有缩小，而且有扩大趋势。胡税根等（2011）也采用基尼系数法分析了浙江省公共基础设施的均等化水平。孙群力（2011）采用31个省市区1997~2007年的数据，利用广义熵指数度量了政府基本公共服务支出的差距。徐莉莉（2012）选取2000~2009年我国31个省级行政区的人均教育经费支出、人均卫生经费支出、人均社会保障支出和人均科技经费支出，通过使用变异系数、加权变异系数、威廉森系数、最大值与最小值系数以及区位熵的方法，定量评价了我国基本公共服务支出省际差异的时序与空间变化情况。吴强等（2016）选取北京、天津、河北三地的人均教育、医疗、社会保障、交通和环保支出等5个基本公共服务支出指标，通过计算其变异系数和加权变异系数，分析测算京津冀三地2007~2014年基本公共服务支出差距。

近年来，我国学者从区域不均等、城乡不均等、群体不均等方面研究基本公共服务非均等化现状。项继权（2008）对我国东部、中部、西部地区的义务教育、医疗卫生、社会保障及公共文化等基本公共服务的均等化状况及中长期发展做出评估。安体富等（2008）对我国2000~2006年的公共服务及其具体项目的均等化水平变化情况加以评价，得出我国地区间公共服务水平的差距正逐步扩大的结论。孙群力（2011）认为，1997～2007年期间我国各地区的社保支出以及教育支出的不平等程度呈下降趋势，基本服务均等化的程度相应提高；而公共卫生支出的地区差距在1997～2007年间则经历先有所扩大后逐渐缩小的变化趋势。王新民等（2011）研究结果显示，我国基本公共服务均等化呈现出整体水平较低、区域发展不平衡态势，且均等化水平与省域经济实力、财政收入规模、地区综合发展能力呈正相关。刘成奎等（2011）研究发现，2004～2008年期间我国城乡基本公共服务均等化指数总体上趋于上升，各省份内部城乡之间均等化水平差异较大，远未达到实现城乡基本公共服务均等化目标。胡税根等（2011）指出，浙江省在公共服务均等化方面达到了较高水平，但在公交体系、农村饮用水集中供给与污水处理等方面仍然存在一些问题。吴强等（2016）的研究表明，北京、天津、河北三地间的基本公共服务水平存在较大差距。

已有研究对于造成基本公共服务非均等化的原因分析大致可分为以下三种：财政分权体制的影响、现行公共财政体制失效、政府现有的基本公共服务管理机制失灵。一些研究从财政分权体制角度分析造成基本公共服务非均等化的原因，其主要观点为：财政分权影响政府财政支出结构，造成基本公共服务供给不足，由于不同地区财政能力的差异，这种供给不足又会造成基本公共服务供给不均。例如，吕炜等（2009）认为，"先效率后公平"的地方发展战略与"以GDP为主的政绩考核"的官员晋升制度放大了地方政府促进经济增长、提高财政收入与谋求政治晋升的好处，导致地方政府热衷于经济建设，抑制了对基本公共服务的供给，造成基本公共服务供给的地区间差异；又如，宋文昌（2009）通过实证数据分析表明，财政分权影响地方政府财政支出结构与地区间基本公共服务供给水平，造成地区间基本公共服务的非均等化。另一些研究从公共财政体制角度探究基本公共服务非均等化的原因，其主要观点为：由于公共财政的制度设计问题造成了地区间地方政府的财力非均等与各层级政府的事权财权不匹配，从而导致基本公共服务供给存在差异。例如，安体富等（2007）、胡均民等（2009）、蒋瑛（2011）、孙德超（2012）等认为，我国自1994年实施财政管理体制改革以来，在一定程度上缓解了中央财政的困难，但却造成了基层财政困难和区域间财力不均，各级政府特别是基层财政困难和区域间财力不均，各级政府特别是基层政府财权与事权不匹配，弱化了基层政府的公共服务供给能力。又如，安体富等（2007）、彭健（2010）等指出，现有的转移支付制度的均等化作用未充分发挥，作为平衡地区间财力差距的主要补助形式的财力性转移支付所占比重还不高，制约了其均等化效果。还有一些研究从政府管理机制角度探究基本公共服务非均等化的原因，其主要观点为：由于不同地方政府基本公共服务供给水平和管理水平存在差异，导致了不同地区基本公共服务供给的非均等。例如，郭小聪等（2010）认为，政府决策过程表现为一种"自上而下"的决策机制，造成各级政府均等化的决策表现为高度的随意性和主观性，决策者往往根据政绩和利益的需要决定基本公共服务的类型、数量和质量，热衷于投资一些易出政绩的短、平、快项目，而那些公众需求高而难出政绩的基本公共服务却不能得到充分供给。又如，陈海威等（2007）、曹静晖（2011）研究发现，政府长期实行城市偏向型的非均衡制度安排，城市居民享受的基本公共服务较多，农村居民享受的少或享受不到基本公共服务，城乡之间基本公共服务的供给存在很大的差异。

实现基本公共服务均等化是我国未来社会发展的重要政策目标。基于对我国基本公共服务非均等化现状的原因分析，在借鉴国外发达国家实现基本公共服务均等化的实践经验基础上，学者们从完善公共财政体制与健全政府管理机制两个视角提出了推进基本公共服务均等化的路径。在完善公共财政体制方面，楼继伟（2006）指出，推动基本公共服务均等化，服务社会主义和谐社会建设，应通过以下措施完善转移支付制度：明确划分各级政府的职责、合理划分各级政府的收入、进行必要的机构改革。安体富等（2007）、胡均民等（2009）、孙德超（2012）等学者提出，要进一步明确中央政府与地方政府以及地方各级政府之间在基本公共服务方面的事权，健全财力与事权相匹配的财政体制，依据各类公共服务具有不同的性质和特点划分各级政府承担的责任。张启春（2009）、彭健（2010）、汤学兵等（2011）等研究认为，应进一步完善转移支付制度，减少人为因素的干扰和影响，保证转移支付制度的规划运行，解决我国地区间差异较大的问题。在健全政府管理机制方面，吕炜等（2009）、宋文昌（2009）、徐志国（2011）等学者认为，基本公共服务均等化绩效考核体系和问责机制对政府推进基本公共服务均等化工作起着激励和约束的作用，以基本公共服务均等化作为重要考核指标的政府绩效考核体系，可以使财政分权体制下政府热衷于经济建设的财政支出结构发生变化，缓解基本公共服务政府供给动力不足的问题；陈振明等（2011）、张开云等（2010）等研究指出，可以引入市场机制和第三部门的力量，对不同类型的基本公共服务采取不同的供给机制，形成政府、企业和非政府组织等多元的基本公共服务供给格局，提高资源配置的效率；陈海威等（2007）、曹静晖（2011）等学者提出，在基本公共服务供给与均等化制度的安排上，按照基本公共服务的原则，加大对欠发达地区和农村地区基本公共服务的制度支持，改变基本公共服务供给的歧视性制度安排；张立荣等（2007）认为，推进与实现基本公共服务均等化，需要政府从政府行为的理念、功能、政策工具、财政体制、绩效评估等多个方面予以变革。

二、财政支出绩效评价的文献综述

根据财政部《财政支出绩效评价管理暂行办法》的规定，财政支出绩效评价是指财政部门和预算部门（单位）根据设定的绩效目标，运用科学的评价指标、标准和评价方法，对财政支出的经济性、效率性和效益性进行客观公正的评价。西方国家对财政支出绩效评价的实践和理论研究起源于第二次世界大战前后。20世纪50年代美国提出绩效预算模式，开始对财政支出活动进行绩效评价。20世纪70年代，由于石油危机，西方各国经济衰退、财政收入下降，但政府职能和责任却不断增加，沉重的福利支出和刺激经济的大量投资导致政府支出居高不下，使得这些国家持续出现赤字，政府面临财政困境，公众对政府的管理和效率越来越不满。在这种形势下，政府开始被迫关注其支出的效率和效果，于是逐步开始实施财政支出绩效评价。我国从20世纪90年代中期才开始进行财政支出绩效评价的研究。虽然起步比较晚，但由于受到学界的热切关注，也取得了丰富的成果，初步确立了绩效评价的体系框架。

对财政支出绩效评价的研究大多是从概念界定出发的。威尔逊（Wilson，1980）在《美国的官僚政治：政府机构的行为及其动因》中认为，对财政支出进行绩效评价关键是构建一种制度，在这一制度体系中，判断政府工作业绩是以获得的成果而不是投入的资源作为标准。普尼维特（Prewitt，1980）提出，财政支出绩效评价就是依据政府部门开始业务工作的能力、效率、质量和社会公众满意程度等，对其在这一过程中的成绩和效果进行分析和评判。海特瑞（Hatry，1980）认为，财政支出绩效评价是对服务的结果和效率的分析评价，其目的是提供公共服务的水平和质量。美国《1993年政府绩效与结果法案》指出，财政支出绩效评价是通过对活动的测量和系统分析，分析联邦政府的业务和项目是否达到预期目标及其程度，以把公务员从繁琐程序和大量规制中解放出来，发挥公务人员的能动性的责任感。财政部2011年颁布的《财政支出绩效评价管理暂行办法》将财政支出绩效评价界定为，财政部门和预算部门（单位）根据设定的绩效目标，运用科学的评价指标、标准和评价方法，对财政支出的经济性、效率性和效益性进行客观公正的评价。

财政支出绩效评价指标是决定绩效评价能否有效开展的关键前提，构建科学合理的指标体系是整个绩效评价工作的核心与关键。因此，学者们及各类机构从不同角度研究了财政支出绩效评价指标体系的构建。1979年英国政府开展的

"雷纳评审"提出了"3E"评价体系，构建了以经济性、效率性和效益性为主要准绳的财政支出评价指标体系。1994 年美国政府会计标准委员会开发的政府绩效评价指标体系包括投入指标、产出指标、后果指标、效率与成本效益四类指标，在各类指标下又细分为多个具体指标，形成了全面又易于理解的指标体系。由坎贝尔（Campbell）创办的坎贝尔研究所自 20 世纪 90 年代以来开展了大规模的政府绩效评价研究，其所设计的绩效评价指标体系主要包括财政管理、人事管理、信息管理、领导目标管理、基础设施管理五个维度。我国从 20 世纪 90 年代中期才开始进行财政支出绩效评价研究，虽然起步较晚，但取得了丰富的成果。在财政支出绩效评价指标体系构建方面，丛树海等（2005）从绩效评价的内涵出发，将财政支出绩效评价指标体系分为两个层次：第一层次包括投入、过程、产出和结果等四类初始指标；第二层次包括效益性、效率性和有效性等三类终极指标。苟英峨（2007）研究认为，绩效评价指标体系的设计应该定位于项目支出目标科学性、资源投入经济性、支出效率、产出效果和社会公平目标，财政支出绩效评价指标体系的基本内容应该包括目标考核类指标、投入考核类指标、运作过程考核类指标、产出考核类指标。王丹宇（2008）提出了以财政支出结构类指标和财政支出贡献类指标为主的指标体系。王雁（2011）指出，地方财政支出绩效评价指标体系可分为两个层次：一级指标为财政支出总量、财政支出结构和贡献类评价指标；二级指标是在三个一级指标基础上细化的若干指标。金荣学（2008）推荐一套由"评价维度→基本指标→指标要素"组成的多维度和多层次财政支出绩效评价指标体系，评价维度主要包括投入、过程、产出、效果四个方面，基本指标是对评价维度所包含内容的说明，指标要素是对基本指标的进一步说明，是最基础的指标。

财政支出绩效评价标准作为衡量绩效的尺度，其合理性程度是决定绩效评价质量的关键因素。姚凤民（2006）对各国财政支出绩效评价进行国际比较，他发现各国财政支出绩效评价存在两个共同认可的标准："3E"（即经济、效率、效益标准）和 SMART 标准。SMART 标准中的"S"代表 specific，即绩效指标应该是具体的、明确的、切中目标的，而不是抽象的、模棱两可的；"M"代表 measurable，即绩效指标最终应是可衡量的、可评估的，能够形成数量指标或行为强度指标，而不是笼统的、主观的描述；"A"代表 achievable，即绩效指标应是能够实现的，而不是过高或过低或不切合实际；"R"代表 realistic，即绩效指标应是现实的，而不是凭空想象的或假设的；"T"代表 time bound，即绩效指标应具有时限性，而不是仅仅存在模糊的时间概念或根本不考虑完成期限。薛亚云（2012）指出，财政支出的绩效评价标准按照可计量性分为定性标准和定量标准，定性标准和定量标准根据标准的取值基础不同，可分为行业标准、计划标准、经验标准和历史标准。考燕鸣等（2009）认为，财政支出绩效评价应建立在"4E"（即经济性、效率性、有效性和公平性）评价标准和"投入—产出"评价标准[①]之上。在评价标准的具体设定方面，薛亚云（2012）按照行业标准、计划标准、经验标准和历史标准构建水利财政支出绩效评价标准。金荣学等（2013）基于"投入—产出"理论和"4E"理论构建地方政府债务支出的绩效评价标准。他们一方面将地方政府债务支出的投入程度与产出效益进行对比，分析地方政府债务支出的绩效水平；另一方面强调政府债务支出效益的经济性、效率性、有效性和公平性。

财政支出绩效评价既可采用绩效评价的通用方法，也可采用财政支出绩效评价的专用方法。绩效评价常用方法主要包括平衡计分卡、关键绩效评价指标法和360度绩效考核法等，财政支出绩效评价的方法主要包括成本效益分析法、最低成本法、综合指数法、因素分析法等。这些方法各有其优缺点，其自身特点决定了相对适用的评价对象。国外财政支出绩效评价方法主要运用菲茨杰拉德（Fitzgerald，1991）提出的政府绩效六维度模型以及卡普兰和诺顿（Robert Kaplan，David Norton，1992）设计的平衡计分卡。政府绩效六维度模型将政府绩效评价分为决定因素和结果因素两个层次，决定因素包含质量、灵活性、资源利用和创新，结果因素包括效益和财务。1992年卡普兰和诺顿设计出一种绩效管理的平衡计分卡，尽管它是针对企业的绩效评价提出的，但其自诞生以来迅速成为公共管理学者用于财政支出绩效评价的重要方法。凯斯等（Kathy et al.，2002）对美国地方政府的绩效评价和平衡计分卡的应用情况进行了调查，发现大多数地方政府在顾客满意、经营效率、革新和改变、雇员业绩、财务业绩五个方面都进行了绩效评价。我国财政部2011年颁布的《财政支出绩效评价管理暂行办法》中明确规定了成本效益分析法、比较法、因素分析法、最低成本法、公众评判法等几种评价方法。这些方法也是我国目前进行财政支出绩效评价中比较常见和成熟的方法。近年来，相关研究者们也采用了数据包络分析（DEA）、主成分分析法、因子分析法、模糊综合评价法、灰色关联度分析法等其他综合评价法对财政支出进行绩效评价。金荣学等（2011）运用数据包络分析工具，从经济效益、社会效益和生态效益的角度对2009年全国29个省份财政支出效率进行实证分析。武辉等（2010）运用主成分分析法对山东省10个地级市的公共支出绩效进行综合评

---

① "投入—产出"理论是指通过对财政资金的投入与其产生的经济效益、社会效益的对比分析得到评价结果。

价。高天辉等（2012）结合模糊数学和熵的思想，运用 Borda 选择法研究我国政府对高新技术产业化项目财政投入的绩效。赵霞等（2011）采用灰色关联度分析方法，从效率与公平两个方面评估 1998～2006 年我国公共财政支出的绩效。毛太田（2013）将公众满意度理论和模糊多属性评价理论引入地方政府公共财政支出的绩效评价中，构建公共财政支出公众满意度测评指标体系，利用基于期望值的模糊多属性的分析方法对地方政府公共财政支出的公众满意度和绩效进行实地测评。王曙光等（2017）构建了基于因子分析法的综合评价模型，对 2014 年中国 31 个省级区域财政支出绩效进行综合评价。研究认为，各地区财政支出绩效差异较大，财政支出绩效各因子分布不一，提高财政支出绩效水平是一个系统工程，且受到诸多方面因素的制约。

国内外学者对于财政支出绩效研究的侧重点各不相同。一部分学者侧重于研究财政支出对于促进经济增长的作用，但不同学者研究结论存在差异。格里尔和图洛克（Grier & Tullock, 1987）、阿绍尔（Aschauer, 1989）等的实证研究表明，政府消费支出与 GDP 实际增长率显著负相关，而政府投资支出能够促进 GDP 的增长。伦杜（Landuu, 1986）对 65 个发展中国家的数据分析发现，政府财政支出对经济增长有反向作用。然而，马拴友（2000）研究认为，政府消费占 GDP 比率与经济增长率之间存在显著正相关关系。庄子银等（2003）也发现，政府公共支出增长率与 GDP 增长率存在显著正相关关系。但郭庆旺等（2003）发现财政支出总水平与经济增长负相关，而财政生产性支出与经济增长正相关。另一部分学者侧重研究财政支出对社会公平的影响。寇铁军等（2002）、洪江（2007）分析了各项财政支出的公平性，其结论指出，我国的财政支出结构仍然不够合理，不利于社会公平。刘晓凤等（2009）对我国财政支出和社会公平的关系进行分析，认为当前要搞好与社会关联度最高的住房保障，其次是卫生和教育，最后是社会保障和就业。赵霞等（2011）研究发现，2007～2009 年我国财政支出在分类、支出规模及结构上均有较大进步，更加关注民生与社会公平。还有一部分学者研究财政支出的效率及其影响因素。唐齐鸣等（2012）利用随机前沿分析方法研究了我国 26 个省级地方政府 1978～2008 年的财政支出效率，研究结果显示，中部地区的政府财政支出效率平均好于东部地区和西部地区。代娟等（2013）采用 DEA 方法研究中国 2011 年地方政府的财政支出效率，他们发现，中国绝大部分地方政府的支出都不是很有效率，而且处于规模报酬递减阶段，地方政府财政支出效率与经济发展水平密切相关。孙杰等（2017）利用 DEA - Tobit 模型对 2013 年中国 30 个省级地方政府的财政支出效率进行评价，研究结果表明，中国地方政府财政支出效率低下且存在显著的地区差异。

三、基本公共服务支出绩效评价的文献综述

西方国家对政府公共服务绩效评价的理论研究是伴随着大规模的评估实践而逐渐兴起的。从西方发达国家政府绩效评价的演变历程来看，在价值取向上经历了"效率"至上、"效率"与"公平"并重、强调服务质量和公民参与三个阶段。马凯（Keith Mackay，2007）以一些国家为例，介绍和分析了建立良好的政府监控和评估系统的经验教训，探讨了强化政府监控和评估系统的各种途径。英国引入专门的针对公共服务绩效的评估框架——公共服务协议框架。该框架是按照总体目标→具体目标→详细的实施行动计划这一思路开展工作的，这一过程的每一方面都有明确的责任人，并要求公共服务绩效状况定期公开发布。

科学界定基本公共服务绩效是开展基本公共服务绩效评价的基本前提。丁元竹（2009）把基本公共服务绩效界定为基本公共服务既定目标的实现程度，客观的基本公共服务水平和主观的基本公共服务感受共同构成科学意义上的基本公共服务绩效，两者缺一不可。江易华（2011）认为，无论是学界还是政界都把基本公共服务绩效评价作为促进服务型政府建设的重要途径。童伟（2013）指出，公共服务支出绩效是指政府为满足社会共同需要进行的资源配置活动和所取得的社会实际效果，它包含政府配置资源的合理性以及使用资源的有效性；对公共服务支出绩效进行控制和管理，可有效促进政府部门改进服务质量、提供公共服务资金使用效益。

基本公共服务绩效评价的关键在于建立一套科学合理的基本公共服务绩效评价指标体系，但当前对于衡量基本公共服务绩效还没有专门的公认一致的指标体系。不同学者根据其研究目的和研究对象设计相应的绩效评价指标体系。陈昌盛等（2007）构建了一套包含基础教育、公共卫生、社会保障、公共安全、环境保护、基础设施、科学技术、一般公共服务共8大项165小类的公共服务综合绩效评价指标体系。陈晶璞等（2011）以投入指标—产出指标为模式，遵循"4E"标准与"SMART"标准，通过隶属度分析、相关性分析、鉴别力分析等相关数据分析方法，构建了基本公共服务财政支出绩效评价指标体系。江易华（2011）从县级政府基本公共服务的内涵和要求出发，依据县级政府基本公共服务绩效指标体系构建的价值取向，确定了基础教育等9个部门关键绩效指标，最终形成了由9类28个单项指标组成的县级政府基本公共服务绩效指标体系。董晔璐（2014）构建了涵盖基础教育、公共卫生、社会保障、公共设施、科技和环境保护共6个方面15个指标的基本公共服务绩效评价指标体系。胡税根等（2015）

以省级文化行政部门为对象，在对其公共文化服务职责进行分析的基础上，设计了省级文化行政部门公共文化服务绩效评估指标体系。孙怡帆等（2016）根据《国家基本公共服务"十二五"规划纲要》中的四大目标，以投入、均衡、便捷和满意度为一级指标构建基本公共服务绩效评价指标体系，并采用层次分析法对我国 30 个省级行政区 2006~2014 年的基本公共教育服务状况进行综合评价。

大多数基本公共服务支出绩效评价研究采用数据包络分析方法（以下简称 DEA）进行绩效评价。陈昌盛等（2006）采用 DEA 法评估了 2000~2004 年我国 31 个省级行政区域政府公共服务的综合绩效、投入—产出效率、改善程度和地区差异状况。他们研究发现，从投入、产出和效果三方面综合评估，我国基本公共服务综合绩效整体处于偏低的水平，基本公共服务供给不足的矛盾十分突出；从各类基本公共服务绩效来看，一般公共服务、基础教育和公共卫生绩效得分相对较高，其余 5 类基本公共服务绩效普遍偏低。袁金星（2013）构建了河南省科技投入绩效评价指标体系，并运用数据包络分析法对河南省财政科技投入—产出绩效进行评价。该研究认为，河南省财政科技投入绩效相对有效，而且在大多数年份内表现为技术效率和规模效率均有效。黄冠华（2017）运用 DEA 方法对湖北省 17 个地州市义务教育、医疗卫生、社会保障和就业、环境保护四类主要基本公共服务项目的财政支出绩效进行评价与差异性分析。研究结果显示，湖北省基本公共服务非均等化呈以"一主两副"城市为中心向次级城市逐渐递减和"中间优、东部次、西部劣"的差异性空间分布。除此之外，还有一些研究采用层次分析、随机前沿法、因子分析法等对基本公共服务支出绩效进行实证分析。博第等（Boetti et al.，2010）运用随机前沿法 SFA 对意大利地方政府提供公共物品的财政支出效率进行测算。吴乐珍（2012）采用因子分析法研究了 2009 年我国 31 个省级行政区基本公共服务的绩效水平，研究结果显示，我国省际基本公共服务绩效水平存在巨大差距。董晔璐（2014）运用因子分析法对 2011 年我国 31 个省级行政区政府基本公共服务绩效水平进行分析，结果显示我国省级政府基本公共服务绩效水平存在很大差距。曾志杰等（2017）采用层次分析法对福建省九地市公共文化服务支出绩效评价进行研究，研究结果表明福建省九地市间公共文化服务水平不平衡，具有较大差异。

基本公共服务支出绩效评价一大主流研究是对基本公共服务财政支出效率的研究。现有文献对基本公共服务财政支出效率的研究大致采用以下两种研究方法：运用参数生产函数估计法评估基本公共服务产出效率的高低，这种方法主要适用于生产函数比较易于估计且只有一种产出的情形；运用非参数方法（主要是 DEA 法）从投入—产出的角度来评价一国或地方政府的基本公共服务支出的效率。由于 DEA 可以进行多投入多产出生产单位的效率分析，因而运用范围较广，近些年较多学者采用此方法评价政府在基本公共服务领域的财政支出效率。例如，洛坎南和苏斯洛特（Loikkanen & Susiluoto，2005）利用 DEA 模型核算了芬兰 353 个城市的公共财政支出效率水平，研究发现城市规模越小，公共财政支出越有效率。弗曼德斯和阿佛索（Femandes & Afonso，2008）通过 DEA – TOBIT 模型对葡萄牙 278 个市镇的公共财政支出效率进行测度并对其影响因素进行探讨。他们发现，大部分区域的财政支出效率低下且差异明显，导致差异产生的主要原因是人均购买力、公共政策和人口密度。国内对于财政支出效率的研究起步较晚。陈诗一（2008）利用 DEA 非参数技术和受限 Tobit 模型比较全面地研究了财政支出效率的相关问题。陈晶璞等（2011）采用 DEA 方法实证研究河北省基本公共服务财政支出的相对效率。他们研究发现，河北省基本公共服务财政支出总体绩效水平不高，各地之间存在一定差异，各级政府基本公共服务提供水平仍有较大的上升空间。闫丽莎（2011）运用 DEA 方法对我国沿海十省市在义务教育、医疗卫生、社会保障领域的财政支出相对效率进行综合评价。研究结果表明，除北京以外的各地区均没有达到效率最优状态，存在较大的上升空间。单菲菲等（2015）运用 DEA 法对新疆 14 个地州市义务教育、医疗卫生、社会保障和就业三类主要基本公共服务项目的财政支出效率进行评价。研究结果表明，当前新疆医疗卫生领域还需要加大投入，而义务教育、社会保障和就业领域财政支出效率偏低的主要原因在于技术低效，而非投入规模不足。

2011 年以来，中国社科院连续发布了我国城市基本公共服务蓝皮书。2016 年 12 月，中国社会科学院、华图政信公共管理研究院、社会科学文献出版社共同发布了《中国城市基本公共服务力评价（2016）》的研究报告。该研究报告通过 24554 份调查问卷，从公共交通、公共安全、公共住房、基础教育、社保就业、医疗卫生、城市环境、文化体育、公职服务等方面，对全国 38 个主要城市的基本公共服务力进行全面评价。该研究调查结果的数据分析显示，2016 年我国主要城市的公共服务满意度有一定提高，由 2015 年的 58.74 分提升到 61.49 分；2016 年，基础教育、医疗卫生、文化体育、公职服务、社保就业、公共住房、城市环境等方面的满意度都较 2015 年有一定提升。与基本公共服务支出绩效评价的学术研究相比，公共服务蓝皮书更为关注主观评价指标——公众满意度，侧重于从公众的主观感受角度对地方政府的基本公共服务水平进行评价。蓝皮书指出，构建基本公共服务的监管和绩效评估制度，强化地方政府基本公共服务能力评估，是实现基本公共服务制度体系和基本公共服务能力现代化的重要基础，是进一步提高基本公共服务水平和绩效、提高公共服务资源整体配置效率、改善政府公共服务能力、满足人民群众基本公共服务需求的重要基础。当前，政府基本公共服务绩效评价很多是由政府职能部门自己开展，很少有第三方评估机构参与，评估方法不够科学，评估内容不够全面系统，样本数量非常有限，评价结果运用约束力不强。

课题组组长：梁新潮

成　　员：梁新潮　陈　旻　邱吉福

　　　　　陈雅琳　苏尚操

第二章

福建省基本公共服务
支出的总体情况

第一节　福建省基本公共服务支出概况

一、基本公共服务范畴与特征

（一）基本公共服务范畴

1. 公共服务。基本公共服务是一种具有公共产品属性的公共服务（public service）。公共服务，是指政府或公共组织以及经过公共授权的组织提供的具有共同消费性质的公共物品和服务。公共服务满足公民生活、生存与发展的某种直接需求，一国全体公民不论其种族、收入和地位差距如何，都应公平、普遍地享有公共服务。[①]

公共服务支出可依据不同的标准，划分为不同的类别和层次。我国一般将其分为一般公共服务支出（非基本公共服务支出）和基本公共服务支出：（1）一般公共服务支出主要用于保障机关事业单位正常运转，支持各机关单位履行职能，保障各机关部门的项目支出需要，以及支持地方落实自主择业军转干部退役金等；（2）基本公共服务支出，是指在一定经济社会条件下，为了保障全体公民

---

① 陈昌盛，蔡跃洲. 中国政府公共服务：基本价值取向与综合绩效评估 ［J］. 财政研究，2007（6）：20－24.

最基本的人权，全体公民都应公平、平等、普遍享有的公共服务，是诸多公共服务中具有保障性质和平等色彩的服务类型。

2. 基本公共服务内涵。基本公共服务可以从两个角度来理解：一是从消费需求的层次看，与低层次消费需要有直接关联的即为基本公共服务；二是从消费需求的同质性看，人们的无差异消费需求属于基本公共服务。如对食品和药品的消费，无论穷人和富人都要求保证质量安全。①

2012年国务院颁布的《国家基本公共服务体系"十二五"规划》所界定的基本公共服务是，"指建立在一定社会共识基础上，由政府主导提供的，与经济社会发展水平和阶段相适应，旨在保障全体公民生存和发展基本需求的公共服务。享有基本公共服务属于公民的权利，提供基本公共服务是政府的职责。"

3. 基本公共服务外延。基本公共服务的外延不是一成不变的，随着经济的发展和社会的转型以及民众的公共需求发生变化而不断调整。

在经济欠发达阶段，为解决温饱问题的社会保障公共服务就属于基本的公共服务，而随着温饱问题的解决，医疗卫生领域的公共服务就成为基本公共服务。2003年我国人均GDP达到了1000美元，也从主要解决温饱问题的生存型社会迈向更加重视公民自身发展的发展型社会。基本公共服务随着人们公共需求层次的提高而不断发展变化，基于高层次需求所提供的教育、文化、体育方面的公共服务逐渐成为基本公共服务内容。居民收入水平的提高促使需求结构转型升级，社会大众对生活品质要求的提升，促使绿色环保领域的公共服务成为基本公共服务关注的热点。国家实施创新驱动战略产业以推动产业结果转型升级背景下，教育、科技等领域的公共投入成为基本公共服务的重头戏。

4. 基本公共服务的研究范围。《国家基本公共服务体系"十二五"规划》指出，"基本公共服务范围，一般包括保障基本民生需求的教育、就业、社会保障、医疗卫生、计划生育、住房保障、文化体育等领域的公共服务，广义上还包括与人民生活环境紧密关联的交通、通信、公用设施、环境保护等领域的公共服务，以及保障安全需要的公共安全、消费安全和国防安全等领域的公共服务。"

根据"十二五"规划纲要，为突出体现"学有所教、劳有所得、病有所医、老有所养、住有所居"的要求，《国家基本公共服务体系"十二五"规划》将公

---

① 刘尚希. 逐步实现基本公共服务均等化的路径选择 [J]. 中国财政，2007（3）：1.

共教育、劳动就业服务、社会保障、基本社会服务、医疗卫生、人口计生、住房保障、公共文化等领域确定为基本公共服务。

基于数据可得性，本书研究把基本公共服务支出的研究范围限定在教育支出、科学技术支出、文化体育与传媒支出、社会保障和就业支出、医疗卫生支出与环境保护支出六大领域。这六大领域的基本公共服务财政支出数据从各省（市、区）的统计年鉴中均可获取。

（二）基本公共服务特征

1. 公共性。基本公共服务作为公共服务属于公共产品的一种类型，每个人消费这种服务不会导致别人对该服务的减少。基本公共服务的公共性，体现为效用的不可分割性、消费的非竞争性和受益的非排他性。（1）效用的不可分割性，指公共物品一旦被提供，便有众多的受益者共同消费这一物品，要将其中的任何人排除在对该物品的消费之外是不可能的或无效率的。公共产品向整个社会提供，共同收益，联合消费。私人产品可以被分割成许多可以买卖的单位，谁付款，谁受益，而公共产品是不可分割的，国防、外交、治安等最为典型。（2）消费的非竞争性，指一种公共物品一旦被提供，一个人对这种物品的消费并不会减少其他任何人对同一物品的消费机会和消费数量。（3）受益的非排他性，在技术上没有办法将拒绝为之付款的个体排除在公共产品的受益范围之外。私人产品只能是占有人才可消费，谁付款谁受益。

2. 保障性。基本公共服务的保障性特征是其区别于非基本公共服务的重要特征：（1）保障人类的基本生存权（或生存的基本需要），为了实现这个目标，需要政府及社会为每个人都提供基本就业保障、基本养老保障、基本生活保障等；（2）满足基本尊严（或体面）和基本能力的需要，需要政府及社会为每个人都提供基本的教育和文化服务；（3）满足基本健康的需要，需要政府及社会为每个人提供基本的健康保障。

3. 公平性。由于基本公共服务是底线公共服务，所以它应该一视同仁，不能搞差别待遇。我国的经济改革以市场化为导向，鼓励个人、企业和地区利用自己的能力和优势先发展起来。这种以"效率优先，兼顾公平"为导向的发展，不公平成为不可避免的一个结果，也是必要的，这样才能起带头作用，破除计划经济时期的平均主义。但是，随着社会经济的进一步发展，贫富差距不断拉大，迫使政府和社会不得不重视公平、公正问题。这种以"效率优先，兼顾公平"为导向的发展将逐渐向"效率与公平并重"或"公平与效率优化结合"转变，提出基本公共服务是顺势而为的必然。①

4. 动态性。政府提供基本公共服务的方式和内容，直接源于社会公众需求的发展。马斯诺需求层次论把人的需要从低级到高级划分为五个层次，即生存需要、安全需要、社交需要、尊重需要以及自我实现需要。随着经济的发展和社会的转型，社会公众公共需求不断提升层次，基本公共服务的外延不断扩大，是一个动态的调整过程。当社会公众较低层次的公共需求问题得到解决之后，较高层次的社会公众公共需求问题就会进入政府提供基本公共服务的范畴。

二、福建省基本公共服务支出的纵向分析

由于 2007 年财政支出统计重新分类，为了提高数据的可比性，本书从各级统计局网站发布的《统计年鉴》中摘录了 2007 ~ 2016 年的相关财政支出数据进行分析。

（一）福建省基本公共服务支出纵向比较

表 2 - 1 报告了 2007 ~ 2016 年福建省基本公共服务支出的分项支出金额、合计金额及各分项占基本公共服务支出总额比重。福建省基本公共服务支出总额从 2007 年的 375.48 亿元稳步增长到 2016 年的 1807.57 亿元，增长了近 4 倍。

表 2 - 1　　　　　　　　2007 ~ 2016 年福建省基本公共服务支出纵向比较

项目		2007 年	2008 年	2009 年	2010 年	2011 年	2012 年	2013 年	2014 年	2015 年	2016 年
社会保障和就业支出	金额（亿元）	90.57	109.29	132.85	148.24	184.92	205.28	240.66	258.71	341.77	348.99
	占比（%）	24	23	22	21	21	19	20	19	20	19
医疗卫生支出	金额（亿元）	51.99	74.27	93.39	117.58	159.3	185.99	224.23	292.14	351.19	377.58
	占比（%）	14	16	16	17	18	17	18	21	21	21

---

① 谢利萍. 试析基本公共服务的内涵 [J]. 中共乐山市委党校学报，2010，11（6）：21 - 23.

续表

项目		2007 年	2008 年	2009 年	2010 年	2011 年	2012 年	2013 年	2014 年	2015 年	2016 年
教育支出	金额（亿元）	183.66	233.29	277.55	327.77	406.73	562.3	574.91	634.6	757.51	789.11
	占比（%）	49	49	47	47	47	51	47	46	44	44
文化体育与传媒支出	金额（亿元）	18.29	22.43	25.77	27.1	35.86	46.07	57.88	64.18	84.82	81.26
	占比（%）	4.9	4.7	4.4	3.9	4.1	4.2	4.8	4.7	5.0	4.5
科学技术支出	金额（亿元）	21.27	25.63	27.89	32.31	40.48	48.47	60.62	67.4	76.6	80.28
	占比（%）	5.7	5.4	4.7	4.7	4.7	4.4	5.0	4.9	4.5	4.4
环境保护支出	金额（亿元）	9.7	14.03	33.83	39.79	37.95	48.6	58.6	61.8	95.57	130.35
	占比（%）	2.6	2.9	5.7	5.7	4.4	4.4	4.8	4.5	5.6	7.2
基本公共服务支出总额		375.48	478.94	591.28	692.79	865.24	1096.71	1216.9	1378.83	1707.46	1807.57

注：（1）"占比"指当年各分项支出占当年基本公共服务支出总额的比重；（2）基本公共服务支出总额＝社会保障和就业支出＋医疗卫生支出＋教育支出＋文化体育与传媒支出＋科学技术支出＋环境保护支出。

资料来源：福建省统计局网站。

　　社会保障和就业支出从 2007 年的 90.57 亿元增长到 2016 年的 348.99 亿元，占基本公共服务支出总额比重从 24% 逐步降至 19%；医疗卫生支出从 2007 年的 51.99 亿元增长到 2016 年的 377.58 亿元，占基本公共服务支出总额比重从 14% 逐年稳步增长到 21%；教育支出从 2007 年的 183.66 亿元增长到 2016 年的 789.11 亿元，在各项支出中教育支出占基本公共服务支出总额比重最高，最高达 2012 年的 51%，最低是 2015 年和 2016 年的 44%；文化体育与传媒支出从 2007 年的 18.29 亿元增长到 2016 年的 81.26 亿元，占基本公共服务支出总额比重在4%～5%之间浮动；科学技术支出从2007年的21.27亿元增长到80.28亿元，占基本公共服务支出总额比重在4.5%～5.5%之间浮动；环境保护支出从2007年的9.7亿元增长到2016年的130.35亿元，增长超过了13倍，占基本公共服务支出总额的比重从2.6%稳步增长到7.2%。

各项支出占基本公共服务支出比重的变化趋势充分体现了基本公共服务的动态性。随着经济的发展，社会保障与就业的基本公共需求得到保障后，医疗卫生支出逐年增长，正是源于社会公共对"看病难、看病贵"问题的关注，通过医药卫生领域系列改革，逐步建立了新型农村合作医疗制度、城镇居民基本医疗保险制度和城乡医疗救助制度。教育支出、文化体育与传媒支出与科学技术支出合计占基本公共服务支出比重一直维持在55%左右，这契合了我国实施创新驱动战略、提升文化软实体的需求。近年来经济发展对环境造成污染引发了社会公众对环境保护的强烈关注，环境保护支出占比的逐年增加正满足了加强环境保护、推动绿色发展、加强生态文明建设的需求（见图2－1和图2－2）。

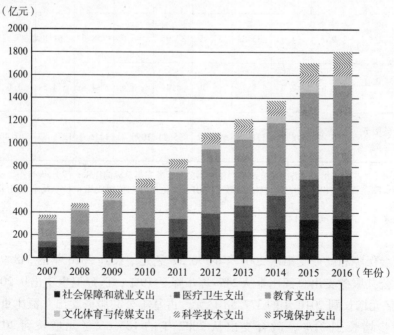

图2－1 2007～2016年福建省基本公共服务支出纵向比较

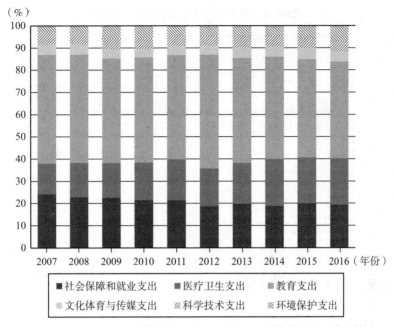

图 2-2 2007~2016 年福建省基本公共服务分项支出占比纵向比较

（二）福建省人均基本公共服务支出纵向比较

福建省 2007 年人均 GDP 为 25582 元/人，2016 年人均 GDP 为 74707 元/人，是 2007 年的近 3 倍。福建省人均基本公共服务支出从 2007 年的 1040 元/人稳步增长到 2016 年的 4666 元/人，是 10 年前的 4.5 倍。以上数据说明福建省在经济增长的前提保障下，持续加大了对基本公共服务支出的投入，占 GDP 的比重从 2007 年的 4.07% 提高到 2016 年的 6.25% 。

人均社会保障和就业支出从 2007 年的 251 元/人增长到 2016 年的 901 元/人，增长了 2.59 倍；人均医疗卫生支出从 2007 年的 144 元/人增长到 2016 年的 975 元/人，增长了 5.78 倍；人均教育支出从 2007 年的 508 元/人增长到 2016 年的 2037 元/人，增长了 3 倍；人均文化体育与传媒支出从 2007 年的 51 元/人增长到 2016 年的 210 元/人，增长了 3.11 倍；人均科学技术支出从 2007 年的 59 元/人增长到 2016 年的 207 元/人，增长了 2.5 倍；人均环境保护支出从 2007 年的 27 元/人增长到 2016 年的 336 元/人，增长了 11.44 倍。由此可见，医疗卫生与教育是基本公共服务支出的热点投入领域，是不断满足人民日益增长的美好生活的需要，从另一个侧面体现了基本公共服务支出的动态性（见表 2-2 和图 2-3、图 2-4）。

表 2 - 2　　　　　　2007 ~ 2016 年福建省人均基本公共服务支出纵向比较

项目		2007 年	2008 年	2009 年	2010 年	2011 年	2012 年	2013 年	2014 年	2015 年	2016 年
人均社会保障和就业支出	金额（元/人）	251	300	362	401	497	548	638	680	890	901
	占人均GDP比重（%）	0.98	1.01	1.08	1.00	1.05	1.04	1.10	1.07	1.31	1.21
人均医疗卫生支出	金额（元/人）	144	204	255	319	428	496	594	768	915	975
	占人均GDP比重（%）	0.56	0.69	0.76	0.80	0.90	0.94	1.02	1.21	1.35	1.31
人均教育支出	金额（元/人）	508	641	757	888	1093	1500	1523	1667	1973	2037
	占人均GDP比重（%）	1.99	2.15	2.26	2.22	2.31	2.84	2.62	2.63	2.90	2.73
人均文化体育与传媒支出	金额（元/人）	51	62	70	73	96	123	153	169	221	210
	占人均GDP比重（%）	0.20	0.21	0.21	0.18	0.20	0.23	0.26	0.27	0.33	0.28
人均科学技术支出	金额（元/人）	59	70	76	87	109	129	161	177	200	207
	占人均GDP比重（%）	0.23	0.24	0.23	0.22	0.23	0.24	0.28	0.28	0.29	0.28
人均环境保护支出	金额（元/人）	27	39	92	108	102	130	155	162	249	336
	占人均GDP比重（%）	0.11	0.13	0.28	0.27	0.22	0.25	0.27	0.26	0.37	0.45
人均基本公共服务支出总额	金额（元/人）	1040	1316	1613	1876	2326	2926	3224	3623	4448	4666
	占人均GDP比重（%）	4.07	4.42	4.82	4.69	4.91	5.55	5.54	5.71	6.54	6.25

说明：（1）计算人均数据时，以常住总人口为分母；（2）"占人均 GDP 比重"指当年各项人均支出占当年人均 GDP 的比重，亦等于当年各项支出占当年 GDP 比重；（3）人均基本公共服务支出总额 = 人均社会保障和就业支出 + 人均医疗卫生支出 + 人均教育支出 + 人均文化体育与传媒支出 + 人均科学技术支出 + 人均环境保护支出 = 基本公共服务支出总额 ÷ 年末常住人口。

资料来源：福建省统计局网站。

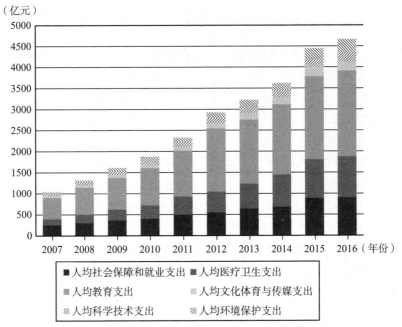

图 2－3　2007～2016 年福建省人均基本公共服务支出纵向比较

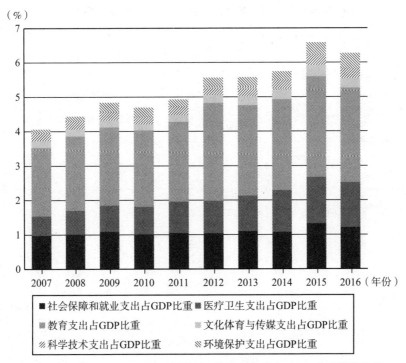

图 2－4　2007～2016 年福建省基本公共服务支出占 GDP 比重纵向比较

（三）福建省基本公共服务支出总额增长率纵向比较

从表2-3和图2-5中可以看出，福建省基本公共服务支出总额增长率9年间有4年超过20%，有3年超过10%，相较于经济增长率，除了2013年和2016年，各年基本公共服务支出总额增长率均高于经济增长率。基本公共服务支出总额9年平均增长率16.91%，也超过了近9年福建省经济平均增长率。各分项基本公共服务支出总额增长率数据如表2-3所示，9年间社会保障和就业支出总额平均增长率为14.10%、医疗卫生支出总额平均增长率为22.63%、教育支出总额平均增长率为15.66%、文化体育与传媒支出总额平均增长率为16.26%、科学技术支出总额平均增长率为13.70%、环境保护支出总额平均增长率为35.81%，均超过了近9年福建省经济平均增长率。

福建省在基本公共服务支出方面的投入超过经济增长，有助于扭转基本公共服务发展程度与经济发展失衡的局面，有利于促进经济的可持续发展。这组数据也反映出，在政府实现社保、教育基本覆盖背景下，医疗卫生与环境保护是基本公共服务支出加大投入的重点领域。

表2-3　　　2008～2016年福建省基本公共服务支出总额增长率纵向比较　　　单位：%

项目	2008年	2009年	2010年	2011年	2012年	2013年	2014年	2015年	2016年	平均
社会保障和就业支出总额增长率	16.07	23.36	8.38	19.44	8.61	14.73	5.5	30.41	0.41	14.10
医疗卫生支出总额增长率	38.25	27.54	22.7	30.18	14.35	18.06	28.29	18.51	5.81	22.63
教育支出总额增长率	22.42	20.77	14.89	18.79	35.85	-0.26	8.38	17.67	2.47	15.66
文化体育与传媒支出总额增长率	18.04	16.69	1.96	27.02	26.07	23.13	8.88	30.46	-5.9	16.26
科学技术支出总额增长率	15.9	10.62	12.65	19.99	17.34	22.57	9.18	11.95	3.1	13.70
环境保护支出总额增长率	40.04	142.93	14.42	-9.92	25.66	18.08	3.46	52.94	34.69	35.81

续表

项目	2008 年	2009 年	2010 年	2011 年	2012 年	2013 年	2014 年	2015 年	2016 年	平均
基本公共服务支出总额增长率	22.95	25.26	13.97	19.59	24.35	8.46	11.31	22.13	4.16	16.91
福建省经济增长率	13.0	12.3	13.9	12.3	11.4	11	9.9	9.0	8.4	11.24

注：各项支出总额增长率为经 CPI 调整的实际增长率。
资料来源：福建省统计局网站。

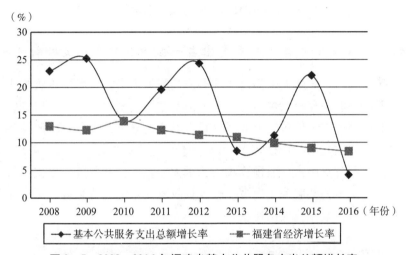

图 2 - 5　2008 ~ 2016 年福建省基本公共服务支出总额增长率

　　虽然福建省基本公共服务支出总额增长率均值超过了福建省经济平均增长率，但必须看到，2016 年各项基本公共服务支出总额增速均骤降，除了环境保护支出总额增速，其他各项数据均低于经济增长率。这其中的主要原因与近几年经济发展、地方财政收入增长不尽如人意直接相关，而基本公共服务的增长率超过经济平均增长率与政府职能转变有很大关联。我国 2016 年全面推行营改增，福建省多年来营业税与增值税稳步增长、营业税超增值税 1 倍以上的态势在 2016年发生了扭转，增值税 545.68 亿元反超营业税 298.27 亿元。营改增后，地方财政收入的增长失去以往的动力，地方财权与事权不匹配的现象更加严重，各项基本公共服务支出下降也就很好理解了（见图 2 - 6）。

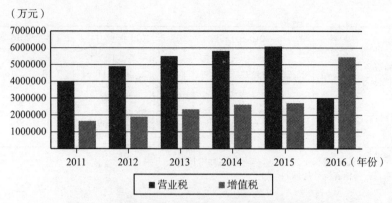

图 2 - 6　2011 ~ 2016 年福建省营业税和增值税税额

（四）福建省基本公共服务支出占一般预算收支比重纵向比较

表 2 - 4 和表 2 - 5 列报了福建省基本公共服务支出占一般预算收支比重的数据。地方财政一般预算收入包括上解中央财政之后剩余部分收入，口径较小。地方财政一般预算支出不但包括上解部分收入形成的支出，也包括一般性转移支付和一般专项形成的支出，口径较大。地方财政一般预算支出大于一般预算收入，因此基本公共服务支出占一般预算收入比重大于基本公共服务支出占一般预算支出比重。研究基本公共服务支出占一般预算收支比重的变化趋势，更应注重基本公共服务支出占一般预算支出比重。

表 2 - 4　　　　　　　　2007 ~ 2016 年福建省基本公共服务支出

占一般预算收入比重纵向比较　　　　　单位：%

年份	社会保障和就业支出占一般预算收入比重	医疗卫生支出占一般预算收入比重	教育支出占一般预算收入比重	文化体育与传媒支出占一般预算收入比重	科学技术支出占一般预算收入比重	环境保护支出占一般预算收入比重	基本公共服务支出占一般预算收入比重
2007	12. 95	7. 43	26. 26	2. 61	3. 04	1. 39	53. 68
2008	13. 11	8. 91	27. 99	2. 69	3. 08	1. 68	57. 47
2009	14. 25	10. 02	29. 77	2. 76	2. 99	3. 63	63. 41
2010	12. 87	10. 21	28. 46	2. 35	2. 81	3. 46	60. 16
2011	12. 32	10. 61	27. 09	2. 39	2. 70	2. 53	57. 62
2012	11. 56	10. 47	31. 66	2. 59	2. 73	2. 74	61. 75

续表

年份	社会保障和就业支出占一般预算收入比重	医疗卫生支出占一般预算收入比重	教育支出占一般预算收入比重	文化体育与传媒支出占一般预算收入比重	科学技术支出占一般预算收入比重	环境保护支出占一般预算收入比重	基本公共服务支出占一般预算收入比重
2013	11.35	10.58	27.13	2.73	2.86	2.76	57.42
2014	10.95	12.37	26.86	2.72	2.85	2.62	58.37
2015	13.43	13.80	29.77	3.33	3.01	3.76	67.11
2016	13.15	14.22	29.72	3.06	3.02	4.91	68.09

资料来源：福建省统计局网站。

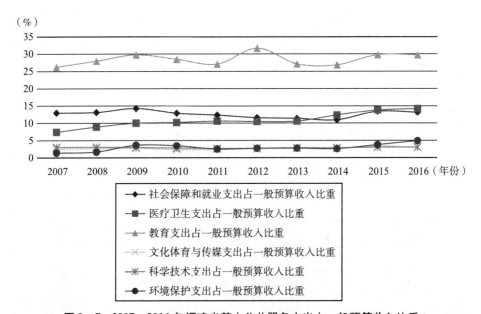

图2-7　2007~2016年福建省基本公共服务支出占一般预算收入比重

　　表2-5和图2-8显示，教育支出占比虽然呈现略微下降趋势，但表2-4与表2-5中的数据均表明，教育支出是基本公共服务支出中占一般预算收支比重最大的一项支出。至2016年社会保障和就业支出、医疗卫生支出占比排前三，社会保障和就业支出占一般预算收支比重呈逐步下降趋势，而医疗卫生支出占一般预算收支比重呈逐步上升趋势。文化体育与传媒支出、科学技术支出、环境保护支出占比均不超过5%，属第三军团，其中环境保护支出呈上升趋势，文化体育与传媒支出、科学技术支出则维持稳定。

表 2 – 5　　　　　　　　2007～2016 年福建省基本公共服务支出

占一般预算支出比重纵向比较　　　　　单位：%

年份	社会保障和就业支出占一般预算支出比重	医疗卫生支出占一般预算支出比重	教育支出占一般预算支出比重	文化体育与传媒支出占一般预算支出比重	科学技术支出占一般预算支出比重	环境保护支出占一般预算支出比重	基本公共服务支出占一般预算支出比重
2007	9.95	5.71	20.17	2.01	2.34	1.07	41.23
2008	9.61	6.53	20.51	1.97	2.25	1.23	42.10
2009	9.41	6.61	19.66	1.83	1.98	2.40	41.88
2010	8.75	6.94	19.34	1.60	1.91	2.35	40.87
2011	8.41	7.25	18.50	1.63	1.84	1.73	39.36
2012	7.87	7.13	21.56	1.77	1.86	1.86	42.06
2013	7.84	7.31	18.73	1.89	1.98	1.91	39.65
2014	7.82	8.83	19.19	1.94	2.04	1.87	41.70
2015	8.54	8.78	18.93	2.12	1.91	2.39	42.67
2016	8.16	8.83	18.46	1.90	1.88	3.05	42.28

资料来源：福建省统计局网站。

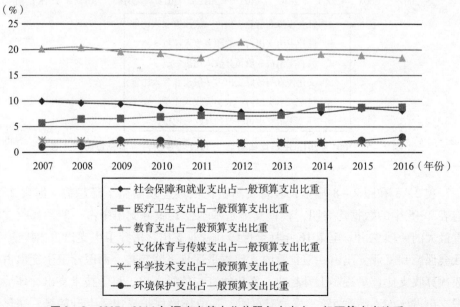

图 2 – 8　2007～2016 年福建省基本公共服务支出占一般预算支出比重

三、福建省基本公共服务支出的横向分析

（一）全国各省基本公共服务支出横向比较

表 2 - 6 报告了福建省基本公共服务支出在 27 个省及自治区的排位及 27 个省及自治区基本公共服务支出的描述性统计。

表 2 - 6　　　　　全国各省基本公共服务支出总额横向比较

项目		2007 年	2008 年	2009 年	2010 年	2011 年	2012 年	2013 年	2014 年	2015 年	2016 年
基本公共服务支出总额	福建（亿元）	375	479	591	693	865	1097	1217	1379	1707	1808
	全国排位	20	20	21	20	20	20	19	20	17	17
	均值（亿元）	526	682	850	996	1260	1520	1682	1826	2146	2340
	中位数（亿元）	502	650	854	918	1134	1366	1479	1659	1933	2129
	最大值（亿元）	1199	1514	1838	2315	2817	3237	3855	4085	5110	5857
	最小值（亿元）	82	109	142	152	209	249	264	345	430	479
人均基本公共服务支出	福建（元/人）	1040	1316	1613	1876	2326	2926	3224	3623	4448	4666
	全国排位	16	18	18	20	21	20	20	20	17	18
	均值（元/人）	1308	1697	2155	2518	3164	3762	4076	4453	5220	5756
	中位数（元/人）	1199	1530	1946	2217	2755	3384	3630	4019	4732	5252
	最大值（元/人）	2836	3738	4807	6442	7059	8403	8471	10839	13273	15734
	最小值（元/人）	726	910	1042	1182	1465	1749	1896	1917	2205	3754
基本公共服务支出总额增长率	福建（%）	—	22.95	25.26	13.97	19.59	24.35	8.46	11.31	22.13	4.16
	全国排位	—	16	15	9	17	2	11	5	4	21
	均值（%）	—	24.67	27.15	13.5	21.19	17.65	7.2	7.33	16.34	7.27
	中位数（%）	—	24.71	25.7	12.72	21.45	17.82	7.27	6.24	15.49	6.5
	最大值（%）	—	39.56	54.52	47.14	32.85	24.51	20.83	27.51	23.6	31.18
	最小值（%）	—	11.11	15.68	1.06	4.45	8.42	-9.79	-2.4	2.45	-2.64
基本公共服务支出占GDP比重	福建（%）	4.06	4.43	4.83	4.7	4.93	5.57	5.56	5.73	6.57	6.27
	全国排位	22	22	22	24	25	23	23	24	24	25
	均值（%）	8.05	8.8	10.31	9.95	10.4	11.04	10.76	10.98	12.33	12.96
	中位数（%）	7.31	7.58	9.2	8.52	8.8	9.77	9.77	9.88	10.88	10.98
	最大值（%）	24	27.64	32.24	29.9	34.52	35.53	32.4	37.43	41.9	45.23
	最小值（%）	3.6	3.71	4	4.17	4.33	4.8	4.89	4.81	5.49	5.57

续表

	项目	2007年	2008年	2009年	2010年	2011年	2012年	2013年	2014年	2015年	2016年
基本公共服务支出占一般预算收入比重	福建（%）	53.68	57.47	63.41	60.16	57.62	61.75	57.42	58.37	67.11	68.09
	全国排位	24	24	23	24	24	23	24	23	23	24
	均值（%）	110.35	116.41	127.85	117.84	110.26	107.12	101.34	100.4	111.09	120.63
	中位数（%）	95.92	105.73	115.48	104.99	95.85	98.15	97.99	95.18	101.61	107.44
	最大值（%）	406.95	438.71	472.85	413.94	381.9	287.69	278.15	277.36	313.6	333.86
	最小值（%）	43.05	44.89	47.07	45.55	47.1	49.97	49.44	48.82	51.19	53.11
基本公共服务支出占一般预算支出比重	福建（%）	41.23	42.1	41.88	40.87	39.36	42.06	39.65	41.7	42.67	42.28
	全国排位	22	19	20	18	21	19	20	18	20	20
	均值（%）	43.24	43.18	43.3	41.38	41.33	42.64	42.06	42.44	43.66	44.70
	中位数（%）	44.04	43.38	44.01	41.44	41.65	43.82	43.15	43.46	44.18	44.74
	最大值（%）	48.57	48.76	48.85	48.79	46.78	48.19	47.80	47.90	48.94	57.10
	最小值（%）	29.76	28.67	30.26	27.53	27.59	27.51	26.06	29.07	31.13	32.8

说明：（1）计算各省（区）人均基本公共服务支出时分母取年末常住总人口，非年末户籍总人口，均值＝27个省及自治区人均基本公共服务支出合计数÷27；（2）基本公共服务支出总额增长率为经CPI调整的实际增长率。

资料来源：国家统计局网站——分省年度数据。

福建省基本公共服务支出的各种数据，除了"基本公共服务支出总额增长率"外，其他数据在27个省及自治区中排位基本都很靠后。"基本公共服务支出总额"排在第20位左右，近两年才提高到第17位；"人均基本公共服务支出"也是排在第16~21位；"基本公共服务支出总额增长率"排位波动较大，最高排在第2位，最低排在第21位；"基本公共服务支出占GDP比重"排在第22~25位；"基本公共服务支出占一般预算收入比重"排在第23~24位；"基本公共服务支出占一般预算支出比重"排在第18~21位；"基本公共服务支出占一般预算支出比重"与全国均值、中位数相差不大；"基本公共服务支出占GDP比重""基本公共服务支出占一般预算收入比重"与27个省及自治区的均值、中位数的差距则可以倍计。福建省基本公共服务支出占GDP比重10年间从4%逐步提高到6%，全国均值10年间从8%提高到了12%，中位数从7%提高到了近11%。福建省基本公共服务支出占一般预算收入比重10年间从53%逐步提高至68%，全国均值10年间从110%提高到了120%，中位数在100%左右。

进一步分析基本公共服务分项支出，表2-7显示了福建省基本公共服务分项支出在27个省及自治区中的排位。福建省科学技术支出总额在27个省及自治区中排位比较靠前，排在第10位左右。福建省"十二五"规划提出建设创新型省份，"十三五"规划明确实施创新驱动战略，科学技术支出的公共投入体现了政府主导意志，营造有利于创新的体制机制和政策环境，促进创新驱动战略的实施。医疗卫生支出总额、教育支出总额稳定居中排在第 16 位左右，文化体育与传媒支出近三年全国排位提高到居中的第 13、第 15、第 16 位。社会保障和就业支出、环境保护支出则排位靠后。

表 2－7　　　　　全国各省基本公共服务各分项支出总额横向比较

项目		2007 年	2008 年	2009 年	2010 年	2011 年	2012 年	2013 年	2014 年	2015 年	2016 年
社会保障和就业支出总额	金额（亿元）	90.57	109.29	132.85	148.24	184.92	205.28	240.66	258.71	341.77	348.99
	全国排位	22	21	23	23	23	23	23	23	22	22
医疗卫生支出总额	金额（亿元）	51.99	74.27	93.39	117.58	159.3	185.99	224.23	292.14	351.19	377.58
	全国排位	16	16	21	19	20	17	17	16	16	16
教育支出总额	金额（亿元）	183.66	233.29	277.55	327.77	406.73	562.3	574.91	634.6	757.51	789.11
	全国排位	16	17	16	16	17	16	16	16	16	15
文化体育与传媒支出总额	金额（亿元）	18.29	22.43	25.77	27.1	35.86	46.07	57.88	64.18	84.82	81.26
	全国排位	20	20	20	22	21	21	18	16	13	15
科学技术支出总额	金额（亿元）	21.27	25.63	27.89	32.31	40.48	48.47	60.62	67.4	76.6	80.28
	全国排位	7	9	10	10	11	10	11	10	9	10

续表

项目		2007 年	2008 年	2009 年	2010 年	2011 年	2012 年	2013 年	2014 年	2015 年	2016 年
环境保护支出总额	金额（亿元）	9.7	14.03	33.83	39.79	37.95	48.6	58.6	61.8	95.57	130.35
	全国排位	25	25	23	23	24	23	24	23	20	13

资料来源：国家统计局网站——分省年度数据。

福建省作为全国首个生态文明试验区，全省环境质量持续保持全国领先。2016 年上半年，福建Ⅰ～Ⅲ类水质占比 95.1%，比全国平均水平高出 26.3 个百分点；PM2.5 平均浓度为 30 微克/立方米，达到国家二级标准；厦门、福州 2016 年上半年在全国 74 个城市空气质量排名中分别居第 3 位、第 11 位；森林覆盖率达 65.95%，是全国水、大气、生态全优的省份之一。环境治理的投入相对没有其他省份负担重，因此环境保护支出全国排位靠后。但是为了走出一条可持续的绿色发展道路，环境保护是不容忽视的，2016 年福建省环境保护支出全国排位提高到第 13 位是个可喜的信号。

（二）经济区域分样本基本公共服务支出横向比较

福建省基本公共服务支出的各种数据的全国排位，相较于福建省 GDP 在全国排第 11 位、人均 GDP 全国排第 4 位、GDP 增速全国排第 4 位的位次，可见，福建省在基本公共服务支出中的投入与其经济发展水平不相称。然而，由于西南、内陆很多省及自治区，例如西藏、甘肃、青海，GDP 产值很低，地方财政一般预算支出往往依赖中央财政转移支付，与福建省不具有可比性，因此本书进一步分样本进行横向分析。

福建省划归华东地区，地域上与湖南、湖北、广东、山东等九省和广西壮族自治区并称东南沿海地区，因此取华东六省、东南沿海九省一区两个分样本进行横向比较。表 2-8 报告了按经济区域分样本基本公共服务支出总额横向比较的排位数据。

表 2 - 8　　　　经济区域分样本基本公共服务支出总额横向比较

项目		2007 年	2008 年	2009 年	2010 年	2011 年	2012 年	2013 年	2014 年	2015 年	2016 年
基本公共服务支出总额	福建（亿元）	375	479	591	693	865	1097	1217	1379	1707	1808
	华东六省排位	6	6	6	6	6	6	6	6	6	6
	东南沿海地区排位	10	10	10	10	10	10	10	10	10	10
人均基本公共服务支出	福建（元/人）	1040	1316	1613	1876	2326	2926	3224	3623	4448	4666
	华东六省排位	3	3	3	3	5	4	4	4	4	3
	东南沿海地区排位	4	4	5	6	7	6	6	6	5	5
基本公共服务支出总额增长率	福建（%）		22.95	25.26	13.97	19.59	24.35	8.46	11.31	22.13	4.16
	华东六省排位		3	3	4	5	1	5	1	1	5
	东南沿海地区排位		6	5	6	7	2	7	3	2	9
基本公共服务支出占GDP比重	福建（%）	4.06	4.43	4.83	4.7	4.93	5.57	5.56	5.73	6.57	6.27
	华东六省排位	3	3	3	4	5	3	3	4	4	4
	东南沿海地区排位	6	6	6	8	9	7	7	8	8	8
基本公共服务支出占一般预算收入比重	福建（%）	53.68	57.47	63.41	60.16	57.62	61.75	57.42	58.37	67.11	68.09
	华东六省排位	4	4	3	4	4	4	4	4	4	4
	东南沿海地区排位	7	7	6	7	7	7	7	7	7	7

续表

项目		2007年	2008年	2009年	2010年	2011年	2012年	2013年	2014年	2015年	2016年
基本公共服务支出占一般预算支出比重	福建（%）	41.23	42.1	41.88	40.87	39.36	42.06	39.65	41.7	42.67	42.28
	华东六省排位	4	5	3	4	5	5	6	5	5	6
	东南沿海地区排位	6	7	7	8	9	9	10	9	8	10
GDP	福建（亿元）	9249	10823	12237	14737	17560	19702	21868	24056	25980	28811
	华东六省排位	5	5	5	5	5	5	5	5	5	5
	东南沿海地区排位	7	7	7	7	7	7	7	7	7	7
人均GDP	福建（元/人）	25582	29755	33437	40025	47377	52763	58145	63472	67966	74707
	华东六省排位	4	4	4	4	3	3	3	3	3	3
	东南沿海地区排位	5	5	5	5	4	4	4	3	3	3
GDP增速	福建（%）	15.2	13	12.3	13.9	12.3	11.4	11	9.9	9	8.4
	华东六省排位	1	1	3	2	2	2	1	1	1	2
	东南沿海地区排位	1	4	7	6	6	2	1	1	2	3

说明：（1）计算各省人均基本公共服务支出时分母取年末常住总人口，非年末户籍总人口；（2）基本公共服务支出总额增长率为经 CPI 调整的实际增长率；（3）华东六省包括江苏、浙江、安徽、福建、江西、山东六省，东南沿海地区包括江苏、浙江、安徽、福建、江西、山东、湖南、湖北、广东九省和广西壮族自治区。

资料来源：国家统计局网站——分省年度数据。

福建省基本公共服务支出总额不论是在华东六省还是在东南沿海地区都是排在最后一位，基本公共服务支出占一般预算支出比重在华东六省、东南沿海地区都排位靠后，基本公共服务支出占 GDP 比重近三年居华东六省第 4 位、东南沿海地区第 8 位，基本公共服务支出占一般预算收入比重连续 7 年华东六省居第 4 位、东南沿海地区居第 7 位。这些数据都反映出福建省基本公共服务支出水平在所属经济区域中属于落后省份。而福建省 GDP 在华东六省居第 5 位、东南沿海地区居第 7 位，说明福建省在发展条件类似的经济区域中属于经济实力较弱的省份。这意味着，福建省在基本公共服务方面的投入与其经济发展程度其实并未失衡。

虽然福建省基本公共服务支出总额排在区域末位，但由于福建省并非人口大省，福建省人均基本公共服务支出在华东六省排位 10 年间 6 次居第 3 位、东南沿海地区近两年提升至第 5 位。相较于福建省人均 GDP 华东六省排位 10 年间 6 次居第 3 位、东南沿海地区稳步从第 5 位提升至第 3 位，福建省人均基本公共服务支出与经济发展还是旗鼓相当的。

福建省基本公共服务支出总额增长率在华东六省排位波动较大，高时居第 1 位，低时居第 5 位，在东南沿海地区排位同样在第 2 位和第 9 位间波动。而福建省 GDP 增速在华东六省数一数二，在东南沿海地区排位近年来位居前三。可见，经济高速增长是基本公共服务投入提速的必要非充分条件，还受到其他很多因素的影响。

第二节 福建省九地市基本公共服务支出的情况

一、福建省九地市基本公共服务支出的纵向比较

本书将分别对社会保障、医疗卫生、文化体育、教育、科技、环保进行深入的分析评价，本节仅就各地市基本公共服务支出总额整体情况进行分析。

（一）福州基本公共服务支出纵向比较

从表 2-9 中可以看出，福州市基本公共服务支出从 2007 年的 61.37 亿元逐年增长到 2016 年的 335.23 亿元，增长了 4.5 倍；人均基本公共服务支出从 2007 年的 908 元/人逐年增长到 2016 年的 4428 元/人，增长了近 4 倍；基本公共服务支出总额增长率近 9 年均保持 10% 以上的增长率；基本公共服务支出占 GDP 比重由 2007 年的 3.02% 稳步增长到了 2016 年的 5.41%；基本公共服务支出占一般预算收入比重由 2007 年的 41.87% 稳步增长到了 2016 年的 55.97%；基本公共服

务支出占一般预算支出比重维持在40%以上。

表 2 - 9　　　　　　　　　　福州基本公共服务支出纵向比较

年份	福州基本公共服务支出总额（亿元）	福州人均基本公共服务支出（元/人）	福州基本公共服务支出总额增长率（%）	福州基本公共服务支出占GDP比重（%）	福州基本公共服务支出占一般预算收入比重（%）	福州基本公共服务支出占一般预算支出比重（%）	福州人均GDP（元/人）	福州GDP增速（%）
2007	61.37	908	—	3.02	41.87	42.89	30130	15.8
2008	82.54	1209	30.10	3.50	48.88	46.32	33884	13.7
2009	93.92	1367	14.58	3.61	48.10	45.79	37041	13.0
2010	112.79	1585	16.89	3.61	45.51	42.98	44000	14.2
2011	152.40	2117	30.32	4.08	47.62	41.95	52152	13.0
2012	185.92	2557	19.79	4.42	48.67	45.27	58202	12.0
2013	216.25	2946	13.71	4.62	47.64	40.51	64134	11.5
2014	259.56	3493	18.22	5.02	50.81	45.16	69995	10.1
2015	295.44	3939	12.12	5.26	52.71	40.70	75259	9.6
2016	335.23	4428	11.17	5.41	55.97	40.39	82251	8.5

说明：（1）计算人均数据的分母取年末常住总人口，非年末户籍总人口；（2）基本公共服务支出总额增长率为经 CPI 调整的实际增长率。

资料来源：福州市统计局网站。

福州市基本公共服务支出保持持续增长的态势，人均基本公共服务支出超过了同期人均 GDP 的增长幅度（人均 GDP 从 2007 年的 30130 元/人增长到 2016 年的 82251 元/人，增长了 1.73 倍），每年基本公共服务支出总额增长率均超过了 GDP 增速，这说明福州市重视社会福利提升，安排公共支出来满足社会公众对公共服务日益增长的需求。

（二）厦门基本公共服务支出纵向比较

从表 2 - 10 中可以看出，厦门市基本公共服务支出从 2007 年的 63.3 亿元逐年增长到 2016 年的 293.6 亿元，增长了 3.6 倍；人均基本公共服务支出从 2007 年的 2082 元/人逐年增长到 2016 年的 7490 元/人，增长了近 2.6 倍；基本公共服务支出总额增长率近 9 年除了 2014 年以外基本保持在 10% 以上的增长率；基本公共服务支出占一般预算收入比重由 2007 年的 33.93％ 稳步增长到了 2016 年的 45.31％ ；基本公共服务支出占一般预算支出比重维持在 30％ 以上。

表 2 - 10　　　　　　　　　　厦门基本公共服务支出纵向比较

年份	厦门基本公共服务支出总额（亿元）	厦门人均基本公共服务支出（元/人）	厦门基本公共服务支出总额增长率（％）	厦门基本公共服务支出占GDP比重（％）	厦门基本公共服务支出占一般预算收入比重（％）	厦门基本公共服务支出占一般预算支出比重（％）	厦门人均GDP（元/人）	厦门GDP增速（％）
2007	63.30	2082	—	4.51	33.93	31.86	47385	20.4
2008	77.79	2386	17.99	4.83	35.32	32.67	51134	17.9
2009	90.09	2730	18.52	5.19	37.45	33.61	52964	10.2
2010	106.65	2996	15.38	5.18	36.88	34.75	60060	13.5
2011	132.49	3670	19.02	5.22	35.73	34.05	70832	13.6
2012	157.07	4280	16.46	5.58	37.14	33.95	77340	11.1
2013	177.05	4747	10.42	5.89	36.09	34.26	81254	8.0
2014	196.02	5145	8.52	5.99	36.05	35.72	86832	10.9
2015	245.83	6369	23.71	7.09	40.56	37.75	90379	6.2
2016	293.60	7490	17.73	7.76	45.31	38.70	97282	9.8

说明：（1）计算人均数据的分母取年末常住总人口，非年末户籍总人口；（2）基本公共服务支出总额增长率为经 CPI 调整的实际增长率；（3）2007～2012 年的一般预算收入，即地方级财政收入数据摘自每年的《厦门市本级财政决算的报告》。

资料来源：厦门市统计局网站、《厦门市本级财政决算的报告》。

厦门市基本公共服务支出保持持续增长的态势，人均基本公共服务支出超过了同期人均 GDP 的增长幅度（人均 GDP 从 2007 年的 47385 元/人增长到 2016 年的 97282 元/人，增长了 1 倍），除了 2014 年以外其他年份基本公共服务支出总额增长率均超过了 GDP 增速，这说明厦门市长期重视社会福利，提供一定财力来满足社会公众对公共服务日益增长的需求。

（三）宁德基本公共服务支出纵向比较

从表 2 - 11 中可以看出，宁德市基本公共服务支出从 2007 年的 21.4 亿元逐年增长到 2016 年的 112.68 亿元，增长了 4.3 倍；人均基本公共服务支出从 2007

年的 743 元/人逐年增长到 2016 年的 3899 元/人，增长了近 4.3 倍；基本公共服务支出总额增长率近 9 年除了 2016 年以外基本保持 10% 以上的增长率；基本公共服务支出占 GDP 比重由 2007 年的 4.68% 稳步增长到了 2016 年的 6.94%；基本公共服务支出占一般预算收入比重由 2007 年的 64.03% 稳步增长到了 2016 年的 72.65%；基本公共服务支出占一般预算支出比重维持在 40% 以上。

表 2-11 宁德基本公共服务支出纵向比较

年份	宁德基本公共服务支出总额（亿元）	宁德人均基本公共服务支出（元/人）	宁德基本公共服务支出总额增长率（%）	宁德基本公共服务支出占GDP比重（%）	宁德基本公共服务支出占一般预算收入比重（%）	宁德基本公共服务支出占一般预算支出比重（%）	宁德人均GDP（元/人）	宁德GDP增速（%）
2007	21.40	743	—	4.68	64.03	49.74	15829	16.3
2008	27.72	969	25.46	5.11	69.28	50.58	18919	14.5
2009	36.28	1273	31.97	5.92	81.20	52.32	21446	13.3
2010	41.70	1483	11.42	5.66	66.53	48.26	26062	15.0
2011	53.71	1898	23.29	5.77	64.38	47.08	32936	15.2
2012	68.17	2400	24.52	6.34	65.26	47.94	37921	12.6
2013	78.51	2765	12.98	6.34	62.42	42.22	43622	12.6
2014	88.89	3119	11.31	6.46	63.32	44.46	48369	10.8
2015	111.18	3874	23.58	7.48	75.43	44.83	52006	8.6
2016	112.68	3899	-0.05	6.94	72.65	42.21	56358	7.5

说明：(1) 计算人均数据的分母取年末常住总人口，非年末户籍总人口；(2) 基本公共服务支出总额增长率为经 CPI 调整的实际增长率。

资料来源：宁德市统计局网站。

宁德市基本公共服务支出保持持续增长的态势，人均基本公共服务支出超过了同期人均 GDP 的增长幅度（人均 GDP 从 2007 年的 15829 元/人增长到 2016 年的 56358 元/人，增长了 2.56 倍），除了 2010 年、2016 年以外其他年份基本公共服务支出总额增长率均超过了 GDP 增速，说明宁德市重视社会福利，不断提升公共服务能力来满足社会公众对公共服务日益增长的需求。

（四）莆田基本公共服务支出纵向比较

从表 2-12 中可以看出，莆田市基本公共服务支出从 2007 年的 18.15 亿元逐年增长到 2016 年的 110.22 亿元，增长了 5 倍；人均基本公共服务支出从 2007 年的 641 元/人逐年增长到 2016 年的 3814 元/人，增长了近 5 倍；基本公共服务支出总额增长率近 9 年除了 2011 年和 2016 年以外基本保持 10% 以上的增长率；基本公共服务支出占 GDP 比重由 2007 年的 1.48% 稳步增长到了 2016 年的 2.12%；基本公共服务支出占一般预算收入比重由 2007 年的 76.20% 稳步增长到了 2016 年的 95.24%；基本公共服务支出占一般预算支出比重维持在 50% 以上。

表 2-12　　　　　　　　莆田基本公共服务支出纵向比较

年份	莆田基本公共服务支出总额（亿元）	莆田人均基本公共服务支出（元/人）	莆田基本公共服务支出总额增长率（%）	莆田基本公共服务支出占 GDP 比重（%）	莆田基本公共服务支出占一般预算收入比重（%）	莆田基本公共服务支出占一般预算支出比重（%）	莆田人均GDP（元/人）	莆田GDP增速（%）
2007	18.15	641	—	1.48	76.20	55.78	18483	—
2008	25.04	882	33.06	1.66	84.72	55.10	22004	18.7
2009	36.84	1288	48.02	2.08	97.18	58.85	24886	18.7
2010	46.20	1663	22.21	2.09	96.98	58.24	30584	19.1
2011	51.47	1845	5.92	1.84	80.52	53.95	37724	17.8
2012	68.24	2429	29.88	2.13	88.12	57.94	42871	16.3
2013	78.33	2768	12.28	2.15	82.53	54.34	47706	14.7
2014	91.21	3201	14.44	2.20	82.70	57.76	52890	12.8
2015	105.84	3688	14.53	2.29	91.52	56.06	57888	12.3
2016	110.22	3814	2.84	2.12	95.24	53.27	63313	9.8

说明：（1）计算人均数据的分母取年末常住总人口，非年末户籍总人口；（2）基本公共服务支出总额增长率为经 CPI 调整的实际增长率。

资料来源：莆田市统计局网站。

莆田市基本公共服务支出保持持续增长的态势，人均基本公共服务支出超过了同期人均 GDP 的增长幅度（人均 GDP 从 2007 年的 18483 元/人增长到 2016 年的 63313 元/人，增长了 2.42 倍），基本公共服务支出总额增长率均值 20.53% 超过了同期 GDP 增速均值 15.58%，这说明莆田市关注社会福利的提升，增加公共财政投入来满足社会公众对公共服务日益增长的需求。

（五）泉州基本公共服务支出纵向比较

从表 2 – 13 中可以看出，泉州市基本公共服务支出从 2007 年的 58.67 亿元逐年增长到 2016 年的 269.88 亿元，增长了近 3.6 倍；人均基本公共服务支出从 2007 年的 742 元/人逐年增长到 2016 年的 3145 元/人，增长了 3.2 倍；基本公共服务支出总额增长率近 9 年除了 2016 年以外基本保持 10% 以上的增长率；基本公共服务支出占 GDP 比重由 2007 年的 2.5% 稳步增长到了 2016 年的 4.06%；基本公共服务支出占一般预算收入比重由 2007 年的 51.19% 稳步增长到了 2016 年的 63.64%；基本公共服务支出占一般预算支出比重维持在 40% 以上。

表 2 – 13　　　　　　　　　泉州基本公共服务支出纵向比较

年份	泉州基本公共服务支出总额（亿元）	泉州人均基本公共服务支出（元/人）	泉州基本公共服务支出总额增长率（%）	泉州基本公共服务支出占GDP比重（%）	泉州基本公共服务支出占一般预算收入比重（%）	泉州基本公共服务支出占一般预算支出比重（%）	泉州人均GDP（元/人）	泉州GDP增速（%）
2007	58.67	742	—	2.50	51.19	43.80	29775	—
2008	71.64	899	18.31	2.56	52.23	44.40	35209	15.0
2009	87.32	1081	24.08	2.84	58.19	46.72	38249	12.5
2010	106.84	1313	18.96	3.00	58.86	46.52	43959	12.8
2011	13326	1623	19.43	3.17	55.05	44.87	51413	13.5
2012	157.66	1902	15.71	3.35	53.72	44.23	57002	12.3
2013	183.29	2192	13.76	3.51	50.30	43.41	62657	11.5
2014	217.15	2573	16.47	3.79	57.13	45.55	68254	10.1
2015	306.65	3603	39.42	5.00	78.97	56.80	72421	8.9
2016	269.88	3145	-13.69	4.06	63.64	45.16	77784	8.0

说明：（1）计算人均数据的分母取年末常住总人口，非年末户籍总人口；（2）基本公共服务支出总额增长率为经 CPI 调整的实际增长率；（3）泉州市的一般预算收入，即地方财政收入数据摘自每年的《泉州市国民经济和社会发展统计公报》。

资料来源：泉州市统计局网站和《泉州市国民经济和社会发展统计公报》。

泉州市基本公共服务支出保持持续增长的态势，人均基本公共服务支出超过了同期人均 GDP 的增长幅度（人均 GDP 从 2007 年的 29775 元/人增长到 2016 年的 77784 元/人，增长了 1.61 倍），除了 2016 年以外其他年份基本公共服务支出总额增长率均超过了 GDP 增速，这说明泉州市重视社会福利的提升，为满足社会公众对公共服务日益增长的需求而不断加大公共财政投入。

（六）漳州基本公共服务支出纵向比较

从表 2-14 中可以看出，漳州市基本公共服务支出从 2007 年的 28.03 亿元逐年增长到 2016 年的 167.91 亿元，增长了近 5 倍；人均基本公共服务支出从 2007 年的 591 元/人逐年增长到 2016 年的 3325 元/人，增长了 4.6 倍；基本公共服务支出总额增长率近 9 年除了 2016 年以外基本保持 10% 以上的增长率；基本公共服务支出占 GDP 比重由 2007 年的 3.19% 稳步增长到了 2016 年的 5.37%；基本公共服务支出占一般预算收入比重由 2007 年的 59.13% 稳步增长到了 2016 年的 89.49%；基本公共服务支出占一般预算支出比重维持在 40% 以上。

表 2-14　　　　　　　　　漳州基本公共服务支出纵向比较

年份	漳州基本公共服务支出总额（亿元）	漳州人均基本公共服务支出（元/人）	漳州基本公共服务支出总额增长率（%）	漳州基本公共服务支出占 GDP 比重（%）	漳州基本公共服务支出占一般预算收入比重（%）	漳州基本公共服务支出占一般预算支出比重（%）	漳州人均 GDP（元/人）	漳州 GDP 增速（%）
2007	28.03	591	—	3.19	59.13	41.05	18554	—
2008	38.09	799	31.29	3.80	62.98	41.29	21081	15.7
2009	52.97	1104	40.95	4.50	74.66	43.87	24619	15.7
2010	62.68	1303	14.94	4.38	70.77	42.49	29771	21.1
2011	75.62	1562	15.64	4.28	67.46	41.45	36793	20.3
2012	94.24	1923	22.12	4.68	71.55	42.49	41333	14.4
2013	110.46	2241	14.71	4.92	71.33	42.12	45702	11.9
2014	126.14	2543	12.19	5.03	74.64	45.95	50685	12.3
2015	160.60	3212	25.73	5.80	89.67	45.14	55569	12.3
2016	167.91	3325	3.05	5.37	89.49	45.49	62196	9.9

说明：（1）计算人均数据的分母取年末常住总人口，非年末户籍总人口；（2）基本公共服务支出总额增长率为经 CPI 调整的实际增长率。

资料来源：漳州市统计局网站。

漳州市基本公共服务支出保持持续增长的态势，人均基本公共服务支出超过了同期人均 GDP 的增长幅度（人均 GDP 从 2007 年的 18554 元/人增长到 2016 年的 62196 元/人，增长了 2.42 倍），基本公共服务支出总额增长率均值 20.07% 超过了同期 GDP 增速均值 14.84%，这说明漳州市不断提升社会福利，建设和提升公共服务能力以满足社会公众对公共服务日益增长的需求。

（七）龙岩基本公共服务支出纵向比较

从表 2-15 中可以看出，龙岩市基本公共服务支出从 2007 年的 25.52 亿元逐渐增长到 2016 年的 126.74 亿元，增长了近 4 倍；人均基本公共服务支出从 2007 年的 925 元/人逐年增长到 2016 年的 4819 元/人，增长了 4.2 倍；基本公共服务支出总额增长率近 9 年间波动较大，高至 41.74%，低至 3.11%；基本公共服务支出占 GDP 比重由 2007 年的 4.29 稳步增长到了 2016 年的 6.69%；基本公共服务支出占一般预算收入比重由 2007 年的 69.61% 稳步增长到了 2016 年的 96.45%；基本公共服务支出占一般预算支出比重维持在 40% 以上。

表 2-15　　　　　　　　　　龙岩基本公共服务支出纵向比较

年份	龙岩基本公共服务支出总额（亿元）	龙岩人均基本公共服务支出（元/人）	龙岩基本公共服务支出总额增长率（%）	龙岩基本公共服务支出占GDP比重（%）	龙岩基本公共服务支出占一般预算收入比重（%）	龙岩基本公共服务支出占一般预算支出比重（%）	龙岩人均GDP（元/人）	龙岩GDP增速（%）
2007	25.52	925	—	4.29	69.61	46.32	22831	—
2008	31.85	1150	20.01	4.34	68.81	46.68	28307	15.1
2009	44.72	1609	41.74	5.42	82.31	50.23	31981	14.0
2010	50.15	1959	8.24	5.06	75.14	45.26	38795	13.9
2011	63.06	2463	20.54	5.08	74.82	45.79	48554	13.0
2012	78.53	3056	22.03	5.79	77.36	47.61	52896	12.0
2013	85.13	3300	6.01	5.75	72.63	42.69	57426	11.2
2014	99.77	3852	15.30	6.15	83.25	48.43	62730	9.7
2015	121.16	4642	19.84	6.97	97.24	46.97	66865	8.9
2016	126.74	4819	3.11	6.69	96.45	46.21	72354	8.1

说明：（1）计算人均数据的分母取年末常住总人口，非年末户籍总人口；（2）基本公共服务支出总额增长率为经 CPI 调整的实际增长率。

资料来源：龙岩市统计局网站。

龙岩市基本公共服务支出保持持续增长的态势，人均基本公共服务支出超过了同期人均 GDP 的增长幅度（人均 GDP 从 2007 年的 22831 元/人增长到 2016 年的 72354 元/人，增长了 2.16 倍），基本公共服务支出总额增长率均值 17.42% 超过了同期 GDP 增速均值 11.77%，这说明龙岩市重视基本公共服务建设的持续投入，不断提升满足社会公众对公共服务日益增长需求的能力。

（八）三明基本公共服务支出纵向比较

从表 2-16 中可以看出，三明市基本公共服务支出从 2007 年的 20.96 亿元逐年增长到 2016 年的 117.86 亿元，增长了 4.6 倍；人均基本公共服务支出从 2007 年的 800 元/人逐年增长到 2016 年的 4622 元/人，增长了 4.7 倍；基本公共服务支出总额增长率近 9 年除了 2016 年外均保持 10% 以上的增长率；基本公共服务支出占 GDP 比重由 2007 年的 3.67% 稳步增长到了 2016 年的 6.33%；基本公共服务支出占一般预算收入比重由 2007 年的 76.26% 稳步增长到了 2016 年的 124.46%；基本公共服务支出占一般预算支出比重维持在 40% 以上。

表 2-16　　　　　　　　　三明基本公共服务支出纵向比较

年份	三明基本公共服务支出总额（亿元）	三明人均基本公共服务支出（元/人）	三明基本公共服务支出总额增长率（%）	三明基本公共服务支出占GDP比重（%）	三明基本公共服务支出占一般预算收入比重（%）	三明基本公共服务支出占一般预算支出比重（%）	三明人均GDP（元/人）	三明GDP增速（%）
2007	20.96	800	—	3.67	76.26	45.86	21823	—
2008	26.14	994	19.79	3.61	79.30	49.29	27491	14.7
2009	37.79	1432	46.11	4.72	99.55	50.29	30312	13.2
2010	43.15	1724	10.78	4.43	86.93	44.48	38957	13.9
2011	56.01	2231	24.69	4.62	86.78	46.34	48279	14.1
2012	70.57	2822	23.70	5.29	91.14	46.06	53371	12.2
2013	81.40	3243	12.95	5.48	90.60	43.45	59221	11.2
2014	93.68	3732	13.08	5.78	103.03	47.10	64590	9.6
2015	115.52	4566	21.92	6.74	123.31	48.00	67709	8.5
2016	117.86	4622	0.91	6.33	124.46	46.44	72973	7.8

说明：（1）计算人均数据的分母取年末常住总人口，非年末户籍总人口；（2）基本公共服务支出总额增长率为经 CPI 调整的实际增长率。

资料来源：三明市统计局网站。

三明市基本公共服务支出保持持续增长的态势，人均基本公共服务支出超过了同期人均 GDP 的增长幅度（人均 GDP 从 2007 年的 21823 元/人增长到 2016 年的 72973 元/人，增长了 2.34 倍），基本公共服务支出总额增长率均值 19.33% 超过了同期 GDP 增速均值 11.69%，这说明三明市不断将公共财政收入用于社会福利的提高，建设和提升公共服务能力，满足社会公众对公共服务日益增长的需求。

（九）南平基本公共服务支出纵向比较

从表 2－17 中可以看出，南平市基本公共服务支出从 2007 年的 21.24 亿元逐年增长到 2016 年的 113 亿元，增长了 4.3 倍；人均基本公共服务支出从 2007 年的 738 元/人逐年增长到 2016 年的 4248 元/人，增长了 4.8 倍；基本公共服务支出总额增长率近 9 年波动较大，高达 34.34%，低至 0.04%；基本公共服务支出占 GDP 比重由 2007 年的 4.56% 稳步增长到 2016 年的 7.75%；基本公共服务支出占一般预算收入比重由 2007 年的 88.92% 稳步增长到了 2016 年的 136.19%；基本公共服务支出占一般预算支出比重维持在 40% 以上。

表 2－17　　　　　　　　　南平基本公共服务支出纵向比较

年份	南平基本公共服务支出总额（亿元）	南平人均基本公共服务支出（元/人）	南平基本公共服务支出总额增长率（%）	南平基本公共服务支出占GDP比重（%）	南平基本公共服务支出占一般预算收入比重（%）	南平基本公共服务支出占一般预算支出比重（%）	南平人均GDP（元/人）	南平GDP增速（%）
2007	21.24	738	—	4.56	88.92	50.65	17198	—
2008	29.56	1023	34.34	5.29	105.39	53.05	20788	14.1
2009	37.27	1285	28.69	6.00	118.75	54.27	23230	13.9
2010	42.43	1604	9.64	5.82	109.95	48.75	27445	11.7
2011	49.79	1879	12.35	5.57	102.28	42.80	33775	12.2
2012	63.17	2402	24.48	6.35	106.74	48.18	37692	11.0
2013	77.59	2961	20.23	6.96	108.33	43.56	42493	11.2
2014	84.57	3228	7.00	6.86	104.42	44.42	47044	9.6
2015	111.50	4224	30.24	8.32	129.01	46.47	50929	9.1
2016	113.00	4248	0.04	7.75	136.19	45.23	55009	6.8

说明：（1）计算人均数据的分母取年末常住总人口，非年末户籍总人口；（2）基本公共服务支出总额增长率为经 CPI 调整的实际增长率。

资料来源：南平市统计局网站。

南平市基本公共服务支出保持持续增长的态势，人均基本公共服务支出超过了同期人均 GDP 的增长幅度（人均 GDP 从 2007 年的 17198 元/人增长到 2016 年的 55009 元/人，增长了 2.34 倍），基本公共服务支出总额增长率均值 18.56% 超过了同期 GDP 增速均值 11.07%，这说明南平市长期重视社会福利，公共财政支出保障社会公众对公共服务日益增长需求的满足。

二、福建省九地市基本公共服务支出的横向比较

本节将九地市基本公共服务支出进行横向比较，并与省级数据和全国数据同时进行比较。通过省级数据和全国数据的比较可知，除了基本服务支出总额增长率优于全国数据外，基本公共服务支出总额、人均基本公共服务支出、基本公共服务支出占 GDP 比重的省级数据与全国数据均有较大差异，与省级数据间横向比较的结论是一致的。

本章各表中涉及"全国"指标的计算均基于《中国统计年鉴》的数据，不仅包含 27 个省及自治区，还包括 4 个直辖市，一般预算收入指由地方财政收入和中央财政收入构成的国家财政收入；一般预算支出指由地方财政支出和中央财政支出构成的国家财政支出总额，因此，与上文中表 2 – 6 的基于 27 个省及自治区数据描述性统计的"均值"数据有差异。

（一）九地市基本公共服务支出总额横向比较

从表 2 – 18 中可以看出，九地市的基本公共服务支出总额，福州、厦门和泉州超福建省平均数，莆田与宁德在全省垫底。排头兵福州在"十一五"期间的基本公共服务支出总额低于全国平均数，进入"十二五"后才全面超越全国平均数，厦门仅仅是在最近才超过全国平均数。福建省各地基本服务支出的投入连全国平均水平都达不到，未来还应持续加大投入。

表 2 – 18　　　　　　　　九地市基本公共服务支出总额横向比较　　　　　单位：亿元

年份	全国平均	全省平均	福州	厦门	宁德	莆田	泉州	漳州	龙岩	三明	南平
2007	65.69	41.72	61.37	63.30	21.40	18.15	58.67	28.03	25.52	20.96	21.24
2008	83.85	53.22	82.54	77.79	27.72	25.04	71.64	38.09	31.85	26.14	29.56
2009	101.21	65.70	93.92	90.09	36.28	36.84	87.32	52.97	44.72	37.79	37.27
2010	122.50	76.98	112.79	106.65	41.70	46.20	106.84	62.68	50.15	43.15	42.43

年份	全国平均	全省平均	福州	厦门	宁德	莆田	泉州	漳州	龙岩	三明	南平
2011	149.29	96.14	152.40	132.49	53.71	51.47	133.26	75.62	63.06	56.01	49.79
2012	178.10	121.86	185.92	157.07	68.17	68.24	157.66	94.24	78.53	70.57	63.17
2013	195.23	135.21	216.25	177.05	78.51	78.33	183.29	110.46	85.13	81.40	77.59
2014	211.84	153.20	259.56	196.02	88.89	91.21	217.15	126.14	99.77	93.68	84.57
2015	243.94	189.72	295.44	245.83	111.18	105.84	306.65	160.60	121.16	115.52	111.50
2016	263.77	200.84	335.23	293.60	112.68	110.22	269.88	167.91	126.74	117.86	113.00

说明：全国平均 = 全国基本公共服务支出总额÷地级市数量；全省平均 = 福建省基本公共服务支出总额÷9。

资料来源：国家统计局、福建省统计局、各市统计局网站。

从表2 - 19中可以看出，莆田的GDP自从2007年以来已经由第4位提升为第3位，但其基本公共服务支出总额却在全省垫底；无独有偶，泉州的GDP一直以来都是居福建省第1位，但基本公共服务支出总额则居第3位。这说明莆田和泉州对基本公共服务支出的投入与其经济发展水平不相称。

表2 - 19			九地市 GDP 排位						
年份	福州	厦门	宁德	莆田	泉州	漳州	龙岩	三明	南平
2007	2	3	9	4	1	5	6	7	8
2008	2	3	9	4	1	5	6	7	8
2009	2	4	9	3	1	5	6	7	8
2010	2	4	8	3	1	5	6	7	9
2011	2	4	8	3	1	5	6	7	9
2012	2	4	8	3	1	5	6	7	9
2013	2	4	8	3	1	5	7	6	9
2014	2	4	8	3	1	5	6	7	9
2015	2	4	8	3	1	5	6	7	9
2016	2	4	8	3	1	5	6	7	9

资料来源：九地市统计局网站。

（二）九地市人均基本公共服务支出横向比较

九地市的人均基本公共服务支出，近十年来厦门都排在福建省第1位，不仅超过省平均数，而且超过全国平均数。厦门市人均基本公共服务支出虽然不及北京（2016 年 13111 元/人）、上海（2016 年 11580 元/人）、天津（2016 年 8525 元/人），但却超过重庆（2016 年 5849 元/人），在福建省内更是一骑绝尘，远超龙岩、福州 50% 以上。厦门 GDP 总量仅排在全省第 4 位，基本公共服务支出总额在全省排第 2 位至第 3 位，但由于厦门的常住人口少，2016 年末仅 392 万人，泉州、福州常住人口是厦门的 2 倍左右，因此，厦门人均 GDP、人均基本公共服务支出能远远甩开其他地市。类似地，龙岩基本公共服务支出总额在全省排第 5 位，但常住人口在全省排第 8 位，龙岩的人均基本公共服务支出跃居全省第 2 位（见表 2 - 20）。

表 2 - 20　　　　　　九地市人均基本公共服务支出横向比较　　　　　单位：元/人

年份	全国	福建	福州	厦门	宁德	莆田	泉州	漳州	龙岩	三明	南平
2007	1407	1040	908	2082	743	641	742	591	925	800	738
2008	1787	1316	1209	2386	969	882	899	799	1150	994	1023
2009	2146	1613	1367	2730	1273	1288	1081	1104	1609	1432	1285
2010	2585	1876	1585	2996	1483	1663	1313	1303	1959	1724	1604
2011	3147	2326	2117	3670	1898	1845	1623	1562	2463	2231	1879
2012	3749	2926	2557	4280	2400	2429	1902	1923	3056	2822	2402
2013	4103	3224	2946	4747	2765	2768	2192	2241	3300	3243	2961
2014	4460	3623	3493	5145	3119	3201	2573	2543	3852	3732	3228
2015	5164	4448	3939	6369	3874	3688	3603	3212	4642	4566	4224
2016	5589	4666	4428	7490	3899	3814	3145	3325	4819	4622	4248

说明：（1）全国人均基本公共服务支出 = 全国基本公共服务支出总额 ÷ 全国年末总人口；（2）全省人均基本公共服务支出 = 福建省基本公共服务支出总额 ÷ 福建省年末常住人口。

资料来源：国家统计局、福建省统计局、各市统计局网站。

九地市中仅有厦门超过全国平均水平，这再次印证福建省基本公共服务支出的投入与全国平均水平有很大差距。如果说人口因素是造成厦门人均基本公共服务支出高居福建榜首的原因，不过福建省本身也不是人口大省，2016 年末常住人口 3800 万人，与陕西省处于一个数量级，但陕西省人均基本公共服务支出基本与全国平均水平持平（2016 年 5584 元/人）。

（三）九地市基本公共服务支出总额增长率横向比较

上文纵向分析已经表明九地市的基本公共服务支出总额增长率基本都超过了

各地市的 GDP 增速，福建省基本公共服务支出总额增长率普遍高于全国。相对于九地市的横向比较而言，各地市的基本公共服务支出总额增长率波动较大，呈现各领风骚数年的态势。除了福州和厦门，其他地市的基本公共服务支出总额增长率在 2016 年都出现了断崖式的下降，尤其泉州更是负增长（见表 2 – 21）。

表 2 – 21　　　　九地市基本公共服务支出总额增长率横向比较　　　单位：%

年份	全国	福建	福州	厦门	宁德	莆田	泉州	漳州	龙岩	三明	南平
2008	21.75	22.95	30.10	17.99	25.46	33.06	18.31	31.29	20.01	19.79	34.34
2009	21.40	25.26	14.58	18.52	31.97	48.02	24.08	40.95	41.74	46.11	28.69
2010	17.73	13.97	16.89	15.38	11.42	22.21	18.96	14.94	8.24	10.78	9.64
2011	16.91	19.59	30.32	19.02	23.29	5.92	15.71	15.64	20.54	24.69	12.35
2012	17.11	24.35	19.79	16.46	24.52	29.88	15.71	22.12	22.03	23.70	24.48
2013	7.41	8.46	13.71	10.42	12.98	12.28	13.76	14.71	6.01	12.95	20.23
2014	7.26	11.31	18.22	8.52	11.31	14.44	16.47	12.19	15.30	13.08	7.00
2015	14.95	22.13	12.12	23.71	23.58	14.53	39.42	25.73	19.84	21.92	30.24
2016	6.87	4.16	11.17	17.73	-0.05	2.84	-13.69	3.05	3.11	0.91	0.04

说明：基本公共服务支出总额增长率为经 CPI 调整的实际增长率。

资料来源：国家统计局、福建省统计局、各市统计局网站。

（四）九地市基本公共服务支出占 GDP 比重横向比较

　　九地市的基本公共服务支出占 GDP 比重，厦门、宁德、龙岩和南平均超过了福建省指标平均值，但都低于全国指标平均值。基本公共服务支出总额，厦门在省内排第 2 位至第 3 位、龙岩排在第 5 位，GDP 厦门在省内排在第 3 位至第 4 位、GDP 排第 6 位，人均基本公共服务支出厦门在省内排在第 1 位、龙岩排在第 2 位，虽然宁德、南平基本公共服务支出总额、人均基本公共服务支出排位靠后，GDP 排位垫底，但宁德、南平基本公共服务支出占 GDP 比重排位靠前，这说明当地政府对基本公共服务支出是很重视的。值得注意的是，莆田、泉州基本公共服务支出占 GDP 比重在省内垫底实属不应该，泉州 GDP 在省内高居榜首，莆田也排在第 3 位，莆田、泉州对基本公共服务支出水平有待提高（见表 2 – 22）。

表 2 - 22 九地市基本公共服务支出占 GDP 比重横向比较 单位：%

年份	全国	福建	福州	厦门	宁德	莆田	泉州	漳州	龙岩	三明	南平
2007	6.88	4.06	3.02	4.51	4.68	1.48	2.50	3.19	4.29	3.67	4.56
2008	7.43	4.43	3.50	4.83	5.11	1.66	2.56	3.80	4.34	3.61	5.29
2009	8.21	4.83	3.61	5.19	5.92	2.08	2.84	4.50	5.42	4.72	6.00
2010	8.39	4.70	3.61	5.18	5.66	2.09	3:00	4.38	5.06	4.43	5.82
2011	8.67	4.93	4.08	5.22	5.77	1.84	3.17	4.28	5.08	4.62	5.57
2012	9.39	5.57	4.42	5.58	6.34	2.13	3.35	4.68	5.79	5.29	6.35
2013	9.38	5.56	4.62	5.89	6.34	2.15	3.51	4.92	5.75	5.48	6.96
2014	9.47	5.73	5.02	5.99	6.46	2.20	3.79	5.03	6.15	5.78	6.86
2015	10.30	6.57	5.26	7.09	7.48	2.29	5.00	5.80	6.97	6.74	8.32
2016	10.39	6.27	5.41	7.76	6.94	2.12	4.06	5.37	6.69	6.33	7.75

说明：基本公共服务支出总额增长率为经 CPI 调整的实际增长率。

资料来源：国家统计局、福建省统计局、各市统计局网站。

（五）九地市基本公共服务支出占一般预算收入比重横向比较

基本公共服务支出占一般预算收入比重这一数值，表 2 - 23 中全国指标没有超过 50%，而表 2 - 6 中的"均值"超过了 100%，原因在于表 2 - 6 中的指标计算时分母扣除了上缴中央收入的地方一般预算收入，而表 2 - 23 中的指标计算时分母是包括了地方财政收入和中央财政收入的国家财政收入总额。省级指标、地市级指标取扣除了上缴中央收入的地方一般预算收入，本质上是可支配的资源，因此表 2 - 23 中全国指标取国家财政收入总额具有可比性。

九地市的基本公共服务支出占一般预算收入比重，厦门在省内垫底，反而南平、宁德、三明和莆田的基本公共服务支出占一般预算收入比重接近甚至超过 100%。基本公共服务支出占一般预算收入比重指标其实不是越高越好，超过百分百意味着入不敷出。南平、宁德、三明、莆田四地市的一般预算收入省内排位都在倒数 4 位上轮流转，即使将上缴中央的收入和地方财政总收入加上也比地方财政支出少，连续多年财政赤字。

表 2-23　　　　九地市基本公共服务支出占一般预算收入比重横向比较　　　单位：%

年份	全国	福建	福州	厦门	宁德	莆田	泉州	漳州	龙岩	三明	南平
2007	36.22	53.68	41.87	33.93	106.00	76.20	51.19	59.13	69.61	76.26	88.92
2008	38.69	57.47	48.88	35.32	114.47	84.72	52.23	62.98	68.81	79.30	105.39
2009	41.80	63.41	48.10	37.45	131.71	97.18	58.19	74.66	82.31	99.55	118.75
2010	41.72	60.16	45.51	36.88	103.19	96.98	58.86	70.77	75.14	86.93	109.95
2011	40.82	57.62	47.62	35.73	98.90	80.52	55.05	67.46	74.82	86.78	102.28
2012	43.29	61.75	48.67	37.14	96.50	88.12	53.72	71.55	77.36	91.14	106.74
2013	43.21	57.42	47.64	36.09	88.52	82.53	50.30	71.33	72.63	90.60	108.33
2014	43.46	58.37	50.81	36.05	89.85	82.70	57.13	74.64	83.25	103.03	104.42
2015	46.62	67.11	52.71	40.56	106.51	91.52	78.97	89.67	97.24	123.31	129.01
2016	48.42	68.09	55.97	45.31	111.59	95.24	63.64	89.49	96.45	124.46	136.19

说明：全国基本公共服务支出占一般预算收入比重 = 国家基本公共服务支出总额 ÷ 国家财政收入总额。

资料来源：国家统计局、福建省统计局、各市统计局网站。

（六）九地市基本公共服务支出占一般预算支出比重横向比较

除了厦门，其他地市的基本公共服务支出占一般预算支出比重都超过了全国平均水平。厦门基本公共服务支出占一般预算支出比重垫底，究其原因是厦门的财政支出总额金额过大。莆田基本公共服务支出占一般预算支出比重虽然在省内排第 1 位，但莆田基本公共服务支出总额在省内垫底，财政支出总额也是在省内垫底的（见表 2-24）。

表 2-24　　　　九地市基本公共服务支出占一般预算支出比重横向比较　　　单位：%

年份	全国平均	福建	福州	厦门	宁德	莆田	泉州	漳州	龙岩	三明	南平
2007	37.34	41.23	42.89	31.86	49.74	55.78	43.80	41.05	46.32	45.86	50.65
2008	37.91	42.10	46.32	32.67	50.58	55.10	44.40	41.29	46.68	49.29	53.05
2009	37.54	41.88	45.79	33.61	52.32	58.85	46.72	43.87	50.23	50.29	54.27
2010	38.57	40.87	42.98	34.75	48.26	58.24	46.52	42.49	45.26	44.48	48.75
2011	38.81	39.36	41.95	34.05	47.08	53.95	44.87	41.45	45.79	46.34	42.80
2012	40.30	42.06	45.27	33.95	47.94	57.94	44.23	42.49	47.61	46.06	48.18
2013	39.82	39.65	40.51	34.26	42.22	54.34	43.41	42.12	42.69	43.45	43.56

续表

年份	全国平均	福建	福州	厦门	宁德	莆田	泉州	漳州	龙岩	三明	南平
2014	40.19	41.70	45.16	35.72	44.46	57.76	45.55	45.95	48.43	47.10	44.42
2015	40.36	42.67	40.70	37.75	44.83	56.06	56.80	45.14	46.97	48.00	46.47
2016	41.16	42.28	40.39	38.70	42.21	53.27	45.16	45.49	46.21	46.44	45.23

　　说明：全国基本公共服务支出占一般预算支出比重 = 国家基本公共服务支出总额 ÷ 国家财政支出总额。

　　资料来源：国家统计局、福建省统计局、各市统计局网站。

第三节　福建省基本公共服务支出总体指标评价

一、福建省基本公共服务支出与经济发展的同步性

　　随着社会经济发展水平的提高，政府需要提供更多的公共设施与公共服务，因此，政府在公共卫生、教育、社会保障、文化等领域的基本公共服务支出也必然要提高。表 2 - 25 列示了 2007 ~ 2016 年福建省基本公共服务支出的总额、福建省基本公共服务支出占 GDP 的比重、福建省人均基本公共服务支出以及福建省人均 GDP。从表 2 - 25 的数据可以看到，福建省基本公共服务支出总额从 2007 年的 375.48 亿元稳步增长到 2016 年的 1807.57 亿元，基本公共服务支出占当年 GDP 的比重亦稳步增长，从 2007 年的 4.06% 上升到 2015 年的 6.57%，2016 年略有回调，为 6.27%；从人均数来看，福建省人均 GDP 从 2007 年的 25582 元/人增长至 2016 年的 74707 元/人，福建省人均基本公共服务支出呈现同步增长之势，从 2007 年的 1039.53 元/人增长至 2016 年的 4665.9 元/人。由此可见，福建省基本公共服务支出与经济发展具有同步性。

表 2 - 25　　　　2007 ~ 2016 年福建省基本公共服务支出与 GDP 的关联

年份	福建省基本公共服务支出总额（亿元）	福建省基本公共服务支出占 GDP 的比重（%）	福建省人均基本公共服务支出（元/人）	福建省人均 GDP（元/人）
2007	375.48	4.06	1039.53	25582
2008	478.94	4.43	1316.13	29755
2009	591.28	4.83	1612.88	33437

年份	福建省基本公共 服务支出总额（亿元）	福建省基本公共服务 支出占 GDP 的比重（%）	福建省人均基本公共 服务支出（元/人）	福建省人均 GDP（元/人）
2010	692.79	4.70	1875.95	40025
2011	865.24	4.93	2325.91	47377
2012	1096.71	5.57	2926.12	52763
2013	1216.9	5.56	3224.43	58145
2014	1378.83	5.73	3622.78	63472
2015	1707.46	6.57	4447.67	67966
2016	1807.57	6.27	4665.9	74707

2007~2016 年福建省人均基本公共服务支出与人均 GDP 趋势如图 2-9 所示，左侧纵坐标为福建省人均基本公共服务支出数据，右侧纵坐标为人均 GDP 数据。从福建省人均基本公共服务支出与人均 GDP 趋势图同样可以看出，随着福建省人均 GDP 的稳步增长，福建省人均基本公共服务支出也呈现快速增长态势，二者之间具有同步性。

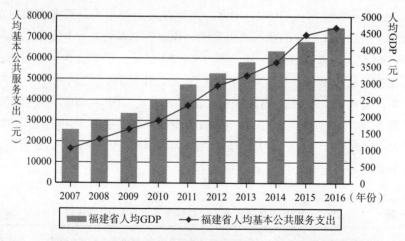

图 2-9　福建省人均基本公共服务支出与人均 GDP 趋势

表 2-26 列示了福建省九地市基本公共服务支出占 GDP 的比重，各地市基本公共服务支出占 GDP 比重的趋势如图 2-10 所示。与福建省基本公共服务支出占 GDP 比重总体情况相一致，2007~2015 年福建省九地市基本公共服务支出

占 GDP 的比重均呈逐年稳步增长态势，2016 年除福州和厦门之外其他七个地市基本公共服务支出占 GDP 的比重略有回调。分地区来看，南平、宁德、厦门三个地区的基本公共服务支出占 GDP 的比重最高，居前三位，莆田和泉州基本公共服务支出占 GDP 的比重最低，位于最后两名。总体而言，福建省九地市基本公共服务支出与经济发展仍具有同步性。

表 2-26　　　　　　福建省九地市基本公共服务支出占 GDP 比重　　　　单位：%

年份	福州	厦门	漳州	泉州	宁德	三明	莆田	南平	龙岩
2007	3.02	4.51	3.19	2.50	4.68	3.67	1.48	4.56	4.29
2008	3.50	4.83	3.80	2.56	5.11	3.61	1.66	5.29	4.34
2009	3.61	5.19	4.50	2.84	5.92	4.72	2.08	6.00	5.42
2010	3.61	5.18	4.38	3.00	5.66	4.43	2.09	5.82	5.06
2011	4.08	5.22	4.28	3.17	5.77	4.62	1.84	5.57	5.08
2012	4.42	5.58	4.68	3.35	6.34	5.29	2.13	6.35	5.79
2013	4.62	5.89	4.92	3.51	6.34	5.48	2.15	6.96	5.75
2014	5.02	5.99	5.03	3.79	6.46	5.78	2.20	6.86	6.15
2015	5.26	7.09	5.80	5.00	7.48	6.74	2.29	8.32	6.97
2016	5.41	7.76	5.37	4.06	6.94	6.33	2.12	7.75	6.69

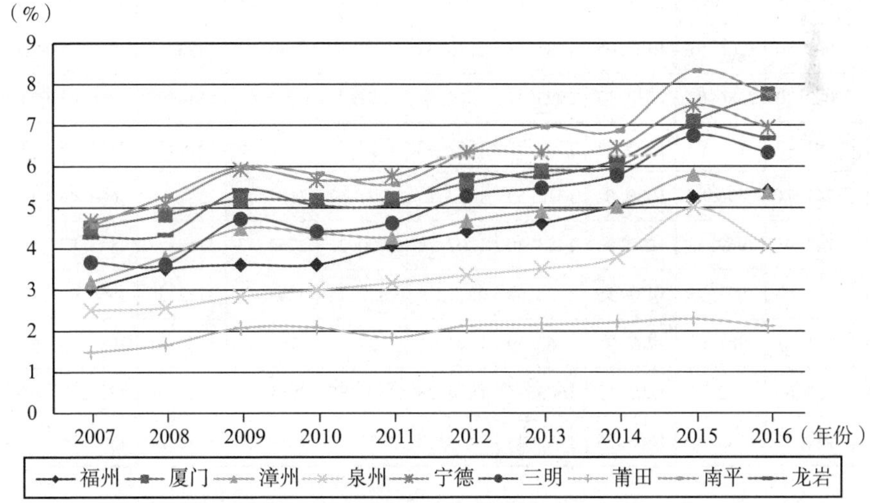

图 2-10　福建省九地市基本公共服务支出占 GDP 比重趋势

二、福建省基本公共服务支出均等化程度

根据 2017 年 1 月国务院颁布的《"十三五"推进基本公共服务均等化规划》，基本公共服务均等化是指全体公民都能公平可及地获得大致均等的基本公共服务，其核心是促进机会均等，重点是保障人民群众得到基本公共服务的机会，而不是简单的平均化。基本公共服务支出均等化既包括城乡之间基本公共服务支出的均等化程度，也包括地区间基本公共服务支出的均等化程度。由于目前各种公开渠道的数据均未分别披露城镇和农村的基本公共服务支出的金额，因此城乡之间基本公共服务支出的均等化程度难以度量。本章着重分析福建省九地市之间基本公共服务支出的均等化程度。

2007～2016 年福建省九地市人均基本公共服务支出如表 2－27 所示，各地市人均基本公共服务支出的趋势如图 2－11 所示。根据表 2－27 中的数据及图 2－11 中的趋势，从纵向来看，2007～2016 年福建省九地市人均基本公共服务支出整体呈现逐年稳步上升的趋势；从横向比较，厦门稳居福建省九地市人均基本公共服务支出的榜首且遥遥领先，漳州和泉州地区的人均基本公共服务支出相对较低。

表 2－27　　　　　　　　福建省九地市人均基本公共服务支出　　　　　　　单位：元/人

地区	2007 年	2008 年	2009 年	2010 年	2011 年	2012 年	2013 年	2014 年	2015 年	2016 年
福州	907.80	1208.51	1367.05	1585.21	2116.72	2557.39	2946.22	3493.35	3939.17	4428.38
厦门	2082.10	2386.07	2730.15	2995.79	3669.98	4279.93	4746.63	5144.93	6368.63	7489.77
漳州	591.43	798.63	1103.54	1302.75	1562.42	1923.29	2240.60	2543.17	3211.98	3325.02
泉州	741.71	898.85	1080.64	1312.53	1623.13	1901.82	2192.46	2572.88	3603.43	3145.47
宁德	742.91	969.22	1272.83	1483.30	1897.78	2400.22	2764.53	3118.78	3873.89	3898.88
三明	800.03	993.73	1431.55	1723.98	2231.35	2821.73	3243.15	3732.20	4566.00	4622.09
莆田	641.31	881.62	1287.98	1662.59	1844.90	2428.72	2767.96	3200.51	3687.69	3813.91
南平	737.60	1022.74	1285.13	1603.75	1878.78	2401.85	2961.37	3228.04	4223.59	4248.18
龙岩	924.51	1149.69	1608.76	1959.45	2463.35	3055.62	3299.64	3852.24	4642.25	4819.13

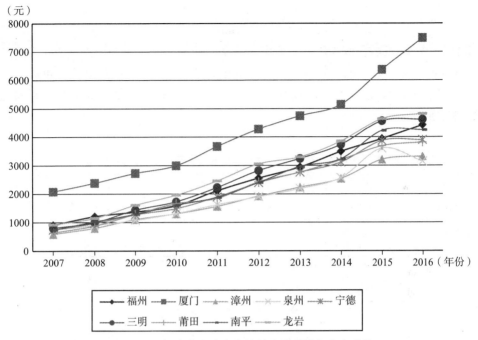

图 2 - 11 福建省九地市人均基本公共服务支出趋势

为了衡量福建省九地市之间基本公共服务支出的均等化程度，本章借鉴任强（2009）、胡税根等（2011）的研究方法，采用基尼系数法实证检验福建省基本公共服务支出的均等化程度。基尼系数（Gini coefficient）又称洛伦兹系数，是测度财产、产品、教育等资源分配均衡与否的常用指标之一，特别是在衡量一国或地区居民收入分配不均等的问题上，更是一个非常重要的指标。基尼系数在 0 ~ 1 之间，系数越大，表示越不均等，系数越小，表示越均等。按照国际通行的划分标准，基尼系数 0.4 是分配差距的"警戒线"，当基尼系数低于 0.2 时属于绝对均等；0.2 ~ 0.3 属于比较均等；0.3 ~ 0.4 表示相对合理；0.4 ~ 0.5 则表示差距较大；0.6 以上则为差距悬殊。基尼系数的测算广泛应用于比较和分析一个国家在不同时代或者不同国家在同一时代的财富不平等。从理论上来说，基尼系数也可以用于测度不同地区人均基本公共服务支出的差异程度。

基尼系数的计算方法很多，包括直接计算法、回归曲线计算法、矩阵法等，本章采用习明等（2007）提出的协方差公式法计算福建省九地市人均基本公共服务支出的基尼系数。由于福建省九地市人均基本公共服务支出属于未分组的离散数据，故各年福建省九地市人均基本公共服务支出的基尼系数协方差的计算公式为：

$$G = \frac{2\mathrm{cov}(x_i, i)}{n\mu}$$

其中，$\mathrm{cov}(x_i, i)$ 表示福建省九地市人均基本公共服务支出的协方差，n 为地区个数，μ 为福建省九地市人均基本公共服务支出的均值。根据此公式，可以计算出 2007~2016 年福建省人均基本公共服务支出的基尼系数，如表 2 - 28 和图 2 - 12 所示。

表 2 - 28　　2007~2016 年福建省九地市人均基本公共服务支出的基尼系数

年份	2007	2008	2009	2010	2011	2012	2013	2014	2015	2016
基尼系数	0.20	0.17	0.14	0.13	0.14	0.13	0.12	0.11	0.10	0.13

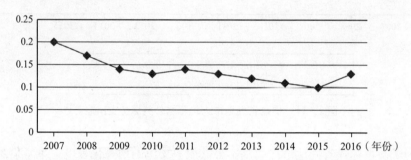

图 2 - 12　2007~2016 年福建省九地市人均基本公共服务支出基尼系数趋势

从表 2 - 28 中可以看出，2007~2016 年福建省九地市人均基本公共服务支出的基尼系数均等于或低于 0.2，处于绝对均等的水平。可见，福建省九地市人均基本公共服务支出均等化水平总体较高。从各年度福建省九地市人均基本公共服务支出的基尼系数趋势来看，基尼系数总体上呈下降之势，表明从 2007 年至2016 年福建省九地市人均基本公共服务支出更趋均等。

另外，陈昌盛等（2007）、徐莉莉（2012）、吴强等（2016）学者还采用变异系数法研究我国各省或地区间基本公共服务支出的差异。为了提高研究结论的稳健性，本章采用变异系数法实证检验福建省九地市人均基本公共服务支出的均等化水平。

变异系数法是通过计算地区间变量的变异系数来衡量各地区间变量的差异化程度。变异系数用统计学中标准差和均值比来表示，其计算公式为：

$$V = \left[\sum_{i=1}^{n} (x_i - \bar{x})^2 / n \right]^{\frac{1}{2}} / \bar{x}$$

其中，V 为变异系数，x_i 为地区人均基本公共服务支出，n 为地区个数。V 反映了各地区基本公共服务支出相对于福建省平均基本公共服务支出的整体离散状况，V 越小表明基本公共服务支出的区域间差异越小，即区域间基本公共服务支出越均等。

根据上述变异系数公式，可以计算出各年福建省人均基本公共服务支出的变异系数，如表 2 – 29 和图 2 – 13 所示。

表 2 – 29　　2007～2016 年福建省九地市人均基本公共服务支出的变异系数

年份	2007	2008	2009	2010	2011	2012	2013	2014	2015	2016
变异系数	0.50	0.42	0.34	0.30	0.30	0.27	0.25	0.23	0.22	0.29

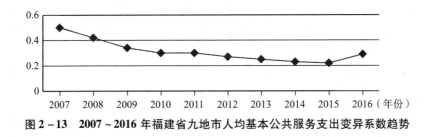

图 2 – 13　2007～2016 年福建省九地市人均基本公共服务支出变异系数趋势

从以上各年度福建省九地市人均基本公共服务支出的变异系数及年度趋势来看，除 2016 年略有回升外，2007～2016 年福建省九地市人均基本公共服务支出变异系数总体呈逐年下降之势，表明 2007～2016 年福建省九地市人均基本公共服务支出更趋均等化。

三、福建省基本公共服务支出与新型城镇化建设的契合度

新型城镇化是新时代社会主义发展的重要实践，是建设现代化国家的关键举措，也是实施乡村振兴战略和区域协调发展战略的有力支撑。中共十八大将新型城镇化作为国家战略，提出"加快改革户籍制度，有序推进农业转移人口市民化，努力实现城镇基本公共服务常住人口全覆盖"。2012 年 12 月中央经济工作会议提出，"走集约、智能、绿色、低碳的新型城镇化道路"。2014 年 3 月国务院发布的《国家新型城镇化规划（2014－2020 年)》明确了未来新型城镇化的发展路径、主要目标和战略任务。2016 年 2 月，国务院颁布了《关于深入推进新型城镇化建设的若干意见》，就深入推进新型城镇化建设提出了十条具体意见。

2018年3月5日李克强总理代表国务院所做的政府工作报告提出，要提高新型城镇化质量，加强精细化服务、人性化管理，使人人都有公平发展机会，让居民生活得方便、舒心。2018年3月9日国家发改委印发《关于实施2018年推进新型城镇化建设重点任务的通知》，重点任务包括，加快农业转移人口市民化、提高城市群建设质量、提高城市发展质量、加快推动城乡融合发展、深化城镇化制度改革。在上述一系列新型城镇化顶层设计的推动下，2013~2017年我国城镇化率从52.6%提高到58.5%，8000多万农业转移人口成为城镇居民，成绩斐然。

我国过往的城镇化主要是土地城镇化，而中共十八大以来提出的新型城镇化的实质是"人"的城镇化，目的是让越来越多的人逐渐共享城镇文明发展的成果，不断提高城镇人口的生活质量，不断促进人的全面发展，同时新型城镇化还强调了未来城镇化的发展要以提高质量为导向，而不是像以前那样注重速度。财政支出作为推动地方城镇化的重要资金来源，是提供城镇基础设施，实现基本公共服务均等化的重要途径。在以人为核心并以提高质量为导向的新型城镇化建设中，新型城镇化最为迫切的就是要解决农业转移人口市民化的问题，让这类群体能够切切实实地在城镇扎根，而不再被"边缘化"，与本城镇的非农业户籍人口一样，能在教育、医疗、就业、社保等方面享受无差异的公共服务。这就必然要求加大诸如社会优抚与救济、养老保障、基础教育、公共卫生以及公共文化等基本公共服务支出，以更好地推进新型城镇化建设。

我国目前测算地区城镇化发展水平的指标方法主要有以下五种：人口比重法指标、城镇土地利用比重指标法、调整系数法、农村城镇化指标体系法和现代城市和指标体系法。其中占主导地位的是人口比重法指标，它包括两种：一种是城镇人口比重指标法，另一种是非农业人口比重指标法（梁新潮等，2017）。本章采用常住人口城镇化率作为新型城镇化率的测度指标，即城镇化率＝一个地区年末城镇常住人口÷该地区年末常住总人口。

2007~2016年福建省基本公共服务支出与城镇化率趋势如图2-14所示，从福建省城镇化率走势来看，福建省城镇化进程呈现稳步增长的趋势，城镇化率由2007年的51%稳步增长至2016年的63.6%。从基本公共服务支出数据可以看出，福建省从2007年以来基本公共服务支出也同步呈现了快速增长的趋势。这表明，随着城镇化的快速增长带动了福建农村人口的转移，伴随着城镇进程大量农村人口转移到城镇进行工作，政府在教育、文化、社会保障、公共卫生等基本公共服务领域的财政性支出也在不断增长。从福建省基本公共服务支出与城镇化率同步稳定增长的趋势来看，福建省的基本公共服务支出能够较好地契合新型城镇化的发展。福建省城镇化率的稳步提升，离不开政府基本公共服务支出的大量投入。

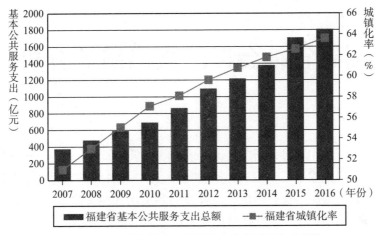

图 2 – 14 福建省基本公共服务支出与城镇化率趋势

课题组组长：梁新潮

成　　员：梁新潮　邱月华　简逸晨

李　翔　韩　彤

第三章

福建省社会保障支出绩效分析[*]

中国特色社会主义进入新时代，赋予了政府职能部门在新的历史条件下"提高保障和改善民生水平""提高就业质量和人民收入水平""全面建成覆盖全民、城乡统筹、权责清晰、保障适度、可持续的多层次社会保障体系"的光荣使命。中共十九大报告明确了现代化经济体系特点，提出要完善社会保险制度，把坚持在发展中保障和改善民生作为新时代中国特色社会主义的基本方略之一。福建省响应中央号召，大力发展社会保障事业。在实施"十三五"人力资源和社会保障事业发展专项规划过程中，福建省按照全覆盖、保基本、多层次、可持续方针，加快推进社会保险法定人群全覆盖，进一步深化社会保险制度改革，完善社会保险待遇调整机制，加强社会保险基金监管和服务，建立更加公平、更可持续的社会保障制度。

第一节　社会保障财政支出绩效评价文献综述

在新公共管理运动之前，20 世纪 50 年代西方国家出现了行政效率低下、财政赤字、公共资源浪费等现象，每年财政用于社会保障方面的支出规模庞大，如何监管资金成为困扰西方国家的难题，绩效评价应运而生。20 世纪 70 年代，人们逐渐接受了绩效评价作为政府财政支出管理的一个重要方式。20 世纪 80 年代，西方许多国家开始将绩效评价从理论延伸到实践，开始探索绩效评价在公共财政支出中的实际应用。

---

　　[*] 本章内容系省基地重大项目"福建省养老保险基金支出绩效评价研究"（2016JDZ062）研究成果。本章所有数据来自相关年份的《中国统计年鉴》和《福建省统计年鉴》。

一、国外研究现状

（一）国外社会保障财政支出绩效评价理论研究

西方国家对公共财政支出绩效评价的研究是与行政管理模式相关的。在传统行政管理模式下，美国学者哈林顿·埃默森在其著作《12 条效率原则》中初步对公共支出绩效问题进行了阐述。20 世纪 70 年代马斯格雷夫（Musgrave, R. A.）和罗斯托（Rostow, W. W），利用经济发展的指标与财政支出变化之间的关系为社会保障支出制定了一套衡量标准，开启了社会保障支出绩效评价的大门。他们运用经济发展的阶段理论分析了经济增长阶段和财政支出结构发展变化的一般规律，同时对保健与福利等有关社会保障方面的公共支出在不同经济发展阶段所表现出的特征做了分析。1965 年美国学者安东尼提出和完善公共支出管理周期模型、公共支出过程管理模型、公共支出一般均衡模型、公共支出绩效衡量价值模型和公共支出改革方向的 SEEE 模型。

随着新公共管理运动的开始，西方国家对公共财政支出的绩效研究也进入了新的发展阶段，用全新的"绩效途径"取代"效率途径"，并从财政支出绩效中总结出了"3E"原则，同时也开启了绩效预算模式，使公共部门的资源分配与目标紧紧联系在一起。普雷姆詹德（Premchand, A., 1995）在《公共支出管理》（Public Expenditure Management）一书中从制度建设、预算的执行、绩效的衡量和评价等方面对公共支出做了深入的研究。美国的公共事务政策理论教授埃莉诺·奥斯特罗姆和拉里·施罗德（2000）开发了一套制度绩效的标准。把经济效率通过财政平衡实现公平、再分配公平、责任和适应性等五个要素作为绩效评价的整体标准。萨尔瓦托雷·斯基亚沃 – 坎波（Salvatore Schiavo – Campo）与丹尼尔·托马西（Daniel Tommasi, 2001）合著的《公共支出管理》（Managing Government Expenditure）等，都从加强支出管理的角度探讨了公共支出效益问题。

（二）西方国家在社会保障财政支出绩效评价方法方面的研究

20 世纪 60 年代初，美国兰德公司的专家们提出了绩效评价方面著名的方法——德尔菲法，这是一种定性预测方法，其目的是克服集体讨论过程中盲目屈从于权威或是大多数人的意见。

美国著名管理会计学家卡普兰和美国复兴全球总裁戴维·诺顿开发考察企业管理的平衡计分卡绩效评价方式。平衡计分卡曾一度被认为是最有利的绩效评价工具，将绩效评价上升到战略管理的高度，被称作"一种革命性的评价和管理系统"。平衡计分卡应用到公共部门绩效评价中，将绩效评价的焦点转移到顾客满意上。

为了更好地了解社会保障机构在改善绩效方面所采用的不同手段和方法的效果和影响，美国 Accenture 咨询公司与 ISSA 合作展开了一项重要的研究活动，经过调查发现，社保机构常用的绩效管理手段有：流程再造、标杆管理、平衡计分卡、动态成本法。70% 以上的社保机构采用过平衡计分卡进行绩效评价。

（三）社会保障财政支出绩效评价指标设计方面

美国哈佛大学教授贝恩认为，绩效评价可以分为评价下级、控制下级、制定预算决策、激励雇员、提升组织的重要性、奖励完成情况、了解项目的效率、提高绩效。绩效评价包括产出、结果、质量、工作任务等不同类型的评价。学者卡尔认为，绩效评价可以从财务角度、顾客角度、内部经营角度、人力资源管理角度、技术和革新角度、合作角度、政策结果角度进行。霍尔泽（Holzer）将绩效评价分为三种类型：成本、效益、结果评价；产出评价；组织的政策和过程评价。

（四）西方国家在社会保障财政支出绩效评价实践方面的研究

西方国家不仅在理论上对财政支出绩效评价研究开始得早，而且在实践中开始得也比较早。下面从美国、英国这两个绩效评价发展比较成熟的国家进行介绍。

美国政府绩效评价工作始于 1979 年制定的《关于行政部门管理改革和绩效评价工作》，该文件规定，所有的机构和部门都需要对公共活动的过程和结果进行绩效评价。1993 年美国通过了《政府绩效与结果法案》，规定了绩效评价的程序和内容，要求每个职能部门应设定绩效评价的绩效目标，并在活动完成后对绩效目标和实际的实施结果进行年度评价，还要求提交绩效评价报告，将绩效评价提升到法律的层面。2003 年，美国政府建立了项目评估体系，达到了绩效与预算决策的统一。美国的部门绩效评价主要是实际绩效与确定的绩效目标的比较；在项目评价方面主要集中在项目目标、战略规划、项目管理和项目成果四个方面，并且绩效评价指标设计上比较灵活。

英国是世界上较早开展公共支出绩效评价的国家。20 世纪 80 年代，英国的卫生与社会保障部就制定了第一个比较系统的绩效评价方案。英国绩效评价法制建设开始得较早，建立起了较为规范和完善的绩效评价制度。绩效评价的工作具体由公共服务和支出办公室负责，考评的内容主要包括公共部门考评和项目支出考评，考评的依据是"3E"原则，采取对比分析的方法，最后各部门根据考评结果制定以后年度的收支预算。

二、国内研究现状

我国社会保障财政支出绩效评价的研究是在借鉴公共财政支出绩效评价研究的基础上开始的。

（一）社会保障财政支出绩效评价重要性和必要性方面的研究

杨杰（2007）通过实证分析方法分析了我国社会保障财政支出绩效评价对我国经济增长的影响，得出的结论是：我国社会保障财政支出绩效的好坏与我国经济增长呈正相关。

卢峰盛（2007）从中国宏观数据进行计量分析我国社会保障财政支出绩效对我国城乡二元经济结构的影响，得出的结论是：我国社会保障财政支出在缩小城乡二元结构中还没有起到应有的作用。因此，应进一步改善我国社会保障财政支出结构，加快建设我国社会保障财政支出绩效评价体系。

财政部条法司徐大华和刘磊（2007）提出，应强化激励约束，建立社会保险基金管理绩效考评机制。作者认为，政府部门作为社会保险基金的管理者，难以用经济利益去激励工作绩效，这是由行政部门的性质决定的。为实现委托代理机制中的激励相容，需要合理设计政府部门的绩效考评机制，建立符合中国国情的考核标准，推进基金管理绩效评估的制度化、法制化，并且进一步提出，从社会保险基金的管理目标出发，设计基金管理部门的绩效评估机制时应关注的四个要素，分别是评估主体、评估内容、评估方式和评估结果。该文还指出，评估结果的运用是社会保险基金管理中实现激励相容的关键，为此，评估结果要与政府部门的绩效预算管理相结合，与领导人员或者直接责任人员任用奖惩相结合。

李春根和李建华（2009）在《建立适应和谐社会的社会保障支出绩效评估体系》中提出了建立和实施社会保障支出绩效评估对我国社会发展和财政改革重要性及对构建和谐社会的积极意义，同时探讨了绩效评估模型和绩效评估指标设计，指出社会保障支出绩效评估是对社会保障支出的运作结果和绩效目标进行对比判断的过程，将评估信息应用于决策管理。

杨聪敏（2010）分析了浙江省宁波市和丽水市农村社会保障支出现状，认为随着经济的发展，两市农村社会保障支出差距会越来越大。作者强调，为避免这种"马太效应"的消极影响，缩小社会保障支出区域差异，政府应加大贫困农村社会保障扶持力度，重视社会保障支出与经济增长协调发展。

李凤月和张忠任（2015）研究了社会保障财政支出政府间关系、地区差异等问题，分析指出我国近年来社会保障财政支出向地方财政偏移，然而中央财政通过转移支付方式向地方政府提供社会保障资金的总量稳步上升。2013 年，通过中央转移支付形式的财政社会保障支出占财政社会保障支出总额的 42.8%，中央财政在财政社会保障支出中的作用日益明显。地区差异方面，总差异和区域内差异呈下降趋势，区域间差异呈上升趋势。

张琳（2016）分析了山东省财政社会保障支出现状，从项目结构、地区结构和城乡结构三方面阐述了山东省财政社会保障支出结构存在的问题及原因，指出山东省应提升财政资金使用效率、加大财政补贴、完善财政政策、加大对农村地区的社会保障支出力度。

（二）社会保障财政支出绩效评价内容和指标体系设计方面的相关研究

张立光和邱长溶（2003）在《社会保障综合评价指标体系和评价方法研究》中研究了我国社会保障综合评价指标体系，运用因子分析模糊综合评价法，对一定时空内社会保障发展的对象、规模、比例、速度和效益等方面的变化情况设立了一系列统计指标。

曹信邦（2006）在《政府社会保障绩效评估指标体系研究》中指出，政府社会保障绩效可以通过绩效评估定量指标体系和定性指标体系来反映。建立的绩效指标包括社会保障总体概况评估指标、社会保险评估指标、社会救助评估指标、社会优抚评估指标和社会福利评估指标，并将评估指标的实际值与国际标准值进行比较，得出现实际值和标准值的差距。

刘畅（2009）指出，财政社会保障支出作为政府支出的一部分，可以创造需求，促进生产从而推动产出的增长。作者通过分析我国财政社会保障支出 1998 ~ 2007 年的数据指出，财政社会保障支出仍不能满足社会发展需求、中央与地方支出不平衡、城乡差异明显是目前我国财政社会保障支出面临的三大困境。政府应致力于加大社会保障投入、推进社会保障体制改革、平衡中央与地方社会保障支出，明确各级责任、缩小城乡差异。

吴景均（2006）指出，财政社会保障支出绩效考评指标由财务考评指标、业务考评指标组成。社会保障支出指标主要包括基本养老保险、医疗保险、失业保险等几类指标，考评社会保障财务管理状况、资金账户管理状况、资金分配状况、资金拨付状况。他设立了社会保障支出占同期财政支出比重、社会保障资金落实情况、社会保障资金正确使用率三项辅助考评指标，以定量分析为主，定性分析为辅。通过基本养老保险基金，医疗保险基金、失业保险基金、国有企业下岗职工基本生活保障和再就业专项资金、城市生活最低保障和自然灾害生活救助资金、社会稳定评估这六个指标来评价社会保障财政支出。

李二斌（2007）在《构建城镇社会保障水平评估指标体系》中建立了一个合理的城镇社会保障水平评估指标体系，选取了社会效益、适度规模和基金运营三个目标层，然后选用相应的指标来构建体系，并强调兼顾社会效益和经济效益。

安秀梅（2009）在《政府公共支出绩效评估的基本理念》中从经济效益指标、社会效益指标、环境影响指标及分配效益指标四个方面构建了支出项目效益的指标体系，采取成本收入分析法、成本效应分析法、评价法和综合评价法的评价方法对公共支出绩效评价进行研究，认为提高公共支出效率的途径除了优化宏观财政支出结构外，更重要的是加强公共支出项目管理，提高各个项目的效率，从而提高整体支出的效率。

张平（2010）认为，以往反映我国社会保障绩效评价的研究定性分析较多，定量分析较少，绩效评估指标体系相对薄弱，因此，应构建一个比较完整、合理的政府社会保障支出绩效评价指标体系，对我国社会保障支出的绩效进行分析，将社会保障支出绩效的定量分析指标体系中的一级指标，设为社会保障总体概况、社会保险、社会救济、社会优抚和社会福利五个绩效评估指标，并设立相关的评分标准。

（三）社会保障财政支出绩效评价方法相关研究

财政部社会保障司课题组 2007 年对社会保障支出水平进行了国际比较，分析了中国社会保障支出占 GDP 的比重不仅大大低于发达国家 2001 年的水平，即使与发达国家 1980 年甚至 1960 年的社会保障支出水平相比也明显较低。

张平（2009）在《当前我国社会保障支出绩效的定量分析研究》中用定量研究的方法确定了我国社会保障支出的指标体系，确立了失业率、基金的结余率、基金收益率、社会保险各个方面的覆盖率等多个指标，并通过平均法确定指标权重，最后进行综合评分。

柴士改（2009）运用主成分分析与数据包络分析方法（PCA－DEA）相结合评价我国社会保障绩效，从定量分析的角度得出我国不同省份在 2005～2007 年社会保障绩效的相对大小，运用整体分析和局部分析方法相结合，纵向和横向分析方法相结合，不仅分析我国社会保障绩效整体的相对大小，而且从结构上可以分析不同地区社会保障绩效的相对大小。

杨良玉和王敏（2010）在《社会保险财政补助支出绩效评价探析》中从宏观角度规范分析社会保险财政补助支出绩效评价的内涵，并指出了评价的方法和原则，以及为配合绩效评价应该进行的改革。

李斌宁（2011）在《社会保障指标体系的实证分析》中以广东省山区县为例对农村社会保障模式的总体发展水平、社会保障资金子系统、社会救济子系统、社会福利子系统分别做了对策分析，并提出发展策略。

吴霜（2011）认为我国政府现行的绩效评价方法存在着诸如绩效评价理念定位模糊、绩效评价操作过程中信息量不足、绩效评价主体过于单一等问题，为了摆脱目前社保基金管理效率低下这一问题，必须改进社会保险基金绩效评价方法，即采用平衡计分卡来进行绩效评价，从四个角度较为客观地构建了平衡计分卡社保基金的绩效评价指标体系。将德尔菲法和层次分析法相结合，构造层次模型和判断矩阵确定各关键绩效指标的权重。

（四）社会保障财政支出绩效评价结论方面的研究

张平（2009）借鉴国外的研究经验，对社会保障支出绩效评价的指标分为社会保障支出绩效总体概况的评价指标和反映社会保障制度各总成要素绩效的评价指标，对社会保障支出绩效设计的方法和原则进行描述性的研究，并指出对我国社会保障财政支出进行评价相当困难。

王增文（2010）以 1990～2007 年的社会保障财政支出数据为样本，利用柯布－道格拉斯生产函数和回归模型，量化了我国社会保障财政支出的最优规模。根据实证分析结果，我国社会保障财政支出与财政总支出的最优比为 34.82%，远高于当前两项支出的比例；在社会保障财政支出子项目中，社会救助占社会保障财政支出的比例为 3.6%，低于发达国家最低值。政府应加大财政社会保障支出绝对量和相对量，同时调整社会保障财政支出结构，提高社会救助占比。

龙玉其（2011）在《中国社会保障财政支出成效与问题》一文中，对社会保障财政支出进行从狭义和广义进行界定，并从广义和狭义两个角度分析改革开放初期社会保障财政支出的绝对值和占财政支出的比重，并与 2008 年的数据进行对比，分析得出我国的社会保障财政支出的规模绩效，给农村和城市居民都带来了实惠，缓解了贫困。但是也通过对这些数据的分析得出了我国社会保障财政支出存在的问题，社会保障财政投入不足和存在支出结构的不合理，应提高社会保障财政支出的绩效水平。

刘新（2011）对我国社会保障支出政策从宏观经济角度进行评价，指出了我国社会保障支出对我国的就业、居民消费、收入分配、缩小城乡居民差距以及对经济增长方面所产生的效应。

徐倩和李放（2012）选取 1998～2009 年我国财政社会保障支出数据，详细分析了我国财政社会保障支出在总量、项目结构、区域等方面的变化趋势及差异，分析指出，1998～2009 年我国财政社会保障支出相对量先上升后下降。在项目结构上对社会保险的补助、就业补助、城市低保等相对投入逐年上升，行政事业单位离退休费、自然灾害救助等相对比例逐年下降。城乡差异方面，我国社会保障支出显示出先下降后上升再下降的趋势。基于分析结果，作者提倡政府应提升财政支出中社会保障支出比例，优化社会保障支出各子项目结构，缩小城乡间差异。

杨红燕、谢萌等（2014）运用瓦格纳定律和财政分权理论等研究社会保障财政支出产生地区性差异的原因。实证研究表明，财政自给率和财政分权对社会保障财政支出地区差异有正向影响，老龄化人口比率及人均 GDP 对社会保障财政支出的影响有正有负。这一结果显示，中央财政转移支付对财政社会保障支出的调节作用日益明显，而财政社会保障支出用于扶助老年群体的绝对量及相对量严重不足。

马勋（2017）运用空间计量模型，对福建省财政社会保障支出的经济效益进行实证分析得出，福建省财政社会保障支出对经济增长存在显著正向影响且省内相邻地市经济增长存在显著相关性；运用 DEA 模型从静态与动态两个角度对福建省财政社会保障支出效率进行测算，根据样本数据得到的实证结果显示，福建省财政社会保障支出并未达到 DEA 有效状态，但是近年来全要素生产率得到改善。因此，政府应建立完善的绩效评价体系，加强对财政社会保障资金的事前、事中、事后管控，优化现有资源配置，提高财政社会保障资金的利用效率。

（五）基于平衡计分卡的绩效评价研究

袁勇志（2007）在《公共部门绩效管理——基于平衡计分卡的实证研究》中对平衡计分卡应用于公共部门绩效管理的框架体系、指标体系构建以及运作机制进行了介绍，将平衡计分卡实际应用到我国某国税部门中，证明平衡计分卡在公共部门应用的可行性。

常沙（2013）借鉴平衡计分卡理论，从顾客、成长与发展、财务、内部流程四个维度构建了一套衡量财政社会保障支出效果的绩效评价体系，并从四个维度出发，给出了提升财政社会保障支出绩效的对策：即加强财政社会保障支出监管力度、优化财政支出比例、开展财政社会保障支出满意度调查、重视社会保障人才队伍建设。

三、国内外相关研究评述

西方国家对社会保障和绩效评价的研究相对较早，社会保障财政支出绩效评价形成了完善的制度，制定了相关法律法规；指标体系构建完善且实用性强；评价方法多样，很多国家成立了独立于财政支出部门的绩效评价机构，社会保障财政支出绩效评价工作比较成熟。我国社会保障财政支出绩效评价研究开始得比较晚，很多方面都不是很成熟。我国有自己特殊的国情，不能照搬国外社会保障支出绩效评价指标体系，必须建立适合国情的绩效评价指标。我国社会保障财政支出绩效评价的研究是在公共支出绩效评价研究和社会保障支出绩效评价研究的基础之上开始的。目前学者们对社会保障财政支出绩效评价指标进行了研究，但是大多是以财务指标为主，关注的是规模绩效和经济效益。社会保障财政支出社会效益的衡量指标难以确定，使得我国社会保障财政支出绩效评价内容比较片面，不能真实完整地反映社会保障财政支出绩效。在绩效评价的方法上面，定性分析多而定量分析少，大多数采用的是模糊评分法，少数采用主成分分析与数据包络法相结合的方式，因此，评价方法比较单调。

当前，随着社会保障支出规模的逐年扩大，社会保障支出结构不合理、地区分配不均等问题也逐渐显现出来，如何评价并改善社会保障支出绩效越来越受到政府的关注。

第二节　福建省社会保障支出比较分析

近年来，福建省的社会保障事业稳步发展。这里选取 2011～2016 年全国十省（市、区）（包括福建省在内）的数据，将福建省社会保障支出与其他省（市、区）进行比较，并进一步对省内九地市数据进行分析比较。

社会保障支出一般指用于社会保障事业的全部资金，在我国社会保障支出主要由两部分构成：财政社会保障支出和缴费型社会保障支出。财政社会保障支出一般是指政府财政资金用于社会保障的部分。社会保障支出涵盖面十分广泛，2007 年我国对政府收支分类项目的设置情况进行了改革，将抚恤和社会福利救济费、行政事业单位的离退休费、社会保障补助支出等三项内容及其他支出合并为"社会保障和就业"。缴费型社会保障支出即社会保险基金支出（也可简称为"社保基金支出"），社保基金支出科目包括：企业职工基本养老保险基金支出、失业保险基金支出、城镇职工基本医疗保险基金支出、工伤保险基金支出、生育保险基金支出、新型农村合作医疗基金支出、城镇居民基本医疗保险基金支出、城乡居民基本养老保险基金支出、机关事业单位基本养老保险基金支出和其他社会保险基金支出等 10 项，以下比较分析将企业职工基本养老保险基金支出、城乡居民基本养老保险基金支出和机关事业单位基本养老保险基金支出合并计入养老保险基金支出部分，将城镇职工基本医疗保险基金支出、新型农村合作医疗基金支出和城镇居民基本医疗保险基金支出合并计入医疗保险基金支出部分。

一、社会保障和就业支出、社保基金及分项支出的横向比较分析

2016 年我国各省（市、区）人均 GDP 统计数据显示，福建省人均 GDP 为74288 元，位居天津市、北京市、上海市、江苏省和浙江省之后，排名第六位，据此选取前十位省（市、区）①进行社会保障和就业支出、社保基金及分项支出的横向比较。

（一）福建等十省（市、区）社会保障和就业支出的比较分析

从表 3 - 1 中可以看出福建省社会保障和就业支出额呈现逐年增长的趋势。通过对 2016 年人均 GDP 居前列的十省（市、区）社会保障和就业支出情况的比较（见表 3 - 2 ~ 表 3 - 5），福建省的社会保障和就业支出基本处于最低水平，2011 ~2013 年福建省略高于天津市，2014 年被天津市反超，2014 ~ 2016 年福建的社会保障和就业支出额在十省（市、区）中排名最末，而且从支出增幅来看，福建省2012 年、2014 年和 2016 年的增幅均处于较低水平。从社会保障和就业支出占财政支出比重情况来看，重庆、湖北、内蒙古等三个省（市、区）各年份的占比均在 10% 以上，上海市的该项占比多数年份也超过了 10%，2016 年北京和天津的支出占比也突破了 10%，而福建省则属于占比较低的梯队，大体维持在 7.5% ~8.5% 的水平，较为稳定，2016 年的社会保障和就业支出占财政支出的比重在十省（市、区）中排名末位。

---

① 因排名第九位的山东省只能获得 2015 ~ 2016 年的省本级社会保险基金统计数据，不具可比性，故选取排名第十一位的湖北省进行比较。

表 3 - 1   **2011～2016 年福建省公共财政支出、**
GDP 和社会保障和就业规模   单位：亿元

指标	2011 年	2012 年	2013 年	2014 年	2015 年	2016 年
公共财政支出	2198.18	2607.50	3068.80	3306.70	4001.58	4275.40
GDP	17560.18	19701.78	21759.64	24055.76	25979.82	28519.15
社会保障和就业支出	184.92	205.28	240.66	258.71	341.77	348.99

表 3 - 2   **2011～2016 年福建等十省（市、区）**
社会保障和就业支出   单位：亿元

省（市、区）	2011 年	2012 年	2013 年	2014 年	2015 年	2016 年
天津	168.34	201.17	229.28	259.56	314.77	378.27
北京	354.88	424.31	469.13	509.01	700.48	716.21
上海	417.50	443.01	468.01	514.22	543.16	988.80
江苏	481.65	557.77	631.15	709.59	838.06	897.93
浙江	291.82	345.44	397.06	435.54	541.70	631.19
福建	184.92	205.28	240.66	258.71	341.77	348.99
内蒙古	363.97	435.47	491.01	531.76	605.26	642.00
广东	548.65	611.04	746.97	797.01	1064.91	1146.31
重庆	338.76	383.12	431.89	502.94	569.63	640.09
湖北	449.29	501.13	605.70	717.63	858.70	978.82

表 3 - 3   **2011～2016 年福建等十省（市、区）社会保障和就业支出增幅**   单位：%

省（市、区）	2011 年	2012 年	2013 年	2014 年	2015 年	2016 年
天津	28.90	19.50	13.97	13.21	21.27	20.17
北京	28.60	19.56	10.56	8.50	37.62	2.25
上海	15.15	6.11	5.64	9.87	5.63	82.05
江苏	32.15	15.80	13.16	12.43	18.10	7.14
浙江	41.39	18.37	14.94	9.69	24.37	16.52

续表

省（市、区）	2011 年	2012 年	2013 年	2014 年	2015 年	2016 年
福建	29.68	11.01	17.23	7.50	32.11	2.11
内蒙古	24.46	19.64	12.75	8.30	13.82	6.07
广东	16.84	11.37	22.25	6.70	33.61	7.64
重庆	42.95	13.09	12.73	16.45	13.26	12.37
湖北	22.12	11.54	20.87	18.48	19.66	13.99

表 3 - 4　　　　2011～2016 年福建等十省（市、区）社会
保障和就业支出占公共财政支出比重　　　　单位：%

省（市、区）	2011 年	2012 年	2013 年	2014 年	2015 年	2016 年
天津	9.37	9.39	8.99	9.00	9.74	10.22
北京	7.76	8.72	7.77	7.12	8.67	11.18
上海	10.66	10.59	10.33	9.92	8.77	14.29
江苏	7.74	7.94	8.09	8.38	8.65	9.00
浙江	7.59	8.30	8.39	8.44	8.15	9.05
福建	8.41	7.87	7.84	7.82	8.54	8.16
内蒙古	12.18	12.71	13.32	13.71	14.23	14.18
广东	8.17	8.27	8.88	8.71	8.30	8.53
重庆	13.18	14.10	14.10	15.22	15.02	15.99
湖北	13.98	13.33	13.86	14.54	14.00	15.24

（二）福建等十省（市、区）社保基金及分项支出的比较分析

根据相关年份各省（市、区）的统计年鉴、人力资源和社会保障事业发展统计公报和财政预决算报告的统计数据，2011～2016 年福建等十省（市、区）社保基金支出情况如表 3-5 所示，虽然统计口径略有差异，但不影响总体情况分析。通过对各年数据的比较分析，除个别省（市、区）的少数年份外，2011～2016 年十个省（市、区）的社保基金支出基本均呈现逐年增长的趋势，但相比较而言，福建省的支出水平较低，多数年份仅略高于天津市，与北京、上海、江苏、浙江和广东等省（市、区）的社保基金支出存在较大差距，与支出额最高的广东省相比，仅达其比重的 30%。从社保基金占 GDP 比重来看，2011～2016 年

福建省该项占比虽然不断增长（除了 2015 年有所回落外），但明显低于其他省（市、区），比重最高的上海 2016 年已达 11.06%，而福建仅为 3.67%（见表 3-6）。

表 3-5　　　　2011~2016 年福建等十省（市、区）社保基金支出　　单位：亿元

省（市、区）	2011 年	2012 年	2013 年	2014 年	2015 年	2016 年
天津	459.27	531.47	611.30	728.02	816.03	1045.00
北京	—	1204.70	1447.00	1606.82	1896.03	2497.23
上海	—	—	1938.29	2122.80	2819.60	3036.50
江苏	1337.14	1615.07	1943.66	2735.62	3137.89	3530.87
浙江	—	—	—	2100.57	2590.91	3362.07
福建	372.21	451.73	709.89	831.69	741.69	1049.93
内蒙古	447.77	606.09	776.16	888.70	1060.58	1128.27
广东	—	1569.46	1898.57	2618.31	2959.15	3431.58
重庆	—	—	—	923.30	1100.70	1218.80
湖北	—	—	1055.80	1247.80	1474.10	1814.00

注：江苏省 2014 年之前的数据不包括城乡居民基本养老基金支出和居民基本医疗保险基金支出。

表 3-6　　　　　　2011~2016 年福建等十省（市、区）
社保基金支出占 GDP 比重情况　　单位：%

省（市、区）	2011 年	2012 年	2013 年	2014 年	2015 年	2016 年
天津	4.07	4.12	4.24	4.63	4.93	5.83
北京	—	6.73	7.31	7.54	8.23	10.04
上海	—	—	8.90	9.00	11.21	11.06
江苏	2.72	2.98	3.26	4.20	4.49	4.64
浙江	—	—	—	5.21	6.03	7.14
福建	2.11	2.29	3.27	3.47	2.86	3.67
内蒙古	3.11	3.81	4.58	5.00	5.94	6.06
广东	—	2.75	3.05	3.88	4.06	4.31
重庆	—	—	—	6.48	6.99	6.95
湖北	—	—	4.25	4.56	5.00	5.62

　　从十省（市、区）的基本养老保险基金支出来看，福建省仍处于末位，福建和天津、重庆、内蒙古的支出数额均不足 1000 亿元，与其他省（市、区）存在较大差距。且在十个省（市、区）中，只有福建省的基本养老保险基金支出未能始终保持增长态势，2015 年支出较 2014 年显著减少。通过对十省（市、区）的基本医疗保险基金支出的对比发现，2011～2016 年福建省基本医疗保险基金支出虽然始终保持上涨趋势，但与其他省（市、区）相比，仍处于较低水平，仅在部分年份高于天津市。2016 年福建与天津、重庆、湖北的基本医疗保险基金支出仍不足 500 亿元，北京、上海、浙江等省（市、区）的支出介于 650 亿～900 亿元之间，仅有广东省和江苏省的基本医疗保险基金支出超过了 1000 亿元。失业保险基金支出包括失业救济金、医疗费、死亡丧葬补助费、抚恤救济费、转业训练费支出、失业保险经办机构管理费和其他支出。从 2011～2016 年十省（市、区）的失业保险基金支出变化来看，其他多数省（市、区）的失业保险基金支出金额波动幅度较大，但福建省的支出不断增加；从十省（市、区）的失业保险基金支出金额来看，呈现比较明显的两极分化，福建省和天津、内蒙古、重庆、湖北等省（市、区）处于支出较少的一极，而其他省（市、区）的支出金额是福建等省（市、区）的数倍。工伤保险基金支出方面，福建省该项基金支出逐年增长，各省（市、区）之间的差距较以上三项基金支出略有缩小，福建与天津、内蒙古、重庆、湖北相对较低，2016 年上述五省（市、区）的支出不足 20 亿元，北京、上海次高，支出不足 30 亿元。江苏、广东、浙江三省的工伤保险基金支出最多，居于前三位，支出额在 45 亿～60 亿元之间。生育保险基金支出方面，福建省该项基金支出也逐年增长，与失业保险基金支出情况类似，各省（市、区）也呈现出明显的两极分化，福建省和天津、内蒙古、重庆、湖北等省（市、区）的支出相对较少，2016 年五省（市、区）生育保险基金支出（除内蒙古数据未知外）都处于 10 亿～16 亿元之间，而其他五省（市、区）除浙江省不足 40 亿元外，其余四省（市、区）支出金额均超过了 50 亿元（见表 3-7 至表 3-11）。

表 3-7　　　2011～2016 年福建等十省（市、区）基本养老保险基金支出　　单位：亿元

省（市、区）	2011 年	2012 年	2013 年	2014 年	2015 年	2016 年
天津	315.07	365.02	426.35	491.66	559.51	740.00
北京	—	640.20	750.70	841.71	1014.13	1532.81
上海	—	—	—	1462.40	2083.50	2212.30

续表

省（市、区）	2011 年	2012 年	2013 年	2014 年	2015 年	2016 年
江苏	884.20	1078.06	1309.63	1729.52	2006.34	2239.60
浙江	—	—	—	—	1678.10	2349.30
福建	246.78	296.52	536.32	626.41	389.76	643.90
内蒙古	317.23	414.40	533.16	645.00	820.65	—
广东	—	857.93	1003.26	1643.96	1857.94	2097.10
重庆	332.15	408.47	503.63	615.40	717.00	786.10
湖北	—	—	828.90	978.40	1147.80	1286.30

注：2014 年之前江苏省数据不包括城乡居民基本养老基金支出。

表 3 - 8   **2011～2016 年福建等十省（市、区）基本医疗保险基金支出**   单位：亿元

省（市、区）	2011 年	2012 年	2013 年	2014 年	2015 年	2016 年
天津	118.51	140.59	155.94	185.14	203.93	255.00
北京	—	497.40	611.40	662.49	759.92	820.71
上海	—	—	—	511.00	581.10	650.40
江苏	338.01	418.74	496.12	831.41	943.91	1058.12
浙江	—	—	—	—	772.98	857.27
福建	114.74	134.81	148.66	175.52	314.02	360.08
内蒙古	114.37	171.73	220.28	218.37	212.23	—
广东	—	411.74	511.59	862.72	972.37	1121.74
重庆	70.70	104.80	155.16	278.40	339.00	384.10
湖北	—	—	209.60	246.90	269.50	497.90

注：2014 年之前江苏省数据不包括居民基本医疗保险基金支出。

表 3 – 9 　　　　**2011～2016 年福建等十省（市、区）失业保险基金支出** 　　单位：亿元

省（市、区）	2011 年	2012 年	2013 年	2014 年	2015 年	2016 年
天津	14.56	12.80	13.30	32.92	31.65	28.00
北京	—	28.90	32.10	35.95	42.78	61.69
上海	—	—	—	83.60	85.60	93.40
江苏	74.92	57.35	62.85	78.87	83.00	118.82
浙江	—	—	—	—	66.14	72.65
福建	2.90	7.90	9.67	9.99	11.06	16.82
内蒙古	8.04	8.92	9.22	8.83	12.44	—
广东	—	—	—	32.67	40.18	99.77
重庆	3.20	3.54	4.09	4.80	14.90	15.80
湖北	—	—	4.30	5.10	37.20	7.70

表 3 – 10 　　　　**2011～2016 年福建等十省（市、区）工伤保险基金支出** 　　单位：亿元

省（市、区）	2011 年	2012 年	2013 年	2014 年	2015 年	2016 年
天津	6.56	7.44	8.22	8.89	10.56	11.00
北京	—	17.30	18.30	22.18	26.51	29.27
上海	—	—	—	28.20	31.20	29.80
江苏	24.19	38.70	48.12	61.59	61.50	57.63
浙江	—	—	—	—	43.94	46.11
福建	4.35	6.65	7.08	10.62	13.01	13.69
内蒙古	5.38	6.88	8.79	10.30	9.94	—
广东	—	—	—	47.09	49.02	52.14
重庆	—	—	—	14.00	19.80	19.20
湖北	—	—	8.00	11.10	12.30	11.50

表 3 – 11　　　　2011～2016 年福建等十省（市、区）生育保险基金支出　　　单位：亿元

省（市、区）	2011 年	2012 年	2013 年	2014 年	2015 年	2016 年
天津	4.57	5.62	7.49	9.41	10.38	11.00
北京	—	20.90	34.50	44.50	52.68	52.74
上海	—	—	—	37.60	38.20	50.60
江苏	15.82	22.22	26.94	34.24	43.14	56.70
浙江	—	—	—	—	29.74	36.74
福建	3.44	5.85	8.16	9.15	13.83	15.44
内蒙古	2.75	4.16	4.71	6.20	5.32	
广东	—	—	—	31.88	39.62	60.84
重庆	—	—	—	6.70	10.00	13.60
湖北	—	—	5.00	6.30	7.90	10.60

总而言之，福建省与其他省（市、区）相比较，在社会保障和就业支出、社保基金及分项支出方面都存在较为明显的差距。

二、九地市社会保障和就业支出、社保基金及分项支出横向分析

为了进一步分析福建省九地市的支出情况，下文对九地市社会保障和就业支出、社保基金及分项支出的情况进行比较。

（一）福建省九地市社会保障和就业支出分析

2011～2016 年，福建省九地市的社会保障和就业支出基本呈现逐年增长的趋势，至 2016 年，九地市该项支出额均接近或达到 2011 年的 2 倍。九地市中，福州市的社会保障和就业支出最高，而同属于闽东地市的莆田最低，闽南地区三地市厦漳泉的支出额仅次于福州，2016 年三地市支出均在 40 亿～50 亿元之间，其余四地市支出额较为接近，2016 年支出均在 22 亿～24 亿元之间（见表 3 – 12）。

表 3-12　　　　　2011~2016 年福建省九地市社会保障和就业支出　　　单位：亿元

地市	2011 年	2012 年	2013 年	2014 年	2015 年	2016 年
福州	36.27	38.42	43.98	50.96	65.14	71.74
莆田	8.28	8.91	13.12	14.82	18.29	20.06
宁德	11.89	1.45	17.61	18.91	23.28	23.10
厦门	27.34	32.05	34.94	38.34	46.83	49.04
漳州	19.03	23.15	25.15	27.05	37.79	40.38
泉州	22.79	27.45	31.56	35.46	47.00	46.41
南平	12.82	14.06	16.56	17.91	26.84	23.30
三明	10.31	11.62	14.55	16.67	22.25	22.95
龙岩	14.70	13.67	15.90	17.24	20.80	22.01

（二）福建省九地市社保基金支出分析

由于各地市（不同年份）统计口径存在差异及少数地市部分年份数据缺失，因此我们对各地市同一口径的数据进行比较分析。从时间纵向上看，2011~2016年闽东地区的福莆宁和闽南地区的厦漳泉六地市社保基金支出均逐年增长，龙岩市社保基金支出在 22 亿~36 亿元间波动。通过对地市之间的横向比较，不计入企业职工基本养老保险基金支出的情况下，2011~2012 年福州市的支出额基本与龙岩市相近，远高于莆田市，2013~2015 年福州市的支出额超过于莆田、宁德和龙岩三市的 2 倍。考虑计入企业职工基本养老保险基金支出的情况，从 2016 年的支出数据上看，支出额由大到小依次为福州、厦门、三明、漳州、泉州，福州的支出额为 223.95 亿元，是泉州 68.22 亿元的 3 倍（见表 3-13）。

表 3-13　　　　　2011~2016 年福建省九地市社保基金支出　　　单位：亿元

地市	2011 年	2012 年	2013 年	2014 年	2015 年	2016 年
福州	28.69	37.50	56.60	66.73	80.56	223.95
莆田	—	—	—	23.68	29.17	35.10
宁德	17.40	21.86	26.89	31.25	36.01	47.19
厦门	69.45	83.11	101.81	123.29	143.02	183.27

续表

地市	2011 年	2012 年	2013 年	2014 年	2015 年	2016 年
漳州	41.75	52.31	60.60	71.39	82.62	100.23
泉州	30.27	35.34	43.48	49.18	54.64	68.22
南平	—	—	—	—	61.37	56.10
三明	—	—	—	—	—	108.33
龙岩	27.57	32.03	25.54	30.61	36.02	22.26

注：2016 年之前福州市支出数据不含企业职工基本养老保险基金支出，莆田市、宁德市、龙岩市社保基金支出数据不含企业职工基本养老保险基金支出，2016 年南平市社保基金支出数据不含企业职工基本养老保险基金支出。

（三）福建省九地市社保基金分项支出分析

对福建省九地市社保基金进一步进行分项比较（见表 3 – 14 至表 3 – 18）。从基本养老保险基金支出情况看，2011～2016 年福建省闽南地区厦漳泉三地市支出额均保持上升趋势；宁德市的支出在前五年保持上升趋势，2016 年较 2015 年下降了近 20%；而龙岩市的支出则波动起伏较大；其他四地市因数据不全，无法判断支出的总体变动趋势。从地市之间的横向比较来看，因数据的缺失，我们仅以 2016 年数据进行比较。2016 年基本养老保险基金支出由高到低依次为福州、厦门、三明、漳州、泉州，不计入企业职工基本养老保险基金支出的莆田、宁德、龙岩和南平四地市中支出最多的是南平市，最少的是龙岩市。从基本医疗保险基金支出情况上看，除了数据缺失的地市外，2011～2016 年福建省内五地市的支出均呈现不断增长的态势。通过对地市之间的横向比较可以看出，2016 年省内九地市医疗保险基金支出由高至低排名依次为福州、厦门、漳州、宁德、南平、三明、莆田、泉州、龙岩，总体上闽南地区高于闽东地区，闽西北地区最低。从失业保险基金支出数据上看，厦门市的支出最高，除 2015 年略有下降外，其他年份均较上年有所增长，从 2011 年的 3.38 亿元增至 2016 年的 9.54 亿元；福州市和三明市近年来的失业保险基金支出额也超过 1 亿元；莆田、宁德、漳州、泉州、南平、龙岩六地市该项支出均不足 1 亿元，其中又以宁德市的支出最低，多数年份支出仅在 2000 万元左右。从工伤保险基金支出数据上看，厦门市的支出最高，2016 年三明市支出与厦门相近，两者在 2016 年的支出都超过了 3 亿元；福州、漳州、龙岩、泉州四地市近年来的该项支出也超过了 1 亿元。从生育保险基金支出数据上看，仍是厦门市的支出最高，其次为福州，两市均超过 2

亿元；而其他七地市该项支出远小于福厦两市，均不足 1 亿元。

表 3 - 14　　　　　**2011 ~ 2016 年福建省九地市基本养老保险基金支出**　　单位：亿元

地市	2011 年	2012 年	2013 年	2014 年	2015 年	2016 年
福州	—	—	—	—	87. 23	143. 51
莆田	—	—	—	5. 97	8. 36	12. 15
宁德	12. 25	15. 25	18. 88	21. 85	25. 60	20. 75
厦门	34. 84	40. 91	49. 43	60. 58	71. 25	95. 38
漳州	25. 51	31. 44	36. 43	42. 05	49. 36	60. 73
泉州	19. 90	23. 39	29. 37	32. 22	35. 80	46. 30
南平	—	—	—	—	37. 91	30. 38
三明	—	—	—	—	—	80. 72
龙岩	20. 62	23. 52	16. 03	18. 46	21. 95	7. 75

注：2015 年福州市支出数据不含企业职工基本养老保险基金支出，莆田市、宁德市、龙岩市、南平市（2016 年）社保基金支出数据不含企业职工基本养老保险基金支出。

表 3 - 15　　　　　**2011 ~ 2016 年福建省九地市基本医疗保险基金支出**　　单位：亿元

地市	2011 年	2012 年	2013 年	2014 年	2015 年	2016 年
福州	—	—	—	—	65. 81	72. 81
莆田	—	—	—	16. 70	19. 51	21. 34
宁德	4. 64	5. 89	7. 09	8. 32	9. 31	24. 84
厦门	27. 73	32. 55	40. 06	48. 58	55. 91	67. 98
漳州	15. 33	19. 58	22. 65	27. 80	31. 00	36. 42
泉州	9. 55	10. 64	12. 48	14. 79	16. 44	18. 44
南平	—	—	—	—	21. 90	23. 81
三明	—	—	—	—	—	21. 93
龙岩	6. 12	7. 19	7. 63	9. 68	11. 83	12. 30

表 3 - 16　　　　　　　**2011～2016 年福建省九地市失业保险基金支出**　　　单位：亿元

地市	2011 年	2012 年	2013 年	2014 年	2015 年	2016 年
福州	—	—	—	—	1.03	3.28
莆田	—	—	—	0.54	0.31	0.26
宁德	0.24	0.24	0.20	0.15	0.17	0.31
厦门	3.38	4.63	6.05	6.08	3.65	9.54
漳州	0.41	0.52	0.55	0.55	0.58	0.77
泉州	0.24	0.28	0.15	0.49	0.36	0.66
南平	—	—	—	—	0.60	0.82
三明	—	—	—	—	—	1.85
龙岩	0.27	0.36	0.64	0.94	0.61	—

表 3 - 17　　　　　　　**2011～2016 年福建省九地市工伤保险基金支出**　　　单位：亿元

地市	2011 年	2012 年	2013 年	2014 年	2015 年	2016 年
福州	—	—	—	—	1.59	1.61
莆田	—	—	—	—	0.63	0.59
宁德	0.23	0.40	0.61	0.71	0.69	0.86
厦门	1.53	1.96	2.45	3.24	6.55	3.79
漳州	0.37	0.55	0.68	0.91	1.10	1.56
泉州	0.23	0.53	0.75	0.88	0.94	1.27
南平	—	—	—	—	0.82	0.91
三明	—	—	—	—	—	3.41
龙岩	0.44	0.75	0.93	1.19	1.23	1.55

表 3 - 18　　　　　　　**2011～2016 年福建省九地市生育保险基金支出**　　　单位：亿元

地市	2011 年	2012 年	2013 年	2014 年	2015 年	2016 年
福州	—	—	—	—	2.19	2.73
莆田	—	—	—	0.47	0.37	0.76

续表

地市	2011 年	2012 年	2013 年	2014 年	2015 年	2016 年
宁德	0.04	0.07	0.11	0.23	0.24	0.42
厦门	1.97	3.06	3.81	4.80	5.66	6.57
漳州	0.13	0.22	0.30	0.09	0.58	0.74
泉州	0.35	0.50	0.73	0.81	1.10	1.54
南平	—	—	—	—	0.13	0.18
三明	—	—	—	—	—	0.44
龙岩	0.12	0.20	0.30	0.34	0.40	0.66

第三节　福建省社会保障支出绩效评价

一、评价理论

社会保障支出是用于社会保障制度的运作、为居民的基本生活提供保障的一种支出形式。对社会保障支出绩效进行评价主要依据以下三种理论。

（一）公共受托责任理论

公共受托责任即公共部门的受托责任，公共受托责任产生于民主政治中的委托代理关系，依存于三个主要代理关系中。这三个代理关系是：公务员对行政长官的受托责任、行政部门对立法部门的受托责任和政府对民众的受托责任。政府的特征是没有明确的所有者，其权益属于公民。在政治舞台上，公民高度分散。由于表达个人意志需要成本，因而公民一般没有充分的动力表达自己的意志，其对政府决策结果的影响往往较少。也就是说，公民往往对政府财务信息的需求较少。因此，公民必须通过制定明确的法律法规或规则（预算、拨款等原则及其对执行结果报告的规定）来约束政府官员的行为。基金会计用来保证政府遵循以上规则，并提供政府的忠实受托责任信息。

在社会保障工作领域中也存在公共受托责任。企业及民众以缴税的方式将部分收入的使用权委托给政府以改善社会保障水平。政府作为税收等财政资金的管理者和分配者，将社会保障资金的处置权委托给民政部门等机构。社会保障支出绩效的优劣，直接反映政府受托责任的履行情况。因此，在社会保障工作中，应注重投入资金的使用效率，建立健全完善的绩效评价机制。

（二）公共产品理论

根据公共经济学理论，社会产品分为公共产品和私人产品。按照萨缪尔森在《公共支出的纯理论》中的定义，纯粹的公共产品或劳务具有与私人产品或劳务显著不同的三个特征：效用的不可分割性、消费的非竞争性和受益的非排他性。凡是可以由个别消费者所占有和享用，具有敌对性、排他性和可分性的产品就是私人产品。介于二者之间的产品称为准公共产品。由于公共产品的非排他性和非竞争性的特征，在公共产品消费中人们存在一种"搭便车"动机，每个人都想不付或少付成本享受公共产品，私人不愿意提供公共产品，只能由政府来提供，遵循效用—费用—税收的机制，税收成为公共产品的"价格"，将公共产品供应的成本和收费有机地联结起来。依据市场经济和公共产品理论，政府成为公共经济活动的中心，为社会提供越来越多的公共产品和劳务。财政筹集收入和分配支出的活动，不再是一般意义的分配，也是为社会提供公共产品和劳务，进行资源配置和市场需求的调节。

社会保障一般被认为是准公共物品，具有有限的非排他性和有限的非竞争性，仅靠市场机制无法做到资源的最优配置，需要政府利用所掌握的财政资金来弥补社会保障产品供给的不足。同时，政府的介入并不代表社会保障资源能够达到最优配置，在具体实践中政府规模、信息传递等一系列因素会影响政府干预的效果，因此，研究社会保障支出的效率问题具有现实意义。

（三）社会保障理论

社会保障是指国家集中社会各方面优质资源，由行政人员管理，用于补贴社会特定人群的生活。这些人群包括遭遇劳动风险的劳动者、无收入人群、城镇低收入人群、残疾失业人群、患病留守人群以及遭遇意外灾害的人群，以维持其基本生活。这种保障形式通过国家立法形式体现，以确保社会资源的合理流向。同时，政府需要合理规划、整合公共资源，提高公共福利水平和国民生活质量。我国宪法规定，在年老、伤病、残疾、灾害等特定情况下，我国公民享有获得社会提供物资帮助的权利。因此，社会保障对国家的安全、社会的稳定具有至关重要的作用。

二、评价方法及数据说明

对于福建省九地市社会保障支出的绩效评价，本部分主要通过定量和定性相结合的分析方法。定量分析主要采用趋势分析法、对比法、结构分析法和 DEA 计量模型。由于社会保险是社会保障最主要的组成部分，本部分以福建省社保基金支出为主体，选取相关的指标进行数据收集，设计福建省社保基金支出绩效评价指标体系并进行全面分析。对于社会保障的其他组成内容，选择部分重要指标进行单独分析。

根据福建省社保基金支出绩效评价指标体系，本部分选取了福建省内九地市 2011～2016 年社会保障和就业支出、社保基金支出的不完全数据进行分析。所有数据均来自相关地市公开发布的信息，包括相应年份的统计年鉴、统计公报、预决算报告等资料。

三、绩效评价指标体系的构建与说明

为了全面、客观、有效地进行绩效评价，根据科学性、代表性、对比性和可行性原则，我们查阅了福建省及九地市社会保障与就业的公开资料。本部分以社保基金支出为主体，主要对福建省社保基金投入情况、过程管理、项目产出、项目效益等四个方面进行综合评价，即通过对 4 大类 27 项指标逐项评价。绩效评价指标体系共设置 4 个一级指标、11 个二级指标、27 个三级指标，设定满分 100 分，其中："负担率"10 分，体现财政投入情况；"基金支出"10 分，反映社保基金支出占地区 GDP 的比重；"绩效目标管理情况"5 分，主要体现绩效目标设定、绩效目标执行情况和绩效目标完成情况；"组织管理情况"4 分，主要体现项目实施过程中管理制度保障、支撑条件保障等方面的情况；"资金管理情况"8 分，主要体现项目实施过程中基金支出的及时性、基金支出的相符性、基金使用的合规性、基金使用合规性、会计核算的健全性情况；"信息公开水平"3 分，主要体现信息公开及时性和公开信息获取便利性；"覆盖水平"20 分，主要反映社会保险五大项目的覆盖率；"赡养率"10 分，反映社会保险制度赡养负担情况；"经济与社会效益"18 分，主要体现基本养老金替代率、医疗保险支付比率、失业保险金保障水平；"可持续影响"6 分，体现基金增长和基金结余运转情况；"服务对象满意度"6 分，反映社会保险投诉问题和争议案件解决情况。指标体系和评分标准见表 3－19。

表 3 – 19 福建省社保基金支出绩效评价指标体系

总指标	一级指标	二级指标	三级指标	指标说明	评分标准
社保基金支出绩效评价指标	投入（20分）	负担率（10分）	财政负担率	社会保障与就业补助支出/当年财政支出总额，该指标为正指标，政府对于社会保障补助支出越多，社会保障财政支出绩效越高	达到14%得满分，每下降0.5个百分点扣1分，扣完为止
		基金支出（10分）	社保基金支出占地区GDP的比例	(基本养老保险基金支出＋基本医疗保险基金支出＋失业保险基金支出＋工伤保险基金支出＋生育保险基金支出)/当期地区GDP 该指标表明了社会保障制度所发挥的经济作用和在国民收入再分配过程中所产生的影响	达到1.5%得满分，每下降0.1个百分点扣1分，扣完为止
	过程（20分）	绩效目标管理情况（5分）	（1）绩效目标设定情况（2分）		
			A. 绩效目标合理性（1分）	该指标旨在评估项目资金使用的预定目标设置是否客观、科学，包括绩效目标是否与相关管理规定吻合，以及所设立的绩效目标是否完整、全面	制定绩效目标合理得满分，否则视具体情况扣分
			B. 绩效目标明确性（1分）	该指标旨在评估项目资金使用的预定目标是否明确；是否通过清晰、可衡量的指标值予以体现	制定绩效目标明确得满分，否则视具体情况扣分
			（2）绩效目标执行情况（1分）	该指标旨在评估项目实施进度是否与计划一致	评估项目实施进度与计划一致得满分，否则视具体情况扣分
			（3）绩效目标完成情况（2分）	社会保险基金项目的实际支出是否符合国家财经法规和财务管理制度以及有关专项资金管理办法等情况	
			A. 目标完成率（1分）	目标完成数/预定目标数×100% 该指标评估该专项经费各项绩效指标的完成情况	大于或等于100%得满分，否则不得分
			B. 目标完成质量（1分）	实际达到的效果/预定目标×100% 指标评估项目完成后是否达到预期效果或验收合格	大于或等于100%得满分，否则不得分

续表

总指标	一级指标	二级指标	三级指标	指标说明	评分标准
社保基金支出绩效评价指标	过程（20分）	组织管理情况（4分）	管理制度保障（2分）	社会保险基金项目的相关管理制度是否健全以及落实到位情况	制度和政策完善、文件充分得满分，每缺一项扣1分
			支撑条件保障（2分）	社会保险基金项目承担单位的人员、设备、场地信息等支撑条件的保障情况	条件都良好得满分，条件具备但不良好得1分，否则不得分
		资金管理情况（8分）	基金支出的及时性（2分）	社会保险基金项目资金使用的预定目标是否如期完成，未完成的理由是否充分，基金是否按时支付，有无存在拖欠养老保险基金支付的情况	按时支付得满分，存在拖欠情况不得分
			基金支出的相符性（2分）	社会保险基金项目的实际支出与预算批复（或合同规定）的用途是否相符，基金项目经费收支的平衡情况以及支出调整的合理性	相符得满分，否则不得分
			基金使用的合规性（2分）	基金使用是否符合国家财经法规和财务管理制度以及有关专项基金管理办法等	相符得满分，否则不得分
			会计核算的健全性（2分）	社会保险基金项目的重大开支是否经过评估论证，资金的拨付是否完整的审批程序和手续；财务管理制度是否按规定有效执行	审批程序和手续完整且得到执行得满分，审批程序和手续不完整不得分，执行无效扣1分
		信息公开水平（3分）	信息公开及时性（2分）	社会保险基金管理机构对社会公众关心的有关基金管理运营的信息是否及时、准确地予以公开，是否有健全的公开制度，公开信息的质量是否满足社会公众的需要	制度健全且公开及时得满分，否则视具体情况扣分
			公开信息获取便利性（1分）	反映社会公众是否容易获得社会保险基金相关的公开信息，获取渠道是否通畅	渠道畅通得满分，否则视具体情况扣分

续表

总指标	一级指标	二级指标	三级指标	指标说明	评分标准
社保基金支出绩效评价指标	产出（30分）	覆盖水平（20分）	养老保险覆盖率（6分）	（基本养老保险城镇职工参保人数＋城乡居民基本养老保险参保人数）/年末常住人口数×100% 该指标是正向指标，养老保险覆盖率越广，说明公众的受益规模越大，更多的人得到养老保险制度的保障	达到80%得满分，每下降1个百分点扣1分，扣完为止
			医疗保险覆盖率（6分）	（参加基本医疗保险人数＋期末参加新型农村医疗保险人数）/年末常住人口数×100% 该指标是正向指标，医疗保险覆盖率越广，说明公众的受益规模越大，更多的人得到医疗保险制度的保障	达到85%得满分，每下降1个百分点扣1分，扣完为止
			失业保险覆盖率（4分）	失业保险参保人数/全社会从业人员×100% 该指标是正向指标，失业保险覆盖率越广，说明公众的受益规模越大，更多的人得到失业保险制度的保障	达到20%得满分，每下降2个百分点扣1分，扣完为止
			工伤险覆盖率（2分）	工伤保险参保人数/全社会从业人员×100% 该指标是正向指标，工伤保险覆盖率越广，说明公众的受益规模越大，政府对于参保人员工伤保障覆盖了更多的人群	达到20%得满分，每下降2个百分点扣1分，扣完为止
			生育险覆盖率（2分）	生育保险参保人数/全社会从业人员×100% 该指标是正向指标，生育保险覆盖率越广，说明公众的受益规模越大，更多的人得到生育保险制度的保障	达到15%得满分，每下降2个百分点扣1分，扣完为止
		赡养率（10分）	制度赡养率（10分）	（期末领取基本养老保险金离退休人数/参保人数）×100% 该指标为逆指标，老年赡养比越大，就表明每支付一位退休人员的养老金需要越多的参保人员，支付风险增加，那么其可持续性就会受到更严峻的挑战	低于25%得满分，每提高1个百分点扣1分，扣完为止

续表

总指标	一级指标	二级指标	三级指标	指标说明	评分标准
社保基金支出绩效评价指标	效果（30分）	经济与社会效益（18分）	基本养老金替代率（6分）	（基本养老保险基金人均支出/职工平均工资）×100% 该指标反映退休人员基本生活保障水平，是衡量劳动者退休前后生活保障水平差异的一项基本指标。决定替代率的基本条件：一是社会经济的发展水平，基金的承受能力；二是养老金的计发办法；三是养老金的增长机制	达到55%得满分，每下降1个百分点扣1分，扣完为止
			医疗保险支付比率（6分）	（医疗基金支付总额/医疗费用总额）×100% 该指标反映医疗保险机构承担参保人的医疗费用比率	达到70%得满分，每下降2个百分点扣1分，扣完为止
			失业保险金替代率（6分）	（失业保险基金人均支出/职工平均工资）×100% 人均失业保险金：失业保险金支出总额/领取失业保险金人数 该指标用于反映享受失业保险待遇的失业者的生活保障程度	达到最低工资标准60%得满分，每下降2个百分点扣1分，扣完为止
		可持续影响（6分）	基金收入增长率（3分）	（基金总收入期末数−基金总收入期初数）/基金总收入期初数×100% 该指标反映社会保险工作成果的基础指标，也可以测算社会保险制度在一定时期内能否正常运行	达到15%得满分，每下降2个百分点扣1分，扣完为止
			基金结余运转比率（3分）	基金历年滚存结余额/当年基金总支出×100% 该指标反映基金的风险状况，一般至少需要3~6个月滚存结余才能保证正常支付运转	达到125%得满分，每下降5个百分点扣1分，扣完为止
		服务对象满意度（6分）	有效调查问卷（3分）	通过对有效调查问卷进行统计，分析服务对象的满意程度	达到90分以上得3分，每下降5个百分点扣1分，扣完为止
			投诉解决率（2分）	当年投诉举报有关社保纠纷案件解决数/当年投诉社保纠纷案件总数×100%	达到100%得满分，每下降5个百分点扣1分，扣完为止
			争议案件结案率（1分）	当年争议案件结案数/（争议案件结案数+逾期未结案数）×100%	达到100%得1分，低于100%不得分

四、各类指标分析

(一) 第一类投入指标

这类指标主要是从经济性角度考虑，静态考察社会保障投入数量情况，分别从负担率和基金支出两方面来衡量。

1. 负担率。本部分选择财政负担率作为评价指标。财政负担率是指社会保障与就业补助支出占整个财政支出总额的比重，该指标主要反映财政支出对社会保障基金的财力支持程度。财政负担率=社会保障与就业补助支出/当年财政支出总额×100%，该指标为正指标，政府对于社会保障补助支出越多，社会保障财政支出绩效越高。

表3-20和图3-1显示，2011~2016年福建省的财政负担率在8%左右波动，总体呈缓慢上升趋势。从九地市财政负担率变动情况来看，总体趋势也是在小幅波动中缓慢上升。增幅比较大的是莆田，从2011年的8.68%提高到2016年的9.69%。从6年来财政负担率的高低来看，最高的是漳州，平均在10%以上；最低的是厦门，在6.46%~7.19%之间徘徊；波动性最大的是南平，2013年是9.3%，2015年是11.18%，其次是莆田、福州；相反，最平稳是厦门、泉州和三明。但是，福建省和九地市的财政负担率没有一个达到满分的标准14%，而且总体得分偏低，说明财政对社会保障和就业的支持力度不够。

表3-20　　　　　　　　　　福建省各地区财政负担率　　　　　　　　　单位：%

三级指标	地区	2011 年	2012 年	2013 年	2014 年	2015 年	2016 年
财政负担率	福建省	8.41	7.87	7.84	7.82	8.54	8.16
	福州	9.98	9.35	8.24	8.86	8.97	8.64
	厦门	6.86	6.81	6.54	6.84	7.19	6.46
	漳州	10.43	10.44	9.59	9.86	10.62	10.94
	泉州	7.67	7.70	7.48	7.44	8.71	7.77
	三明	8.53	7.59	7.77	8.38	9.24	9.04
	莆田	8.68	7.56	9.10	9.39	9.69	9.69
	南平	11.03	10.72	9.30	9.41	11.18	9.33
	龙岩	10.67	8.29	7.97	8.37	8.06	8.02
	宁德	10.42	10.34	9.47	9.46	9.39	8.65

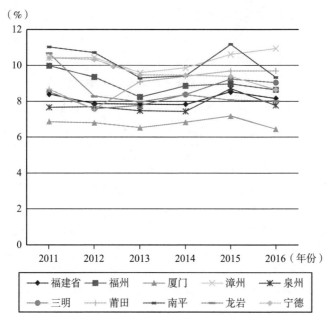

（％）

图3－1　财政负担率

2. 基金支出。社会保险的发展水平取决于国民经济的发展，同时社保基金支出作为消费性支出，其规模又制约着国民经济的发展。社会保险作为一种经济保障，直接影响着劳动者的工作积极性。如果保障水平过低，劳动者缺乏安全感，就会影响劳动生产率的提高和经济的发展。因此，社会保险发展要与国民经济发展水平相适应。

本部分选择社保基金支出占地区 GDP 的比例作为评价指标。社保基金支出占地区 GDP 比例 =（基本养老保险基金支出 + 基本医疗保险基金支出 + 失业保险基金支出 + 工伤保险基金支出 + 生育保险基金支出）/当期地区 GDP × 100%。该指标表明了社会保险制度所发挥的经济作用和在国民收入再分配过程中所产生的影响。该指标作为相对值指标，可以反映社会保险支出在国内生产总值中所占的比重，这样，一方面，可以体现出社保基金的支出规模；另一方面，可以消除地区之间的横向比较差异，能够有效地判断社保基金的支出水平情况。

由于受统计资料的限制，只能对福州、厦门、漳州、龙岩、泉州、宁德五地市的情况进行分析和比较。表3－21 和图3－2 显示，2011~2016 年，福州、厦门、漳州、泉州、宁德五地市的社保基金支出占地区 GDP 的比例都呈明显的平稳上升趋势，其中提高最快的是厦门，从2011 年的 2.73% 上升到2016 年的 4.41%，龙岩的波动较大；从社保基金支出占地区 GDP 的比重高低看，最高是厦门，平均 3.59%，最低是泉州，平均 0.85%，两者相差 4 倍，差异比较大。

表 3 – 21　　　　　　　福建省社保基金支出占地区 GDP 的比例　　　　　单位：%

三级指标	地区	2011 年	2012 年	2013 年	2014 年	2015 年	2016 年
社保基金支出占地区 GDP 比例	福建省	2.11	2.29	3.27	3.47	2.86	3.67
	福州	0.77	0.89	1.21	1.29	1.43	3.61
	厦门	2.73	2.94	3.37	3.77	4.13	4.41
	漳州	1.93	2.07	2.14	2.23	2.36	2.53
	泉州	0.71	0.75	0.83	0.86	0.89	1.03
	龙岩	2.22	2.36	1.73	1.89	2.07	—
	宁德	1.87	2.03	2.17	2.27	2.42	2.91

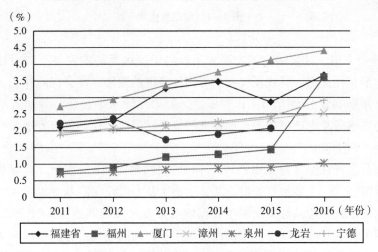

图 3 – 2　社保基金占地区 GDP 的比例

（二）第二类过程指标

过程指标，也称定性指标，是难以具体量化的、主观性的指标，由此得出的结论往往带有一定主观色彩，主要包括绩效目标管理、组织管理、资金管理等情况和信息的公开性。本部分未对福建省九地市社保基金支出绩效评价的过程指标进行打分，仅对过程指标加以说明。

1. 绩效目标管理情况。

（1）绩效目标设定情况，该指标分解为绩效目标合理性、绩效目标明确性两个具体评价目标。

绩效目标合理性指标旨在评估项目资金使用的预定目标设置是否客观、科学，包括绩效目标是否与相关管理规定吻合，以及所设立的绩效目标是否完整、全面。绩效指标明确性指标旨在评估项目资金使用的预定目标是否明确；是否通过清晰、可衡量的指标值予以体现。

（2）绩效目标执行情况，绩效目标执行情况指标旨在评估项目实施进度是否与计划一致。

（3）绩效目标完成情况，绩效目标完成情况指标分解为目标完成率和目标完成质量两个具体指标。目标完成率指标评估该专项经费各项绩效指标的完成情况，用目标实际完成数除以期初目标编制数进行衡量。目标完成质量指标评估项目完成后是否达到预期效果或验收合格。

2. 组织管理情况。

（1）管理制度保障，该指标主要是评价社会保险基金项目的相关管理制度是否健全以及落实到位情况。

（2）支撑条件保障，该指标主要是评价社会保险基金项目承担单位的人员、设备、场地信息等支撑条件的保障情况。

3. 资金管理情况。

（1）基金支出的及时性，该指标主要是评价社会保险基金项目资金使用预定目标是否如期完成，未完成的理由是否充分，基金是否按时支付，有无存在拖欠养老保险基金支付的情况。

（2）基金支出的相符性，该指标主要是评价社会保险基金项目的实际支出与预算批复（或合同规定）的用途是否相符，基金项目经费收支的平衡情况以及支出调整的合理性。

（3）资金使用的合规性，该指标主要是评价资金使用是否符合国家财经法规和财务管理制度，以及有关专项资金管理办法等。

（4）会计核算的健全性，该指标主要是评价社会保险基金项目的重大开支是否经过评估论证，资金的拨付是否有完整的审批程序和手续；财务管理制度是否按规定有效执行。

4. 信息公开水平。

（1）信息公开及时性，该指标主要是评价社会保险基金管理机构对社会公众关心的有关基金管理运营的信息是否及时、准确地予以公开，是否有健全的公开制度，公开信息的质量是否满足社会公众的需要。

（2）公开信息获取便利性，该指标主要是评价反映社会公众是否容易获得社会保险基金相关的公开信息，获取渠道是否通畅。

（三）第三类产出指标

产出指标，也称为效率指标，这类指标主要从效率和产出的角度考虑，反映人们参与、享受社会保险服务的比率，主要包括社会保险各项目的覆盖率和养老保险的制度赡养率。

1. 覆盖水平。社会保险的覆盖水平，是指参加社会保险的人数与应该参加社会保险人数的比率。覆盖率水平指标反映的是社会保险制度所保障的人数的多少，可以有效判断和评价制度保障的覆盖范围。一般情况下，社会保险的覆盖水平与经济发展水平正相关。根据社会保险五个项目的内容，覆盖水平选择养老保险覆盖率、医疗保险覆盖率、工伤保险覆盖率、生育保险覆盖率和失业保险覆盖率五个指标进行评价。

（1）养老保险覆盖率。养老保险覆盖率 =（基本养老保险城镇职工参保人数 + 城乡居民基本养老保险参保人数）/全社会从业人员×100%，该指标是正向指标，养老保险覆盖率越广，说明公众的受益规模越大，越多的人会得到养老保险制度的保障。

表 3 - 22 和图 3 - 3 显示，福建省九地市养老保险覆盖率在 2011 ~ 2012 年提高较快，2012 ~ 2016 年比较平稳，各地市水平均在 70% ~ 96% 之间。其中最高的是三明，在 90% ~ 96% 之间；其次是南平，在 83% ~ 91% 之间；再次是龙岩，在 86% 左右；最低的是厦门，2011 ~ 2014 年分别是 71.15%、69.98%、73.01%、71.10%，2015 ~ 2016 年数据无法获得；比厦门略高的是福州和莆田，都在 75% 上下徘徊。按照正常情况来说，养老保险覆盖率与经济发展水平呈正相关，福建省经济比较发达的闽南地区厦漳泉和莆田，该指标应该比较高，闽西部和西北部应该比较低，但统计结果显示恰好相反。根据养老保险覆盖率的计算公式，分母是全社会从业人员，厦门等经济发达地区外来人员多，从业人员明显多于常住人口或者户籍人口，人们一般在户籍所在地投保养老保险。所以，结果显示与真实情况有所偏差。也就是说，有相当一部分人在厦门从业，参保不在厦门，而在户籍所在地。因此，该指标出现了反常的现象。

表 3 - 22			福建省各地区养老保险覆盖率			单位: %	
三级指标	地区	2011 年	2012 年	2013 年	2014 年	2015 年	2016 年
养老保险覆盖率	福建省	71.16	80.81	84.00	82.35	80.08	81.68
	福州	63.50	71.48	77.36	75.72	73.31	72.34
	厦门	71.15	69.98	73.01	71.10	—	—
	漳州	55.71	88.47	88.47	88.47	87.22	86.95
	泉州	71.50	79.36	81.92	82.30	81.84	81.09
	三明	90.55	95.62	96.64	94.96	92.76	90.64
	莆田	74.23	81.77	78.58	77.10	75.07	74.50
	南平	83.27	90.82	91.51	89.84	88.61	88.12
	龙岩	85.87	88.50	89.68	89.67	87.37	84.34
	宁德	57.57	76.27	77.90	75.20	74.42	71.66

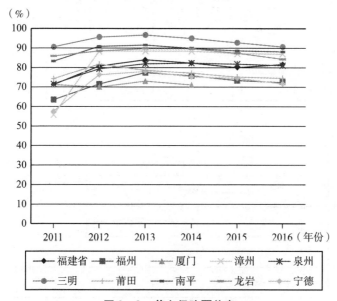

图 3 - 3　养老保险覆盖率

（2）医疗保险覆盖率。医疗保险覆盖率 =（参加基本医疗保险人数 + 期末参加新型农村医疗保险人数)/年末常住人口数×100%，该指标是正向指标，医疗保险覆盖率越广，说明公众的受益规模越大，越多的人群会获得医疗保险的保障。

表 3 - 23 和图 3 - 4 显示，只对 2013～2016 年的情况进行分析。九地市的医疗保险覆盖率不合常理，厦门、泉州、漳州和福州相对较低，其中厦门最低，为 80% 左右，而其他地市基本都高于 100%，龙岩、三明、南平相对较高，其中龙

岩最高，为125%，比厦门高出45个百分点。造成这种结果有两种可能：一是重复参保，因为医疗保险不以户籍为参保条件；二是重复统计，由于统计口径不一致，有可能对参保人员重复计算。厦漳泉地区外来人口多，常住人口多于参保人员，同理，龙岩、三明、南平等地区常住人口多于参保人员，所以会得出不合常理的计算结果。该指标总体上反映了医疗保险的覆盖水平，而且相对稳定。

表3-23　　　　　　　　　　福建省各地区医疗保险覆盖率　　　　　　　　单位：%

三级指标	地区	2011年	2012年	2013年	2014年	2015年	2016年
医疗保险覆盖率	福建省	99.60	98.91	100.05	100.48	100.38	—
	福州	84.20	—	89.88	90.61	89.12	
	厦门	71.78	—	79.50	82.49	86.04	89.64
	漳州	97.05	—	99.10	93.88	94.80	94.36
	泉州	91.20	—	89.02	91.36	89.56	—
	三明	114.27	108.48	109.87	115.18	115.47	114.67
	莆田	125.00	—	110.39	114.41	115.68	118.31
	南平	113.50	—	110.79	110.84	111.02	110.28
	龙岩	117.26	—	129.83	128.95	128.82	—
	宁德	111.12	—	118.35	113.23	113.34	122.90

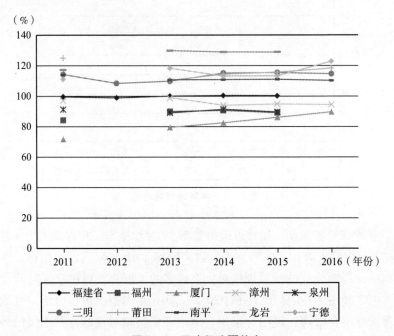

图3-4　医疗保险覆盖率

（3）失业保险覆盖率。失业保险覆盖率＝失业保险参保人数/全社会从业人员×100%，该指标是正向指标，失业保险覆盖率越广，说明公众的受益规模越大，更多的人群获得失业保险的保障。

表3-24和图3-5显示，九地市失业保险覆盖率的特点是相当稳定，但是水平差异较大。最高的是厦门市，超过60%（缺乏2015年和2016年的数据），其他地市却低于20%，最低是宁德，8%左右，其次是泉州，10%左右，再次莆田11%。说明厦门市的各类企业对于职工的权益保护比较注重。

表3-24　　　　　　　　　福建省各地区失业保险覆盖率　　　　　　　　单位：%

三级指标	地区	2011 年	2012 年	2013 年	2014 年	2015 年	2016 年
失业保险覆盖率	福建省	17.52	17.87	19.43	19.79	19.73	20.85
	福州	21.25	22.19	23.80	23.53	22.84	22.64
	厦门	59.17	58.05	60.98	62.05		
	漳州	9.14	9.42	10.50	11.51	11.96	12.43
	泉州	9.07	9.71	10.48	10.68	10.91	10.74
	三明	16.26	16.01	16.07	17.24	17.74	17.90
	莆田	13.82	9.29	10.90	11.11	11.16	11.20
	南平	14.89	14.86	15.93	17.49	17.91	18.62
	龙岩	12.23	15.19	15.52	15.73	16.89	18.27
	宁德	6.97	6.98	8.10	8.60	9.03	9.47

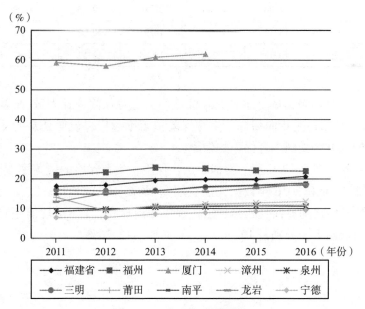

图3-5　失业保险覆盖率

（4）工伤保险覆盖率。工伤保险覆盖率＝工伤保险参保人数/全社会从业人员×100%，该指标是正向指标，工伤保险覆盖率越广，说明公众的受益规模越大，越多的人群会获得工伤保险的保障。

表3－25和图3－6显示，工伤保险的覆盖率与失业保险的覆盖率类似，除了厦门市在60%上下微小的波动以外，其他地市的水平都在11%～26%之间，2011～2016年在逐年稳定缓慢地提高。从各地市的覆盖水平来看，6年平均值最低是漳州13%，其次是宁德13.19%，然后是泉州15.3%。总体水平差异较大，最高的厦门与最低的漳州相差近50个百分点。

表3－25 　　　　　　　　　　　福建省各地区工伤保险覆盖率　　　　　　　　　单位：%

三级指标	地区	2011 年	2012 年	2013 年	2014 年	2015 年	2016 年
工伤保险覆盖率	福建省	20.20	21.04	23.77	23.69	24.96	26.23
	福州	22.34	23.07	26.70	26.86	28.88	28.88
	厦门	58.84	57.99	61.12	61.39	—	—
	漳州	9.95	10.85	12.33	13.05	14.69	17.27
	泉州	12.53	13.81	15.24	15.51	17.46	17.27
	三明	16.30	16.24	17.42	17.81	20.11	21.17
	莆田	18.76	16.86	17.72	17.37	18.84	18.62
	南平	11.86	13.11	21.39	19.05	20.26	22.48
	龙岩	18.12	19.95	18.93	20.02	19.83	19.01
	宁德	10.72	11.89	13.64	13.52	14.60	14.77

（5）生育保险覆盖率。生育保险覆盖率＝生育保险参保人数/全社会从业人员×100%，该指标是正向指标，生育保险覆盖率越广，说明公众的受益规模越大，越多的人群会受到生育保险的保障。

表3－26和图3－7显示，类似于工伤保险，生育保险的覆盖率厦门市最高，为56%（2015年和2016年数据无法获取），均高于其他地市。其他七地市的水平在7%与22%之间，而且相当稳定，逐年缓慢提高。6年平均值相对较低的有宁德、漳州、南平，分别是10.56%、11.41%、12.26%。

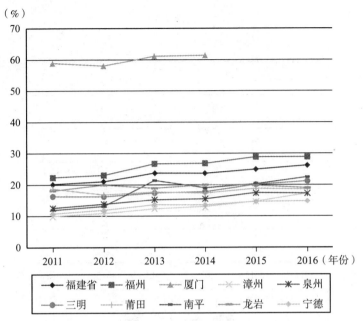

图 3 - 6　工伤保险覆盖率

表 3 - 26　　　　　　　　　福建省各地区生育保险覆盖率　　　　　　　单位：%

三级指标	地区	2011 年	2012 年	2013 年	2014 年	2015 年	2016 年
	福建省	18.37	18.85	21.11	21.02	21.61	22.36
	福州	20.25	20.55	23.90	20.48	20.55	20.77
	厦门	54.66	54.17	57.20	57.53	—	—
	漳州	9.03	9.92	11.09	11.95	12.92	13.58
生育保险覆盖率	泉州	12.50	13.77	15.19	15.51	16.10	15.88
	三明	13.37	13.66	15.80	16.02	16.73	17.11
	莆田	18.77	13.14	12.80	13.23	13.45	13.54
	南平	8.99	9.42	11.66	13.64	14.95	14.89
	龙岩	14.54	16.15	18.17	18.14	21.47	20.80
	宁德	6.97	8.62	9.92	11.64	13.12	13.07

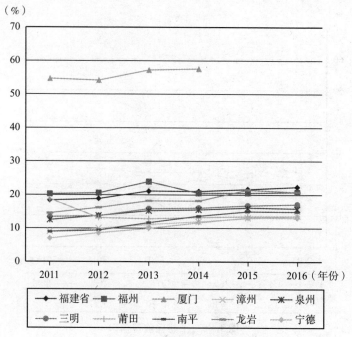

图 3-7 生育保险覆盖率

2. 赡养率。本部分选择制度赡养率作为评价指标。制度赡养率是指养老保险参保的离退休人员占参保人数的比例。

制度赡养率 = (期末领取基本养老保险金离退休人数/参保人数) × 100%，该指标为逆指标，老年赡养比越大，就表明每支付一位退休人员的养老金需要越多的参保人员，支付风险就会增加，那么其可持续性就会受到更严峻的挑战。如果制度赡养率在一段时间内呈上升趋势，说明该地区的老龄化形势日趋严重；相反，如果制度赡养率在一段时间内呈下降趋势，说明新增加的劳动力群体相对年轻化，人口老龄化的压力相对较小，在短时间内有利于养老保险财务制度的收支平衡。同时，也对未来的财务支付构成一定的威胁。

表3-27和图3-8显示，九地市2011～2016年制度赡养率总体起伏不大，变化的趋势各地市有所区别：南平、厦门、三明呈逐年缓慢上升趋势，漳州、福州、宁德和福建省呈现非常扁平的"U"型，即先降后升。各地市的赡养率差异相当大，6年的平均值最低是泉州9.5%，最高是南平39.2%，三明36.6%，依次是漳州、福州、龙岩、宁德、莆田。最高与最低相差29.7个百分点，相差3.12倍。之所以造成这么大的差异，原因有两个：一是统计口径不一致，比如"参保的离退休人员"，有些地市只统计企业的职工离退休人员，有些地市把城乡

居民领取人数也包括在内；二是人口年龄结构问题，经济相对发达的地市，如泉州、厦门、莆田等，常住人口不断增加，制度内的人口年轻化，赡养率降低；相反，南平、三明、龙岩等内陆地市，劳动力输出较多，制度赡养率逐渐趋高。

表 3 - 27		福建省各地区制度赡养率					单位：%
三级指标	地区	2011 年	2012 年	2013 年	2014 年	2015 年	2016 年
制度赡养率	福建省	20.50	19.92	19.59	19.79	19.97	21.67
	福州	26.39	24.91	23.98	23.48	23.19	23.49
	厦门	9.77	10.07	10.75	11.72	12.31	13.09
	漳州	26.26	25.11	24.79	24.55	24.76	26.87
	泉州	10.83	9.77	9.34	9.06	8.97	9.24
	三明	35.35	35.78	35.83	36.21	37.36	39.07
	莆田	15.67	15.51	16.08	17.96	18.00	22.53
	南平	38.08	38.61	38.09	38.70	39.56	42.16
	龙岩	24.50	23.39	22.16	22.24	22.65	23.68
	宁德	22.68	21.58	21.01	21.25	21.30	23.95

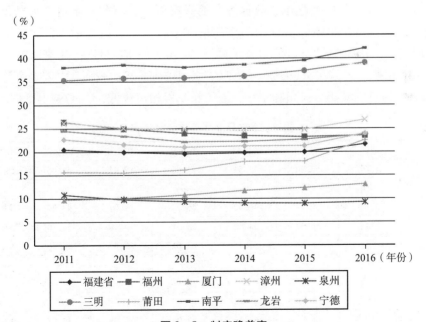

图 3 - 8　制度赡养率

（四）第四类效果指标

这类指标主要是从社会保险对人们生活的保障程度角度考虑，反映社会保险对遭遇人生风险的社会成员提供的保障水平和维持社会稳定的效果，体现出社会保险基本保障功能的发挥程度。

1. 经济与社会效益。

（1）基本养老金替代率。基本养老金替代率 =（基本养老保险基金人均支出/职工平均工资）×100%，该指标反映退休人员基本生活保障水平，是衡量劳动者退休前后生活保障水平差异的一项基本指标。决定替代率的基本条件：一是社会经济的发展水平，基金的承受能力；二是养老金的计发办法；三是养老金的增长机制。

基本养老金替代率指标是基本养老保险制度的重要影响参数。其实质是反映基本养老保险保障水平的高低，基本养老保险制度的功能在于保障人们的基本生活，其保障水平范围应当有一个适当区间。替代率水平过高，不仅会加重参保缴费者的负担，而且会造成退休人员收入水平接近或者超过同期在职人员的收入水平，不符合社会发展规律和效率原则；替代率水平过低，一方面使退休人员的基本生活要求得不到可靠保障，另一方面也会造成退休人员与在职人员之间过大的收入差距，违背社会公平原则。

表3-28和图3-9显示，数据齐全的只有厦门、漳州、泉州、龙岩和宁德五地市，从2011~2016年五地市的变化情况来看，龙岩波动最大，而且呈阶梯形下降趋势，从2011年的68.71%下降到2016年的12.33%；其他地市比较平稳，水平相差不大，在46.93%~60.74%之间徘徊。相比较而言，养老金替代率达到55%的只有漳州、泉州和宁德，厦门和龙岩相对较低，在47%上下波动。

表3-28　　　　　　福建省各地区基本养老金替代率　　　　单位：%

三级指标	地区	2011年	2012年	2013年	2014年	2015年	2016年
基本养老金替代率	福建省	53.54	52.54	81.66	82.41	56.45	59.06
	福州	—	—	—	—	—	—
	厦门	50.12	46.42	46.74	47.01	48.27	43.02
	漳州	56.37	54.62	55.51	55.10	56.70	55.57
	泉州	58.84	57.45	62.61	60.43	58.36	66.75
	三明	—	—	—	—	—	—
	莆田	—	—	—	—	—	—
	南平	—	—	—	—	—	—
	龙岩	68.71	64.92	37.93	38.98	39.84	12.33
	宁德	54.09	55.47	59.05	60.32	59.11	58.98

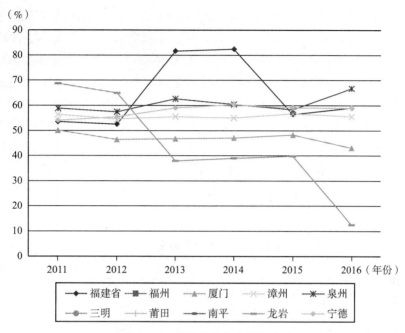

图 3 - 9　基本养老保险替代率

（2）医疗保险支付比例。医疗保险支付比例 = 医疗保险基金支出总额/医疗费用总额×100%，该指标实质是医疗保险的保障水平。该指标反映医疗保险机构承担参保人医疗费用的比例。由于医疗保险与养老保险、失业保险的现金支付方式不一样，医疗保险提供的保障主要是医疗服务，因此，保险基金可以直接支付给医疗机构。这种间接支付方式可能带来参保者和医疗机构的道德风险，为了防范这种风险，医疗保险采取共同保险方式，要求参保者自己承担一部分医疗费用。所以，一般情况下医疗费用不能全部由医疗保险机构全部支付，只能用医疗保险支付比例这一指标反映保障水平。由于指标涉及的两项统计数据无法收集，使得这一项评分缺乏依据，因此对医疗保险支付比例这一指标不予评价。

（3）失业保险金替代率。失业保险金替代率 = （失业保险基金人均支出/职工平均工资或者社会平均工资）×100%，人均失业保险金 = 失业保险金支出总额/领取失业保险金人数，为了方便与基本养老保险金替代率比较，同时根据各地市的最低工资标准与社会平均工资的对比关系，可以推算出以最低工资标准支付的替代率。

失业保险金替代率与基本养老保险金替代率类似，是反映失业保险保障水平高低的一个指标。一般情况下，失业保险金支付参照当地最低工资标准，在最低工资标准的60%～100%之间。

表 3 - 29 和图 3 - 10 显示，只能搜集到厦门、泉州和宁德的完整统计资料。

从 2011~2016 年失业保险金替代率的变化概况看，三地市的波动幅度都比较大。宁德 2016 年为 11.97%，2013 年为 47.13%；泉州 2012 年为 2.55%，2011 年为 26.61%；厦门 2012 年为 44.39%，2016 年为 76.05%。厦门出现了比较反常的现象，即失业保险金替代率比基本养老保险金替代率高，2011~2016 年失业保险金替代率平均为 64.03%，而基本养老保险金替代率只有 46.93%。按照统计资料显示，2016 年厦门最低工资标准是 1500 元，也是失业保险金的最高等级。但是，按照失业保险基金支出总额与领取失业保险金人数比值，人均失业保险金是 4386.45 元，其他年份结果类似。如果不是统计资料有误，就说明厦门市的失业保险保障水平过高。然而，泉州的情况正好相反，失业保险金平均替代率只有 18.56%，按照正常要求应该是 25% 左右。

表 3 – 29　　　　　　　　　　福建省各地区失业保险金替代率　　　　　　　　单位：%

	地区	2011 年	2012 年	2013 年	2014 年	2015 年	2016 年
失业保险金替代率	福建省	—	38.10	46.67	41.30	37.52	51.43
	福州	—	—	—	—	—	—
	厦门	83.56	44.39	62.06	58.56	59.57	76.05
	漳州	—	—	26.68	0.19	—	—
	泉州	26.61	2.55	12.36	25.25	24.06	20.53
	三明	—	—	—	—	—	—
	莆田	27.43	19.83	12.08	—	—	—
	南平	—	—	—	—	—	—
	龙岩	—	—	—	—	—	—
	宁德	21.01	46.32	47.13	13.43	12.31	11.97

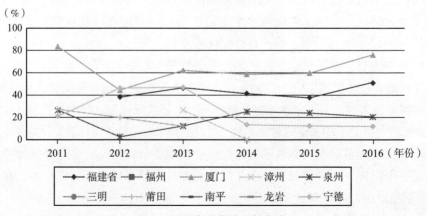

图 3 – 10　失业保险金替代率

2. 可持续影响。考察社会保险基金在发挥基本保障功能的同时，也要关注其承担的责任是否与发展规模相适应，是否会出现财务风险而影响支付能力，所以考察社会保险基金的可持续影响是评价基金绩效的必选项。本部分选择基金增长率和基金结余运转比率两个评价指标。

（1）基金增长率。基金增长率 =（基金总收入期末数 − 基金总收入期初数）/基金总收入期初数 × 100%，该指标反映社会保险基金的成长性，增长率越高，社会保险制度发展越快，社会保险基金积累的规模速度越快，基金的支付能力越强。

表 3 − 30 和图 3 − 11 显示，2011 ~ 2016 年数据齐全的只有福建省、厦门、泉州、漳州和宁德，从基金增长率变化趋势看，除泉州外，前四年波动大，而且呈现下降趋势，从 2014 年开始，起伏加大，泉州 2015 降至 − 0.99%，厦门 2016 年为 − 6.4%，总体的增长率偏低。这是一个危险的信号，如果这种情况持续下去，社会保险制度的正常运行将出现困难，甚至面临财务危机。结合前面关于覆盖率的分析，普遍偏低，还有相当大的提升空间，尤其是工伤保险、生育保险和失业保险。

表 3 − 30　　　　　　　　　　福建省各地区基金增长率　　　　　　　　单位：%

三级指标	地区	2011 年	2012 年	2013 年	2014 年	2015 年	2016 年
基金增长率	福建省	37.95	23.95	24.24	12.55	5.85	28.94
	福州	—	—	—	—	—	—
	厦门	37.89	24.93	25.93	14.65	12.40	− 6.40
	漳州	36.78	28.14	15.03	6.89	27.76	10.30
	泉州	36.95	17.12	18.19	25.40	− 0.99	24.58
	三明	—	—	—	—	—	—
	莆田	—	—	—	—	—	—
	南平	—	—	—	—	—	—
	龙岩	—	—	—	—	—	—
	宁德	42.04	26.41	23.57	10.16	12.13	22.45

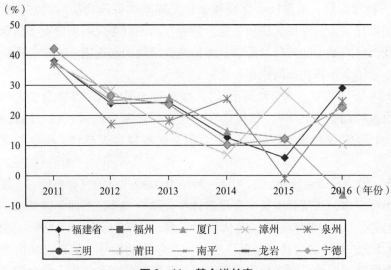

图 3 – 11　基金增长率

（2）基金结余运转比率。基金结余运转比率 = 基金历年滚存结余额/当年基金总支出 × 100%，通过社会保险基金历年滚存结余额占当年基金支出的比重，在财务上反映基金的风险状况，一般至少需要 3 ~ 6 个月滚存结余才能保证正常支付运转。

表 3 – 31 和图 3 – 12 显示，只有厦门、漳州、宁德三地市数据完整。从 2011 ~ 2016 年，三地市的基金结余运转比率波动较大，由高到低依次是厦门、福建省、宁德、漳州，但是各地市的水平相差较大，厦门最高，6 年的平均值是 428%，漳州最低 79.5%，两者相差 348.5 个百分点，有 6.38 倍的差距。只有厦门达到 125% 以上，说明从整体上厦门的基金结余较多，支付压力小；相反，其他 2 个地市基金滚存结余较少，存在较高的财务风险。这个结论与上面分析的基金增长率的结论相吻合。

表 3 – 31　　　　　　　　　福建省各地区基金结余运转比率

三级指标	地区	2011 年	2012 年	2013 年	2014 年	2015 年	2016 年
基金结余运转比率	福建省	187.51	195.20	163.74	168.68	244.80	207.32
	福州	—	—	—	—	—	—
	厦门	374.51	409.67	433.91	441.12	464.13	445.07

续表

三级指标	地区	2011 年	2012 年	2013 年	2014 年	2015 年	2016 年
基金结余运转比率	漳州	70.53	71.26	82.44	76.67	93.24	82.86
	泉州	—	—	—	—	—	—
	三明	—	—	—	—	—	—
	莆田	—	—	—	—	—	—
	南平	—	—	—	—	—	—
	龙岩	—	—	—	—	—	—
	宁德	63.96	76.55	85.85	92.30	91.18	74.89

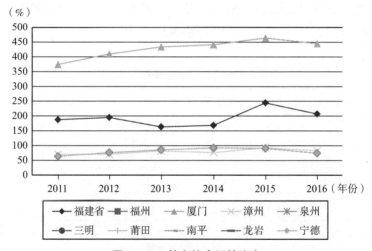

图 3-12　基金结余运转比率

3. 服务对象满意度。为了顺应"建设服务型政府"的时代浪潮，政府各部门不断地改进并完善自身的公共服务职能。服务对象满意度主要反映参保对象对社会保障机构的管理和服务水平是否满意、满意的程度如何。本部分设计了有效调查问卷、投诉解决率和争议案件结案率三个指标进行评价。其中有效调查问卷通过对有效调查问卷进行统计，分析服务对象的满意程度。投诉解决率 = 当年投诉举报有关社保纠纷案件解决数/当年投诉社保纠纷案件总数 × 100%。争议案件结案率 = 当年争议案件结案数/（争议案件结案数 + 逾期未结案数）× 100%。

除了以上社保基金支出绩效评价指标体系中涉及的指标外，评价社会保障支出绩效还应该关注以下两个指标：

（1）最低生活保障标准比率。最低生活保障标准，是属于政府救助的项目，这个标准是基于生存准则确定的，只是维持最低生活必需的费用。评价这个指标一般有两种：一个是采用绝对值，比如世界银行规定的贫困救助标准为人均每日消费1美元；另一个是采用相对值，即最低生活保障标准/月平均居民生活费，一般为30%。本部分采用相对值指标，由于"居民生活费用"这一数据难以搜集，就采用"平均居民可支配收入"替代。最低生活保障标准比率 =（最低生活保障支出/平均居民可支配收入）×100%，该指标反映政府对城乡居民贫困人口的平均救助水平。

表3-32和图3-13显示，数据齐全的只有厦门、莆田和龙岩三地市，从2011~2016年情况看，三地市的最低生活保障标准比率都在明显上升，各地市水平差异不大，由高到低依次是厦门、龙岩、莆田，分别为13.48%、11.82%、11.3%，水平偏低，至少要达到15%~20%。

表3-32　　　　　　　　　福建省各地区最低生活保障标准比率　　　　　　　单位：%

三级指标	地区	2011年	2012年	2013年	2014年	2015年	2016年
最低生活保障标准比率	福建省	7.30	8.46	11.86	11.75	12.43	14.36
	福州	—	—	15.81	18.92	22.32	—
	厦门	8.73	10.55	12.58	14.21	16.68	18.15
	漳州						
	泉州						
	三明						
	莆田	9.07	10.23	11.26	10.91	12.42	13.91
	南平	—	16.05	—	14.44	15.04	12.51
	龙岩	4.68	12.17	12.40	13.19	13.15	15.38
	宁德	—	—	—	—	—	—

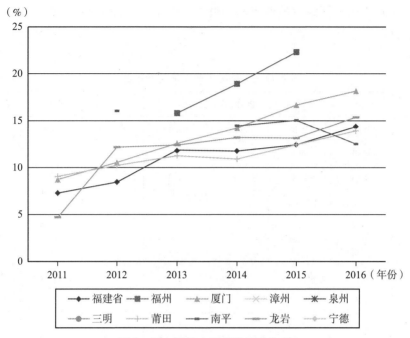

图 3 – 13 最低生活保障标准比率

（2）失业人员再就业率。失业人员再就业率 =（当年再就业人数/登记失业人数）×100%，用以反映当年失业保险基金和就业专项资金促进失业人员再就业的程度，比率越高说明失业保险基金就业专项资金促进失业人员再就业的成效越显著。在我国社会保障体系中，对失业人员关注项目的考察，除了失业保险覆盖率、失业保险金替代率外，还可以通过失业人员再就业率考核，因为失业保险基金不仅仅用于失业保险金支付，更多的是应用于失业人员的再就业方面，比如对失业人员培训等，以提高他们的就业能力。

表 3 – 33 和图 3 – 14 显示，能提供数据的只有厦门、莆田、龙岩和宁德，从失业人员再就业率的变动趋势看，厦门和莆田比较平稳，龙岩和宁德波动较大，而且呈下降趋势，龙岩最高 2011 年为 167.55%，最低 2016 年为 76.46%；宁德最高 2014 年为 162.52%，最低 2016 年为 92.32%。四地市只有厦门逐年上升。从再就业率水平看，最高是厦门，6 年平均218.71%；最低是莆田，6 年平均只有 32.82%，两者相差 6.8 倍，差异非常大。单纯从指标的高低来说，厦门、龙岩和宁德三地市比较重视失业人员再就业工作。然而，厦门、宁德和龙岩再就业率多数年份高于100%，这是不正常的，之所以出现这种现象，可能统计口径不一致，再就业人员不一定全部为登记失业人员，或

者再就业人员还包括政府就业资助的群体，比如高校毕业生、农村向城镇转移的劳动力等。

表 3 – 33　　　　　　　　　福建省各地区失业人员再就业率　　　　　　单位：%

三级指标	地区	2011 年	2012 年	2013 年	2014 年	2015 年	2016 年
失业人员再就业率	福建省	89.89	85.60	86.12	89.20	90.98	89.60
	福州	—	—	—	—	—	—
	厦门	207.81	188.04	214.30	230.84	233.60	237.66
	漳州	131.63	—	—	—	—	—
	泉州	—	—	26.81		26.05	25.44
	三明	—	—	—	—	—	—
	莆田	31.14	34.36	35.77	34.63	32.98	28.04
	南平	—	—	—	—	—	—
	龙岩	167.55	119.55	93.45	105.39	94.60	76.46
	宁德	112.14	132.40	155.80	162.52	100.43	92.32

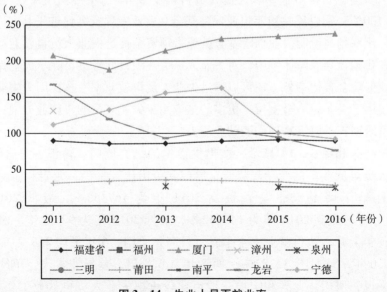

图 3 – 14　失业人员再就业率

五、存在的问题和原因分析

(一) 存在的问题

1. 社保基金积累速度缓慢。社保基金的积累速度体现了社会保险制度发展的情况，也反映出基金的收入与支出的对比关系。从福建省九地市社会保障支出绩效的评价结果看，社保基金积累速度缓慢的主要原因是社会保险制度发展缓慢。体现为：第一，覆盖率水平部分地市偏低，而且差异大，除了医疗保险以外，其他项目都有 1/2 左右的地市偏低。尤其是失业保险和工伤保险，最低的只有 10% 左右，与最高的厦门相差了 4～5 倍。第二，基金收入增长率总体趋势下降。可见，多年来社会保险的扩面措施效果并不理想，导致社保基金积累的速度非常缓慢。

2. 社保基金支出没有真正发挥"基本保障"功能。一方面，效果类的两项指标"基本养老金替代率"和"失业保险金替代率"，同时存在过高和过低现象。在能够提供基本养老金替代率数据的 5 地市来看，有 2 个地市低于 50%，根据我国多支柱养老保险体系改革的要求，基本养老保险金替代率在 58.5% 左右，只有泉州达到这个水平。相反，失业保险金替代率普遍偏高，其中厦门市的失业保险金替代率高于基本养老金替代率。过高的失业保险金替代率不利于发挥其对人力市场的调节作用，容易造成"养懒汉"现象。另一方面，最低生活保障标准比率普遍偏低，只有可支配收入的 4.6%～18.15%，贫困群体的生活水平难以达到最低标准，生存压力仍然较大。

3. 社保基金面临较大的财务风险。影响基金的财务稳定的两个主要因素是基金结余运转比率和养老保险制度赡养率，根据评价情况看，结果不太乐观。基金结余运转比率的数据：能够提供齐全数据的只有三个地市，厦门达到 125%，其他 2 个地市都低于 100%，这意味着基金已经收不抵支。赡养率的数据：南平和三明连续 6 年超过 36%，有 4 个地市在 20%～35% 之间。如此高的赡养率，将来基金面临极大的支付压力。

(二) 原因分析

1. 财政投入不足。财政负担率反映了财政对社会保障的财力支持程度，对福建省九地市的财政负担率的评估，结果都在 10% 以下，说明这个指标比较低，而且没有一个地市达到 14%。政府作为社会保障的组织者和最后责任人，负有向社保基金提供财政支持的责任。根据发达国家的经验，这个比率一般在40% ~55%之间，亚洲、北美、大洋洲等国家在30%左右。财政投入的不足，不仅直接影响社保基金的财务稳定性，同时严重影响公民的投保热情，降低了人们对社会保障制度的信心指数。

2. 社保基金管理水平较低。主要体现在以下几个方面：第一，在基金的征缴方面，社会保险覆盖率多年来提速缓慢，尽管从中央到地方政府极力推行"扩大社会保险覆盖面"政策，但是效果并不理想，主要原因就是在保险费征缴环节上措施不力。社会保险覆盖率可以反映社会保险的社会化程度，表明社会保险实施的成果，反映社会的进步。然而社会保险并没有与社会经济水平的提高同步发展。第二，在基金支出方面，社会保险的首要目标是社会成员都享受到基本的生活保障，保障水平不能过高也不能过低。然而，福建省养老保险金替代率过低，养老保险基金支付标准是养老保险制度的核心问题，为了保证离退休人员生活需要，养老金要与社会平均工资和物价增长挂钩，以保证养老金的购买力。显然，过低的养老金替代率不能满足退休人员的基本生活需求，容易出现老年贫困。另外，失业保险金替代率过高，违背了"保基本"原则，也损害了其他社会保险项目投保者的利益。第三，在社会保险信息资料管理方面，不能对社会保险基金的信息全面、准确、及时提供。人社部门提供社会保险的信息非常有限，而且各地市差异很大，提供信息比较齐全的有厦门、漳州和宁德，最少的是福州、三明和莆田，往往只提供各项目的参保人数，没有基金收入和支出的金额信息。

3. 各地市经济发展水平不平衡。一个国家或地区社会保险发展与其经济发展水平密切相关，经济的持续增长是社会保险的物质基础。基金的来源就是各项目根据参保人工资的一定比例收取，城乡居民部分则取决于其收入水平。职工工资水平和居民收入水平都取决于当地的经济发展情况。另外，基金支出是参照当地的社会平均工资，工资水平高，基金支出也多，社会保险保障水平相应也高。福建省的总体经济水平在全国排前十名，但是，社会保险的多项指标远远低于其他九省（市、区）。从福建省内部看，闽东、闽南地区经济发达社会保障水平较高；闽西、闽北山区部分相对落后，社会保障水平较低，而且差距大，导致各地市社会保障绩效差别大，严重影响全省的绩效。

4. 社会保险制度设计不合理。社会保险制度的设计应坚持"广覆盖、保基本"的原则，体现公平性。但是，现实中存在严重的漏保和逆选择现象。《中华人民共和国社会保险法》第四条规定，"中华人民共和国境内的用人单位和个人依法缴纳社会保险费"，在实施当中，费率等都统一规定，忽略了不同体制的企业、单位及其员工有不同的投保需求，对部分企业缺乏激励措施，容易造成企业漏保。同时，存在严重的逆选择。通过对福建省社会保险各项目的覆盖率分析结果显示，厦门市的各类企业在投保单位中占比较高，工伤、失业等风险大，所以投保积极性高，工伤保险、失业保险和生育保险覆盖率远远高于其他地市。但是，养老保险和医疗保险的覆盖率居全省最低。其结果对于每个参保者是不公平的，也容易产生制度的财务风险。

第四节　福建省社保基金支出效率的实证分析

一、研究方法

DEA 分析法（数据包络分析）是基于面板数据的一种非参数估计方法，此方法用于评价多投入、多产出的决策单元之间的相对有效性综合绩效。本文使用班克（Banker）等于 1984 年提出的规模报酬可变模型 VRS 模型（亦称 BCC 模型），VRS 模型是在查恩斯（Charnes）等于 1978 年提出的 CRS 模型（规模报酬不变模型）的基础上修正得到的。它不需要对市场相应的竞争状况做出假设，也不需要特定的生产函数假设和效率项的分布假设，使用 DEA 分析方法构建出最佳实践面，将决策单元（即本书中的福建省九地市）同最佳实践者相比较，计算出每个单元的效率。

设有 N 个决策单元 DMU，假设每个 DMU 都有 K 项投入和 M 项产出，对于第 i 个 DMU 分别用 x_i 和 y_i 表示：

$$x_i = (x_{1i}, x_{2i}, \cdots, x_{ki}), \quad y_i = (y_{1i}, y_{2i}, \cdots, y_{Mi})$$

其中，X、Y 分别表示 K×N 维投入相关矩阵和 M×N 维产出相关矩阵。对于福建省的地级市，期望测度出所有产出与投入的比例，即：

$$h_i = \frac{u^T y_i}{v^T x_i} = \frac{\sum_{i=1}^{M} u_i y_i}{\sum_{j=1}^{K} v_j x_i}$$

其中，v_i 表示第 i 项输入的权数，u_i 表示第 i 项输出的权数，权重需要通过模型确定。假设规模报酬不变，其最优权重可以求解下列数学问题得出：

$$\max_{u,v} \frac{u^T y_i}{v^T x_i}$$

$$\text{s. t.} \quad \frac{\sum_{r=1}^{s} u_r y_{rj}}{\sum_{i=1}^{m} v_i x_{ij}} \leqslant 1, \quad j=1, 2, \cdots, n;$$

$$v = (v_1, v_2, \cdots, v_m)T \geqslant 0$$

$$u = (u_1, u_2, \cdots, u_m)T \geqslant 0$$

上述目标函数就是第 i 个地级市产出与投入的加权比例。为避免得出无穷多解，例如 (u, v) 是一个解，(au, av) 则是另一个解，可增加约束 $v^T x_i = 1$，则上式表示为：

$$\max_{u,v} \mu^T y_i$$

$$v^T x_i = 1$$

$$\text{s. t.} \quad \mu^T y_j - v^T x_i \leqslant 0$$

$$\mu, v \geqslant 0$$

利用对偶原理，可以得到这一问题的等价包络形式：

$$\min_{\theta,\lambda} \theta$$

$$-y_i + Y\lambda \geqslant 0$$

$$\text{s. t,} \quad \theta x_i - X\lambda \geqslant 0$$

$$\lambda \geqslant 0$$

这里的 θ 是一个标量值，θ 表示第 i 个 DMU 的效率值，其值满足 $0 \leqslant \theta \leqslant 1$。当 θ 小于 1 时，表明该 DMU 效率不是有效的；当 $\theta = 1$ 时，表示该地级市处于效率前沿面上的点，因此其处在效率有效状态。CRS 模型得出的效率是技术效率，其经济含义是当第 i 个地级市产出水平保持不变（投入导向）时，若以样本中最佳表现（处于生产前沿面）的地级市为标准，实际所需要的投入比例，$1 - \theta$ 就是第 i 地级市多投入的比例，也就是可以减少（或称浪费）的比例。

CRS 模型测定的是企业的技术效率（TE），即在给定投入的情况下企业获取最大产出的能力，但 CRS 模型无法说明无效率的原因是由于技术无效率还是规模无效率造成的。因此需要借助 VRS 模型将技术效率进一步分解为纯技术效率变化与规模效率变化，这里的技术效率也是下文中的综合效率。

通过增加一个凸性规定，即 $\sum \lambda = 1$，CRS 模型可以较容易地修正为 VRS 模型。

投入导向 VRS 模型的线性规划如下：

$$\min_{\theta,\lambda} \theta$$

$$-y_i + Y\lambda \geqslant 0$$

$$s. t, \quad \theta x_i - X\lambda \geq 0$$

$$\sum \lambda = 1$$

$$\lambda \geq 0$$

综合效率＝纯技术效率×规模效率，只有 DMU 同时达到纯技术效率有效和规模效率有效时，综合效率才达到有效。纯技术效率反映 DMU 投入与产出的配置和管理等方面的能力，规模效率则表示投入的规模报酬变化对产出影响的程度。

二、变量的选取

本部分以财政负担率为投入指标。本部分选取养老保险覆盖率、医疗保险覆盖率、失业保险覆盖率、工伤保险覆盖率、生育保险覆盖率、制度赡养率六个指标作为产出指标，具体可见表 3 － 34。

表 3 － 34　　　　　　　　福建省九地市社保基金支出效率评价指标

投入指标	财政负担率
产出指标	养老保险覆盖率
	医疗保险覆盖率
	失业保险覆盖率
	工伤保险覆盖率
	生育保险覆盖率
	制度赡养率

三、实证分析

以福建省九地市为研究对象，根据社保基金评价指标体系，搜集和整理有关投入和产出的相关数据，数据全部来自福建省 2007 ～ 2016 年的《统计年鉴》和《财政统计年鉴》。

（一）福建省社保基金支出效率总体评价

2007 ～ 2016 年福建省社保基金支出的综合技术效率、纯技术效率和规模效率值如表3-35和图3-15所示，可以看出近十年福建省社保基金支出效率存在明显的改善。从时间上看，社保基金支出的综合技术效率值在2007~2014年总体呈上升趋势，2007年的综合技术效率值为0.895，到2014年上升为1，2015年跌到0.928后又重新上升到1。社保基金支出的纯技术效率均值的年度变化大致呈波浪震荡趋势，波动范围在0.970~1之间，波动幅度比较小。规模效率值的年度变化与综合技术效率值的变化趋势基本一致，由2007年的0.895持续上升至2014年的1，然后2015年略微下降，再重新上升到2016年的1。

表3-35　　　　　　　　2007~2016年福建省社保基金支出效率值

年份	综合技术效率	纯技术效率	规模效率
2007	0.895	1.000	0.895
2008	0.884	0.972	0.910
2009	0.906	0.982	0.923
2010	0.936	0.999	0.937
2011	0.934	0.970	0.963
2012	0.987	0.993	0.994
2013	1.000	1.000	1.000
2014	1.000	1.000	1.000
2015	0.928	0.979	0.949
2016	1.000	1.000	1.000

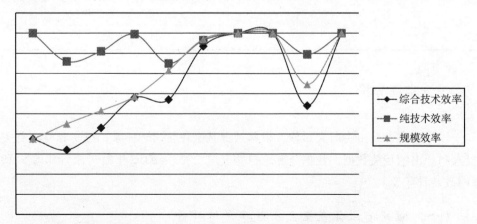

图3-15　2007~2016年福建省社保支出效率值

综合技术效率测量的是社保基金支出的整体效率情况，它是纯技术效率和规模效率的乘积。从综合技术效率分解来看，2007~2011年5年间福建省社保基金支出纯技术效率高于规模效率且保持震荡形态，说明前5年福建省社保基金支出效率的改善主要源于规模效率的提高，由图3-15也可看出2007~2016年10年间福建省社保基金支出的纯技术效率基本保持比较高的状态。纯技术效率是政府在投入规模一定（最优规模时）的条件下投入要素的生产效率，它评价的是管理水平及相关制度的效率水平。2007年我国政府收支分类改革全面实施，从2007年开始政府预算、部门预算的编制、执行以及决算一律按新改革科目进行。改革后，我国财政支出体系按支出功能分类、支出经济分类。按支出功能分类，能清楚了解政府的各项支出具体用途；按支出经济分类，则能反映各项支出的具体经济构成，反映各项支出的比例。改革完全到位后，结合财政收支的部门属性，通过财政信息管理系统，可对任何一项财政收支进行"多维"定位，清楚地说明政府的资金来源和支出方向，为预算管理、统计分析、宏观决策和财政监督等提供全面、真实、准确的经济信息。从以上分析来看，2012~2016年福建省社保基金支出规模效率基本高于综合技术效率，说明后5年福建省社保基金支出效率的改善主要原因是规模效率的提高。

（二）福建省九地市社保基金支出效率评价

表3-36~表3-38是福建省九地市2007~2016年社保基金支出的综合技术效率值、纯技术效率值和规模效率值以及相应的平均值。表3-39是根据表3-36~表38整理得到的福建九地市社保支出效率的全面情况。从表3-39中可知，社保基金支出效率位于最佳效率前沿的地级市数量总体呈上升趋势。其中，综合技术效率从2007年的2个地级市（厦门、龙岩）增加到2016年的4个地级市（厦门、龙岩、三明、南平）；纯技术效率达到DEA有效的地级市较多，10年间基本上数目差不多，规模效率从2007年的2个地级市（厦门、龙岩）增加到2016年的4个地级市（厦门、龙岩、三明、南平）。从表3-39中可以看出，厦门在这10年间都处于前沿面上，社保基金支出效率都达到了DEA有效水平；龙岩则基本上都是DEA有效水平；三明、南平经过支出规模调整和管理水平的提升也都达到了DEA有效水平。

表 3 - 36　　　　2007～2016 年福建九地市社保基金支出综合技术效率相对值

地市	2007 年	2008 年	2009 年	2010 年	2011 年	2012 年	2013 年	2014 年	2015 年	2016 年	平均
福州	0.847	0.399	0.839	0.826	0.729	0.681	0.790	0.771	0.807	0.805	0.749
厦门	1.000	1.000	1.000	1.000	1.000	1.000	1.000	1.000	1.000	1.000	1.000
漳州	0.660	0.454	0.762	0.835	0.684	0.673	0.742	0.792	0.768	0.760	0.713
泉州	0.794	0.568	0.608	0.978	0.890	0.827	0.884	0.979	0.867	0.955	0.835
三明	0.898	0.462	0.984	1.000	1.000	1.000	1.000	1.000	1.000	1.000	0.934
莆田	0.726	1.000	0.483	0.923	1.000	0.996	0.760	0.791	0.751	0.775	0.821
南平	0.841	0.356	0.866	1.000	0.833	0.764	0.911	0.952	0.875	1.000	0.840
龙岩	1.000	0.416	1.000	1.000	0.805	1.000	1.000	1.000	1.000	1.000	0.922
宁德	0.656	0.442	0.608	0.622	0.764	0.699	0.772	0.787	0.772	0.906	0.703

表 3 - 37　　　　2007～2016 年福建九地市社保基金支出纯技术效率相对值

地市	2007 年	2008 年	2009 年	2010 年	2011 年	2012 年	2013 年	2014 年	2015 年	2016 年	平均
福州	0.916	0.572	0.893	0.881	0.892	0.859	0.873	0.864	0.857	0.859	0.847
厦门	1.000	1.000	1.000	1.000	1.000	1.000	1.000	1.000	1.000	1.000	1.000
漳州	0.732	0.664	0.772	0.844	0.831	0.925	0.915	0.932	0.940	0.959	0.851
泉州	1.000	1.000	0.937	1.000	0.962	0.845	0.900	1.000	0.906	0.987	0.954
三明	1.000	0.777	1.000	1.000	1.000	1.000	1.000	1.000	1.000	1.000	0.978
莆田	0.867	1.000	0.489	0.940	1.000	1.000	0.875	0.887	0.905	0.936	0.890
南平	1.000	0.686	1.000	1.000	1.000	1.000	1.000	1.000	1.000	1.000	0.969
龙岩	1.000	0.548	1.000	1.000	1.000	1.000	1.000	1.000	1.000	1.000	0.955
宁德	0.735	0.829	0.665	0.821	0.923	0.879	0.918	0.889	0.888	0.969	0.852

表 3 - 38　　　　2007～2016 年福建九地市社保基金支出规模效率相对值

地市	2007 年	2008 年	2009 年	2010 年	2011 年	2012 年	2013 年	2014 年	2015 年	2016 年	平均
福州	0.924	0.698	0.940	0.937	0.817	0.792	0.905	0.893	0.941	0.937	0.878
厦门	1.000	1.000	1.000	1.000	1.000	1.000	1.000	1.000	1.000	1.000	1.000

续表

地市	2007 年	2008 年	2009 年	2010 年	2011 年	2012 年	2013 年	2014 年	2015 年	2016 年	平均
漳州	0.901	0.685	0.988	0.989	0.824	0.727	0.810	0.850	0.817	0.792	0.838
泉州	0.794	0.568	0.649	0.978	0.925	0.979	0.983	0.979	0.957	0.967	0.878
三明	0.898	0.594	0.984	1.000	1.000	1.000	1.000	1.000	1.000	1.000	0.948
莆田	0.838	1.000	0.988	0.982	1.000	0.996	0.868	0.891	0.830	0.829	0.922
南平	0.841	0.518	0.866	1.000	0.833	0.764	0.911	0.952	0.875	1.000	0.856
龙岩	1.000	0.760	1.000	1.000	0.805	1.000	1.000	1.000	1.000	1.000	0.957
宁德	0.892	0.533	0.914	0.758	0.828	0.796	0.842	0.885	0.870	0.935	0.825

表 3 - 39　　　　2007～2016 年福建省社保基金支出效率前沿面比较

年份	综合技术效率	纯技术效率	规模效率
2007	厦门、龙岩	厦门、泉州、龙岩、三明、南平	厦门、龙岩
2008	厦门、莆田	厦门、泉州、莆田	厦门、莆田
2009	厦门、龙岩	厦门、龙岩、三明、南平	厦门、龙岩
2010	厦门、龙岩、三明、南平	厦门、泉州、龙岩、三明、南平	厦门、龙岩、三明、南平
2011	厦门、三明、莆田	厦门、莆田、龙岩、三明、南平	厦门、三明、莆田
2012	厦门、三明、龙岩	厦门、莆田、龙岩、三明	厦门、三明、龙岩
2013	厦门、三明、龙岩	厦门、龙岩、三明、南平	厦门、三明、龙岩
2014	厦门、三明、龙岩	厦门、泉州、龙岩、三明、南平	厦门、三明、龙岩
2015	厦门、三明、龙岩	厦门、龙岩、三明、南平	厦门、三明、龙岩
2016	厦门、龙岩、三明、南平	厦门、龙岩、三明、南平	厦门、龙岩、三明、南平

　　从表 3 - 40 中福建省九地市社保支出相对效率排名可以看出，福建省各地级市之间社保支出相对效率具有显著的地域差异性。具体来说，作为经济特区的厦门综合技术效率、纯技术效率、规模效率都排在第一位，三明、龙岩（闽西）排名也比较靠前；福州作为省会城市排名却比较靠后，宁德则总是排在最后；作为福建省内 GDP 第一大市的泉州，排名也在中下水平。

表 3 - 40   福建省九地市 2007 ~ 2016 年社保基金支出相对效率排名

地市	福州	厦门	漳州	泉州	三明	莆田	南平	龙岩	宁德
综合技术效率	7	1	8	5	2	6	4	3	9
纯技术效率	9	1	8	5	2	6	3	4	7
规模效率	5	1	8	6	3	4	7	2	9

从上文分析可知，各地区的效率值大小与该地区经济发展水平不一定成正比。经济发展较快地区的社保基金支出效率值不一定比经济发展较慢的地区高，原因很大可能是由于九地市政府每年对社保事业的关注点及关注程度不同而导致的，政府在发展经济时重视或忽略社保事业的同步发展，还有一个可能原因是统计口径不同。

（三）社保基金支出效率改进分析

图 3 - 16 以规模效率平均值与纯技术效率平均值为两个参照指标，以效率值 0.9 作为临界点，将福建省九地市的社保基金支出相对效率划分为四种类型。第一种类型是规模效率值和纯技术效率值都达到 0.9 以上的"双高型"，目前达到双高型的地区有厦门、三明、龙岩，双高型条件下社保基金支出效率改进空间较小；第二种类型是纯技术效率高而规模效率低的"高低型"，即纯技术效率值高于 0.9 而规模效率值低于 0.9，此类地区以泉州、南平 2 个地级市为典型代表，说明该类地区未来的改进方向是保持或微增社保基金支出规模；第三种类型是规模效率值处于 0.9 之上但纯技术效率值在 0.9 以下的"低高型"，正好与第二种类型相反，其规模效率较高而纯技术效率低，此类城市为莆田，该城市的社保投入资金已经接近较优规模了，当务之急是要改善该类地区社保基金支出的配置效率，提高政府对社保的管理预算及监督水平，减少社保资金和资源的浪费；第四种类型是规模效率与纯技术效率都位于 0.9 之下的"双低型"，以福州、漳州、宁德为代表，福州、漳州、宁德未来社保事业改革的重点主要是加大政府对社保基金的支持力度，同时加强对社保基金支出的监管力度，提高社保基金支出的效率。

图3-16 福建省九地市社保支出相对效率分布

第五节 研究结论和对策建议

一、研究结论

本部分借鉴已有的研究成果和国内经验，扩充和丰富了社会保障绩效评价指标，合理确定各指标的评价标准，建立比较完善的社保基金绩效评价体系，并运用2011~2016年相关数据进行评价，得出福建省九地市社会保险基金绩效评价结果。从评价结果看，福建省社保基金运作正常，也体现了较为良好的效果。社保基金支出与GDP的比值比较合理，社会保险各项目的覆盖率上升，基金积累不断增长，为社会公众提供了基本的生活保障，解决了劳动者的后顾之忧，实现了"老有所养，病有所医"的目标，促进了社会秩序的稳定。但是，福建省也存在社保基金积累速度缓慢、没有真正发挥基本保障功能、有可能面临较大的财务风险等问题。建议采取以下措施，以提高社会保障的绩效。

二、对策建议

（一）加大财政支持力度

进一步明确中央和地方政府的社会保障责任，增加财政投入，实现社会保险制度的可持续发展。社会保障绩效评价中比较大的影响因素是财政负担率：即政府对社会保障制度的支持力度。2011~2016年福建省总体对社会保障基金的资助占财政支出总额的8%左右，距离15%～20%的目标还有很大差距。提高社会保障能力是确保社会和谐及经济发展的重要途径，为了保证社会保障基金按时发放，是各级政府应承担的职责，应该合理调整财政支出结构，加大财政在社会保障方面的支持力度，以维护基金安全，提高保障能力。

（二）加快城乡社会保障一体化建设

福建省九地市社会保险各项指标评价结果显示，各地市差异相当大。在闽东和闽南经济较发达地区，各类指标评价效果较好，制度财务稳定性良好。在闽西和闽北经济相对落后地区，总体评价结果较差，其原因就是落后地区农村居民占比大，收入低，直接影响基金的收支，导致城乡居民社会保障水平的差异。在全省范围内实施城乡社会保障一体化，可以有效缩小这种差异，提高社会保障的总体效率。

（三）强化社保基金管理，以提高基金支出效率

社保基金规模的扩大以及运行的安全与稳定，离不开有效的监督和管理，主要应从以下几个方面着手：第一，在基金的征缴环节，要创新个人筹资方式，推行银行代缴、电子平台缴费等缴费手段，提高工作效率，保障基金安全。第二，建立严格的基金预算制度，强化财政部门在编制社保基金预算过程中的主体地位和社保基金管理过程中的综合管控作用。严格执行基金预算，调整各个社会保险项目的保障水平，正常发挥社会保障的功能：调低失业保险金的支付，避免"养懒汉"；适当提高基本养老保险金的支付标准和调节机制，保证基本养老保险能够满足退休人员的需求；提高最低生活保障标准，减轻贫困群体的生存压力，保证他们的生存权利。第三，配合国家保障就业工程，加强就业技能培训力度，提高失业保险基金的运用效率。为了使基金发挥最大的作用，避免浪费，整合各种教育培训资源，充分发挥教育部门的职业教育、劳动部门的就业培训的特点，实现优势互补，提高就业培训的针对性和有效性，吸引用人单位的积极参与，将就业培训与高技能人才培训相结合，在提高就业人员技能的同时，缓解社会高技能人才紧缺的问题。第四，加强社会保险数据管理，积极进行社会保险信息系统升级改造，保证信息完整、准确，实现部门信息有效共享，并与其他公共服务信息资源实现共享，维护参保人的权益，提高社会保险经办能力。

（四）完善社会保险制度

社会保险制度是依法强制实施的，目的是保护每个社会成员的基本生活权

利，所以要严格执法，凡是应该纳入保障范围的对象，必须投保，任何单位和个人不得逃避，以此扩大覆盖范围，提高覆盖率，防范逆选择。同时，关注不同的群体在同一项社会保险项目中也有不同的保障需求。社保机构可以根据每个项目的保障对象的特点，采取灵活的方式征缴保费，例如，失业保险和工伤保险由于不同体制的企业、单位员工的失业和工伤的概率不同，可以根据行业或者体制的区别采取差别费率，防止漏保。这样，通过完善社会保险制度，扩大基金规模，保证正常运行，抵御财务风险，实现社会保险基金的良性循环提高运行效率。

课题组组长：章颖薇

成　　　员：	章颖薇	冼青华	张玉凤
	邱月华	王河流	黄纯灿
	陈　旻	黄静如	徐章容
	陈　莹	李丽昆	孙光浩
	尹笑霞	郭姝麟	

第四章

福建省九地市医疗卫生
支出绩效分析[*]

随着经济的发展，人们对健康的重视程度随生活水平的提高而不断提升，各种常见疾病发病率随人口老龄化的发展和人民生活方式的改变而逐渐提高，因此，政府逐年加大医疗卫生财政支出，医疗卫生财政支出项目便占据了政府预算中极其重要的一部分，这也是政府加快社会主义和谐社会的建设、保障全国人民群众稳定安康的重要举措。近些年来，各级政府的医疗卫生财政支出费用逐年递增，政策效果是否也随之递增呢？因此，对政府医疗卫生财政支出的绩效评价进行研究是极其有意义的，测算出政府医疗卫生财政支出效率后，提出相应的建议，进而提升政府今后的医疗卫生财政支出效率水平。

第一节 医疗卫生绩效评价文献回顾

目前学术界及相关部门对医疗卫生绩效评价已经进行了较多的研究，国外学者研究的时间相对比较早。普拉丹（Pradhan，1996）提出运用利益归宿分析方法与社会成本—效益分析方法来测算政府医疗卫生财政支出的绩效；古普塔（Sanjeev Gupta，1997）则运用 FDH 方法核算 37 个非洲国家政府的医疗卫生财政支出绩效。国内学者关于医疗卫生财政支出效率的相关研究虽然起步比较晚，但是研究成果并不少。李坚和李毅（2009）在集对论的基础上建立了集对评价分析模型，把联系度最大作为准则，得出了绩效评价等级级别，对绩效等级评价值进行差异性、同一性以及对立性分析。王小万与冯芮华（2012）建立了结构方程模

＊ 本章内容系省基地重大项目"福建省医疗卫生支出绩效评价研究"（2016JDZ061）研究成果。本章所有数据均来自相关年份的《福建省统计年鉴》及九地市统计年鉴。

型，以此来测算全国各省的政府卫生支出效率，发现政府卫生支出绩效偏低、政府医疗卫生资金总体投入不足。许光建（2012）在模糊层次分析法的基础上计算了北京市政府卫生支出指标权重，继而测算出北京卫生支出各层次指标的绩效分值和总体绩效得分。官永彬（2015）运用 DEA 方法分析了我国 30 个省、直辖市、自治区的医疗卫生财政支出效率值，比较 30 个省（市、区）医疗卫生财政支出效率前沿面，得出中国医疗卫生财政支出相对效率具有显著的地域差异性。杨林和盛银娟（2015）利用 DEA – Tobit 两阶段法实证分析了山东省医疗卫生财政投入绩效及其相关的影响因素，发现山东医疗卫生财政投入绩效具有较为显著的地域差异性。王丽和王晓洁（2015）运用 DEA 分析方法和 Malmquist 生产率指数法，分析了京津冀 13 个城市的医疗卫生投入与产出的效率水平及相关的变动情况，并比较了京、津、冀三个地区的横向差异。

目前学术界还未较深入地研究福建省九地市医疗卫生财政支出绩效评价，学术界研究医疗卫生财政支出效率采用最多的分析方法是数据包络方法（DEA 方法），本部分也将采用 DEA 分析方法，通过建立相关的绩效评价指标体系，收集 2006～2015 年相关数据对福建九地市医疗卫生财政支出的效率进行初步探索与分析，为政府提高医疗卫生财政支出效率、优化公共医疗卫生资源等制定或调整相应的医疗卫生政策提供决策依据。

国内外的文献都表明医疗卫生财政支出对经济发展水平有正向作用，但是缺乏特定地区的研究成果，对福建省九地市医疗卫生财政支出绩效的研究更是缺乏，福建政府对医疗卫生事业的资金投入规模逐年剧增，但其相对应的医疗卫生财政支出效率究竟如何？我们应该如何科学地评价福建省九地市的医疗卫生财政支出效率，福建九地市之间的医疗卫生财政支出效率是否存在显著的差异呢？这些问题都是当前研究福建省医疗卫生财政支出绩效评价需要解决的首要问题。

第二节　医疗卫生财政支出理论概述

一、公共财政视角下医疗卫生财政支出的理论概述

（一）公共财政

公共财政是以国家为主体，政府集中一部分国民收入进行再分配的政府收支

模式。公共财政的基本特征如下：

1. 公共性。需求分为公共需求和私人需求。属于公共需求范畴的事项则由财政予以保障。凡是属于个人需求，不能纳入社会公共需求领域的事项，财政就应选择退出，交由市场自行调节。

2. 非营利性。政府在市场经济条件下的动机是以满足社会公共需要为目标，不以盈利为目的。即使有些活动会附加不等的收入，但前提也是以实现公共的需求为前提的。财政的非营利性旨在更好地满足公众的公共利益。

3. 法制性。财政的收入来源于社会成员，财政的支出要服务于社会成员。公共财政收支行为因此需要相应的法律准绳予以规范，需要相应的法律法规进行监督管理，以便更好地使有限的财政收入实现有效率的支出。

（二）医疗卫生

1. 医疗卫生的含义。参照公共产品理论和医疗卫生服务的属性，医疗卫生服务分为三种不同的产品，具体如下：

（1）纯公共产品。基本公共医疗卫生服务具有非竞争性和非排他性，属于纯公共产品。传染病的预防控制、食品保障与营养、健康教育与促进、环境的保护等体现了社会公平性质，可以有效提高公众健康水平、降低健康风险等行为，其属于纯公共产品范畴，需要政府予以提供。

（2）准公共产品。严格意义上医疗保健服务属于私人产品或准公共产品，特点是边际成本很高，但排他性较小，具有"拥挤现象"。另一类准公共产品防疫、防灾则与之相反，具有排他性较强、边际成本较低的特性。市场存在着失灵的问题，需要政府来解决。

（3）纯私人物品。竞争性和排他性是纯私人物品的特性，比如具有商品性质的私人卫生服务、私人保健等都属于纯私人物品，应由市场来提供，个人进行支付。

2. 医疗卫生服务的配置方式。

（1）政府配置。传染病、地方病的预防与防治可以防治疾病的大面积传播，具有很高的外部效益，属于纯公共物品。因此医疗卫生服务中的公共卫生应由政府配置。

（2）市场配置。个人护理、医疗保健等属于私人物品，具有明显的排他性和竞争性，而且外部性也不明显，可以由市场提供。

（3）混合配置。混合配置是指可以由市场配置，但公共财政予以相应的支持。医疗卫生服务是一种既具有排他性又具有竞争性的物品，但是仅靠市场机制不能满足人们正常的社会需求。由于医患之间的信息不对称以及医疗服务的外溢性等原因，政府介入可以给予居民良好的医疗保障。

（三）医疗卫生财政支出

探究福建省医疗卫生的发展现状之前，界定医疗卫生的内涵，进而明确政府的支出职责，在此基础上医疗卫生财政支出中的政府定位才能合理的评价。医疗卫生是一个社会问题，需要政府、社会以及个人的共同参与。以政府、社会以及个人为资金来源的卫生总费用是现阶段评价卫生总投入的指标。本部分主要研究医疗卫生财政支出之中政府支出部分。由于医疗卫生的外部性，加之医疗卫生领域的信息不对称等问题，医疗卫生领域存在市场失灵现象。鉴于此，政府必须担负起管理以及服务职能，介入医疗卫生领域，纠正市场失灵。医疗卫生相关方面的支出以国家的财力作为保障，可以有效地促进医疗卫生事业的健康发展，推动基本公共服务均等化的进程。

二、公共财政视角下政府介入医疗卫生领域的内在机理

（一）政府介入医疗卫生领域的必然性

医疗卫生服务市场中存在"市场失灵"现象，仅依靠市场"无形的手"无法满足公众对医疗卫生的现实需求。因此，政府"有形的手"的介入成为必然。

1. 医疗卫生领域的信息不对称与公共财政。医疗卫生领域存在严重的信息障碍，医院、医生比患者拥有更多的专业知识和医疗信息，患者无法像在竞争市场上一样进行比较，没有选择的余地，如医疗卫生的劳务质量、病人购买的决策信息无法通过可靠有效的方法进行鉴别，甚至直到医疗服务结束时才知道需要支付的价格。信息不对称严重影响了医疗卫生市场的有效健康运转。具体如下：

第一，逆向选择引致医疗保障的覆盖不足。在竞争的医疗保险市场中，每个人因就医习惯、风险态度等原因对医疗卫生的预期需求不同，现实中需要医疗卫生服务的人更愿意参与医疗保险，以盈利为目标的保险公司就可能提高保费，结果就是健康状况较好的人被拒之门外。逆向选择导致医疗保险覆盖不足，在一定程度上影响医疗卫生市场的运转。

第二，道德风险引发医疗卫生的过度需求。在参加医疗保险的情况下，消费者医疗价格水平较低时的消费行为难以观察，过度消费医疗劳务的需求就出现，

医疗保险机构支出不可避免的增加，从而加重医疗保险系统的运行负担，医疗保险市场随之出现萎缩。

2. 医疗卫生领域的外部性与公共财政。医疗卫生领域中的流行病预防、营养干预等带来的收益具有非排他性。医疗卫生服务存在正的外部性时，医疗卫生产品的价格无法正确反映，其边际个人收益小于边际社会效益，因此，单凭市场提供往往会供给不足。政府对医疗卫生的投入不仅增加社会效益，而且可以获得更好的外部效益。

3. 医疗卫生领域的社会公平与公共财政。医疗卫生与群众的健康水平息息相关，不仅涉及基本公共服务均等化的推进，还关系到社会领域的建设以及民族的伟大复兴。在新型城镇化的进程中，医疗卫生是实现基本公共服务均等化的重要途径之一，因此，提供优质高效的医疗卫生服务是政府不可推卸的责任，政府应该在医疗卫生部门发挥应有的责任，并指导医疗卫生体系的不断改善。

（二）公共财政支持医疗卫生事业发展的实现手段

在卫生领域，公共财政主要通过三种方式在促进卫生事业的发展：财政支出、财政转移支付以及税收优惠。

1. 财政支出。财政预算是通过法定程序审核批准的年度集中性财政收支计划，借助预算收支规模及平衡状态的确定、收支结构的安排和调整来实现财政政策目标，是保障卫生事业发展的最好途径。预算的执行可以保障医疗卫生服务稳定的资金供给。财政资金的投入提高了医疗卫生的水平，特别是农村地区的医疗卫生水平，使越来越多的农民脱离"因病返贫"的悲惨境地。

2. 财政转移支付。公共财政的转移支付利用最小的成本来最大限度地缩小地区或城乡的差异，让不同地域的公众享有平等的机会和福利待遇，减少社会矛盾和冲突，实现社会的和谐稳定。遵循"低水平，广覆盖"的原则，用横向和纵向的财政转移支付方式满足贫困、偏远、农村地区的医疗卫生基础设施建设的现实需求，实现城乡居民医疗卫生服务的均等化。

3. 税收优惠。充分利用财政资金的杠杆作用，通过税收减征、延期纳税等税收优惠方式吸引更多的社会资本投入卫生领域，缓解医疗卫生财政支出的压力。例如，通过税收减免的方式鼓励更多的慈善家加入捐助医疗卫生的领域中来，或是采用延期纳税等方式积极引导社会资本转移到医疗卫生领域。

三、医疗卫生财政支出绩效评价的一般理论

（一）医疗卫生财政支出绩效评价的依据

1. 新公共管理理论。20 世纪 80 年代，新公共管理理论源于美国、英国等发达国家，是一种全新的用于公共行政的指导理论以及相应的管理方式。这种管理理论基于现代经济学并结合当代的企业管理理论，提出可以把市场运作的机理作用于公共部门，从而可以更为高效地提供公共服务，同时减少公共部门的寻租行为，使得公共部门的运行可见程度提高，更好地实现公众的利益。新公共管理理论的特点是具有经济性、效率性、效果性，注重高效配置和利用资源，这一结果最终通过对相关部门的绩效指标测量的建立来实现。因此，新公共管理理论促进了绩效评价的进一步发展。

医疗卫生的财政支出绩效评价可以从新公共管理理论中获得以下启发：首先，明确政府的管理职能，政府不应该事无巨细，只需在管理中提出合理的方针政策，具体的操作可由其他相关部门完成或者由市场来有效解决。政府越位行为的控制可以有效遏制腐败滋生，进一步达到精简机构的效果。其次，注重于医疗质量和效益的全面管理，兼顾投入和产出，将会成为打破政府垄断的利剑。总之，医疗卫生财政支出绩效评价将会促进其企业化管理模式的形成，使支出结果体现政府职能。同时，政府政策的制定也依托于绩效的评价结果，例如预算计划是否有可行性等，最终实现财政对资金的合理配置，取得最大收益。

2. 公共财政理论。在市场经济下，为弥补市场"无形的手"带来的问题，必须借助市场之外的力量来予以解决，这个力量便来自政府。政府收支活动主要通过公共财政预算来体现，财政收支和财政政策所追寻的目标无外乎经济增长、社会稳定和谐、效率和公平等。为顺利履行财政职能，在经济和社会实际运行中，必须以高效方式对政府所集中的公共资源进行恰当分配和运用。公共财政不仅要满足公共产品数量上的需要，更需要满足资金流向合理、资源节约和效益保证等因素。

医疗卫生财政支出绩效评价可以从公共财政理论中获取的启示如下：第一，医疗卫生公共产品或服务范围内的事情由政府来负责；第二，政府应该把这些事情做好；第三，政府是由拥有私利的个体组成，其能否按组织既定的原则为社会及时提供急需的医疗卫生相关产品和服务，其结果和效果如何具有不确定性；第四，假设政府在原则上希望为社会及时提供急需的医疗卫生产品或者服务，但因

为信息不对称或者自身能力不足，客观上或者主观上没有完全做好这些事情，如何评价其财政绩效？如何惩罚有关人员？

3. 公共部门经济理论。欧美国家大部分学者的观点是，财政是涉及公共部门经济的一门学科，与其他经济学分支共同构成经济体系。经济学致力于研究如何利用有限资源和资金获得最大效益。由于外部性等因素，有些产品和服务在私人部门中无法提供或有效提供，公共部门则可以弥补其"缺陷"，这也是公共部门存在的价值所在。公共产品理论拓宽了财政分析的视角，财政理论得到进一步延伸。将此应运于医疗卫生财政支出的政府决策，可以提高医疗卫生财政支出的效率，实现社会效益最大化。

4. 系统评价理论。系统是由若干相互作用和依赖的部分形成的有机整体，其具有特定的功能，并且从属于更大的系统。即系统具有内在关联性、层次性、一致性、开放性的特点。医疗卫生财政支出绩效评价系统就是包含着指标名称、定义、标准值等内容的指标体系。该系统的研究是本部分内容的出发点，通过对这个系统的构建与评估，从而对实际产生指导作用。

（二） 医疗卫生财政支出绩效评价的原则

1. 经济性原则。如何使有限的支出达到最大的经济效益是公共财政支出的经济性原则。公共财政的支出首先应当遵循经济性的原则，即用最少的投入获取最大的回报。通过实行绩效评价，主要对医疗卫生领域的财政支出形成的卫生资源以及卫生服务进行测度。

2. 效率性原则。效率性原则是指衡量投入与产出的比率，因此，医疗卫生财政支出的效率也是通过比较其投入和产出实现的。效率性原则作为公共财政支出中的重要指标，在发达国家的政绩考核中处于重要地位，这也对我国的政府工作有所启示。

3. 公平性原则。公平所关注的是所有权利人能否都可以公正地享有应得的待遇，特别是强调对弱势群体的关怀。政府部门如果实现公平性原则，即可尽量消除城乡与区域差异，使得社会大众都拥有医疗卫生财政支出带来的优质服务。

第三节　福建省九地市医疗卫生财政支出规模比较分析

在我国，政府医疗卫生财政支出是指各级政府对于医疗卫生事业的财政投入。根据中华人民共和国财政部的政府收支科目分类情况中的规定，医疗卫生财政支出主要包括 10 项：医疗卫生管理事务、医疗服务、社区卫生服务、医疗保障、疾病预防控制、卫生监督、妇幼保健、农村卫生、中医药、其他医疗卫生财政支出。由于统计口径的不一致，公共卫生支出并不等同于政府医疗卫生财政支出。政府的医疗卫生财政支出即政府在医疗卫生领域的财政支出，因此，本部分进行研究与分析的政府医疗卫生财政支出数据仅以福建省统计年鉴中的政府预算支出中的医疗卫生财政支出为准。

一、医疗卫生财政支出规模指标设计

医疗卫生财政支出绝对规模指标是指：福建省九地市医疗卫生财政支出总量、每百万人口医疗卫生财政支出、每百万人口卫生机构中医院的数量、每百万人口疾病预防控制机构的数量、每百万人口妇幼保健机构的数量、每百万人口卫生机构中床位数量、每百万人口卫生机构中医生的数量、每百万人口卫生机构中注册护士的数量。

医疗卫生财政支出相对规模指标是指：福建省九地市医疗卫生财政支出占财政支出的比重、福建省九地市医疗卫生财政支出占 GDP 的比重。

医疗卫生财政支出增长速度指标是指：福建省九地市医疗卫生财政支出同比上年的增长率。

二、九地市医疗卫生财政支出规模的纵向分析

根据福建省九地市的医疗卫生财政支出规模数据对其医疗卫生财政支出进行具体分析，厦门市作为福建省内唯一的国家经济特区，其经济增长变化具有一定的特殊性和代表性，以下就首先以厦门市为例进行分析描述，从表 4 - 1 中可以看出，厦门市医疗卫生财政支出总额及每百万人口医疗卫生财政支出额绝对值呈现逐年增长的趋势，同时"十一五"时期是厦门市经济社会发展围绕全面建设海峡西岸经济区重要中心城市的关键时期，厦门医疗卫生财政支出的增长率平均达到最大值。从医疗卫生财政支出占财政支出的比重来看，总体呈现稳中有增的态势，大体维持在 5% 左右的水平，近几年来增长率稍高。从医疗卫生财政支出占 GDP 的比重来看，厦门市医疗卫生财政支出的 GDP 占比处于稳定增长之中，由此说明，厦门市在发展中体经济的同时，也越来越重视医疗卫生的发展，对医疗卫生领域的投入也在不断增加。厦门市医疗卫生财政支出同比上年增长率呈现一个不断波动的态势，在"十一五"期间达到最大值，这与厦门市在"十一五"

期间的实际政策是相符合的。

表 4-1 厦门市医疗卫生财政支出规模情况

年份	公共财政支出（万元）	GDP（万元）	医疗卫生财政支出（万元）	每百万人口卫生财政支出（万元）	医疗卫生财政支出增长率（%）	医疗财政支出占财政支出比重（%）	医疗卫生财政支出占GDP比重（%）
2006	1500848	11737984	62294	21629.86	43.51	4.15	0.53
2007	1986559	14025849	92202	30329.61	48.01	4.64	0.66
2008	2380896	16107098	107697	33035.89	16.81	4.52	0.67
2009	2680527	17372349	125210	37942.42	16.26	4.67	0.72
2010	3069468	20600738	144850	40688.20	15.69	4.72	0.70
2011	3983700	25393132	195467	54145.98	34.94	4.91	0.77
2012	4704965	28151706	214213	58368.66	9.59	4.55	0.76
2013	5340945	30064081	254729	68291.96	18.91	4.77	0.85
2014	5609028	32735772	346964	91066.67	36.21	6.19	1.06
2015	6511705	34660288	410736	106408.29	18.38	6.31	1.19

同理，根据福州市医疗卫生财政支出规模情况（见表 4-2），可以看出福州市的医疗卫生财政支出绝对规模呈现不断增长的趋势，2007 年中共十七大报告首次完整提出中国特色卫生医疗体制的制度框架，我国医疗体制改革进一步深化，福州市医疗卫生财政支出增长率在 2008 年达到最大值。福州市医疗卫生财政支出占财政支出比重在 7% 左右浮动，基本处于平稳状态，医疗卫生财政支出占 GDP 的比重呈现逐年稳定增长的态势。福州市每百万人口的卫生财政支出也在不断增长。

表 4-2 福州市医疗卫生财政支出规模情况

年份	公共财政支出（万元）	GDP（万元）	医疗卫生财政支出（万元）	每百万人口卫生财政支出（万元）	医疗卫生财政支出增长率（%）	医疗财政支出占财政支出比重（%）	医疗卫生财政支出占GDP比重（%）
2006	1100589	16869271	56491	8418.93	51.48	5.13	0.33
2007	1430922	20292767	80884	11965.09	43.18	5.65	0.40

续表

年份	公共财政支出（万元）	GDP（万元）	医疗卫生财政支出（万元）	每百万人口卫生财政支出（万元）	医疗卫生财政支出增长率（％）	医疗财政支出占财政支出比重（％）	医疗卫生财政支出占GDP比重（％）
2008	1781952	23556710	135341	19815.67	67.33	7.60	0.57
2009	2050925	26040448	144805	21077.87	6.99	7.06	0.56
2010	2624208	31234091	181654	25531.13	25.45	6.92	0.58
2011	3633008	37363796	276710	38431.94	52.33	7.62	0.74
2012	4107344	42109279	310077	42651.58	12.06	7.55	0.74
2013	5338424	46850151	379715	51732.29	22.46	7.11	0.81
2014	5748081	51691647	530736	71431.49	39.77	9.23	1.03
2015	7259345	56180844	580040	77338.67	9.29	7.99	1.03

泉州市医疗卫生财政支出绝对值也处于不断增长之中（见表4-3），其增长率在"十二五"规划期间达到最大值，医疗卫生财政支出占政府财政总支出的比重不断增加，说明泉州市在发展经济的同时也相当重视对医疗卫生的投入，医疗卫生财政支出占GDP的比重同其所占财政支出的比重增长速度相对较高，每百万人口的财政支出也在不断增长。

表4-3　　　　　　　　　泉州市医疗卫生财政支出规模情况

年份	公共财政支出（万元）	GDP（万元）	医疗卫生财政支出（万元）	每百万人口卫生财政支出（万元）	医疗卫生财政支出增长率（％）	医疗财政支出占财政支出比重（％）	医疗卫生财政支出占GDP比重（％）
2006	1047758	19324800	55344	7068.20	33.61	5.28	0.29
2007	1339436	23433000	73187	9252.47	32.24	5.46	0.31
2008	1613540	27956300	91742	11510.92	25.35	5.69	0.33
2009	1869038	30695000	120453	14907.55	31.30	6.44	0.39
2010	2296427	35649739	167108	20529.24	38.73	7.28	0.47
2011	2969907	42028800	237556	28934.96	42.16	8.00	0.57
2012	3564437	47027000	285578	34448.49	20.22	8.01	0.61
2013	4222149	52161600	341939	40901.79	19.74	8.10	0.66

年份	公共财政支出（万元）	GDP（万元）	医疗卫生财政支出（万元）	每百万人口卫生财政支出（万元）	医疗卫生财政支出增长率（%）	医疗财政支出占财政支出比重（%）	医疗卫生财政支出占GDP比重（%）
2014	4767231	57333600	465863	55197.04	36.24	9.77	0.81
2015	5398893	61377100	574981	67565.33	23.42	10.65	0.94

漳州市医疗卫生财政支出规模情况（见表4-4）与泉州市相类似，漳州市的医疗卫生财政支出占财政支出的比重和GDP的比重均处于不断增长之中，并且均略高于泉州市，漳州市的医疗卫生财政支出绝对规模不断增长，增长率在2006年达到最大值，笔者猜测是因为漳州市之前年份的医疗卫生财政支出相对规模较小，处于发展初期，所以有相对较高的增长率。漳州市每百万人口医疗卫生财政支出也在不断增加。

表4-4　　　　　　　　　漳州市医疗卫生财政支出规模情况

年份	公共财政支出（万元）	GDP（万元）	医疗卫生财政支出（万元）	每百万人口卫生财政支出（万元）	医疗卫生财政支出增长率（%）	医疗财政支出占财政支出比重（%）	医疗卫生财政支出占GDP比重（%）
2006	495690	7552000	23403	4958.26	80.05	4.72	0.31
2007	682974	8776300	42007	8862.24	79.49	6.15	0.48
2008	922578	10023900	72157	15127.25	71.77	7.82	0.72
2009	1207303	11780100	94318	19649.58	30.71	7.81	0.80
2010	1475168	14307100	116421	24195.90	23.43	7.89	0.81
2011	1824288	17682000	157347	32509.71	35.15	8.63	0.89
2012	2217738	20129200	191799	39142.65	21.90	8.65	0.95
2013	2622539	22462300	239700	48620.69	24.97	9.14	1.07
2014	2745041	25063600	317391	63990.12	32.41	11.56	1.27
2015	3558161	27673500	406948	81389.60	28.22	11.44	1.47

莆田市医疗卫生财政支出绝对规模和每百万人口医疗卫生财政支出均不断增加（见表4-5），莆田市医疗卫生财政支出增长率2006年和2007年均在100%左右，同漳州市情况类似，可能也是由于之前年份的医疗卫生财政支出较少，处

于改革发展的初期，所以呈现出较高的增长率。莆田市医疗卫生财政支出占财政支出的比重和占 GDP 的比重均不断增长，与上述地市情况类似。

表 4-5 莆田市医疗卫生财政支出规模情况

年份	公共财政支出（万元）	GDP（万元）	医疗卫生财政支出（万元）	每百万人口卫生财政支出（万元）	医疗卫生财政支出增长率（%）	医疗财政支出占财政支出比重（%）	医疗卫生财政支出占 GDP 比重（%）
2006	257419	4220100	13401	4752.13	102.06	5.21	0.32
2007	325365	5117700	26776	9461.48	99.81	8.23	0.52
2008	455274	6100100	40531	14271.48	51.37	8.90	0.66
2009	625898	6914200	55871	19535.31	37.85	8.93	0.81
2010	793185	8503300	73579	26481.55	31.69	9.28	0.87
2011	954086	10506200	98312	35237.28	33.61	10.30	0.94
2012	1177859	12003800	118803	42278.65	20.84	10.09	0.99
2013	1441627	13453200	150225	53083.04	26.45	10.42	1.12
2014	1579085	15020700	196409	68915.44	30.74	12.44	1.31
2015	1887983	16556000	260984	90935.19	32.88	13.82	1.58

三明市的医疗卫生财政支出规模情况（见表 4-6）与漳州市（见表 4-4）大体相同，包括绝对规模情况、增长率、增长态势以及医疗卫生财政支出所占财政支出和 GDP 的比重，都处于类似水平，不再一一赘述。

表 4-6 三明市医疗卫生财政支出规模情况

年份	公共财政支出（万元）	GDP（万元）	医疗卫生财政支出（万元）	每百万人口卫生财政支出（万元）	医疗卫生财政支出增长率（%）	医疗财政支出占财政支出比重（%）	医疗卫生财政支出占 GDP 比重（%）
2006	338263	4705847	18801	6998.85	68.84	5.56	0.40
2007	457014	5717644	32335	11998.14	71.99	7.08	0.57
2008	530180	7230052	52045	19265.22	60.96	9.82	0.72
2009	751466	8002444	71755	26472.00	37.87	9.55	0.90
2010	970095	9751020	91463	33536.10	27.47	9.43	0.94

年份	公共财政支出（万元）	GDP（万元）	医疗卫生财政支出（万元）	每百万人口卫生财政支出（万元）	医疗卫生财政支出增长率（%）	医疗财政支出占财政支出比重（%）	医疗卫生财政支出占GDP比重（%）
2011	1208542	12118142	102278	37416.50	11.82	8.46	0.84
2012	1532235	13348211	125070	45606.04	22.28	8.16	0.94
2013	1873622	14864567	156364	56153.13	25.02	8.35	1.05
2014	1988757	16212064	217825	76696.24	39.31	10.95	1.34
2015	2406724	17130478	267100	93979.80	22.62	11.10	1.56

　　龙岩市、南平市和宁德市的医疗卫生财政支出绝对规模和每百万人口医疗卫生财政支出规模都处于增长态势（见表4-7、表4-8和表4-9），这三市的医疗卫生财政支出占GDP的比重在全省之中均处于比较高的水平，可能是因为这三市的经济体量相对较小，因此，医疗卫生财政支出所占比重相对较高。三市医疗卫生财政支出所占政府财政支出的比重与其他省市相类似，这三市的医疗卫生财政支出增长率在2006～2008年间处于较高水平，可能也是由于处于医疗改革初期的原因，所以增长率较高。

表4-7　　　　　　　　　　龙岩市医疗卫生财政支出规模情况

年份	公共财政支出（万元）	GDP（万元）	医疗卫生财政支出（万元）	每百万人口卫生财政支出（万元）	医疗卫生财政支出增长率（%）	医疗财政支出占财政支出比重（%）	医疗卫生财政支出占GDP比重（%）
2006	407017	4701935	28803	10473.82	48.94	7.08	0.61
2007	550826	5951577	43908	15908.70	52.44	7.97	0.74
2008	682233	7340601	65766	23742.24	49.78	9.64	0.90
2009	890415	8248814	83457	30020.50	26.90	9.37	1.01
2010	1108134	9908973	103343	38850.75	23.83	9.33	1.04
2011	1377312	12421544	119971	46863.67	16.09	8.71	0.97
2012	1649299	13567808	145361	56560.70	21.16	8.81	1.07
2013	1994163	14807098	167519	64929.84	15.24	8.40	1.13
2014	2060037	16215793	225466	87052.51	34.59	10.94	1.39
2015	2579654	17384902	276002	105747.89	22.41	10.70	1.59

表 4 - 8　　　　　　　　　　　南平市医疗卫生财政支出规模情况

年份	公共财政支出（万元）	GDP（万元）	医疗卫生财政支出（万元）	每百万人口卫生财政支出（万元）	医疗卫生财政支出增长率（%）	医疗财政支出占财政支出比重（%）	医疗卫生财政支出占GDP比重（%）
2006	314277	3866200	12958	4246.16	98.06	4.12	0.34
2007	419383	4660663	29567	9668.74	128.18	7.05	0.63
2008	557180	5591989	48222	15695.73	63.09	8.65	0.86
2009	702391	6216534	54101	17501.62	12.19	7.70	0.87
2010	870249	7286525	79980	25634.62	47.83	9.19	1.10
2011	1163218	8943055	105872	33754.82	32.37	9.10	1.18
2012	1311031	9950750	132143	42132.06	24.81	10.08	1.33
2013	1781228	11154300	163130	51793.88	23.45	9.16	1.46
2014	1903858	12325593	209541	65974.31	28.45	11.01	1.70
2015	2399707	13394345	249740	78160.99	19.18	10.41	1.86

表 4 - 9　　　　　　　　　　　宁德市医疗卫生财政支出规模情况

年份	公共财政支出（万元）	GDP（万元）	医疗卫生财政支出（万元）	每百万人口卫生财政支出（万元）	医疗卫生财政支出增长率（%）	医疗财政支出占财政支出比重（%）	医疗卫生财政支出占GDP比重（%）
2006	328893	3748949	18743	6463.10	70.40	5.70	0.50
2007	430179	4574514	32590	11315.97	73.88	7.58	0.71
2008	548023	5429822	52956	18516.08	62.49	9.66	0.98
2009	693331	6122829	68315	23970.18	29.00	9.85	1.12
2010	866062	7386099	81377	28878.60	19.12	9.40	1.10
2011	1140729	9301166	107132	37855.83	31.65	9.39	1.15
2012	1421845	10750634	135115	47575.70	26.12	9.50	1.26
2013	1859540	12388521	166429	58601.76	23.18	8.95	1.34
2014	1999031	13760938	225950	79280.70	35.76	11.30	1.64
2015	2480065	14873590	267245	93116.72	18.28	10.78	1.80

三、九地市医疗卫生财政支出规模的横向分析

(一) 医疗卫生财政支出的绝对规模比较

从表4－10中可以看出,对福建省九地市医疗卫生财政支出绝对规模所进行的比较中,2008年以来,福州市医疗卫生财政支出规模一直占据第一位,泉州市在2010年首次超过厦门,之后保持在第二位,厦门市的医疗卫生财政支出在2006～2007年位居第一位,2008～2009年退居第二位,2010年以后一直居于全省第三的位置。2006～2007年龙岩市位居第四,2008年漳州市医疗卫生财政支出绝对规模首次超越龙岩,占据第四的位置,此后一直保持在第四位,龙岩市第五,后面依次是三明市、宁德市、南平市和莆田市。

表4－10 2006～2015年福建省九地市医疗卫生财政支出规模情况 单位:万元

年份	福州	泉州	厦门	漳州	龙岩	三明	宁德	南平	莆田
2006	56491	55344	62294	23403	28803	18801	18743	12958	13401
2007	80884	73187	92202	42007	43908	32335	32590	29567	26776
2008	135341	91742	107697	72157	65766	52045	52956	48222	40531
2009	144805	120453	125210	94318	83457	71755	68315	54101	55871
2010	181654	167108	144850	116421	103343	91463	81377	79980	73579
2011	276710	237556	195467	157347	119971	102278	107132	105872	98312
2012	310077	285578	214213	191799	145361	125070	135115	132143	118803
2013	379715	341939	254729	239700	167519	156364	166429	163130	150225
2014	530736	465863	346964	317391	225466	217825	225950	209541	196409
2015	580040	574981	410736	406948	276002	267100	267245	249740	260984

在每百万人口医疗卫生财政支出规模方面,从表4－11中可以看出,大体的排序为厦门、龙岩、宁德、三明、福州、莆田、漳州、泉州、南平,与医疗卫生财政支出总规模的排名顺序不一致,厦门市每百万人口医疗卫生财政支出规模占居全省第一位,从排名中可以看出,福州、泉州、漳州、南平的医疗卫生财政支出相对于人口规模而言优势不明显,相反,厦门、龙岩、宁德、三明、莆田的医疗卫生财政支出相对于人口规模具有明显优势。

表 4－11　　2006～2015 年福建省九地市每百万人口医疗卫生财政支出规模情况　单位：万元

年份	厦门	龙岩	宁德	三明	福州	莆田	漳州	泉州	南平
2006	21629.9	10473.8	6463.1	6998.8	8418.9	4752.1	4958.3	7068.2	4246.2
2007	30329.6	15908.7	11316.0	11998.1	11965.1	9461.5	8862.2	9252.5	9668.7
2008	33035.9	23742.2	18516.1	19265.2	19815.7	14271.5	15127.3	11510.9	15695.7
2009	37942.4	30020.5	23970.2	26472.0	21077.9	19535.3	19649.6	14907.5	17501.6
2010	40688.2	38850.8	28878.6	33536.1	25531.1	26481.6	24195.9	20529.2	25634.6
2011	54146.0	46863.7	37855.8	37416.5	38431.9	35237.3	32509.7	28935.0	33754.8
2012	58368.7	56560.7	47575.7	45606.0	42651.9	42278.6	39142.7	34448.5	42132.1
2013	68292.0	64929.8	58601.8	56153.1	51732.3	53083.0	48620.7	40901.8	51793.9
2014	91066.7	87052.5	79280.7	76696.2	71431.5	68915.4	63990.1	55197.0	65974.3
2015	106408.3	105747.9	93116.7	93979.8	77338.7	90935.2	81389.6	67565.3	78161.0

（二）医疗卫生财政支出的相对规模比较

从表 4－12 中可以看出，福建省九地市医疗财政支出所占财政支出的比重没有明显差距，莆田、宁德、龙岩、南平、三明五市的比值稍高于漳州、泉州、福州和厦门四市的比值，漳州、泉州、福州和厦门四市的医疗卫生财政支出总额虽处于全省前列，但其所占财政支出的比重反而较低，说明这四市在医疗卫生财政支出上仍具有较大上升空间，而莆田、宁德、龙岩、南平、三明五市的医疗卫生财政支出总额较低是由于其财政支出总量不够大的原因。

表 4－12　　　2006～2015 年福建省九地市医疗财政支出占财政支出比重　单位：%

年份	莆田	宁德	龙岩	南平	三明	漳州	泉州	福州	厦门
2006	5.21	5.70	7.08	4.12	5.56	4.72	5.28	5.13	4.15
2007	8.23	7.58	7.97	7.05	7.08	6.15	5.46	5.65	4.64
2008	8.90	9.66	9.64	8.65	9.82	7.82	5.69	7.60	4.52
2009	8.93	9.85	9.37	7.70	9.55	7.81	6.44	7.06	4.67
2010	9.28	9.40	9.33	9.19	9.43	7.89	7.28	6.92	4.72
2011	10.30	9.39	8.71	9.20	8.46	8.63	8.00	7.62	4.91
2012	10.09	9.50	8.81	10.08	8.16	8.65	8.01	7.55	4.55
2013	10.42	8.95	8.40	9.16	8.35	9.14	8.10	7.11	4.77
2014	12.44	11.30	10.94	11.01	10.95	11.56	9.77	9.23	6.19
2015	13.82	10.78	10.70	10.41	11.10	11.44	10.65	7.99	6.31

（三）医疗卫生财政支出的增长速度比较

从表 4 - 13 中可以看出，福建省九地市的医疗卫生财政支出增长率均处于不断波动的情况，其波动态势基本保持一致，2006 ~ 2007 年其增长达到一个高峰（福州增长率高峰是 2008 年），"十二五"规划的第一年 2011 年，漳州、泉州、福州、南平、莆田又一次达到一个小高峰，2014 年厦门、三明、龙岩、宁德达到"十二五"期间的最高值。

表 4 - 13　　　　2006 ~ 2015 年福建省九地市医疗卫生财政支出增长率　　　单位：%

年份	厦门	漳州	泉州	福州	三明	龙岩	南平	莆田	宁德
2006	43.51	80.05	33.61	51.48	68.84	48.94	98.06	102.06	70.40
2007	48.01	79.49	32.24	43.18	71.99	52.44	128.18	99.81	73.88
2008	16.81	71.77	25.35	67.33	60.96	49.78	63.09	51.37	62.49
2009	16.26	30.71	31.30	6.99	37.87	26.90	12.19	37.85	29.00
2010	15.69	23.43	38.73	25.45	27.47	23.83	47.83	31.69	19.12
2011	34.94	35.15	42.16	52.33	11.82	16.09	32.37	33.61	31.65
2012	9.59	21.90	20.22	12.06	22.28	21.16	24.81	20.84	26.12
2013	18.91	24.97	19.74	22.46	25.02	15.24	23.45	26.45	23.18
2014	36.21	32.41	36.24	39.77	39.31	34.59	28.45	30.74	35.76
2015	18.38	28.22	23.42	9.29	22.62	22.41	19.18	32.88	18.28

第四节　医疗卫生财政支出绩效评价

一、研究方法

DEA 分析法（数据包络分析）是基于面板数据的一种非参数估计方法，该方法用于评价多投入、多产出的决策单元之间的相对有效性综合绩效。本部分使用班克等人于 1984 年提出的 VRS 模型（规模报酬可变模型），VRS 模型是在查恩斯等人于 1978 年提出的 CRS 模型（规模报酬不变模型）基础上修正得到的。它不需要对市场相应的竞争状况做出假设，也不需要特定的生产函数假设和效率项的分布假设，使用 DEA 分析方法构建出最佳实践面，将决策单元（即本书中的福建省九地市）同最佳实践者相比较，计算出每个单元的效率。

设有 N 个决策单元 DMU，假设每个 DMU 都有 K 项投入和 M 项产出，对于第 i 个 DMU 分别用 x_i 和 y_i 表示：

$$x_i = (x_{1i}, x_{2i}, \cdots, x_{ki}), \quad y_i = (y_{1i}, y_{2i}, \cdots, y_{Mi})$$

其中，X、Y 分别表示 K×N 维投入相关矩阵和 M×N 维产出相关矩阵。对于福建省的地级市，期望测度出所有产出与投入的比例，即：

$$h_i = \frac{u^T y_i}{v^T x_i} = \frac{\sum_{i=1}^{M} u_i y_i}{\sum_{j=1}^{K} v_j x_j}$$

其中，v_i 表示第 i 项输入的权数，u_i 表示第 i 项输出的权数，权重需要通过模型确定。假设规模报酬不变，其最优权重可以求解下列数学问题得出：

$$\max_{u,v} \frac{u^T y_i}{v^T x_i}$$

$$s.t. \quad \frac{\sum_{r=1}^{s} u_r y_{rj}}{\sum_{i=1}^{m} v_i x_{ij}} \leq 1, \quad j = 1, 2, \cdots, n;$$

$$v = (v_1, v_2, \cdots, vm)T \geq 0$$

$$u = (u_1, u_2, \cdots, um)T \geq 0$$

上述目标函数就是第 i 个地级市产出与投入的加权比例。为避免得出无穷多解，例如：

（u，v）是一个解，（au，av）则是另一个解，可增加约束，$v^T x_i = 1$，则上式表示为：

$$\max_{u,v} \mu^T y_i$$

$$v^T x_i = 1$$

$$s.t. \quad \mu^T y_j - v^T x_i \leq 0$$

$$\mu, v \geq 0$$

利用对偶原理，可以得到这一问题的等价包络形式：

$$\min_{\theta,\lambda} \theta$$

$$s.t. \quad -y_i + Y\lambda \geq 0$$

$$\theta x_i - X\lambda \geq 0$$

$$\lambda \geq 0$$

这里的 θ 是一个标量值，θ 表示第 i 个 DMU 的效率值，其值满足 $0 \leqslant \theta \leqslant 1$。当 θ 小于 1 时，表明该 DMU 效率不是有效的；当 $\theta = 1$ 时，表示该地级市处于效率前沿面上的点，因此其处在效率有效状态。CRS 模型得出的效率是技术效率，其经济含义是当第 i 个地级市产出水平保持不变（投入导向）时，若以样本中最佳表现（处于生产前沿面）的地级市为标准，实际所需要的投入比例，$1 - \theta$ 就是第 i 地级市多投入的比例，也就是可以减少（或称浪费）的比例。

CRS 模型测定的是企业的技术效率（TE），即在给定投入的情况下企业获取最大产出的能力，但 CRS 模型无法说明无效率的原因是由于技术无效率还是规模无效率造成的。因此需要借助 VRS 模型将技术效率进一步分解为纯技术效率变化与规模效率变化，这里的技术效率也是下文中的综合效率。

通过增加一个凸性规定，即 $\sum \lambda = 1$，CRS 模型可以较容易地修正为 VRS 模型。

投入导向 VRS 模型的线性规划如下：

$$\min_{\theta,\lambda} \theta$$
$$\text{s. t.} \begin{cases} -y_i + Y\lambda \geqslant 0 \\ \theta x_i - X\lambda \geqslant 0 \\ \sum \lambda = 1 \\ \lambda \geqslant 0 \end{cases}$$

综合效率 = 纯技术效率 × 规模效率，只有 DMU 同时达到纯技术效率有效和规模效率有效时，综合效率才达到有效。纯技术效率反映 DMU 投入与产出的配置和管理等方面的能力，规模效率则表示投入的规模报酬变化对产出影响的程度。

二、变量的选取

（一）投入指标的选取

政府医疗卫生财政支出的直接受益者是所在地级市的人民，因此，以每百万人口相应的投入或产出指标来统一研究尺度。本部分效率评价的是福建省九地市医疗卫生财政支出，在投入指标选择上主要考虑九地市医疗卫生资金投入，本部分以每百万人口医疗卫生财政支出为投入指标。

（二）产出指标选取

政府在医疗卫生领域投入资金后将会形成与医疗卫生财政支出相关的人力资源和物质资源，同时也会形成相关的产出效果，这是政府提供医疗卫生服务的重要载体，也是评价政府医疗卫生财政支出效率的重要指标，本部分的相关产出指标是在福建九地市可统一获取基础上选取的。在形成的与医疗卫生财政支出相关的人力资源方面，笔者认为医生、护士是医疗卫生服务中重要的服务人员之一，本部分选取每百万人口卫生机构中医生的数量及注册护士的数量两个指标。在形成的与医疗卫生财政支出相关的物质资源方面，选取每百万人口卫生机构中医院的数量、每万人口卫生机构床位数量两个指标，笔者认为，医院是政府医疗卫生财政支出后形成规模较大、功能较全、提供卫生服务资源能力较强的卫生机构，每百万人口医疗机构床位数则体现了床位的分布情况，也反映了医疗卫生服务的可及性。在形成相关的产出效果方面，本部分选取了每百万人口疾病预防控制机构数量、每百万人口妇幼保健机构两个替代指标，政府卫生支出产生的效果可从居民患病风险的保障来体现，而疾病预防控制机构是对预防和治疗各种疾病如传染病等的保障机构，妇幼保健机构是保护和治疗孕产妇及婴幼儿的医疗机构。基于以上分析，结合 DEA 评价方法，借鉴有关的评价指标，设计医疗卫生财政支出效率评估指标体系，具体见表 4 – 14。

表 4 – 14 　　　　福建省九地市医疗卫生财政支出效率评价指标

投入指标	每百万人口医疗卫生财政支出
产出指标	每百万人口卫生机构中医院的数量
	每百万人口疾病预防控制机构的数量
	每百万人口妇幼保健机构的数量
	每百万人口卫生机构中床位数量
	每百万人口卫生机构中医生的数量
	每百万人口卫生机构中注册护士的数量

三、数据来源及描述性统计

根据医疗卫生财政支出绩效评价的指标体系，本部分选取了福建省九地市 2006～2015 年的医疗卫生相关数据进行实证分析。所有数据除特殊说明外，均来自福建省九地市 2006～2015 年的统计年鉴以及相应的统计局网站。

本部分对九地市的主要指标的平均均值、中位数、标准差、最大值、最小值、观测数进行描述性统计分析，具体情况如下。

在表4-15中，厦门每百万人口卫生财政支出的最小值为21629.86万元，最大值为106408.29万元，最大值大约是最小值的5倍，平均数为54190.75万元，大于中位数47417.09万元，标准差数值达27540.33万元，说明厦门每百万人口卫生财政支出数值增幅较大，年均增幅大约达19%。而每百万人口医院数量、每百万人口疾病预防控制机构数量、每百万人口妇幼保健机构数量的标准差值小于1，平均数和中位数相差不大，最大值与最小值也相差不大，说明此三个指标的波动较小。每百万人口床位数量的平均值为3209.57张，中位数为3161.91张，两者相差47.66张，最大值3705.44张与最小值2794.44张，两者相差911张，标准差为308.03张，说明该指标的增幅一般，每百万人口医生数量与每百万人口注册护士数量和每百万人口床位数量的分析结果基本一致。

表4-15　　　　　　　　　　厦门市相关指标的描述性统计分析

指标	医疗卫生财政支出（万元）	每百万人口卫生财政支出（万元）	每百万人口医院数量（家）	每百万人口疾病预防控制机构数量（家）	每百万人口妇幼保健机构数量（家）	每百万人口床位数量（张）	每百万人口医生数量（名）	每百万人口注册护士数量（名）
平均	195436.20	54190.75	11.17	2.03	2.03	3209.57	2239.97	2160.90
中位数	170158.50	47417.09	10.88	1.95	1.95	3161.91	2224.28	2141.67
标准差	113898.53	27540.33	0.92	0.21	0.21	308.03	204.47	438.55
最小值	62294.00	21629.86	10.11	1.81	1.81	2794.44	1957.24	1549.31
最大值	410736.00	106408.29	12.85	2.43	2.43	3705.44	2578.50	2813.21
观测数	10	10	10	10	10	10	10	10

在表4-16中，漳州市每百万人口卫生财政支出的最小值为4958.26万元，最大值为81389.60万元，最大值大约是最小值的16倍，平均数33844.60万元，大于中位数28352.81万元，标准差数值24767.67万元，说明每百万人口卫生财政支出数值年增幅比厦门市更大，年平均增幅大约达36%。而每百万人口医院数量、每百万人口疾病预防控制机构数量、每百万人口妇幼保健机构数量的标准差值不大，平均数和中位数相差不大，最大值与最小值也相差不大，说明此三个

指标的波动较稳定。每百万人口床位数量的平均值为 2659.96 张，中位数为 2367.62 张，两者相差 292.34 张，最大值 1869.62 张大约是最小值 4113.80 张的 2 倍，标准差为 860.44 张。而每百万人口医生数量、每百万人口注册护士数量的标准差分别是 375.40 名、510.35 名，说明这两个指标的增幅相比每百万人口卫生财政支出增幅要小。

表 4 – 16　　　　　　　漳州市相关指标的描述性统计分析

指标	医疗卫生财政支出（万元）	每百万人口卫生财政支出（万元）	每百万人口医院数量（家）	每百万人口疾病预防控制机构数量（家）	每百万人口妇幼保健机构数量（家）	每百万人口床位数量（张）	每百万人口医生数量（名）	每百万人口注册护士数量（名）
平均	166149.10	33844.60	7.76	2.48	2.48	2659.96	1090.92	1107.09
中位数	136884.00	28352.81	7.92	2.49	2.49	2367.62	1074.78	1000.61
标准差	124391.04	24767.67	1.18	0.05	0.05	860.44	375.40	510.35
最小值	23403.00	4958.26	6.46	2.40	2.40	1869.62	643.67	575.95
最大值	406948.00	81389.60	9.07	2.54	2.54	4113.80	1875.20	2101.20
观测数	10	10	10	10	10	10	10	10

　　在表 4 – 17 中，泉州市每百万人口卫生财政支出的最小值为 7068.20 万元，最大值为 67565.33 万元，最大值大约是最小值的 10 倍，平均数为 29031.60 万元，大于中位数 24732.10 万元，标准差数值达 20526.65 万元，说明泉州市每百万人口卫生财政支出数值年增幅比较大，年平均增幅达 29%。而每百万人口医院数、每百万人口疾病预防控制机构数量、每百万人口妇幼保健机构数量的标准差比厦门市、漳州市更小，平均数和中位数很接近，最大值与最小值相差不大，说明泉州这三个指标值很稳定。每百万人口床位数量的平均值为 2818.84 张，中位数为 2767.28 张，两者相差 51.56 张，最大值 3898.12 张与最小值 1897.19 张，两者相差 2000.93 张，标准差为 706.28 张。而每百万人口医生数量、每百万人口注册护士数量的标准差分别是 283.61 名、410.18 名，说明每百万人口医生数量、每百万人口注册护士数量比每百万人口床位数量增幅波动大。

表 4 – 17 泉州市相关指标的描述性统计分析

指标	医疗卫生财政支出（万元）	每百万人口卫生财政支出（万元）	每百万人口医院数量（家）	每百万人口疾病预防控制机构数量（家）	每百万人口妇幼保健机构数量（家）	每百万人口床位数量（张）	每百万人口医生数量（名）	每百万人口注册护士数量（名）
平均	241375.10	29031.60	5.06	1.22	1.10	2818.84	1213.54	1180.11
中位数	202332.00	24732.10	5.05	1.22	1.10	2767.28	1209.05	1146.08
标准差	176128.72	20526.65	0.58	0.03	0.03	706.28	283.61	410.18
最小值	55344.00	7068.20	4.42	1.18	1.06	1897.19	790.29	690.42
最大值	574981.00	67565.33	6.11	1.28	1.15	3898.12	1565.17	1859.93
观测数	10	10	10	10	10	10	10	10

在表 4 – 18 中，福州市每百万人口卫生财政支出的最小值为 8418.93 万元，最大值为 77338.67 万元，最大值大约是最小值的 9 倍，平均数为 36839.47 万元，大于中位数 31981.54 万元，标准差数值达 24008.06 万元，说明福州市每百万人口卫生财政支出数值年增幅较大，年均增幅大约是 27%。而每百万人口医院数量、每百万人口疾病预防控制机构数量、每百万人口妇幼保健机构数量的标准差较小，平均数和中位数很接近，最大值与最小值相差不大，说明这福州市三个指标值都较稳定。每百万人口床位数量的平均值为 3636.70 张，中位数为 3499.90 张，两者相差 136.8 张，最大值 4414.13 张与最小值 2905.66 张，两者相差 1508.47 张，标准差为 546.59 张，而每百万人口医生数量、每百万人口注册护士数量的标准差分别是 270.02 名、504.75 名，说明每百万人口床位数量、每百万人口注册护士数量比每百万人口床位数量波动大。

表 4 – 18 福州市相关指标的描述性统计分析

指标	医疗卫生财政支出（万元）	每百万人口卫生财政支出（万元）	每百万人口医院数量（家）	每百万人口疾病预防控制机构数量（家）	每百万人口妇幼保健机构数量（家）	每百万人口床位数量（张）	每百万人口医生数量（名）	每百万人口注册护士数量（名）
平均	267645.30	36839.47	6.72	2.10	2.09	3636.70	2061.56	2083.41
中位数	229182.00	31981.54	6.46	2.07	1.96	3499.90	2018.15	2037.09
标准差	182788.28	24008.06	0.87	0.10	0.23	546.59	270.02	504.75

续表

指标	医疗卫生财政支出（万元）	每百万人口卫生财政支出（万元）	每百万人口医院数量（家）	每百万人口疾病预防控制机构数量（家）	每百万人口妇幼保健机构数量（家）	每百万人口床位数量（张）	每百万人口医生数量（名）	每百万人口注册护士数量（名）
最小值	56491.00	8418.93	5.56	1.97	1.87	2905.66	1711.48	1406.86
最大值	580040.00	77338.67	7.77	2.24	2.38	4414.13	2440.93	2788.40
观测数	10	10	10	10	10	10	10	10

在表 4-19 中，三明市每百万人口卫生财政支出的最小值为 6998.85 万元，最大值为 93979.80 万元，最大值大约是最小值的 13 倍，平均数为 40812.20 万元，大于中位数 35476.30 万元，标准差数值达 28049.09 万元，说明三明市每百万人口卫生财政支出数值年增幅比较大，年均增幅大约是 33%。而每百万人口医院数量、每百万人口疾病预防控制机构数量、每百万人口妇幼保健机构数量的标准差接近于 1，平均数和中位数很接近，最大值与最小值也相差不大，说明三明市这三个指标值都较稳定。每百万人口床位数量的平均值为 3816.33 张，中位数为 3804.61 张，两者相差 11.72 张，最大值 4757.75 张与最小值 2776.68 张，两者相差 15981.07 张，标准差为 764.78 张，而每百万人口医生数量、每百万人口注册护士数量的标准差分别是 792.59 名、467.88 名，说明每百万人口床位数量、每百万人口注册护士数量、每百万人口床位数量比前面几个城市的波动大。

表 4-19　　　　　　　　　三明市相关指标的描述性统计分析

指标	医疗卫生财政支出（万元）	每百万人口卫生财政支出（万元）	每百万人口医院数量（家）	每百万人口疾病预防控制机构数量（家）	每自力人口妇幼保健机构数量（家）	每百万人口床位数量（张）	每百万人口医生数量（名）	每百万人口注册护士数量（名）
平均	113503.60	40812.20	13.65	4.55	3.60	3816.33	2342.33	1665.94
中位数	96870.50	35476.30	13.95	4.75	4.02	3804.61	2545.06	1670.52
标准差	80370.28	28049.09	0.99	0.56	1.27	764.78	792.59	467.88
最小值	18801.00	6998.85	12.10	2.98	3.87	2776.68	1358.75	1070.62
最大值	267100.00	93979.80	14.78	4.82	4.08	4757.75	3209.25	2272.26
观测数	10	10	10	10	10	10	10	10

在表 4 - 20 中，龙岩市每百万人口卫生财政支出的最小值为 10473.82 万元，最大值为 105747.89 万元，最大值大约是最小值的 10 倍，平均数为 48015.06 万元，大于中位数 42857.21 万元，标准差数值达 31010.01 万元，说明三明市每百万人口卫生财政支出数值年增幅比较大，年均增幅大约是 29%。每百万人口医院数量、每百万人口疾病预防控制机构数量、每百万人口妇幼保健机构数量的标准差相对很小，平均数和中位数很接近，最大值与最小值相差也较小，说明龙岩市这三个指标值都较稳定。每百万人口床位数量的平均值为 4584.36 张，中位数为 4594.73 张，两者相差 10.37 张，最大值 6358.24 张与最小值 2920 张，两者相差较大，达 3438.24 张，标准差相应也较大，达 1376.65 张，而每百万人口医生数量、每百万人口注册护士数量的标准差分别是 335.91 名、808.43 名，说明每百万人口床位数量、每百万人口注册护士数量的波动比每百万人口医生数量波动大。

表 4 - 20　　　　　　　　　　　龙岩市相关指标的描述性统计分析

指标	医疗卫生财政支出（万元）	每百万人口卫生财政支出（万元）	每百万人口医院数量（家）	每百万人口疾病预防控制机构数量（家）	每百万人口妇幼保健机构数量（家）	每百万人口床位数量（张）	每百万人口医生数量（名）	每百万人口注册护士数量（名）
平均	125959.60	48015.06	13.40	3.01	3.01	4584.36	1648.46	2042.71
中位数	111657.00	42857.21	13.22	3.04	3.04	4594.73	1722.07	2095.43
标准差	79349.32	31010.01	1.69	0.10	0.10	1376.65	335.91	808.43
最小值	28803.00	10473.82	10.91	2.88	2.88	2920.00	1188.73	1007.64
最大值	276002.00	105747.89	16.09	3.13	3.13	6358.24	2154.79	3108.81
观测数	10	10	10	10	10	10	10	10

在表 4 - 21 中，南平市每百万人口卫生财政支出的最小值为 4246.16 万元，最大值为 78160.99 万元，最大值大约是最小值的 18 倍，平均数 34456.29 万元，大于中位数 29694.72 万元，标准差数值达 24738.19 万元，说明南平市每百万人口卫生财政支出数值年增幅比前几个城市都大，年均增幅大约是 37.87%。每百万人口医院数量、每百万人口疾病预防控制机构数量、每百万人口妇幼保健机构数量的标准差与前几个城市相似，都很小，平均数和中位数很接近，最大值与最小值相差不大，同样说明南平市这三个指标值都较稳定。每百万人口床位数量的

平均值 3653.48 张，中位数 3302.94 张，两者相差 350.54 张，最大值 4994.68 张与最小值 2715.50 张，两者相差 2279.18 张，标准差达 935.72 张，而每百万人口医生数量、每百万人口注册护士数量的标准差分别是 192.84 名、465.46 名，说明南平市的每百万人口床位数量比每百万人口医生数量、每百万人口注册护士数量的波动大。

表4–21 南平市相关指标的描述性统计分析

指标	医疗卫生财政支出（万元）	每百万人口卫生财政支出（万元）	每百万人口医院数量（家）	每百万人口疾病预防控制机构数量（家）	每百万人口妇幼保健机构数量（家）	每百万人口床位数量（张）	每百万人口医生数量（名）	每百万人口注册护士数量（名）
平均	108525.40	34456.29	13.95	2.25	2.25	3653.48	1375.32	1560.58
中位数	92926.00	29694.72	14.21	2.24	2.24	3302.94	1381.20	1496.72
标准差	79213.58	24738.19	1.09	0.04	0.04	935.72	192.84	465.46
最小值	12958.00	4246.16	11.32	2.19	2.19	2715.50	1076.45	972.57
最大值	249740.00	78160.99	15.07	2.29	2.29	4994.68	1629.01	2249.62
观测数	10	10	10	10	10	10	10	10

在表4—22中，莆田市每百万人口卫生财政支出的最小值为4752.13万元，最大值为90935.19万元，最大值大约是最小值的19倍，平均数36495.16万元，大于中位数30859.42万元，标准差数值达27779.33万元，说明莆田市每百万人口卫生财政支出数值年增幅最大，年均增幅大约是38.7%。每百万人口医院数量、每百万人口疾病预防控制机构数量、每百万人口妇幼保健机构数量的标准差都很小，平均数和中位数很接近，最大值与最小值相差也不大，同样说明莆田市这三个指标值都较稳定。每百万人口床位数量的平均值为2892.05张，中位数为2611.54张，两者相差280.51张，最大值4588.15张与最小值1597.16张，两者相差2990.99张，标准差达1171.68张，而每百万人口医生数量、每百万人口注册护士数量的标准差分别是365.55名、510.78名，说明莆田市的每百万人口床位数量比每百万人口医生数量、每百万人口注册护士数量的波动大很多。

表4-22   莆田市相关指标的描述性统计分析

指标	医疗卫生财政支出（万元）	每百万人口卫生财政支出（万元）	每百万人口医院数量（家）	每百万人口疾病预防控制机构数量（家）	每百万人口妇幼保健机构数量（家）	每百万人口床位数量（张）	每百万人口医生数量（名）	每百万人口注册护士数量（名）
平均	103489.10	36495.16	12.02	2.48	1.41	2892.05	1350.79	1227.37
中位数	85945.50	30859.42	11.85	2.47	1.41	2611.54	1323.88	1154.49
标准差	79589.85	27779.33	2.46	0.03	0.01	1171.68	365.55	510.78
最小值	13401.00	4752.13	8.83	2.44	1.39	1597.16	904.61	548.23
最大值	260984.00	90935.19	15.09	2.52	1.44	4588.15	1800.00	1987.11
观测数	10	10	10	10	10	10	10	10

在表4-23中，宁德市每百万人口卫生财政支出的最小值为6463.10万元，最大值为93116.72万元，最大值大约是最小值的14倍，平均数40557.47万元，大于中位数33367.21万元，标准差数值达28980.77万元，说明宁德市每百万人口卫生财政支出数值年均增幅大约是34%。每百万人口医院数量、每百万人口疾病预防控制机构数量、每百万人口妇幼保健机构数量的标准差都小，平均数和中位数很接近，最大值与最小值相差也不大，同样说明宁德市这三个指标值较稳定。每百万人口床位数量的平均值为3209.29张，中位数为3295.04张，两者相差85.75张，最大值4570.73张与最小值2006.90张，两者相差2563.83张，标准差达1045.50张，而每百万人口医生数量、每百万人口注册护士数量的标准差分别是283.10名、579.86名，说明宁德市的每百万人口床位数量比每百万人口医生数量、每百万人口注册护士数量的波动大。

表4-23   宁德市相关指标的描述性统计分析

指标	医疗卫生财政支出（万元）	每百万人口卫生财政支出（万元）	每百万人口医院数量（家）	每百万人口疾病预防控制机构数量（家）	每百万人口妇幼保健机构数量（家）	每百万人口床位数量（张）	每百万人口医生数量（名）	每百万人口注册护士数量（名）
平均	115585.20	40557.47	11.50	3.50	3.50	3209.29	1417.64	1505.82
中位数	94254.50	33367.21	11.33	3.51	3.51	3295.04	1445.38	1464.98
标准差	82873.90	28980.77	2.07	0.03	0.03	1045.50	283.10	579.86

续表

指标	医疗卫生财政支出（万元）	每百万人口卫生财政支出（万元）	每百万人口医院数量（家）	每百万人口疾病预防控制机构数量（家）	每百万人口妇幼保健机构数量（家）	每百万人口床位数量（张）	每百万人口医生数量（名）	每百万人口注册护士数量（名）
最小值	18743.00	6463.10	8.97	3.45	3.45	2006.90	1076.39	835.52
最大值	267245.00	93116.72	14.98	3.55	3.55	4570.73	1771.08	2347.74
观测数	10	10	10	10	10	10	10	10

四、实证分析

（一）福建省医疗卫生财政支出效率总体评价

2006～2015年福建省医疗卫生财政支出综合技术效率、纯技术效率和规模效率的平均值如表4-24和图4-1所示，可以看出，近10年我国医疗卫生财政支出效率存在明显的改善。从时间上看，政府医疗卫生财政支出的综合技术效率均值在2006～2007年呈下降趋势，从2006年的0.711降为2007年0.55；在此后的2008～2015年为上升趋势，2008年的综合技术效率值0.658，到2015年上升为0.965。医疗卫生财政支出的纯技术效率均值的年度变化大致呈先波浪下降后上升趋势，2006～2009年纯技术效率均值大致呈震荡下降趋势，由2006年的0.882震荡下降为2009年的0.853；2010～2015年除2012～2013年由0.981降为0.954外，其余年份都呈现上升趋势，由2010年的0.913上升到2015年的0.978。规模效率均值的年度变化也是呈先震荡下降后上升趋势，2006～2010年间呈震荡下降，由2006年的0.814波浪下降到2010年的0.797，除2014～2015年微降外，2011～2015年都均呈上升趋势，由2011年的0.943上升到2015年的0.987。

表4-24　　2006～2015年福建省九地市医疗卫生财政支出平均效率值

年份	综合技术效率	纯技术效率	规模效率
2006	0.711	0.882	0.814
2007	0.550	0.823	0.694
2008	0.658	0.861	0.777

年份	综合技术效率	纯技术效率	规模效率
2009	0.690	0.853	0.818
2010	0.722	0.913	0.797
2011	0.875	0.930	0.943
2012	0.943	0.981	0.962
2013	0.947	0.954	0.993
2014	0.962	0.964	0.998
2015	0.965	0.978	0.987

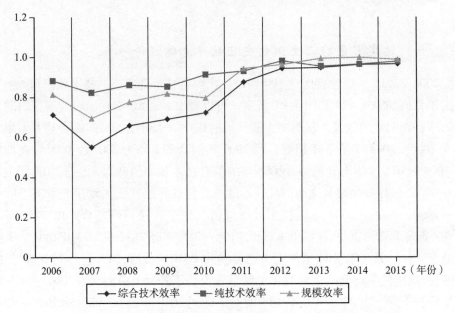

图 4 - 1　2006 ~ 2015 年福建省九地市医疗卫生财政支出平均效率值

综合技术效率测量的是政府医疗卫生财政支出的整体效率情况，它是纯技术效率和规模效率的乘积。从综合技术效率分解来看，2006 ~ 2010 年 5 年间福建省医疗卫生财政支出纯技术效率高于规模效率，说明前 5 年福建省医疗卫生财政支出效率的改善主要源于纯技术效率的提高，由图 4 - 1 也可看出，2006 ~ 2015 年 10 年间福建省医疗卫生财政支出的纯技术效率基本呈稳步提升的趋势。纯技术效率是政府在投入规模一定（最优规模时）的条件下投入要素的生产效率，它评价的是管理水平及相关制度的效率水平。2007 年我国政府收支分类改革全面实施，从 2007 年开始政府预算、部门预算的编制、执行以及决算一律按新改革科目进行。改革后，我国财政支出体系按支出功能分类和支出经济分类。按支出功能分类，能清楚了解政府的各项支出具体用于什么事项；按支出经济分类，则能反映各支出的具体经济构成，反映每一笔支出具体是怎么花的。改革完全到位后，结合财政收支的部门属性，通过财政信息管理系统，可对任何一项财政收支进行"多维"定位，清楚地说明政府的钱是怎么来的、做了什么事、谁做的、怎么做的，为预算管理、统计分析、宏观决策和财政监督等提供全面、真实、准确的经济信息。2009 年中央出台了《中共中央国务院关于深化医药卫生体制改革的意见》，新医改的重点是加快推进基本医疗保障制度建设、初步建立国家基本药物制度、健全基层医疗卫生服务体系、促进基本公共卫生服务逐步均等化和推进公立医院改革试点，这一系列的医疗改革逐渐完善了政府医疗卫生财政支出管理和绩效等制度。从以上分析来看，福建省医疗卫生财政支出纯技术效率提升的原因是医疗卫生相关的预算资金管理的软约束和政府医疗卫生绩效考核等制度的逐渐完善。2011～2015 年福建省医疗卫生财政支出规模效率基本高于其纯技术效率，说明后 5 年福建省医疗卫生财政支出效率的改善主要原因是规模效率的提高，而 2013～2015 年 3 年间福建省医疗卫生财政支出规模效率接近 1，几乎达到了强 DEA 有效，即 2013～2015 年 3 年间福建省的医疗卫生投入规模很接近最优规模，因此福建省医疗卫生财政支出当前的关键问题不再是政府医疗卫生投入资金规模的问题，而是政府医疗卫生投入资金后的有效配置问题。从这方面来看，福建省未来应该把政府医疗卫生财政支出政策的关注点从投入资金规模转向资金的配置效率。政府只有建立和完善有效的医疗卫生财政支出预算监督机制和相关的绩效考核机制，才能从根本上提高福建省医疗卫生财政支出配置效率，避免政府医疗卫生资源浪费。

（二）福建省九地市医疗卫生财政支出效率评价

表 4－25、表 4－26 和表 4－27 是福建省九地市 2006～2015 年医疗卫生财政支出的综合技术效率值、纯技术效率值和规模效率值以及相应的平均值。表 4－14 是根据表 4－25、表 4－26 和表 4－27 整理得到的福建省九地市医疗卫生财政支出效率的前沿面情况。从表 4－28 可知，医疗卫生财政支出效率位于最佳效率前沿的地级市数量总体呈上升趋势。其中，综合技术效率从 2007 年的 1 个地级市（龙岩）增加到 2014 年的 5 个地级市（泉州、福州、三明、龙岩、南平）；纯技术效率达到 DEA 有效的地级市较多，从最少的 4 个（厦门、福州、三明、龙岩）上升到最多 7 个（厦门、漳州、泉州、福州、三明、龙岩、南平），

规模效率从 2007 年的 1 个地级市（龙岩）增加到 2014 年的 5 个地级市（泉州、福州、三明、龙岩、南平）。从表 4 - 29 中可以看出，龙岩在这 10 年间几乎都处于前沿面上，医疗卫生财政支出效率达到了 DEA 有效水平；泉州、福州、三明、南平经过支出规模调整和管理水平的提升后也都达到了 DEA 有效水平。

表 4 - 25 　　　　　　2006～2015 年福建省九地市医疗卫生
财政支出综合技术效率相对值

地市	2006 年	2007 年	2008 年	2009 年	2010 年	2011 年	2012 年	2013 年	2014 年	2015 年	平均
厦门	0.296	0.235	0.441	0.459	0.534	0.643	0.754	0.764	0.781	0.761	0.567
漳州	0.669	0.450	0.494	0.555	0.628	0.901	0.972	0.956	0.993	0.967	0.759
泉州	0.502	0.550	0.762	0.837	0.852	1.000	1.000	1.000	1.000	1.000	0.850
福州	0.649	0.530	0.645	0.759	0.777	0.822	1.000	1.000	1.000	1.000	0.818
三明	0.902	0.634	0.742	0.790	0.798	1.000	1.000	1.000	1.000	1.000	0.887
龙岩	1.000	1.000	1.000	1.000	1.000	1.000	1.000	1.000	1.000	0.993	0.999
南平	1.000	0.649	0.764	0.627	0.690	0.843	0.999	1.000	1.000	1.000	0.857
莆田	0.681	0.412	0.513	0.546	0.690	0.800	0.900	0.896	0.941	0.873	0.725
宁德	0.696	0.484	0.561	0.638	0.690	0.868	0.863	0.906	0.942	0.920	0.757

表 4 - 26 　　　　　　2006～2015 年福建省九地市医疗卫生
财政支出纯技术效率相对值

地市	2006 年	2007 年	2008 年	2009 年	2010 年	2011 年	2012 年	2013 年	2014 年	2015 年	平均
厦门	1.000	1.000	1.000	1.000	1.000	1.000	1.000	0.767	0.783	1.000	0.955
漳州	0.765	0.516	0.567	0.639	0.695	0.921	1.000	0.989	1.000	0.985	0.808
泉州	0.562	0.689	0.816	0.842	1.000	1.000	1.000	1.000	1.000	1.000	0.891
福州	1.000	1.000	1.000	1.000	1.000	0.888	1.000	1.000	1.000	1.000	0.989
三明	1.000	1.000	1.000	1.000	1.000	1.000	1.000	1.000	1.000	1.000	1.000
龙岩	1.000	1.000	1.000	1.000	1.000	1.000	1.000	1.000	1.000	1.000	1.000
南平	1.000	1.000	1.000	0.717	1.000	0.862	1.000	1.000	1.000	1.000	0.958
莆田	0.798	0.483	0.601	0.642	0.635	0.827	0.912	0.899	0.948	0.886	0.763
宁德	0.813	0.722	0.760	0.834	0.891	0.871	0.916	0.926	0.948	0.935	0.862

表4－27　　2006～2015年福建省九地市医疗卫生财政支出规模效率相对值

地市	2006 年	2007 年	2008 年	2009 年	2010 年	2011 年	2012 年	2013 年	2014 年	2015 年	平均
厦门	0.296	0.235	0.441	0.459	0.534	0.643	0.754	0.996	0.998	0.761	0.612
漳州	0.874	0.873	0.871	0.869	0.904	0.978	0.972	0.966	0.993	0.982	0.928
泉州	0.893	0.798	0.934	0.994	0.852	1.000	1.000	1.000	1.000	1.000	0.947
福州	0.649	0.530	0.645	0.759	0.777	0.926	1.000	1.000	1.000	1.000	0.829
三明	0.902	0.634	0.742	0.790	0.798	1.000	1.000	1.000	1.000	1.000	0.887
龙岩	1.00	1.000	1.000	1.000	1.000	1.000	1.000	1.000	1.000	0.993	0.999
南平	1.00	0.649	0.764	0.874	0.690	0.977	1.000	1.000	1.000	1.000	0.895
莆田	0.853	0.853	0.853	0.851	0.841	0.967	0.987	0.996	0.993	0.985	0.918
宁德	0.856	0.670	0.738	0.765	0.774	0.997	0.943	0.979	0.994	0.985	0.870

表4－28　　　　　2006～2015年福建省医疗卫生财政支出效率前沿面比较

年份	综合技术效率	纯技术效率	规模效率
2006	龙岩、南平	厦门、福州、三明、龙岩、南平	龙岩、南平
2007	龙岩	厦门、福州、三明、龙岩、南平	龙岩
2008	龙岩	厦门、福州、三明、龙岩、南平	龙岩
2009	龙岩	厦门、福州、三明、龙岩、	龙岩
2010	龙岩	厦门、泉州、福州、三明、龙岩、南平	龙岩
2011	泉州、三明、龙岩	厦门、泉州、三明、龙岩	泉州、三明、龙岩
2012	泉州、福州、三明、龙岩	厦门、漳州、泉州、福州、三明、龙岩、南平	泉州、福州、三明、龙岩、南平
2013	泉州、福州、三明、龙岩、南平	泉州、福州、三明、龙岩、南平	泉州、福州、三明、龙岩、南平
2014	泉州、福州、三明、龙岩、南平	漳州、泉州、福州、三明、龙岩、南平	泉州、福州、三明、龙岩、南平
2015	泉州、福州、三明、南平	厦门、泉州、福州、三明、龙岩、南平	泉州、福州、三明、南平

从表4－29中福建省九地市年平均医疗卫生财政支出相对效率排名可以看

出，福建省各地级市之间医疗卫生财政支出相对效率具有显著的地域差异性。具体来说，综合技术效率排在前三位的是龙岩、三明、南平（闽西、闽北地区），排在后三位的是厦门、莆田、宁德（闽东、闽南地区）；纯技术效率排在前三位的是龙岩、三明、福州（闽西、闽东地区），排在后三位的是莆田、漳州、宁德（闽南、闽东地区）；规模效率排在前三位的是龙岩、泉州、漳州（闽西，闽南地区），排在后三位的是厦门、福州、宁德（闽东、闽南地区）。以上结果充分说明，福建省医疗卫生财政支出效率是不平衡的，闽西地区具有较高的相对效率水平，闽北地区的相对效率水平处于中等水平，闽南、闽东地区的相对效率水平较参差不齐。

表 4 – 29　福建省九地市 2006 ~ 2015 年平均医疗卫生财政支出相对效率排名

项目	厦门	漳州	泉州	福州	三明	龙岩	南平	莆田	宁德
综合技术效率	9	6	4	5	2	1	3	8	7
纯技术效率	5	8	6	3	1	1	4	9	7
规模效率	9	3	2	8	6	1	5	4	7

从表 4 – 29 中可知，经济发展水平位居福建省前列的泉州地区的综合技术效率位居全省第四，经济特区厦门的规模技术效率和综合技术效率最低，均位居全省末位。龙岩市的经济发展水平在福建省处于中等水平，然而其综合技术效率、纯技术效率、规模效率都位居全省第一。三明和南平的经济水平位居全省靠后，其综合技术效率排名比较靠前。从上文分析可知，各地区的效率值大小与该地区经济发展水平不一定成正比。经济发展较快的地区的医疗卫生财政支出效率值不一定比经济发展较慢的地区高，这与有些学者研究其他省份的医疗卫生财政支出效率分析结果一致，原因很可能是由于九地市政府每年对医疗卫生事业的关注点及关注程度不同而导致的，政府在发展经济时重视或忽略医疗卫生事业的同步发展。还有一个可能的原因是，经济发达地区的人口基数较大，相应的医疗资源投入量虽大，但其人均的投入和产出相关指标相对较小，因而其医疗卫生效率与其经济发展不成正比。

（三）医疗卫生财政支出效率改进分析

图 4 – 2 以规模效率平均值与纯技术效率平均值为两个参照指标，以效率值 0.9 作为临界点，将福建省九地市的医疗卫生财政支出相对效率划分为四种类型：第一种类型是规模效率值和纯技术效率值都达到 0.9 以上的"双高型"，目

前达到"双高型"的地区只有龙岩,"双高型"条件下医疗卫生财政支出效率改进空间较小。第二种类型是纯技术效率高而规模效率低的"高低型",即纯技术效率值高于 0.9 而规模效率值低于 0.9,此类地区以厦门、福州、三明、南平 4 个地级市为典型代表。近年来,这 4 个地级市的规模效率都增长得很快,2015 年福州、三明、南平的规模效率都达到了最优值,厦门 2015 年的规模效率较低,说明该类地区未来的改进方向是保持或微增政府医疗卫生财政支出规模,同时还应该优化医疗卫生资金和资源的配置。第三种类型是规模效率值处于 0.9 之上但纯技术效率值在 0.9 以下的"低高型",正好与第二种类型相反,其规模效率较高而纯技术效率低,此类地区包括漳州、泉州、莆田三个地区,此类地区的医疗卫生财政投入资金已经接近较优规模了,当务之急是要改善该类地区的医疗卫生财政资金的配置效率,提高政府医疗卫生事业的管理预算及监督水平,减少政府医疗卫生资金和资源的浪费。第四种类型是规模效率与纯技术效率都位于 0.9 之下的"双低型",以宁德为代表。宁德未来医疗卫生事业改革的重点主要是加大政府医疗卫生财政支出,同时加强政府医疗卫生财政资金支出的监管力度,提高医疗卫生资金的配置效率,省级政府可运用一般性转移支付功能并加大其力度,提高此类地区的医疗卫生财政保障水平。

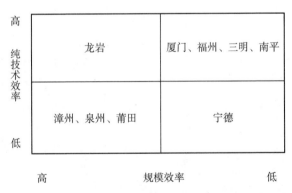

图 4 - 2　福建省九地市医疗卫生财政支出相对效率分布

第五节　研究结论与政策建议

福建省九地市总体医疗卫生财政支出效率在 2006~2015 年获得较大的改善。2006~2010 年福建省医疗支出效率的改善主要得益于纯技术效率的提高。2011~2015 年福建省医疗卫生财政支出效率的改善主要得益于规模效率的提高。福建省各地级市之间医疗卫生财政支出相对效率具有显著的地域差异性，闽西地区具有较高的相对效率水平，闽北地区的相对效率水平居中，闽南、闽东地区的相对效率水平较参差不齐，各地区效率值的大小与该地区经济发展水平不一致。

综上所述，针对福建省九地市医疗卫生财政支出效率现状，为提高福建省医疗卫生财政支出效率，提出建议如下：

第一，福建省各地市级政府应加倍重视医疗卫生财政支出效率问题，政府的财力水平毕竟有最大限度，在政府投入医疗卫生领域的资金规模一定时，政府还应该考虑怎样提高医疗卫生资金的使用效率，争取在医疗卫生领域"花最少的钱，办最好的事"。

第二，由于福建省九地市的医疗卫生发展水平及特色不一致，省政府在制定医疗卫生财政支出预算及绩效评估时，要给予市级政府更多的因地制宜的调整空间。龙岩要继续保持医疗卫生财政支出方面的政策；厦门、福州、三明、南平主要是微增政府医疗卫生财政支出规模；漳州、泉州、莆田则要改善该地区的医疗卫生资金的配置效率及预算评估等制度安排，减少政府医疗卫生资金和资源的浪费；宁德未来医疗卫生事业改革的重点主要是增加政府医疗卫生财政支出，同时加强政府医疗卫生财政资金支出的预算和监管力度，提高医疗卫生资金的配置效率。

课题组组长：王金安

成　　员：王金安　梁新潮　王　平
　　　　　陈开银　蒋振富　张美容
　　　　　谢　军　王丽燕　洪连埔
　　　　　赵　宇　王春瑾　李诗慧
　　　　　郭文叶

第五章

福建省九地市教育支出绩效分析

福建省九地市教育支出绩效分析主要从公共财政教育支出总体情况、小学教育公共财政教育支出、初中教育公共财政教育支出、高中教育公共财政教育支出四个方面进行比较。由于平潭综合实验区 2009 年建立，2010 年的统计数据就从福州市数据中分离了，这导致九地市支出 2009 年之前的数据与 2010 年及之后的数据很难比较。由于未能及时收集到 2016 年的数据，所以，我们的比较分析仅比较 2010～2015 年的九地市数据。在纵向比较中，由于 2010 年数据的缺失，也仅能比较 2011～2015 年的九地市数据。

第一节　福建省九地市公共财政教育支出横向比较分析

一、福建省九地市公共财政教育支出

本部分从 2015 年的横向比较和 2011～2015 年的增速比较两个方面对福建省九地市公共财政教育支出绩效进行比较。

（一）2015 年的横向比较

从表 5－1 中可以看出，2015 年福建全省公共财政教育支出为 747.22 亿元，人均公共财政教育支出为 1946.47 元，公共财政教育支出占 GDP 比重为 2.88%，公共财政教育支出占财政支出比重为 18.67%。九地市的公共财政教育支出平均值为 73.27 亿元，人均公共财政教育支出平均值为 1807.83 元，公共财政教育支出占 GDP 比重平均值为 2.79%，公共财政教育支出占财政支出比重平均值为 19.64%。

表 5 - 1 2015 年福建省九地市公共财政教育支出表

地市	公共财政教育支出总额		人均公共财政教育支出		公共财政教育支出占 GDP 比重		公共财政教育支出占财政支出比重	
	数值（亿元）	排名	总额（元）	排名	数值（%）	排名	数值（%）	排名
福州	126.47	1	1788.87	4	2.33	7	20.00	5
厦门	101.91	3	2640.06	1	2.94	5	15.65	8
莆田	51.25	6	1785.56	5	3.10	4	27.14	1
三明	48.95	8	1934.80	3	2.86	6	20.46	3
泉州	122.73	2	1442.14	8	2.00	9	22.73	2
漳州	60.07	4	1201.37	9	2.17	8	17.79	7
南平	43.69	9	1654.98	7	3.26	2	18.21	6
龙岩	54.01	5	2069.52	2	3.11	3	14.50	9
宁德	50.32	7	1753.14	6	3.38	1	20.29	4
平均值	73.27		1807.83		2.79		19.64	
全省	747.22		1946.47		2.88		18.67	

资料来源：公共财政支出总额和人均公共财政教育支出数据来源于福建省教育厅关于 2015 年全省教育经费执行情况统计公告（http：//www. fjedu. gov. cn/html/zfxxgk/xxgkml/czzj/1. html）；公共财政教育支出占 GDP 比重数据福建省教育厅关于 2015 年全省教育经费执行情况统计公告（http：//www. fjedu. gov. cn/html/zfxxgk/xxgkml/czzj/1. html）表中公共财政支出和福建统计局 2015 年福建省统计年鉴（http：//www. stats - fj. gov. cn/xxgk/ndsj/）表中的各地市 GDP 数据计算得出；公共财政教育支出占财政支出比重根据福建省教育厅关于 2015 年全省教育经费执行情况统计公告（http：//www. fjedu. gov. cn/html/zfxxgk/xxgkml/czzj/1. html）表中公共财政支出和福建统计局 2015 年福建省统计年鉴（http：//www. stats - fj. gov. cn/xxgk/ndsj/）表中各地市 GDP 数据计算得出。

就九地市排名而言，公共财政教育支出的前三名为福州（126.47 亿元）、泉州（122.73 亿元）、厦门（101.91 亿元），比平均值分别多了 53.2 亿元、49.46 亿元、28.64 亿元；公共财政教育支出的后三名为宁德（50.32 亿元）、三明（48.95 亿元）、南平（43.69 亿元），比平均值分别少了 22.95 亿元、24.32 亿元、29.58 亿元。

人均公共财政教育支出的前三名为厦门（2640.06 元）、龙岩（2069.52 元）、三明（1934.8 元），比平均值分别多了 832.23 元、261.69 元、126.97 元；人均公共财政教育支出的后三名为南平（1654.98 元）、泉州（1442.14 元）、漳州（1201.37 元），比平均值分别少了 152.85 元、365.69 元、606.46 元。

公共财政教育支出占 GDP 比重的前三名为宁德（3.38%）、南平（3.26%）、龙岩（3.11%），比平均值分别多了 0.59%、0.47%、0.32%；公共财政教育支出占 GDP 比重的后三名为福州（2.33%）、漳州（2.17%）、泉州（2%），比平均值分别少了 0.46%、0.62%、0.79%。

公共财政教育支出占财政支出比重的前三名为莆田（27.14%）、泉州（22.73%）、三明（20.46%），比平均值分别多了 7.5%、3.09%、0.82%；公共财政教育支出占财政支出比重的后三名为漳州（17.79%）、厦门（15.65%）、龙岩（14.5%），比平均值分别少了 1.85%、3.99%、5.14%。

据此可见，总量较小的城市往往其公共财政教育支出占财政支出比重更大，比如宁德、三明和南平。这说明公共财政教育支出受制于地方经济、地方财力的影响很大。厦门总量很大，人均数值也很高，但是比重偏低，说明厦门财力雄厚，公共教育已经发展到较高水平。

（二）2011~2015 年的增速比较

从表 5-2 中可以看出，2011~2015 年，福建全省公共财政教育支出增长率平均值为 14.63%。就九地市排名而言，公共财政教育支出增长率平均值的前三名为福州（23.63%）、三明（17.90%）、宁德（16.41%），比全省平均值分别高了 9%、3.27%、1.78%；公共财政教育支出增长率平均值的后三名为厦门（13.9%）、泉州（13.01%）、莆田（11.89%），比全省平均值分别低了 0.73%、1.62%、2.74%。

表 5-2　　　　2011~2015 年福建省九地市公共财政教育支出增长率

地市	公共财政教育支出增长率（%）						排名
	2011 年	2012 年	2013 年	2014 年	2015 年	平均值	
福州	26.60	60.10	15.00	11.32	5.13	23.63	1
厦门	23.90	16.73	14.70	10.76	3.42	13.90	7
莆田	6.20	30.93	5.20	10.39	6.75	11.89	9
三明	26.80	34.14	4.90	8.99	14.66	17.90	2
泉州	13.10	18.27	10.80	14.03	8.87	13.01	8
漳州	13.50	17.89	21.20	7.38	13.86	14.77	4
南平	12.80	29.93	8.70	12.21	6.75	13.98	6
龙岩	14.50	20.94	10.80	8.27	18.30	14.56	5
宁德	20.30	20.53	7.40	14.18	19.64	16.41	3
全省	18.10	26.70	6.40	10.86	11.10	14.63	

资料来源：根据福建省教育厅关于 2011~2015 年全省教育经费执行情况统计公告（http://www.fjedu.gov.cn/html/zfxxgk/xxgkml/czzj/1.html）表中公共财政支出数据计算得出。

如前所述，总量较小的城市，如宁德和三明，这次排到了前面，说明 2011～2015 年地方政府意识到不足，加大了对公共教育的投入。福州尽管增长率平均值最高，但 2015 年已经降到倒数第二，仅高于厦门。厦门公共教育已经发展到较高水平，增长速度就比较低了。

从表 5-3 可以看出，2011～2015 年，福建全省人均公共财政教育支出增长率平均值为 14.80%。就九地市排名而言，人均公共财政教育支出增长率平均值的前三名为三明（21.99%）、南平（18.21%）、宁德（17.74%），比全省平均值分别提高了 7.19%、3.41%、2.94%；人均公共财政教育支出增长率平均值的后三名为莆田（12.69%）、漳州（12.27%）、厦门（10.63%），比全省平均值分别降低了 2.11%、2.53%、4.17%。

表 5-3　　　　2011～2015 年福建省九地市人均公共财政教育支出增长率

地市	人均公共财政教育支出增长率（%）						排名
	2011 年	2012 年	2013 年	2014 年	2015 年	平均值	
福州	16.68	25.06	16.87	10.11	8.60	15.46	5
厦门	3.73	11.29	13.45	8.43	16.26	10.63	9
莆田	7.34	30.00	8.20	9.61	8.29	12.69	7
三明	29.90	50.22	1.87	8.99	18.98	21.99	1
泉州	10.08	17.13	9.36	12.96	16.53	13.21	6
漳州	12.66	16.47	6.62	6.73	18.88	12.27	8
南平	17.91	31.02	10.34	12.25	19.54	18.21	2
龙岩	3.57	38.87	13.84	7.85	22.79	17.38	4
宁德	24.64	20.11	6.33	13.78	23.82	17.74	3
全省	16.17	25.05	4.92	9.91	17.95	14.80	

资料来源：根据福建省教育厅关于 2011～2015 年全省教育经费执行情况统计公告（http://www. fjedu. gov. cn/html/zfxxgk/xxgkml/czzj/1. html）表中公共财政支出数据计算得出。

公共财政教育支出总量最小的城市宁德、三明和南平，在人均公共财政教育支出增长率上面排到了前列。这说明，2011～2015 年，这三个城市投入公共教育力度很大，公共教育发展很快。厦门公共教育已经发展到较高水平，增长速度就比较低了。这里还要注意漳州，它的人均公共财政教育支出倒数第一，增长率倒数第二，未来公共教育发展不容乐观。

二、福建省九地市小学教育支出的比较分析

我们从 2015 年的横向比较和 2011～2015 年的增速比较两个角度对福建省九地市小学教育支出进行比较。

（一）2015 年的横向比较

从表 5-4 中可以看出，2015 年，福建全省小学公共财政教育支出为 296.25 亿元，生均公共财政教育支出为 10275.37 元。九地市的小学公共财政教育支出平均值为 32.18 亿元，生均公共财政教育支出平均值为 10534.95 元。

表 5-4　　　　　　　　　　2015 年福建省九地市小学教育支出表

地市	公共财政教育支出总额		生均公共财政教育支出数额	
	数值（亿元）	排名	数值（元）	排名
福州	60.39	1	11547.98	2
厦门	41.78	3	14976.94	1
莆田	23.54	5	9725.69	7
三明	18.47	9	10468.97	5
泉州	53.28	2	7741.86	9
漳州	27.82	4	7981.32	8
南平	20.23	8	10100.22	6
龙岩	20.61	7	11502.41	3
宁德	23.52	6	10769.19	4
平均值	32.18		10534.95	
全省	296.25		10275.37	

资料来源：福建省教育厅关于 2015 年全省教育经费执行情况统计公告（http://www.fjedu.gov.cn/html/zfxxgk/xxgkml/czzj/1.html）。

就九地市排名而言，小学公共财政教育支出的前三名为福州（60.39 亿元）、泉州（53.28 亿元）、厦门（41.78 亿元），比平均值分别多了 28.21 亿元、21.1 亿元、9.6 亿元；小学公共财政教育支出的后三名为龙岩（20.61 亿元）、南平（20.23 亿元）、三明（18.47 亿元），比平均值分别少了 11.57 亿元、11.95 亿元、13.71 亿元。

小学生均公共财政教育支出的前三名为厦门（14976.94元）、福州（11547.98元）、龙岩（11502.41元），比平均值分别多了4441.99元、1013.03元、967.46元；小学生均公共财政教育支出的后三名为莆田（9725.69元）、漳州（7981.32元）、泉州（7741.86元），比平均值分别少了809.26元、2553.63元、2793.09元。

厦门和福州再次排到了前列，说明两地对小学教育投入力度很大。龙岩总量排名很低，生均值排名却很高，这与当地小学学生数较少有关。泉州的情况与龙岩正好相反，总量排名很高，生均值排名却很低，这说明当地小学学生数较多。

（二）2011～2015年的增速比较

从表5-5中可以看出，2011～2015年福建全省小学生均公共财政教育支出增长率平均值为14.80%。就九地市排名而言，小学生均公共财政教育支出增长率平均值的前三名为南平（21.50%）、漳州（19.58%）、宁德（19.34%），比全省平均值分别提高了6.01%、4.09%、3.85%；小学生均公共财政教育支出增长率平均值的后三名为厦门（14.18%）、莆田（12.26%）、泉州（9.47%），比全省平均值分别降低了1.31%、3.23%、6.02%。

表5-5　　2011～2015年福建省九地市小学生均公共财政教育支出增长率

地市	生均公共财政教育支出增长率（%）						排名
	2011年	2012年	2013年	2014年	2015年	平均值	
福州	25.58	20.44	27.19	15.91	-5.81	16.66	4
厦门	6.83	3.41	38.93	4.36	17.39	14.18	7
莆田	12.87	29.41	1.70	13.03	4.29	12.26	8
三明	7.19	13.91	31.42	9.41	16.50	15.69	5
泉州	4.69	18.68	15.43	5.03	3.51	9.47	9
漳州	16.89	18.42	44.04	-0.52	19.09	19.58	2
南平	19.93	50.24	15.16	15.69	6.50	21.50	1
龙岩	20.04	9.32	21.54	8.92	17.96	15.56	6
宁德	44.64	20.41	10.93	8.82	11.93	19.34	3
全省	17.39	19.79	22.11	9.36	8.77	15.49	

资料来源：根据福建省教育厅关于2011～2015年全省教育经费执行情况统计公告（http://www.fjedu. gov. cn/html/zfxxgk/xxgkml/czzj/1. html）表中生均公共财政支出的小学数据计算得出。

小学生均公共财政教育支出较低的漳州，增长率却很高。前面的比较提到：漳州的人均公共财政教育支出倒数第一，增长率倒数第二，这可能是因为漳州的小学生源相对于人口数量有所下降。厦门小学教育已经发展到较高水平，增长速度就比较低了。这里还要特别注意莆田，它的小学生均公共财政教育支出排名倒数第三，增长率排名倒数第二，未来小学教育发展可能受到很大限制。

三、福建省九地市初中教育支出的比较分析

对福建省九地市初中教育支出的比较，我们的分析角度有两个：2015 年的横向比较和 2011～2015 年的增速比较。

（一）2015 年的横向比较

从表 5－6 中可以看出，2015 年福建全省初中公共财政教育支出为 176.65 亿元，生均公共财政教育支出为 15584.98 元。九地市的初中公共财政教育支出平均值为 18.94 亿元，生均公共财政教育支出平均值为 15349.42 元。

表 5－6　　　　　　　　　2015 年福建省九地市初中教育支出

地市	公共财政教育支出总额		生均公共财政教育支出数额	
	数值（亿元）	排名	数值（元）	排名
福州	36.42	1	18221.25	2
厦门	18.60	4	19532.08	1
莆田	14.70	5	14667.80	5
三明	10.49	9	13946.23	6
泉州	33.33	2	13381.29	7
漳州	19.53	3	12634.04	9
南平	11.14	8	13086.62	8
龙岩	13.77	6	17648.19	3
宁德	12.48	7	15027.26	4
平均值	18.94		15349.42	
全省	176.65		15584.98	

资料来源：福建省教育厅关于 2015 年全省教育经费执行情况统计公告（http://www.fjedu.gov.cn/html/zfxxgk/xxgkml/czzj/1.html）。

就九地市的排名而言，初中公共财政教育支出的前三名为福州（36.42 亿元）、泉州（33.33 亿元）、漳州（19.53 亿元），比平均值分别多了 17.48 亿元、14.39 亿元、0.59 亿元；初中公共财政教育支出的后三名为宁德（12.48 亿元）、南平（11.14 亿元）、三明（10.49 亿元），比平均值分别少了 6.46 亿元、7.8 亿元、8.45 亿元。

初中生均公共财政教育支出的前三名为厦门（19532.08 元）、福州（18221.25 元）、龙岩（17648.19 元），比平均值分别多了 4182.66、2871.83 元、2298.77 元；初中生均公共财政教育支出的后三名为泉州（13381.29 元）、南平（13086.62 元）、漳州（12634.04 元），比平均值分别少了 1968.13 元、2262.8 元、2715.38 元。

福州又排到了前列，这说明福州对初中教育投入力度很大。泉州初中公共财政教育支出总量排名很高，生均值排名却很低，这说明当地初中学生数很多。南平的总量排名和生均值排名都很低，说明当地财政对于初中教育的支持力度比较低。

（二）2011～2015 年的增速比较

从表 5-7 可以看出，2011～2015 年，福建全省初中生均公共财政教育支出增长率平均值为 20.43%。就九地市排名而言，初中生均公共财政教育支出增长率平均值的前三名为宁德（29.97%）、南平（25.87%）、龙岩（23.05%），比全省平均值分别提高了 9.54%、5.44%、2.62%。初中生均公共财政教育支出增长率平均值的后三名为泉州（17.95%）、莆田（16.97%）、厦门（12.36%），比全省平均值分别降低了 2.48%、3.46%、8.07%。

表5-7　　　　2011～2015 年福建省九地市初中生均公共财政教育支出增长率

地市	生均公共财政教育支出增长率（%）						排名
	2011 年	2012 年	2013 年	2014 年	2015 年	平均值	
福州	31.06	33.69	24.91	9.80	5.73	21.04	5
厦门	7.02	5.00	38.88	5.18	5.75	12.36	9
莆田	-14.41	47.58	15.81	28.81	7.08	16.97	8
三明	15.15	16.38	38.26	16.60	24.61	22.20	4
泉州	29.23	21.90	15.95	10.90	11.79	17.95	7
漳州	13.56	24.69	30.27	5.74	22.86	19.42	6
南平	19.81	50.35	25.39	8.78	25.04	25.87	2

地市	生均公共财政教育支出增长率（%）						排名
	2011 年	2012 年	2013 年	2014 年	2015 年	平均值	
龙岩	29.00	26.92	21.56	17.66	20.08	23.05	3
宁德	57.93	36.08	17.34	18.13	20.36	29.97	1
全省	22.84	28.95	23.16	11.85	15.34	20.43	

资料来源：根据福建省教育厅关于 2011～2015 年全省教育经费执行情况统计公告（http://www.fjedu.gov.cn/html/zfxxgk/xxgkml/czzj/1.html）表中生均公共财政支出的初中数据数据计算得出。

南平的增长率尽管排名第一，但是，由于经济底子较薄，如前面所述，在初中公共财政教育支出总量和生均值方面仍然很落后，还需要继续保持高增长率。龙岩的增长率排名不错，在初中生均公共财政教育支出排名上也很好，体现了当地对于初中教育的重视。泉州与龙岩正好相反，泉州的两个排名都很差，说明当地对于初中教育的支持力度还需要加强。厦门初中教育已经发展到较高水平，增长速度就比较低了。

四、福建省九地市高中教育支出的比较分析

对福建省九地市高中教育支出的比较，我们从 2015 年的横向比较和 2011～2015 年的增速比较两个角度进行。

（一）2015 年的横向比较

从表 5-8 中可以看出，2015 年福建全省高中公共财政教育支出为 83.91 亿元，生均公共财政教育支出为 13398.54 元。九地市的高中公共财政教育支出平均值为 9.05 亿元，生均公共财政教育支出平均值为 13388.14 元。

表 5-8   2015 年福建省九地市高中教育支出

地市	公共财政教育支出总额		生均公共财政教育支出数额	
	数值（亿元）	排名	数值（元）	排名
福州	15.58	2	15552.59	2
厦门	9.65	3	21410.84	1
莆田	7.50	5	11726.28	6
三明	5.37	8	11292.13	7

续表

地市	公共财政教育支出总额		生均公共财政教育支出数额	
	数值（亿元）	排名	数值（元）	排名
泉州	16.16	1	12756.46	4
漳州	8.99	4	10113.70	8
南平	5.04	9	9931.92	9
龙岩	7.11	6	15241.60	3
宁德	6.07	7	12467.76	5
平均值	9.05		13388.14	
全省	83.91		13398.54	

资料来源：根据福建省教育厅关于 2015 年全省教育经费执行情况统计公告（http://www. fjedu. gov. cn/html/zfxxgk/xxgkml/czzj/1. html）表中的高中数据统计得出。

就九地市的排名而言，高中公共财政教育支出的前三名为泉州（16.16 亿元）、福州（15.58 亿元）、厦门（9.65 亿元），比平均值分别多了 7.11 亿元、6.53 亿元、0.6 亿元；高中公共财政教育支出的后三名为宁德（6.07 亿元）、三明（5.37 亿元）、南平（5.04 亿元），比平均值分别少了 2.98 亿元、3.68 亿元、4.01 亿元。

高中生均公共财政教育支出的前三名为厦门（21410.84 元）、福州（15552.59 元）、龙岩（15241.6 元），比平均值分别多了 8022.7 元、2164.45 元、1853.46 元；高中生均公共财政教育支出的后三名为三明（11292.13 元）、漳州（10113.7 元）、南平（9931.92 元），比平均值分别少了 2096.01 元、3274.44 元、3456.22 元。

福州、厦门两市投入高中教育资金量大，体现了两地对于高中教育的重视。三明和南平在高中公共财政教育支出总量和生均值上都很落后，两地对于高中教育还需要加大投入。

（二）2011～2015 年的增速比较

从表 5 - 9 中可以看出，2011～2015 年福建全省高中生均公共财政教育支出增长率平均值为 19.55%。就九地市排名而言，高中生均公共财政教育支出增长率平均值的前三名为宁德（29.28%）、南平（27.08%）、龙岩（24.13%），比全省平均值分别高了 9.73%、7.53%、4.58%；高中生均公共财政教育支出增长率平均值的后三名为泉州（18.43%）、莆田（15.04%）、厦门（14.17%），比全省平均值分别低了 1.12%、4.51%、5.38%。

表5－9　　　2011～2015年福建省九地市高中生均公共财政教育支出增长率

地市	生均公共财政教育支出增长率（%）						排名
	2011年	2012年	2013年	2014年	2015年	平均值	
福州	31.93	26.59	16.74	10.33	9.57	19.03	5
厦门	8.94	5.21	52.04	−14.68	19.34	14.17	9
莆田	16.82	25.83	6.55	11.41	14.61	15.04	8
三明	1.62	26.85	40.25	15.41	41.54	25.14	4
泉州	14.40	16.68	32.99	10.32	17.77	18.43	7
漳州	17.23	17.49	37.26	0.18	23.60	19.15	6
南平	13.15	82.80	−13.57	15.30	37.72	27.08	2
龙岩	34.36	13.70	25.34	24.29	22.96	24.13	3
宁德	44.04	35.16	5.12	35.73	26.36	29.28	1
全省	20.26	23.14	24.31	8.96	21.06	19.55	

资料来源：根据福建省教育厅关于2011～2015年全省教育经费执行情况统计公告（http：//www.fjedu. gov. cn/html/zfxxgk/xxgkml/czzj/1. html）表中生均公共财政支出的高中数据数据计算得出。

厦门高中教育已经发展到较高水平，增长速度就比较低了。南平的高中生均公共财政教育支出较低，增长率较高，说明当地意识到了高中教育投入的落后，正在加速发展。

第二节　教育支出绩效评价指标体系与单项指标绩效评价

一、公共财政教育支出绩效评价指标体系

（一）指标设计原则与依据

公共财政教育支出绩效评价指标体系的构建应遵循如下原则：

1. 相关性。所选指标必须与公共财政教育支出密切相关，不涉及与公共财政教育支出无关的指标。

2. 完整性。所选指标应尽可能反映公共财政教育支出的主要方面，避免重大遗漏。

3. 重要性。在相关性和完整性基础上，对能够突出体现公共财政教育支出的指标需要进行详细测度和反映，对于那些有必要但不太重要的指标进行相对简略的测度。

4. 独立性。选出的指标应尽可能独立，不同的指标要评价公共财政教育支出绩效的不同方面，避免重复评价。

5. 精确性。所选指标在评价公共财政教育支出的度量上要具有精确性，客观指标的定义要准确，资料来源可靠。主观性指标的取得要符合综合评价技术的要求。

6. 可比性。作为一个绩效评价指标体系，在设计时应该能注意到各地区、各部门的一致性和不同时期的相对稳定，指标在横向和纵向上具有一定的可比性。

7. 可操作性。评价指标要科学适用，准确反映评价目的，实现定量评价与定性评价相结合，总量评价与比率评价相结合。

8. 可变性原则。评价指标应随着经济发展变化和财政运行特点的不断变化而不断调整，公共财政教育支出绩效评价指标应该能反映这种变化。

9. 可控制性原则。公共财政教育支出绩效评价指标必须为财政运行的内生变量，政府有目的、有影响的调整行为，可以影响到相应指标发生变化，从而为政府评价公共财政教育支出绩效提供可资借鉴的信息。

10. 经济性原则。指标的选取要考虑现实条件及可操作性，数据的获得应符合成本效益原则。

此外，构建公共财政教育支出绩效评价指标体系应依据"创新、协调、绿色、开放、共享"五大理念，从而构建合理的指标体系。

（二）指标设计目标与内容

公共教育支出绩效就是在绩效概念中增加评价的对象——公共教育支出。公共教育支出，就是指所有以公共教育资源为成本所开展的各项活动。简单地说，就是公共部门利用公共收入开展的公共教育活动。公共教育支出绩效评价就是对公共教育支出的绩效进行评价，指运用科学、规范的绩效评价方法，对照统一的评价标准，按照绩效的内在原则，对公共教育支出行为过程及其效果，包括经济绩效、社会绩效和政治绩效进行科学、客观、公正的衡量比较和综合评判。

本部分主要参考了财政部颁布的《财政支出绩效评价管理暂行办法》中的"绩效评价指标框架"以及由丛树海主编的《公共支出评价》一书中有关公共支出绩效评价指标体系的评价思路和设计方法。这种绩效评价方法的特点即是通过构建中间评价和最终评价过程实现的。其中，中间评价由公共投入、公共资金使用过程、公共投入创造的产出和公共投入所创造产出得到社会认可的程度四个方面指标的评价构成最终评价由经济类、产出类和有效类三类指标的评价构成。同时，本部分以《福建省财政支出绩效目标编制指南》为指导，吸取其中适合公共财政教育支出绩效评价的指标加以改造，并以公共财政教育支出的过程特性和绩效内涵为构建依据，从投入、过程、产出、效益四个方面来构建公共财政教育支出绩效评价的指标体系。

（三）指标设计体系构建目的

对公共财政教育支出绩效进行综合评价，构建综合绩效评价指标体系，是为了进一步分析福建省教育的不均等现状，从而不断完善福建省教育水平和教育均等化。

（四）指标设计体系构建

1. 基本思路。本部分以财政部颁布的《财政支出绩效评价管理暂行办法》中的"绩效评价指标框架"为参考、以《福建省财政支出绩效目标编制指南》为指导，以公共财政教育支出的过程特性和绩效内涵，吸取其中适合公共财政教育支出绩效评价的指标加以改造，从投入、过程、产出、效益四个方面来构建福建省九地市小学、初中、高中各级教育的公共财政教育支出绩效评价的指标体系。

2. 体系设计。构建的公共财政教育支出绩效评价指标体系含四级指标，其中，一级指标包含投入、过程、产出、效益四个方面，见表 5 – 10。

表 5 – 10　　　　　　　公共财政教育支出绩效评价指标体系

一级指标	二级指标	三级指标	指标含义
投入 指标	投入总量	公共财政教育支出总额	主要反映公共财政教育活动中政府投入的各种情况，一般包括物力、财力和人力的投入
		人均公共财政教育支出总额	
		生均公共财政教育支出总额	
	投入比重	公共财政教育支出占 GDP 比重	
		公共财政教育支出占 GNP 比重	
		公共财政教育支出占财政支出比重	
	投入增速	公共财政教育支出增长率	
		人均公共财政教育支出增长率	
		生均公共财政教育支出增长率	

续表

一级指标	二级指标	三级指标	指标含义
过程指标	经费使用结构	教育事业费支出占公共财政教育支出比重	反映了教育资源在教育系统内部各部分的配置情况，可以评价教育资源是否被合理的运用，是否被用到了跟产出和绩效直接相关的领域，以及教育资源配置效率的高低
		公用经费支出占教育事业费支出比重	
		人员经费支出占教育事业费支出比重	
	层级配置结构	各级公共财政教育支出占公共财政教育支出比重	
		各级生均公共财政教育支出占人均GDP比重	
		各级生均教育事业费支出占人均GDP比重	
	资金管理效率	公共财政教育资金实际到位率	
		公共财政教育资金专款专用率	
产出指标	师资力量	生师比	反映公共财政教育活动最直接、最直观的指标类别，直接反映了公共财政教育活动所取得的成果，这种成果可以从师资力量、学生培养、办学条件三个方面来描述
		专任教师中具有博士、硕士学位的比例	
		教师人均科研成果获奖数（国家级、省级和市级）	
		教师千人均科研活动经费筹集额	
		教师千人均技术转让实际收入	
		教师千人均有效发明专利数	
		教师千人均发表论文、专著数	
		教师千人均R&D课题数	
	学生培养	每万人口中学生在校数	
		万元公共财政教育支出培养的学生数	
		各级教育入学率	
		各级教育升学率	
		各级教育毕业率	
		选用省级及国家级精品课程数	
		每万名学生获省级以上奖励人/次数	
	办学条件	每万人口学校数	
		生均校舍面积（平方米）	
		图书藏书量	
		生均进书量	

续表

一级指标	二级指标	三级指标	指标含义
效益指标	经济效益	公共财政教育支出乘数	反映公共财政教育支出最终产生的长期效益究竟如何,主要通过经济效益和社会效益两个方面来分析
		公共财政教育支出就业变动系数	
		公共财政教育支出与国民经济增长及其竞争力提高的相关系数	
		公共财政教育支出对财政收入的弹性系数	
		公共财政教育支出对财政支出的弹性系数	
		公共财政教育支出对 GDP 的弹性系数	
		公共财政教育支出对 GNP 的弹性系数	
		公共财政教育支出与财政经常性收入增长幅度比较	
	社会效益	社会公众文化素质水平	
		犯罪率	
		常住人口自然增长率	
		社会公众满意率	
		科研成果发表刊物数量	
		城镇登记失业率	

3. 指标说明。

(1)投入类指标。所谓投入类绩效指标,主要反映公共财政教育活动中政府投入的各种情况,一般包括物力、财力和人力的投入。而反映投入水平的指标类型基本有投入总量、投入比重和投入增量三类。其中投入总量反映了公共财政教育支出在总和与人均上是否满足了经济社会和教育发展的需要,体现为政府对教育支出的努力程度;投入比重指标反映了公共财政教育支出占 GDP、GNP 和公共财政支出的比重,以实现教育与经济的良性发展;投入增量指标集中反映了公共财政教育支出总量以及生均教育支出增长速度是否达到或满足了教育需求扩张的需要和预设的政策目标。

(2)过程类指标。过程类指标反映了教育资源在教育系统内部各部分的配置情况,可以评价教育资源是否被合理运用,是否被用于跟产出和绩效直接相关的领域,以及教育资源配置效率的高低。公共财政教育支出中配置指标是一个庞大的指标群体,如教育经费的使用用途结构、各级教育层级间的经费配置结构,以及各级学校间的规模大小配置等。其中,教育经费使用用途结构是在教育机构内部的经费使用配置问题，而各级教育层级间的经费配置结构，以及各级学校间的规模大小配置则是在政府层面对教育资源的配置问题。对这些配置结构指标的描述和考评，可以有效地评价公共财政教育支出过程中的使用和配置情况。

（3）产出类指标。产出类指标是反映公共财政教育活动最直接、最直观的指标类别，直接反映了公共财政教育活动所取得的成果，这种成果可以从师资力量、学生培养、办学条件三个方面来描述。

教育的产出指标表示的是投入所得的结果，它反映一项工作完成预期目标的程度。高等教育主要是培养学生和进行科研，主要通过毕业生相关指标与反映科研产出的相关指标来反映。学生的产出情况可以通过毕业生数量、学生升学率、就业率，还有学生科研成果和获奖情况、深造率等来表现。为了反映学校课程建设选用省级和国家级精品课和特色专业，这些指标虽不能体现学生发展的直接指标，但是课程和专业作为培养人才的载体，可以间接反映出学校的教学条件和质量。对于科研成果，最直接的反映就是学术期刊发表论文数、出版专著数、省部级科学研究与发展成果获奖、R&D 课题数、有效发明专利、专利所有权转让收入等。因为有些数据较难得到，但同时要保证数据可以反映指标情况，最终选取了教师科研获奖数、科研活动收入、有效发明专利数、出版专著数、发表论文数和 R&D 课题数指标来反映师资力量的强弱。

（4）效益类指标。除了反映教育直接产出结果的产出类指标外，我们还需了解公共财政教育支出最终产生的长期效益究竟如何，主要通过经济效益和社会效益两个方面来分析。由于效益类指标难以量化，过去指标评价往往采用问卷调查或者专家评议的方式来评判这类指标的绩效表现，但在本部分笔者希望借助计量经济学的方法，选取最典型的四个指标，对其进行准确的分析，以期得出更加准确的结论。

二、福建省九地市教育支出单项指标数据分析

（一）投入类单项指标数据分析

投入类绩效指标，主要反映的是公共财政教育活动中政府投入的各种情况，反映投入水平的指标类型基本有投入总量、投入比重和投入增量三类。

针对福建省九地市公共财政教育支出中各级教育投入类单项指标分析，本书主要选取了公共财政教育支出总额和生均公共财政教育支出总额来分析投入总量，其中，公共财政教育支出总额是指在某一年度用于教育的所有公共支出总

额，是反映公共教育资金总体投入金额的指标。生均公共财政教育支出首先反映了公共财政教育支出在生均上是否满足了经济社会和教育发展的需要，体现为政府对教育支出的努力程度；其次考虑到不同地市经济发展程度不一样，选取了公共财政教育支出占 GDP 比重来分析投入比重，这一指标反映了公共财政教育支出占 GDP 的比重，该指标反映的社会资源用于教育的程度以实现教育与经济的良性发展。最后选取了生均公共财政教育支出增长率和公共财政教育支出占 GDP 比重来分析投入增速，生均公共财政教育支出增长率集中反映了生均公共财政教育支出的增长速度是否达到或满足了教育需求扩张的需要和预设的政策目标，具体分析如下。

1. 小学教育投入类指标分析。从表 5 – 11 中的数据可以分析得出，2010 ~ 2015 年九地市小学公共财政教育支出平均值为 22.39 亿元，生均公共财政教育支出平均值为 7728.21 元，生均公共财政教育支出增长率平均值为 15.49%，公共财政教育支出占 GDP 比重平均值为 0.97%。

表 5 – 11　　　　　　　　　小学教育投入类指标分析

地区	公共财政教育支出总额		生均公共财政教育支出数额		生均公共财政教育支出增长率		公共财政教育支出占 GDP 比重	
	数值（万元）	排名	数值（元）	排名	数值（%）	排名	数值（%）	排名
福建省	223865		7728.21		15.49		0.97	
福州	435895	1	9183.86	2	16.66	4	0.96	4
厦门	261269	3	10872.64	1	14.18	7	0.89	6
莆田	175773	5	7872.94	5	12.26	8	1.39	1
三明	122414	9	7420.74	7	15.69	5	0.86	8
泉州	397504	2	6445.68	8	9.47	9	0.79	9
漳州	188522	4	5570.98	9	19.58	2	0.87	7
南平	136935	8	7264.75	6	21.5	1	0.99	3
龙岩	141003	7	8320.46	3	15.56	6	0.98	5
宁德	155465	6	8066.86	4	19.34	3	1.33	2

注：表中数据采用福建省 2010 ~ 2015 年教育经费执行情况的通报及 2010 ~ 2015 年教育年鉴数据平均值。

资料来源：公共财政教育支出总额和生均公共财政教育支出数额根据福建省教育厅关于 2010 ~ 2015 年全省教育经费执行情况统计公告表中公共财政教育支出总额和生均公共财政教育支出数额中小学数据计算得出；生均公共财政教育支出增长率根据福建省教育厅关于 2010 ~ 2015 年全省教育经费执行情况统计公告中生均公共财政教育支出数据中的小学数据计算得出；公共财政教育支出占 GDP 比重数据根据福建省教育厅关于 2010 ~ 2015 年全省教育经费执行情况统计公告表中公共财政教育支出总额中小学数据和福建省统计局 2010 ~ 2015 福建省统计年鉴表中的各地市 GDP 数据计算得出。

从小学投入类指标九地市排名情况可以看出：第一，小学公共财政教育支出总额平均值的前三名为福州（43.59 亿元）、泉州（39.75 亿元）、厦门（26.13 亿元），比平均值分别多了 21.2 亿元、17.36 亿元、3.74 亿元；小学公共财政教育支出的后三名为龙岩（14.10 亿元）、南平（13.69 亿元）、三明（12.24 亿元），比平均值分别少了 8.29 亿元、8.7 亿元、10.15 亿元。同时，九地市 2010 ~ 2015 年六年 GDP 平均值前三名为泉州、福州、厦门，后三名为三明、南平、莆田。由此可以看出，公共财政教育支出总额效益主要受九地市经济发展水平的影响。第二，小学生均公共财政教育支出的前三名为厦门（10872.64 元）、福州（9183.86 元）、龙岩（8320.46 元），比平均值分别多了 3144.43 元、1540.79 元、592.25 元；小学生均公共财政教育支出的后三名为三明（7420.74 元）、泉州（6445.68 元）、漳州（5570.98 元），比平均值分别少了 307.47 元、1282.53 元、2157.23 元。相比之下，作为"闽南金三角"重要组成部分的泉州和漳州，虽然长期以来国民生产总值分别位于全省第一和第四，公共财政教育支出总额分别位于全省前列，但是小学生均公共财政教育支出却垫底。这说明泉州和漳州作为福建省人口较为集中的沿海城市，生源基数大，对教育资源的需求尚未饱和，其公共财政教育支出的分配仍有相当大的提升空间，着力提升生均公共财政教育支出水平尤为重要。第三，小学生均公共财政教育支出增长率的前三名为南平（21.50%）、漳州（19.58%）、宁德（19.34%），比平均值分别多了 6.01%、4.09%、3.85%；小学生均公共财政教育支出的后三名为厦门（14.18%）、莆田（12.26%）、泉州（9.47%），比平均值分别少了 1.31%、3.23%、6.02%。瓦格纳的经费增长法则提出，政府活动的扩张必定会导致财政支出的不断增长。这一法则正好印证了福建省九地市生均公共财政教育支出都出现了不同程度的增长。厦门地区由于小学公共财政教育支出总额和生均数两项指标做得已经很好，因此该指标不需要太多增加，所以生均公共财政教育支出增长率较低；宁德、南平、三明三地由于意识到前面两个投入类指标效益较差，开始奋力追赶；漳州由于小学教育生均公共财政教育支出数额较低，其在生均公共财政教育支出增长率上也加大了投入力度；泉州小学教育生均公共财政教育支出数额倒数第二，而其在生均公共财政教育支出增长率上仍然垫底，需要引起足够重视。第四，小学公共财政教育支出占 GDP 比重的前三名为莆田（1.39%）、宁德（1.33%）、南平（0.99%），比平均值分别多了 0.41%、0.36%、0.02%；小学生均公共财政教育支出的后三名为漳州（0.87%）、三明（0.86%）、泉州（0.79%），比平均值分别少了 0.10%、0.11%、0.18%。同时，九地市 2010 ~ 2015 年 6 年 GDP 平均值前三名为泉州（4942 亿元）、福州（4416 亿元）、厦门（2859

亿元），后三名分别为南平（1353 亿元）、莆田（1263 亿元）、宁德（1142 亿元）。主要是受莆田 GDP 在福建省排名最后的影响。由此可以见，九地市中只有莆田、宁德和南平三地小学公共财政教育支出占 GDP 比重接近或超过 1%，主要是受到该三地 GDP 垫底的影响；福州和厦门两地 GDP 排名前三，但小学公共财政教育支出占 GDP 比重却居中，说明福州和厦门两地小学公共财政教育支出做得较好。

综合来看，福建省九地市近年来小学教育公共财政教育支出在投入方面始终保持稳步增长的态势，但同时也出现了九地市之间的不均等性。九地市 2010 ～ 2015 年 GDP 平均值前三名为泉州、福州、厦门，后三名分别为三明、南平、莆田。从小学公共财政教育支出总额与生均公共财政教育支出两个指标来看，福州和厦门小学公共财政教育支出总额与其 GDP 总量相吻合；泉州小学公共财政教育支出总额较大，而生均公共财政教育支出却倒数，主要受其长期以来小学生数量全省第一的影响；龙岩与泉州相反，总量排名很低，生均值排名却很高，这与当地小学学生数较少有关。九地市 2010 ～ 2015 年人均 GDP 增长率前三名为宁德、莆田、漳州，后三名为福州、泉州、厦门。从小学生均公共财政教育支出增长率指标来看，小学生均公共财政教育支出增长率与其人均 GDP 增长率相吻合，漳州、宁德两地市生均公共财政教育支出增长率与其人均 GDP 增长率同时进入前三；福州、泉州、厦门三地市生均公共财政教育支出增长率与其人均 GDP 增长率同时排名最靠后；莆田人均 GDP 增长率排名第二，而生均公共财政教育支出增长率却倒数第二，说明近年来其对小学教育投入重视度减弱。从公共财政教育支出占 GDP 比重指标来看，小学公共财政教育支出占 GDP 比重莆田排名第一，这与其 GDP 排名和 GDP 增长率排名全省垫底有较大关联；三明 GDP 排名倒数第三，公共财政教育支出排名垫底，而公共财政教育支出占 GDP 比重排名倒数第二，说明三明小学教育投入有待前进一步加强。

2. 初中教育投入类指标分析。从表 5 - 12 中的数据可以分析得出，2010 ～ 2015 年九地市初中公共财政教育支出平均值为 13.32 亿元，生均公共财政教育支出平均值为 10634.30 元，生均公共财政教育支出增长率平均值为 20.98%，公共财政教育支出占 GDP 比重平均值为 0.59%。

表 5 - 12   初中教育投入类指标分析

地区	公共财政教育支出总额		生均公共财政教育支出数额		生均公共财政教育支出增长率		公共财政教育支出占 GDP 比重	
	数值（万元）	排名	数值（元）	排名	数值（%）	排名	数值（%）	排名
福建省	133160		10634.3		20.98		0.59	
福州	265069	1	13381.01	2	21.04	5	0.59	5
厦门	133028	4	15251.06	1	12.36	9	0.46	8
莆田	111176	5	10279.2	4	16.97	8	0.89	1
三明	69805	9	8804.03	7	22.2	4	0.49	7
泉州	230113	2	9833.61	5	17.95	7	0.46	9
漳州	140690	3	8561.24	8	19.42	6	0.66	3
南平	74636	8	8368.38	9	25.87	2	0.55	6
龙岩	93088	6	11580.1	3	23.05	3	0.65	4
宁德	80828	7	9650.05	6	29.97	1	0.69	2

资料来源：公共财政教育支出总额和生均公共财政教育支出数额根据福建省教育厅关于 2010～2015 年全省教育经费执行情况统计公告表中公共财政教育支出总额和生均公共财政教育支出数额中初中数据计算得出；生均公共财政教育支出增长率根据福建省教育厅关于 2010～2015 年全省教育经费执行情况统计公告中生均公共财政教育支出数据中的初中数据计算得出；公共财政教育支出占 GDP 比重数据根据福建省教育厅关于 2010～2015 年全省教育经费执行情况统计公告表中公共财政教育支出总额中初中数据和福建统计局 2010～2015 年福建省统计年鉴表中的各地市 GDP 数据计算得出。

从初中投入类指标九地市排名情况可以看出：第一，初中公共财政教育支出总额平均值的前三名为福州（26.51 亿元）、泉州（23.01 亿元）、漳州（14.07 亿元），比平均值分别多了 13.19 亿元、9.69 亿元、0.75 亿元；初中公共财政教育支出的后三名为宁德（8.08 亿元）、南平（7.46 亿元）、三明（6.99 亿元），比平均值分别少了 5.24 亿元、5.86 亿元、6.33 亿元。同时，九地市 2010～2015 年六年 GDP 平均值前三名为泉州、福州、厦门，后三名分别为三明、南平、莆田。由此可以看出，公共财政教育支出总额效益主要受九地市经济发展水平的影响。第二，初中生均公共财政教育支出的前三名为厦门（15251.06 元）、福州（13381.01 元）、龙岩（11580.10 元），比平均值分别多了 4616.76 元、2746.71 元、945.8 元；初中生均公共财政教育支出的后三名为三明（8804.03 元）、漳州（8561.24 元）、南平（8368.38 元），比平均值分别少了 1830.27 元、2073.06 元、2265.92 元。龙岩初中教育虽然公共财政教育支出总额排名靠后，但生均数却排名第三，这主要受到其初中生数量全省最少的影响。而作为"闽南金三角"

重要组成部分的泉州和漳州，虽然长期以来国民生产总值分别位于全省第一和第四，公共财政教育支出总额也位于全省前列，但是初中生均公共财政教育支出泉州排名第五和漳州排名第八，这说明泉州和漳州作为福建省人口较为集中的沿海城市，生源基数大，对教育资源的需求尚未饱和，其公共财政教育支出的分配仍有相当大的提升空间，着力提升生均公共财政教育支出水平尤为重要。第三，初中生均公共财政教育支出增长率的前三名为宁德（29.97%）、南平（25.87%）、龙岩（23.05%），比平均值分别多了8.99%、4.89%、2.07%；初中生均公共财政教育支出的后三名为泉州（17.95%）、莆田（16.97%）、厦门（12.36%），比平均值分别少了3.03%、4.01%、8.62%。瓦格纳的经费增长法则提出，政府活动的扩张必定会导致财政支出的不断增长。这一法则正好印证了福建省九地市生均公共财政教育支出都出现了不同程度的增长。厦门地区由于小学公共财政教育支出总额和生均数两项指标做得已经很好，因此该指标不需要太多增加，所以生均公共财政教育支出增长率较低；宁德、南平、三明三地由于意识到前面两个投入类指标效益较差，开始奋力追赶；龙岩生均公共财政教育支出数已经排名全省前三，但仍然在加大投入力度，可以看出龙岩对初中教育的极度重视。"闽南金三角"重要组成部分的泉州和漳州，初中生均公共财政教育支出排名靠后，而增长率仍然靠后。这进一步说明了说明泉州和漳州作为福建省人口较为集中的沿海城市，生源基数大，对教育资源的需求尚未饱和，其公共财政教育支出的分配仍有相当大的提升空间，着力提升生均公共财政教育支出水平尤为重要，应该引起政府部门的足够重视。第四，初中生公共财政教育支出占GDP比重的前三名为莆田（0.89%）、宁德（0.69%）、漳州（0.66%），比平均值分别多了0.03%、0.01%、0.07%；初中生均公共财政教育支出的后三名为三明（0.49%）、厦门（0.458%）、泉州（0.457%），比平均值分别少了0.10%、0.132%、0.133%。同时，九地市2010～2015年六年GDP平均值前三名为泉州（4942亿元）、福州（4416亿元）、厦门（2859亿元），后三名分别为南平（1353亿元）、莆田（1263亿元）、宁德（1142亿元）。由此可以见，九地市中只有莆田和宁德两地初中公共财政教育支出占GDP比重接近或超过0.7%，其主要是受到两地GDP垫底的影响；福州GDP排名前二，但初中公共财政教育支出占GDP比重却还排名第五，说明福州初中公共财政教育支出做得较好。

　　综合来看，福建省九地市近年来初中教育公共财政教育支出在投入方面始终保持稳步增长的态势，但同时也出现了九地市之间的不均等性。九地市2010～2015年六年GDP平均值前三名为泉州、福州、厦门，后三名为三明、南平、莆田。从初中公共财政教育支出总额与生均公共财政教育支出两个指标来看，福州和厦门初中公共财政教育支出总额与其 GDP 总量相吻合；泉州、漳州初中公共财政教育支出总额较大，而生均公共财政教育支出和生均公共财政教育支出增长率排名却靠后，主要受其长期以来初中学生数较多的影响；龙岩与泉州、漳州相反，总量排名很低，生均值排名却很高，这与当地初中学生数较少和当地政府更加注重教育有关。九地市 2010～2015 年人均 GDP 增长率前三名为宁德、莆田、漳州，后三名为福州、泉州、厦门。从初中生均公共财政教育支出增长率指标来看，初中生均公共财政教育支出增长率、公共财政教育支出占 GDP 比重与其人均 GDP 增长率相吻合，需要特别注意的是莆田人均 GDP 增长率排名第二，而生均公共财政教育支出增长率却倒数第二，说明莆田对初中教育投入不足。

3. 高中教育投入类指标分析。从表 5-13 中的数据可以分析得出，2010～2015 年九地市高中公共财政教育支出平均值为 6.56 亿元，生均公共财政教育支出平均值为 9169.59 元，生均公共财政教育支出增长率平均值为 21.27%，公共财政教育支出占 GDP 比重平均值为 0.29%。

表 5-13　　　　　　　　　　高中教育投入类指标分析

地区	公共财政教育支出总额		生均公共财政教育支出数额		生均公共财政教育支出增长率		公共财政教育支出占 GDP 比重	
	数值（万元）	排名	数值（元）	排名	数值（%）	排名	数值（%）	排名
福建省	65615.02		9169.59		21.27		0.29	
福州	120603	2	11489.8	2	19.03	6	0.27	5
厦门	72754	3	16570.24	1	14.17	9	0.25	6
莆田	58579	5	8745.82	5	15.04	8	0.47	1
三明	32050	9	6470.16	8	25.14	3	0.22	9
泉州	122542	1	8774.77	4	18.43	7	0.25	7
漳州	60035	4	6966.65	7	19.15	5	0.28	4
南平	32702	8	6348.85	9	27.08	2	0.24	8
龙岩	48897	6	9628.65	3	24.13	4	0.34	3
宁德	42369	7	7531.36	6	29.28	1	0.37	2

资料来源：公共财政教育支出总额和生均公共财政教育支出数额根据福建省教育厅关于 2010～2015 年全省教育经费执行情况统计公告表中公共财政教育支出总额和生均公共财政教育支出数额中小学数据计算得出；生均公共财政教育支出增长率根据福建省教育厅关于 2010～2015 年全省教育经费执行情况统计公告中生均公共财政教育支出数据中的小学数据计算得出；公共财政教育支出占 GDP 比重数据根据福建省教育厅关于 2010～2015 年全省教育经费执行情况统计公告表中公共财政教育支出总额中初中数据和福建统计局 2010～2015 年福建省统计年鉴表中的各地市 GDP 数据计算得出。

从高中投入类指标九地市排名情况可以看出：第一，高中公共财政教育支出总额平均值的前三名为泉州（12.25 亿元）、福州（12.06 亿元）、厦门（7.28 亿元）；高中公共财政教育支出的后三名为宁德（4.24 亿元）、南平（3.27 亿元）、三明（3.21 亿元）。同时，九地市 2010～2015 年六年 GDP 平均值前三名为泉州、福州、厦门，后三名为三明、南平、莆田。由此可以看出，公共财政教育支出总额效益主要受九地市经济发展水平的影响。第二，高中生均公共财政教育支出的前三名为厦门（16570.24 元）、福州（11489.80 元）、龙岩（9628.65 元）；高中生均公共财政教育支出的后三名为漳州（6966.65 元）、三明（6470.16 元）、南平（6348.85 元）。龙岩虽然高中教育公共财政教育支出总额排名靠后，但生均数却排名第三，这主要受到其初中生数量全省较少的影响。而作为"闽南金三角"重要组成部分的泉州市和漳州市，虽然长期以来国民生产总值分别位于全省第一和第四，公共财政教育支出总额分别位于全省前列，但是高中生均公共财政教育支出泉州排名第四、漳州排名第七，这说明泉州和漳州作为福建省人口较为集中的沿海城市，生源基数大，对教育资源的需求尚未饱和，其公共财政教育支出的分配仍有相当大的提升空间，着力提升生均公共财政教育支出水平尤为重要。第三，高中生均公共财政教育支出增长率的前三名为宁德（21.50%）、南平（19.58%）、三明（19.34%）；高中生均公共财政教育支出的后三名为泉州（18.43%）、莆田（15.04%）、厦门（14.17%）。瓦格纳的经费增长法则提出，政府活动的扩张必定会导致财政支出的不断增长。这一法则正好印证了福建省九地市生均公共财政教育支出都出现了不同程度的增长。厦门地区由于小学公共财政教育支出总额和生均数两项指标做得已经很好，因此该指标不需要太多增加，所以生均公共财政教育支出增长率较低；宁德、南平、三明三地由于意识到前面两项投入类指标效益较差，开始奋力追赶；龙岩生均公共财政教育支出数已经排名全省前三，但仍然在加大投入力度，可以看出龙岩对高中教育的极度重视；而作为"闽南金三角"重要组成部分的泉州市和漳州市，高中生均公共财政教育支出排名靠后，而增长率仍然靠后，应该引起政府部门的足够重视。第四，高中公共财政教育支出占 GDP 比重的前三名为莆田（0.47%）、宁德（0.37%）、龙岩（0.34%）；高中生均公共财政教育支出的后三名为泉州（0.25%）、南平（0.24%）、三明（0.22%）。同时，福建省九地市 2010～2015 年六年 GDP 平均值前三名为泉州（4942 亿元）、福州（4416 亿元）、厦门（2859 亿元），后三名为南平（1353 亿元）、莆田（1263 亿元）、宁德（1142 亿元）。由此可见，福建省九地市中只有莆田、宁德两地高中公共财政教育支出占 GDP 比重最大，其主要是受到两地 GDP 垫底影响；南平 GDP 排名倒数第三，但高中公共财政教育支出占 GDP 比重倒数第二,说明南平高中教育的公共财政教育支出有待加强。

综合来看,福建省九地市近年来高中教育公共财政教育支出在投入方面始终保持稳步增长的态势,但同时也出现了九地市之间的不均等性。福建省九地市 2010～2015 年 GDP 平均值前三名为泉州、福州、厦门,后三名为三明、南平、莆田。从高中公共财政教育支出总额与生均公共财政教育支出两个指标来看,福州和厦门高中公共财政教育支出总额与其 GDP 总量相吻合;泉州、漳州高中公共财政教育支出总额较大,而生均公共财政教育支出排名却靠后,主要受其长期以来高中学生数量较多影响;龙岩与泉州、漳州相反,总量排名很低,生均值排名却很高,这与当地高中学生数较少和当地政府更加注重教育有关。福建省九地市 2010～2015 年人均 GDP 增长率前三名为宁德、莆田、漳州,后三名为福州、泉州、厦门。从高中生均公共财政教育支出增长率指标来看,高中生均公共财政教育支出增长率、公共财政教育支出占 GDP 比重与其人均 GDP 增长率相吻合,但需要特别注意的是莆田 GDP 增长率排名垫底,生均公共财政教育支出增长率倒数第二,而公共财政教育支出占 GDP 比重却排名第一,说明莆田近年来 GDP 发展不足极大地影响了其对高中教育的投入。

综合三级教育投入类指标得出,福建省九地市对三级教育投入水平还存在以下问题:一是公共财政教育经费支出投入总量增长明显,但整体公共财政教育支出总额有待加强。同时我国《国家教育事业发展"十三五"规划纲要》也指出,国家将在"十三五"期间优先保障教育投入,坚持把教育作为各级人民政府财政支出重点领域给予优先保障,保证国家财政性教育经费支出占国内生产总值的比例一般不低于 4%。由此来看,福建省九地市的公共财政教育支出还需要加大投入力度。二是三级教育结构来看,三级教育均衡发展水平有待提高。公共财政教育投入总额是有限的,政府应该在有限的资源下协调好小、初、高三级教育的支出。三是基本公共教育服务区域结构不均衡,福建省九地市经济越发达地区公共财政教育投入应当做得越好,但是在福建省九地市却出现了地处"闽南金三角"的泉州和漳州地区的人均教育支出水平与其经济发展程度不相适应的现象。

(二) 过程类单项指标绩效评价

过程类指标反映了教育资源在教育系统内部各部分的配置情况,可以评价教育资源是否被合理运用,是否被用到了跟产出和绩效直接相关的领域,以及教育资源配置效率的高低。反映过程水平的指标主要有经费使用结构、层级配置结构和资金管理效率三类。

教育事业费成为公共财政教育支出的主要部分,实现教育事业费管理合理化和科学化，提高事业费的使用效率尤为重要。由于教育公用经费和教育人员经费共同构成教育事业费，其中教育公用经费是满足学校教学活动正常进行，维持学校正常运转所消耗的人力、物力而产生的费用，其比重的提高符合国家保障公用经费、提升各级教育公用经费拨款标准的要求。因此，针对公共财政教育支出过程类单项指标分析，本书首先主要选取了公用经费占教育事业费支出（即各级各类的学校的人员经费和公用经费支出）比重和生均公共财政教育支出占人均GDP比重。其中，公用经费占教育事业费支出比重主要用于分析福建省九地市各级教育机构内部的经费使用配置问题，该指标反映事业性教育经费用于公用部分的程度。该指标值越大，说明经费被用于学生教学条件改善的比例越大，用于学校教职员工开支的比例越小，资金的使用效率越高；生均公共财政教育支出占人均GDP比重主要用于分析九地市各级教育层级间的经费配置结构，该指标反映的是一个学生耗用了多少个人的社会资源。对这些配置结构指标的描述和考评，可以有效地评价公共财政教育支出过程中的使用和配置情况。具体分析如下。

1. 小学教育过程类指标分析。从表5-14中数据可以分析得出：公共财政教育事业费支出是指财政资金中用于教育事业的经常性支出。2010~2015年间，福建省九地市小学公用经费占教育事业费支出比重平均值为25%，生均公共财政支出占人均GDP比重平均值为15.05%。

表5-14　　　　　　　　　　小学教育过程类指标分析

地区	公用经费支出占教育事业费支出比重		生均公共财政支出占人均GDP比重	
	数值（%）	排名	数值（%）	排名
福建省	25	—	15.05	—
福州	38	1	14.86	5
厦门	16	7	13.56	6
莆田	29	3	19.91	1
三明	13	9	12.64	8
泉州	25	4	13.24	7
漳州	30	2	17.57	3
南平	20	6	10.81	9

续表

地区	公用经费支出占教育事业费支出比重		生均公共财政支出占人均 GDP 比重	
	数值（%）	排名	数值（%）	排名
龙岩	14	8	17.79	2
宁德	21	5	15.08	4

注：教育事业费支出占公共财政教育支出的比重数据由于数据不足，故采用福建省 2012～2015 年教育经费执行情况的通报及 2012～2015 年教育年鉴 4 年数据平均值；生均公共财政教育支出占人均 GDP 的比重数据采用福建省 2010～2015 年教育经费执行情况的通报中及 2010～2015 年教育年鉴 6 年数据平均值。

资料来源：公用经费占教育事业费支出比重数据根据《关于 2012～2015 年全省教育经费执行情况统计公告》（http://www.fjedu.gov.cn/html/zfxxgk/xxgkml/czzj/1.html）表中公用经费支出和教育事业费支出中的小学数据计算得出；生均公共财政支出占人均 GDP 比重根据福建省教育厅《关于 2010～2015 年全省教育经费执行情况统计公告》（http://www.fjedu.gov.cn/html/zfxxgk/xxgkml/czzj/1.html）表中生均公共财政教育支出数额中初中数据和福建统计局 2011～2015 年福建省统计年鉴（http://www.stats-fj.gov.cn/xxgk/ndsj/）表中的各地市人均 GDP 数据计算得出。

从小学过程类指标九地市排名情况可以看出，第一，小学公用经费占教育事业费支出比重的前三名为福州（38%）、漳州（30%）、莆田（29%）；后三名为厦门（16%）、龙岩（14%）、三明（13%）。而在上海财经大学公共政策研究中心编写的《中国财政发展报告——科技教育的公共政策研究》中指出，这一比重要达到40%左右为宜。而福建省九地市小学公用经费占教育事业费支出比重福州基本上达到了适宜比例，而三明却不到适宜比例的1/2，这说明经费使用结构不均等现象严重，并且各地市都仍然有改善的空间。第二，小学生均公共财政支出占人均 GDP 比重的前三名为莆田（19.91%）、龙岩（17.79%）、漳州（17.57%）；后三名为泉州（13.24%）、三明（12.64%）、南平（10.81%）。同时，九地市 2010～2015 年六年人均 GDP 平均值前三名为厦门（79148 元）、福州（60737 元）、泉州（59576 元），后三名分别为漳州（43265 元）、宁德（40172元）、南平（39847 元）。由此可以见，厦门和福州两地人均 GDP 名列前茅，但生均公共财政支出占人均 GDP 比重却仍然可以排名第五和第六，说明厦门和福州两地小学生均公共财政教育支出做得较好；而南平人均 GDP 与生均公共财政支出占人均 GDP 比重同时垫底，说明南平小学生均公共财政教育支出要引起足够重视。

综合公用经费占教育事业费支出比重、生均公共财政支出占人均 GDP 比重和生均公共财政支出占人均 GDP 比重可以看出，莆田和漳州小学教育机构内部的经费使用配置较优。

2. 初中教育过程类指标分析。从表5-15 中数据可以分析得出：公共财政教育事业费支出是指财政资金中用于教育事业的经常性支出。2010～2015 年福建省九地市初中公用经费占教育事业费支出比重平均值为 25%，生均公共财政支出占人均 GDP 比重平均值为 15.05%。

表 5 – 15　　　　　　　　　　　初中教育过程类指标分析

地区	公用经费支出占教育事业费支出比重		生均公共财政支出占人均 GDP 比重	
	数值（%）	排名	数值（%）	排名
福建省	25	—	19.8	—
福州	38	1	21.49	3
厦门	16	8	19.06	7
莆田	32	3	23.13	1
三明	16	7	19.41	6
泉州	22	5	15.46	9
漳州	36	2	22.54	2
南平	22	4	16.23	8
龙岩	12	9	20.29	5
宁德	21	6	20.6	4

资料来源：公用经费占教育事业费支出比重数据根据《关于 2012～2015 年全省教育经费执行情况统计公告》（http：//www.fjedu.gov.cn/html/zfxxgk/xxgkml/czzj/1.html）表中公用经费支出和教育事业费支出中的初中数据计算得出；生均公共财政支出占人均 GDP 比重根据福建省教育厅《关于 2010～2015 年全省教育经费执行情况统计公告》（http：//www.fjedu.gov.cn/html/zfxxgk/xxgkml/czzj/1.html）表中生均公共财政教育支出数额中初中数据和福建统计局 2011～2015 年福建省统计年鉴（http：//www.stats-fj.gov.cn/xxgk/ndsj/）表中的各地市人均 GDP 数据计算得出。

从初中过程类指标九地市排名情况可以看出：第一，初中公用经费占教育事业费支出比重的前三名为福州（38%）、漳州（36%）、莆田（32%）；后三名为厦门（16%）、三明（16%）、龙岩（12%）。而在上海财经大学公共政策研究中心编写的《中国财政发展报告——科技教育的公共政策研究》中指出，这一比重要达到 40% 左右为宜。而福建省九地市初中公用经费占教育事业费支出比重福州基本上达到了适宜比例，而三明却不到适宜比例的 1/3，这说明经费使用结构不均等现象严重，并且各地市都仍然有改善的空间。第二，初中生均公共财政支出占人均 GDP 比重的前三名为莆田（23.13%）、漳州（22.54%）、福州（21.49%）；后三名为厦门（19.06%）、南平（16.23%）、泉州（15.46%）。同时，九地市 2010～2015 年人均 GDP 平均值前三名为厦门（79148 元）、福州（60737 元）、泉州（59576 元），后三名为漳州（43265 元）、宁德（40172 元）、南平（39847元）。由此可见，福州人均GDP名列前茅，但生均公共财政支出占人均GDP比重却仍然可以排名第三，说明福州初中生均公共财政教育支出做得较好；而南平人均GDP垫底，生均公共财政支出占人均GDP比重倒数第二，说明南平初中生均公共财政教育支出要引起足够重视。

综合公用经费占教育事业费支出比重、生均公共财政支出占人均GDP比重和生均公共财政支出占人均GDP比重可以看出，福州、漳州、莆田三地初中教育机构内部的经费使用配置较优。

3. 高中教育过程类指标分析。从表5-16中的数据可以分析得出：公共财政教育事业费支出是指财政资金中用于教育事业的经常性支出。2010~2015年福建省九地市高中公用经费占教育事业费支出比重平均值为18%，生均公共财政支出占人均GDP比重平均值为15.05%。

表5-16　　　　　　　　　　　高中教育过程类指标分析

地区	公用经费支出占教育事业费支出比重		生均公共财政支出占人均GDP比重	
	数值（%）	排名	数值（%）	排名
福建省	18	—	16.77	—
福州	27	4	18.57	3
厦门	19	6	20.72	1
莆田	23	5	18.06	4
三明	6	9	15.83	6
泉州	28	2	11.30	9
漳州	26	3	19.38	2
南平	10	8	14.43	8
龙岩	30	1	15.55	7
宁德	13	7	17.10	5

资料来源：公用经费占教育事业费支出比重数据根据《关于2012~2015年全省教育经费执行情况统计公告》（http：//www.fjedu.gov.cn/html/zfxxgk/xxgkml/czzj/1.html）表中公用经费支出和教育事业费支出中的高中数据计算得出；生均公共财政支出占人均GDP比重根据福建省教育厅《关于2010~2015年全省教育经费执行情况统计公告》（http：//www.fjedu.gov.cn/html/zfxxgk/xxgkml/czzj/1.html）表中生均公共财政教育支出数额中高中数据和福建统计局2011~2015年福建省统计年鉴（http：//www.stats-fj.gov.cn/xxgk/ndsj/）表中的各地市人均GDP数据计算得出。

从高中过程类指标九地市排名情况可以看出：第一，高中公用经费占教育事业费支出比重的前三名为龙岩（30%）、泉州（28%）、漳州（26%）；后三名为宁德（13%）、南平（10%）、三明（6%）。而在上海财经大学公共政策研究中心编写的《中国财政发展报告——科技教育的公共政策研究》中指出，这一比重要达到40%左右为宜。而福建省九地市高中公用经费占教育事业费支出比重都达不到这一比例，并且差距较大，龙岩比重最优，达到30%，而三明和南平却不到10%，这说明九地市经费使用结构不均等现象严重，并且各地市都仍然需要改善这一比重。第二，高中生均公共财政支出占人均GDP比重的前三名为厦门（20.72%）、漳州（19.38%）、福州（18.57%）；后三名为龙岩（15.55%）、南平（14.43%）、泉州（11.3%）。九地市人均GDP排名前三名为泉州、福州、厦门，后三名为三明、南平、莆田。同时，九地市2010～2015年六年人均GDP平均值前三名为厦门（79148元）、福州（60737元）、泉州（59576元），后三名为漳州（43265元）、宁德（40172元）、南平（39847元）。由此可见，厦门和福州两地人均GDP和生均公共财政支出占人均GDP比重同时名列前茅，说明厦门和福州两地高中生均公共财政教育支出做得较好；而南平人均GDP垫底，同时高中生均公共财政支出占人均GDP比重倒数第二，说明南平高中生均公共财政教育支出要引起足够重视。

综合三级教育过程类指标得出，福建省九地市对三级教育过程管理还存在着以下问题：一是人员经费占比大大高于公用经费的占比，使得公用经费占教育事业费支出比重没有达到适宜水平，说明福建省九地市小学公共财政教育支出经费使用结构还有较大的改善空间，特别是厦门、龙岩、三明三地小学教育的经费使用结构还需要多加调整。二是各地区三级教育结构不均衡，一方面体现在福州和厦门两地的优势明显大于南三龙地区，另一方面体现在有的地区三级教育上具有不均衡性。特别需要注意的是，龙岩地区小学和初中教育的经费使用结构还需要向高中教育的经费使用结构看齐。

（三）产出类单项指标绩效分析

产出结果指标是反映公共财政教育活动最直接、最直观的指标类别，直接反映了公共财政教育活动所取得的成果，这种成果可以从师资力量、学生培养、办学条件三个方面来描述。

教育的产出指标表示的是投入所得的结果，它反映一项工作完成预期目标的程度。针对产出类单项指标绩效分析，本书主要选取了反映师资力量的生师比、反映学生培养情况的每万人口中学生在校数和万元公共财政教育支出培养的学生数三个指标来反映一项工作完成预期目标的程度。其中各级教育生师比是指某一级教育当年在校学生总人数与专任教师总人数的比。该指标反映的是每位教师对应的学生人数，可以反映人力资源投入的效率。一般而言，生师比越低，单位教育成本就越低，财政负担的教师工资就越低，教育支出就越有效率，但是生师比也必须维持在一个适度的范围，它并非越高越好，只有合理的生师比，才能保证每个学生都能与老师有互动的机会，接受教育才会公平，教育质量也才能得到保证。具体分析如下。

1. 小学教育产出类指标分析。从表 5-17 中的数据可以分析得出：2010～2015 年福建省九地市生师比平均值为 0.0627，每万人口中学生在校数平均值为707.67 人，万元公共财政支出培养的学生数为 1.131 人。

表 5-17　　　　　　　　　　小学教育产出类指标分析

地区	生师比		每万人口中学生在校数		万元公共财政支出培养的学生数	
	数值	排名	数值	排名	数值	排名
福建省	16.51	—	707.67	—	1.131	—
福州	18.76	3	703.94	4	0.957	7
厦门	20.96	1	673.66	7	0.851	8
莆田	15.61	5	693.55	5	0.749	9
三明	13.75	9	688.17	6	1.592	1
泉州	20.25	2	662.12	9	1.221	3
漳州	16.87	4	800.03	1	1.136	5
南平	13.94	8	762.42	2	1.414	2
龙岩	14.21	7	721.14	3	1.167	4
宁德	14.23	6	663.97	8	1.092	6

资料来源：生师比根据福建省教育厅 2010～2015 年福建教育年鉴表中在校学生总人数与专任教师总人数中的小学数据计算得出；万人口中学生在校数根据福建省教育厅 2010～2015 年福建教育年鉴表中万人口中学生在校数中的小学数据计算得；万元公共财政支出培养的学生数根据福建省教育厅关于 2010～2015 年全省教育经费执行情况统计公告表中万元公共财政支出培养的学生数中小学数据计算得出。

从小学产出类指标九地市排名情况可以看出：首先，就九地市排名而言，小学教育生师比前三名为厦门（20.96）、泉州（20.25）、福州（18.76）；后三名为龙岩（14.21）、南平（13.94）、三明（13.75）。国家规定：城镇小学中教师人数与在校生人数的比应达到 1：19。由此可以看出，九地市中厦门、泉州、福州三地的教师效率较高，而南三龙地区教育成本较高，需要从这方面提高小学公共财政教育支出的效率，不过也应该注意一个度的问题，它并非越高越好，只有合理的生师比，才能保证每个学生都能与老师有互动的机会，接受教育才会公平，教育质量也才能得到保证。其次，小学每万人口中学生在校数的前三名为漳州（800.03 人）、南平（762.42 人）、龙岩（721.14 人）；后三名为厦门（673.66 人）、宁德（663.97 人）、泉州（662.12 人）。同时，全国 2010～2015年 6 年间小学每万人口中学生在校数平均值为 727.7 人。说明从人口结构来分析，漳州、南平应该加大小学教育投入。最后，小学教育中每万元公共财政支出培养的学生数的前三名为三明（1.592 人）、南平（1.414 人）、泉州（1.221人）；后三名为福州（0.957 人）、厦门（0.851 人）、莆田（0.749 人）。该指标说明三明、南平、泉州三地市小学教育学生培养的产出效益较优，培养质量还有待通过以下其他指标进行考察。

2. 初中教育产出类指标分析。从表 5－18 中的数据可以分析得出：2010～2015 年初中教育中福建省九地市生师比平均值为 0.0895，每万人口中学生在校数平均值为 303.04 人，万元公共财政支出培养的学生数为 0.819 人。

表 5－18   初中教育产出类指标分析

地区	生师比		每万人口中学生在校数		万元公共财政支出培养的学生数	
	数值	排名	数值	排名	数值	排名
福建省	11.40	—	303.04	—	0.819	—
福州	12.32	3	283.43	6	0.641	7
厦门	14.30	1	239.11	9	0.603	8
莆田	11.82	4	282.64	7	0.881	4
三明	10.08	7	331.14	3	1.033	1
泉州	11.87	5	307.42	4	1.023	2
漳州	12.33	2	366.80	1	0.860	5
南平	10.93	6	280.35	8	0.560	9
宁德	9.55	8	304.77	5	0.755	6
龙岩	9.46	9	331.70	2	1.016	3

资料来源：生师比根据福建省教育厅 2010～2015 年福建教育年鉴表中在校学生总人数与专任教师总人数中的初中数据计算得出；万人口中学生在校数根据福建省教育厅 2010～2015 年福建教育年鉴表中万人口中学生在校数中的初中数据计算得；万元公共财政支出培养的学生数根据福建省教育厅关于 2010～2015 年全省教育经费执行情况统计公告表中万元公共财政支出培养的学生数中初中数据计算得出。

从初中产出类指标九地市排名情况可以看出：首先，初中教育生师比前三名为厦门（14.30）、漳州（12.33）、福州（12.32）；后三名为三明（10.08）、宁德（9.55）、龙岩（9.46）。由此可以看出，九地市中闽西北南平、三明、龙岩及宁德四地初中教师数量较为充足但效率较低；而福州、漳州、厦门三地教师效率较高，在生师比问题上每个地市都应当根据各自的实际情况及生师比的合理要求，确定合理的生师比，以真正提高教育的效率。其次，初中每万人口中学生在校数的前三名为漳州（366.80人）、龙岩（331.70人）、三明（331.14人）；后三名为莆田（282.64人）、南平（280.35人）、厦门（239.11人）。同时，全国2010～2015年6年间初中每万人口中学生在校数平均值为361.9人。说明从人口结构来分析，漳州应该重视并加大初中教育投入。最后，初中教育中每万元公共财政支出培养的学生数前三名为三明（1.033人）、泉州（1.023人）、龙岩（1.016人）；后三名为福州（0.641人）、厦门（0.603人）、南平（0.56人）。该指标说明三明、泉州、龙岩三地市初中教育学生培养的产出效益较优，培养质量还有待通过以下其他指标进行考察。

3. 高中教育产出类指标分析。从表5-19中的数据可以分析得出：2010～2015年高中教育中福建省九地市生师比平均值为12.73，每万人口中学生在校数平均值为188.35人，万元公共财政支出培养的学生数为1.046人。

表5-19 高中教育产出类指标分析

地区	生师比		每万人口中学生在校数		万元公共财政支出培养的学生数	
	数值	排名	数值	排名	数值	排名
福建省	12.73	—	188.35	—	1.046	—
福州	12.61	6	150.04	8	0.758	8
厦门	12.77	5	119.02	9	0.556	9
莆田	13.26	3	267.26	1	1.020	6
三明	13.01	4	177.40	6	1.404	1
泉州	12.43	7	196.80	4	1.020	5
漳州	13.37	2	233.91	2	1.328	3
南平	14.15	1	160.81	7	1.344	2
宁德	10.64	9	197.00	3	0.822	7
龙岩	12.35	8	192.94	5	1.159	4

资料来源：生师比根据福建省教育厅2010～2015年福建教育年鉴表中在校学生总人数与专任教师总人数中的高中数据计算得出；万人口中学生在校数根据福建省教育厅2010～2015年福建教育年鉴表中万人口中学生在校数中的高中数据计算得；万元公共财政支出培养的学生数根据福建省教育厅关于2010～2015年全省教育经费执行情况统计公告表中万元公共财政支出培养的学生数中高中数据计算得出。

从高中产出类指标九地市排名情况可以看出：首先，高中教育生师比前三名为南平（14.15）、漳州（13.37）、莆田（13.26）；后三名为泉州（12.43）、龙岩（12.35）、宁德（10.64）。由此可以看出，高中教育生师比差异不是太大。九地市中宁德、龙岩、泉州三地高中教师数量较为充足；而莆田、漳州、南平三地效率稍微高些。每个地市都应当根据各自的实际情况及生师比的合理要求确定合理的生师比，以真正提高教育的效率。其次，高中每万人口中学生在校数的前三名为莆田（267.26人）、漳州（233.91人）、宁德（197.00人）；后三名为南平（160.81人）、福州（150.04人）、厦门（119.02人）。同时，全国2010～2015年6年间小学每万人口中学生在校数平均值为328.4人。结合小学和初中每万人口中学生在校数据，可以看出九地市小学和初中每万人口中学生在校数与全国平均值相差不大，但是高中每万人口中学生在校数远远低于全国平均数，说明从人口结构来分析福建省九地市都应该加大高中教育投入。最后，高中教育中每万元公共财政支出培养的学生数的前三名为三明（1.404人）、南平（1.344人）、漳州（1.328人）；后三名为宁德（0.822人）、福州（0.758人）、厦门（0.556人）。该指标说明三明、南平、漳州三地市高中教育学生培养的产出效益较优，培养质量还有待通过以下其他指标进行考察。

综合三级教育产出类指标得出，福建省九地市对三级教育产出还存在着以下问题：一是九地市三级教育生师比均等化水平有待提高。其体现在南平、三明、龙岩和宁德四地教师数量较为充足，而厦门、漳州、泉州、福州四地教师效率较高。生师比并非越高越好，只有合理的生师比，才能保证每个学生都能与老师有互动的机会，接受教育才会公平，教育质量也才能得到保证。生师比过高，教师的工作量过重，但是教师的承受能力有限，因而其参加科研、实践等的时间大大缩减，这会使教育陷入规模泥潭，而效益又跟不上。如果生师比过低，平均每个教师所负担的学生数量较少，会使得教师使用不充分，教师的使用效率受到限制，人力资源的浪费也会影响教育单位的教育效率和效益。福建省九地市三级教育都应当根据各自的实际情况及生师比的合理要求，确定合理的生师比，以真正提高教育的效率。二是各地区三级公共财政教育支出效率存在各级教育上和各地市间不均等情况较为严重。三是高中教育是九地市的薄弱环节，应该从全省角度加强公共财政对高中教育的投入。

（四）效益类单项指标绩效分析

除了反映教育直接产出结果的产出类指标外，还需了解公共财政教育支出最终产生的长期效益究竟如何，主要通过经济效益和社会效益两个方面来分析。

针对效益类单项指标绩效分析，经济效益方面主要选取了公共财政教育支出对 GDP 的弹性系数和公共财政教育支出与财政支出的弹性系数两个指标来衡量。其中公共财政教育支出对 GDP 的弹性系数用来衡量公共教育支出使用的效率，反映公共财政教育支出的增长速度。公共财政教育支出与财政支出的弹性系数这一指标是指年公共教育支出占当年全省财政支出的比重，该指标反映政府对教育投资的努力程度。社会效益方面很难用量化的指标衡量，每个人都有各自的价值标准，学生质量更是难以衡量，国内外进行了大量的研究，但均不能评价学生的质量。本书主要选取了常住人口自然增长率、城镇登记失业率两个指标来反映公共财政教育支出所带来的社会效益。

从表 5-20 中的数据可以分析得出：2010~2015 年公共财政教育支出对 GDP 的弹性系数为 1.77，公共财政教育支出与财政支出的弹性系数平均值为 0.9392，常住人口自然增长率平均值为 2.35‰。

表 5-20　　　　　　　　　　　　效益类指标分析

地区	公共财政教育支出对 GDP 的弹性系数		公共财政教育支出与财政支出的弹性系数		常住人口自然增长率		城镇登记失业率	
	数值	排名	数值	排名	数值（‰）	排名	数值（‰）	排名
福建省	1.77	—	0.9392	—	7.13	—	2.35	—
福州	1.54	6	0.8703	7	6.60	7	2.41	6
厦门	2.63	1	1.2259	1	10.06	1	3.25	9
莆田	1.03	9	0.6780	9	6.40	8	2.16	3
三明	2.18	2	0.9238	6	6.75	5	2.23	5
泉州	1.49	7	0.8141	8	7.18	4	1.23	1
漳州	1.48	8	0.9692	5	7.62	2	2.06	2
南平	2.02	3	1.0023	2	5.60	9	3.14	8
龙岩	1.89	4	0.9807	4	7.35	3	2.46	7
宁德	1.66	5	0.9885	3	6.63	6	2.21	4

资料来源：公共财政教育支出对 GDP 的弹性系数根据福建省教育厅关于 2010~2015 年全省教育经费执行情况统计公告表中公共财政教育支出数和 2010~2015 年福建省统计年鉴中的各地市 GDP 数据计算得出；公共财政教育支出与财政支出的弹性系数根据福建省教育厅关于 2010~2015 年全省教育经费执行情况统计公告表中公共财政教育支出数和 2010~2015 年福建省统计年鉴中的各地市财政支出数据计算得出；常住人口自然增长率和城镇登记失业率数据来源于 2010~2015 年福建省九地市统计局中的国民经济和社会发展统计公报中的数据计算得出。

从效益类指标福建省九地市排名情况可以看出：第一，公共财政教育支出对

GDP 的弹性系数前三名分别是：厦门（2.63）、三明（2.18）、南平（2.02）；后三名为泉州（1.49）、漳州（1.48）、莆田（1.03）。说明福建省九地市公共财政教育支出增长率都超过 GDP 增长率。第二，公共财政教育支出与财政支出的弹性系数前三名分别是：厦门（1.2259）、南平（1.0023）、宁德（0.9885）；后三名为福州（0.8703）、泉州（0.8141）、莆田（0.678）。说明 2010 ~ 2015 年间，福建省厦门和南平两地公共财政教育支出增长率大于财政支出增长率，其余地市公共财政教育支出力度还需要加强，特别是莆田公共财政教育支出增长率不到公共财政支出的 0.7，莆田应该更加注重教育的投入。第三，常住人口自然增长率前三名分别是：厦门（10.06）、漳州（7.62）、龙岩（7.35）；后三名为福州（6.6）、莆田（6.4）、南平（5.6）。第四，城镇登记失业率前三名分别是：泉州（1.23）、漳州（2.06）、莆田（2.16）；后三名为龙岩（2.46）、南平（3.14）、厦门（3.25）。

综合以上四项指标可以看出，基本上常住人口自然增长率与经济效益指标成正相关关系，而城镇登记失业率与经济效益指标成负相关关系。其中厦门公共财政教育支出增长率是 GDP 增长率的 2.63 倍，同时公共财政教育支出增长率，优于财政支出增长率，说明厦门公共财政教育支出全省最好，使得厦门常住人口自然增长率也排名第一，而城镇登记失业率排名最后。从经济效益两项指标来看，厦门、南平、龙岩三地政府做出的努力较大，获得的效益指标优秀。莆田公共财政教育支出两项经济效益类指标都垫底，说明莆田公共财政教育支出做得最差，使得莆田常住人口自然增长率也排名倒数第二，而城镇登记失业率排名则自然排名靠前，莆田应该注意到自身在公共财政教育支出中存在的问题并及时改正。同时，自 20 世纪 80 年代中期以来，以罗默（Romer，1986）和卢卡斯（Lucas，1988）的研究为开端发展起来的新经济增长理论，在经济系统内部探求经济持续增长的动力，其核心思想是认为经济能够不依赖外力推动实现持续增长，内生的技术进步是保证经济持续增长的决定因素，其中人力资本是推动经济增长的主要决定性因素。从 20 世纪 90 年代内生增长理论的进展来看，内生增长理论仍处于一个活跃发展的时期。其中，周国富和李时兴（2012）的研究用全国的面板数据来分析在不同经济发展水平下各级教育支出对经济增长的作用，发现在全国和各类经济区域中，基础教育支出的估计系数均为正值，且都具有统计显著性，尤其在一类地区，基础教育支出每增加 1%，经济增长约 0.1%。然而，在比较各类经济区域的基础教育支出后我们发现，尽管莆田和宁德等 GDP 总额较落后地区的教育支出份额（教育支出占教育总支出的比例）高于厦门和福州等地区，但按学生平均的基础教育支出却存在着极大的差异（厦门和福州地区远远高于莆田和宁德等地区）。地区间基础教育资源配置的这种不平衡，可能正是导致莆田等地区公共财政教育支出对人均产出的贡献均低于厦门和福州地区的主要原因。因此，必须加大对 GDP 落后地区基础教育的投入，这不仅有助于经济的进一步增长，而且能体现出公共教育资源的公平配置。

第三节　福建省九地市教育支出存在的问题

我们必须清醒地认识到，目前福建九地市教育与经济社会发展水平、人民群众接受更加良好教育的期盼还不相适应，公共财政教育支出绩效并未达到理想状态，个别地市绩效水平很低，与先进地市存在较大差距，主要体现在以下几个方面。

一、公共财政教育经费支出增长明显，但还有待加强

2010～2015 年福建省公共财政教育支出占 GDP 比重的平均值为 2.63%，公共财政教育支出占公共财政支出比重为 20.22%。国家教育事业发展"十三五"规划的通知中强调优先保障教育投入，坚持把教育作为各级人民政府财政支出重点领域给予优先保障，保证国家财政性教育经费支出占国内生产总值的比例一般不低于 4%。

2010～2015 年福建省公共财政教育支出占公共财政支出比重的平均值为 20.22%，最近三年比重都不到 20%。福建省"十三五"教育发展专项规划的通知中提出，要提高教育经费保障水平，统一教育事权和财权，完善地方政府教育投入督导、公告和责任追究制度，确保各项投入政策落实到位，全省财政教育支出占公共财政支出比例力争达到 21% 的目标要求，确保教育经费预算安排和执行均达到法定"三个增长"。因此，从这两个指标可以看出，福建省公共财政教育支出总投入量还需要增加。

二、三级教育结构来看，三级教育均衡发展水平有待提高

福建省的小学教育公共财政教育支出总额高于初中教育，更高于高中教育。公共产品理论关于此方面论述是教育级次与产品的公共性是反向变化的关系，教育级次越低，其市场失灵的概率就越大。政府关注的焦点按重要性排序是小学教

育＞初中教育＞高中教育，然而三者之间要保持合适的比例，否则政府则是管理失效。从公共财政教育支出总额说明福建省对于小学教育的关注程度最大，其次是初中，最后是高中。但 2010 ～ 2015 年福建省九地市生均公共财政教育支出中三级教育的配置比例在 1∶1.40∶1.18 的水平上，这说明福建省对初中生均投入大于高中和小学，福建省在教育上的重视程度应向高中学校教育倾斜一些，使得各级教育均衡发展，各级都受到应有的重视，为后续福建省实现十二年义务教育打下基础。只有合理优化各类教育的支出比例，才能充分发挥各类教育支出对人力资本积累的促进作用，实现经济又好又快的发展。

三、人员经费占比大大高于公用经费的占比

人员经费和公用经费的划分是根据资金的使用性质进行的。人员经费包括了各类人员的工资和各种福利补助等，公用经费是花费在学术、创新和管理等方面的经费支出，公用经费的投入为各项活动的进行做铺垫，所以公用经费支出占比是保证支出结构合理、公平、健全的重要指标。而在上海财经大学公共政策研究中心编写的《中国财政发展报告——科技教育的公共政策研究》中指出，公用经费占教育事业费的比重应该要达到40%左右为宜。福建省九地市三级教育的公用经费占比都达不到40%，有的地市甚至不到40%的1/2，特别是南平、三明、龙岩等内陆地市公共财政教育支出结构应继续加大调整力度。

四、基本公共教育服务区域结构不均衡

福建省各地市因地理位置、经济基础和资源条件的不同，经济发展水平有着很大的差距，文化教育发展程度存在很大的差异。福建省优质教育资源主要集中在福州和厦门地区，表现出来是福建东部沿海地区经济较发达，公共财政教育支出所占的比重也较高。虽然福建西部南平、三明、龙岩山区经济相对不发达，但是其生均教育投入的保障仍然比较到位，甚至要优于泉州和漳州地区。

从投入类指标来看，2010 ～ 2015 年福建省九地市各级教育生均公共财政教育支出数厦门和福州数据远远优于其他地市，最明显的是 2010 ～ 2015 年来九地市小学教育生均公共财政教育支出平均值最高的是厦门（10872.64 元），最低的是漳州（5570.98 元），几乎只有厦门的 1/2。2010 ～ 2015 年来九地市各级教育生均公共财政教育支出增长率基本都超过了 10%，增长较为明显；但是增长速度与生均公共财政教育支出数却没有呈现逆向关系，其中最明显的是泉州地区，泉

州小学生均公共财政教育支出排名倒数第二（6445.68 元），其增长率却也垫底（9.47%），不到最高值南平（21.5%）的 1/2，其间的差距是十分明显的。从这两个指标可以看出，福建省九地市之间公共财政教育支出指标具有较大不均衡性。从过程类指标看来，2010～2015 年九地市各级教育公用经费占教育事业费比重，最高值为福州小学教育公用经费占教育事业费比重为 38%，最低值为三明，高中教育公用经费占教育事业费比重只有 6%。从产出类指标来看，各级教育生师比不均衡性也很强，其中最明显的是小学教育生师比，最高值为厦门 20.96，最低值为三明，只有 13.75。从效益类指标来看，公共财政教育支出对 GDP 的弹性系数厦门为 2.63，而莆田只有 1.03，不到厦门的 1/2。因此，必须加大对 GDP 落后地区基础教育的投入，这不仅有助于经济的进一步增长，而且能体现出公共教育资源的公平配置。

五、对九地市地方政府政绩考核制度不完善

长久以来，地方官员政绩考核往往是以 GDP 为主要标准，以地方经济增长来体现官员的施政能力，虽然中共十八大以来提出要转变这种观念，但长期以来以"GDP 论英雄"的思想仍然根深蒂固。同时，教育对经济和社会的贡献具有一定的时滞性，对教育的投入不会像对固定资产投资一样快速产生经济效益。目前我国地方官员在一个地区执政任期有限，在任期内教育的投入往往不能产生立竿见影的经济社会效益，即便是轻教育支出的政策带来长远的不良影响，但由于目前尚未建立完善的官员终身追责制度，离任后也没有被追究责任的担忧，因此地方官员并没有优先保障教育支出，全面提升教育支出质量的激励和制度约束，往往是急于交出自己的施政"成绩单"，把财政支出更多地投入能迅速提升经济指标的项目上，这在一定程度上制约了福建省公共财政教育支出的投入水平和质量。

六、九地市缺乏科学有效的绩效管理制度

福建省各级教育主管部门和学校缺乏科学有效的绩效管理制度，进而无法对教育经费进行有效监督和管理。目前，学校在争取财政资金方面具有很大的主动性，但对于如何高效高质的管理和运用资金却缺少相应的激励和制度规范，甚至规定教育经费没有花完，还要受到上级教育主管部门的处罚，这反而对教育经费的浪费起到了推波助澜的作用。另外，当前福建省公共财政教育支出评价不全

面，以资金投入量、直接产出为主要评价方向，缺乏对资金投入公平、效益的关注，对投入产出效率也缺乏考量，这造成公共财政教育支出不能得到全面、客观、真实的评价，不利于财政教育资金的最优配置。因此，亟须建立和完善规范的教育支出绩效管理制度，对教育经费投入的事前论证、事中控制、结果评价要形成制度规范，从根本解决资金使用效率低的问题。

第四节　福建省九地市教育支出存在问题的对策建议

一、加大公共财政教育投入力度

提高公共教育支出水平是为了保证和促进社会生产力的健康发展，公共支出的重点必须是以维护国家机器的正常运转和人民生活的最低需要为目标。公共支出中的公共教育支出应该首先得到保证，公共教育支出占比是衡量教育投入水平的重要指标之一。我国经济学家厉以宁等人实证研究得出结论，要实现教育与经济的良性发展，公共教育支出占比重必须达到的下限为4.07%，从"公共教育支出占比重"指标的情况看，目前福建省的比重与之差距甚远。因此，要力争实现"两个确保"，提高公共教育支出水平。一是转变政府职能，科学调整公共支出结构，在有限的财力中确保教育支出的优先增长。二是安排预算时切实做到确保教育经费预算安排和执行均达到法定"三个增长"。根据办学需要和经济发展水平，建立各类教育生均财政拨款标准动态调整机制。力争"十三五"期间，各类教育财政预算生均教育事业费和公用经费支出高于全国平均水平，2020年达到东部省份平均水平。

同时，在增加财政对教育投入的同时，我们也应该考虑福建省财政的承受力，要科学调整公共支出的结构，科学测算、分解落实福建省各级政府的公共财政教育投入，把公共财政教育作为财政支出的重点予以优先保障，并且不能满足于教育经费投入总量上的增长，要建立投入总量与生均投入量协同稳定增长机制，把生均水平增长作为教育支出绩效考核的重要内容。每年初制定福建省公共财政教育支出占财政支出比例目标，根据目标合理划分省、市、县（市、区）公共财政教育支出占财政支出的比例任务。严格遵循法定增长要求，确保公共财政教育支出增长高于财政经常性收入增长，在关注总量增长的同时，全面落实生均教育费用的逐步增长，并根据各地区生均教育费用水平制定配套的财政倾斜政策。对于基础教育阶段的教育投入，力争所需经费全面纳入公共财政保障范围，并逐步提高生均公用经费基本标准。

二、促进福建省九地市小初高三级教育公共支出结构合理化

首先，从公共支出总量上还要进一步加大对教育的投入；其次，对义务教育的发展要坚持财政中立的原则，义务教育阶段的投入不应受到地区间经济和人口的影响，在学生人口比较多的省份和经济发展程度比较低的省份，要加大教育财政，保障义务教育阶段发展的需求。同时，高中阶段公共支出投入各级教育规模大小是随着社会经济的发展而有规律变化的，在一段时间内呈现出一定的、特有的发展趋势。目前我国的经济建设需要储备大批高层次的人才，虽然普及九年义务教育为这种人才储备打下了一定的基础，但是从义务教育到社会经济收益还需要相当长的一段时间，当前我国经济发展所急需的是受过高中阶段教育以上程度的劳动力，而目前我国高中教育规模及其发展程度还不能满足经济发展对人才结构提出的要求，因此，现阶段大力发展高中教育成为我国教育发展的重点。但是，普通高中教育作为最高层次的基础教育，其教育的目标和课程设置的内容仍是学生综合性的基础知识的培养，普通高中阶段不具有定向的职业培训，很难吸引到社会其他渠道的资金支持，如果教育经费不足，很容易影响高中阶段的教育质量，但是如果一味地将负担放在学生和家庭，也会造成其他的社会问题。因此，普通高中阶段要扩大规模，只能进一步依靠政府公共教育支出的投入，目前已经有学者对高中阶段纳入义务教育的可行性进行了分析研究，认为就我国目前的经济发展水平，将普通高中阶段纳入义务教育在经济上是可行的，因此，政府加大对高中阶段公共教育支出的投入也并非是一种空谈。

三、调整教育经费中人员经费与事业经费之间的比例关系

福建省九地市政府在教育支出结构上还需要调整预算内事业费和公用经费的比例，控制人员经费中的不合理支出，每年财政资金中用于公共教育的部分不能全部或者大部分用来提高教师薪资待遇，也应该将注意力转向公用经费，改善教育条件，特别是要增加对教研教学设备和教师素质培训的投入。另外，为了使福建省教学的硬件和软件同时得到完善，就要提高普通小学、初中和高中的公用经费的比例。合理调整财政性教育支出中行政管理经费、基建经费和一般教育经费支出比重，减少行政人员不合理经费，如公款消费等方面的支出。生均公用经费

水平应当尽早赶上和超过全国平均水平，将有限的财政公共教育资金发挥最大效用，促进教育事业的发展。

四、加大扶持力度，促进区域间教育公平发展

由于福建省各市经济发展水平和财政收入水平的差异，为均衡各地市教育支出水平和发展水平，需要积极建立省、市、县之间的教育转移支付框架，确保各地方政府公共教育硬件与软件提供能力的均等化。通过实证结果可知，福建省通过近年来的努力，保证了南平、三明、龙岩的山区地区人均教育支出的较好水准，但是地处"闽南金三角"的泉州和漳州地区的人均教育支出水平和其经济发展程度不相适应，莆田近年来对教育投入都垫底，长此以往将影响其基础教育的学生培养质量，因此，省政府应当站在区域发展的全局统筹，根据财力情况逐步增加泉州、漳州、莆田的教育转移支付，保证福建省全体公民享有均等教育机会。

同时，省政府在建立省、市、县之间的教育转移支付框架时应该根据具体情况划分不同区域，构建科学规范的指标体系，充分明确每个市、县的职责。这种划分不是一成不变的，政府在这一过程中必须充分实现资源配置的职能，对全省的教育资源进行科学合理的统筹规划，尽量做到各地区之间公民受教育权利和享受到的教育服务公平化，缩小地区教育资源差距，这也是实现科学发展观、建设和谐社会的基本要求。

五、建立公共财政教育支出绩效评价体系

建立公共教育支出绩效评价体系，提高财政资金使用效益，开展公共教育支出绩效评价工作，对资金使用实施跟踪问效，有利于确保财政资金的安全与完整，有利于提高资金的使用效益，有利于提高资金分配的科学性和有效性。

（一）建立公共教育支出的绩效预算机制

首先，要结合福建省省政府收支分类改革和各项配套制度的实施，在编制部门预算时试编制绩效预算。通过绩效预算为绩效评价提供基础性指导，结合福建省各级政府财政情况和各项配套制度实施要求，在预算制定阶段建立相应的绩效目标，通过绩效评价进行绩效预算的结果反映。其次，建立预算执行阶段的经费使用监督机制，各级财政与教育主管部门要建立财政教育资金使用情况的记录和

追踪反馈制度，按规定拨付教育资金后，必须随时跟踪抽查资金的使用情况，以防止教育资金的损失与浪费。同时探索把资金使用过程中的到位情况、到位速度、专款专用情况等纳入绩效评价体系，通过事后的教育支出绩效评价工作，发现资金使用过程中存在的问题，以期总结改进。以此有效提高公共财政教育资金的使用效率，优化财政资金使用结构，提高资金分配的科学性和有效性。

（二）建立公共教育支出的绩效评价机制

鉴于福建省开展公共财政教育支出绩效评价工作的时间不长，经验尚不够丰富，并无一套完善的公共财政教育支出绩效评价制度体系，因此，应由各级财政部门和教育主管部门作为主导，统筹福建省公共财政教育支出的绩效评价工作，并在各级财政部门和教育主管部门间合作组建专门负责教育绩效评价工作的团队，形成按年度进行教育支出绩效评价并出具报告的制度，同时指导并监督福建省各地各级学校对其教育经费适时进行绩效评价。另外，可以选择第三方评价模式，借助福建省当地高校的绩效评价中心或科研团队的力量，根据相应的需求进行详尽细致的绩效评价。除此之外，省政府还应通过法规文件明确管理机构职责和公共教育支出财政绩效评价工作的原则、程序、方法，统一绩效评价的共性指标和组织程序，对绩效评价工作的具体技术与行为规范做出要求。

（三）建立财政支出绩效评价工作信息库

目前，福建省财政部门已经建立了财政信息管理系统，要充分利用此信息平台，进一步建立起一套适合福建省九地市公共教育支出绩效评价的信息数据库和信息处理系统。通过建立相应的数据库，将福建省公共财政支出教育评价的相关规定、指标体系、教育数据和历年评价报告录入数据库，供政府决策参考与各个地区的经验借鉴。录入绩效评价专家数据，建立相应的专家库，将各类专家纳入其中，为各地区绩效评价寻求技术支持和指导提供便利。由福建省财政厅、教育厅牵头进行教育支出绩效评价中介机构的审核考评，将符合条件的优秀绩效评价机构纳入工作信息库中，供各地各级教育部门委托评价时选择。除此之外，建立公共教育支出财政绩效评价指标库的意见交流机制，各地、各部门或者评价机构根据在实际绩效评价过程中的启发在平台提出建议，为政府部门修正改进绩效评价指标体系提供依据。各地区各级教育部门可以根据数据库中不同地区不同年度的绩效评价报告，进行各类绩效指标的横向和纵向对比分析，找出和其他地区的差距，总结影响绩效水平提升的原因和教训，为当地提升公共财政教育支出绩效提供方向和指导。同时，福建省应积极探索绩效评价工作信息库与全国其他省份的联网运行，以扩大信息库的丰富度与对比度，使之更好地服务本省的公共财政教育支出绩效评价工作。

课题组组长：胡志勇

成　　　员：胡志勇　郑雪莲　苏建平

刘会娟　金新颖　冯　芬

文　萍

第六章

福建省公共文化服务支出绩效分析[*]

第一节　研究背景与文献综述

一、研究背景

现阶段我国社会主要矛盾已经转化为人民日益增长的美好生活需要和不平衡不充分的发展之间的矛盾。结构性过剩与结构性不足并存，不平衡不充分取代了短缺，有效供给成为我国现阶段经济、社会发展的重中之重，公共文化服务领域亦如此。

中共中央办公厅、国务院办公厅印发《国家"十三五"时期文化发展改革规划纲要》（以下简称《纲要》）指出，文化是民族的血脉，是人民的精神家园，是国家强盛的重要支撑。坚持"两手抓、两手都要硬"，推动物质文明和精神文明协调发展，繁荣发展社会主义先进文化，是党和国家的战略方针。从民众理想信念建设到精神文化产品创作，现代传播体系建立，现代公共文化服务体系标准化、均等化水平的提高，现代文化产业体系和市场的完善，中华优秀传统文化的传承，中华民族文化影响力的扩大，中国特色社会主义文化制度的成熟和定型，《纲要》提出了总体的目标性要求。

近年来，伴随经济的发展，地方公共文化服务支出在绝对数规模上有了长足的增长，文化事业蒸蒸日上，但公共文化服务支出的相对规模、支出的结构性效率仍然鲜有专门的考察和研究。推进公共文化服务支出绩效考核，对构建多元、

　＊ 本章系省基地重大项目"福建省财政文化事业支出绩效评价研究"（2016JDZ060）研究成果。

稳健的资金投入机制，创新专项转移支付力度，优化支出结构，提升公共文化服务水平，以满足民众文化需求，增强经济发展软实力，具有重要的理论意义与现实价值。

（一）研究对象界定

按照 2016 年颁布的《中华人民共和国公共文化服务保障法》的界定，公共文化服务"是指由政府主导、社会力量参与，以满足公民基本文化需求为主要目的而提供的公共文化设施、文化产品、文化活动以及其他相关服务"。公共文化服务的提供主体是"政府主导、社会力量参与"，那么公共文化服务的支出就不仅仅包括政府的相应财政支出，还包括社会力量的投入。政府对公共文化服务的财政支出，也分为对文化事业的投入和对文化产业的投入。公共文化服务财政支出按照现行的《政府收支分类科目》，该类投入下设文化、文物、体育、广播影视、新闻出版、其他文化体育与传媒支出 6 款。政府对文化产业的投入则没有专门的统计口径。考虑数据的可得性和对分析结果不会产生太大影响，本部分研究将公共文化服务支出界定为文化事业的财政支出。

评价公共文化服务支出的绩效，应着眼于支出形成的公共产品与服务的数量与质量，以及由此带来的经济效益及社会效益。按照《纲要》"坚持把社会效益放在首位、社会效益和经济效益相统一，全面推进文化发展改革"的要求，社会效益在支出绩效评价中的权重应高于经济效益。但是，由于利益外溢以及投入与产出间存在的滞后效应，公共文化服务支出的经济效益尚且难以界定，遑论社会效应。基于此，本研究对公共文化服务支出的绩效进行定量分析和评价，仅限于支出是否形成有效数量的公共产品，对其产生的经济效益和社会效益的绩效进行定性分析和评价。

（二）公共文化服务的福建省情

福建襟山带海，号称"八闽"，由九个设区市构成。就其文化地域分野而言，福建大致可分作闽西、闽北和闽南诸片。从地理环境来看，闽西和闽北在闽地外围，而闽南地处内核。从交通来看，闽西通过粤赣勾连外省，闽北则借浙赣以通消息，闽南被闽西和闽北包裹，一侧靠海，三侧环山，与外界的交流必须经过闽北，闽西则不能在中华民族的文化版图上自成一隅。恰是此"隅"，千多年来成为中华文化的保存角落。远从魏晋的衣冠南渡之后，一直持续到明清，福建一直充当了中原文化的"流寓"。渐而久之，随着外围世界的趋同除异，回看福建，尤其是最深层的闽南地区，虽然经受了从海陆两个方向而来的各种文化熏染，然抽丝剥茧,追踪其地域文化的主干,和中国绝大多数交通发达地区的文化衍变来比较,后者更多更生动地保存了民族文化,特别是民俗文化的核心内容,从而也成为人类学和社会学意义上的"文化之隅",拥有十分丰富的民族传统文化资源。

福建省与台湾地区一衣带水,隔海相望,地缘相近,血缘相亲,文缘相承,商缘相连,法缘相循。福建还是重要的侨乡,数百年来,侨民离开福建远渡重洋,遍布以东南亚为主的世界各地。日久年深,文化纽带是侨民与祖国最为坚韧的"牵连"。福建省的文化事业发展对于巩固民族统一战线、增强中华民族文化凝聚力具有重要的政治意义。

由于地理条件等资源禀赋、历史发展机遇等原因,改革开放以来,福建省各地市经济发展并不平衡。由此形成的各地市间财政收入的差异最终体现在公共文化服务支出上不同的财政能力。公共文化服务均等化需求与财政能力的矛盾在福建省一些地市中表现比较突出。

二、文献综述

财政支出绩效评价是指运用科学、规范的绩效评价方法,对照统一的评价标准,对财政支出行为的过程及其效果进行的分析、评估和报告,以提高政府管理效率、资金使用效益和公共服务水平。对财政支出的绩效评价可以从财政支出整体到具体项目细分为四个层次,本部分将研究对象限定于按《政府收支分类目录》里的功能分类中的财政文化事业支出,属于第二个层次。

(一)财政支出绩效评价的源起

20世纪初,西方一些较发达国家在借鉴企业管理经验的基础上,根据投入产出原理,通过在政府预算编制中试行绩效预算并不断总结,逐步形成了适合于财政管理的绩效管理概念及相应的理论。绩效评价是绩效管理的重要手段。1907年,纽约市政研究局首次把以效率为核心的绩效评估技术应用到纽约市政府,建立了评价政府活动的成本/投入、政府活动的产出、评价政府活动的结果三种类型的绩效评价,这一实践具有里程碑式的意义;20世纪60年代,随着行政权力不断膨胀,西方国家开始尝试对财政支出项目的有效性进行审计,经济性、效率性和效果性并重的审计是绩效审计的雏形;1973年,尼克松政府颁布《联邦政府生产率测定方案》,力图使公共部门绩效评估系统化、规范化、经常化;20世纪80年代新公共管理运动兴起,绩效管理成为西方各国行政改革的重要组成部分,绩效评价指标开始细化,向目标管理和绩效评估的结合发展;20世纪90年代政府再造运动的影响，推动财政支出绩效评价的规范化和系统化，引入平衡计分卡这一有力工具；近年来，西方国家财政支出绩效评价在实践中不断深化，根据不同的绩效评价的目的和类型，选择不同的评价方法和指标，绩效评价的系统化和科学化、常规化进一步加强。

我国的财政支出绩效评价实践开展较晚，2001 年开始在个别省份开展小规模试点，直至目前尚未形成统一的绩效评价体系，还难以适应我国经济发展与财政改革的需要。

（二）国外财政公共文化服务财政支出绩效评价研究评述

对财政公共文化服务财政支出绩效评价最早始于 20 世纪 90 年代，当时主要集中于问卷与访谈模式，侧重于调查社会公众对支出效果的主观感受。格莱瑟（Mark A. Glaser）和丹哈特（Robert B. Denhardt）通过对桔镇发放调查问卷的方式调查市民对当地财政文化事业建设的满意度。瑞珍（Greg G. Van Ryzin）采用电话方谈的方式收集纽约市民对政府文化事业建设方面工作的意见，研究发现公众对同一调查项目的满意度与其自身经济地位和社会地位高度相关。凯利（Janet M. Kelly）和斯温德尔（David Swomdell）发现公众满意度与政府工作绩效高度成正比，公众满意度是评价财政公共文化服务财政支出绩效的一个重要指标。

平衡计分卡的原理被美国阿顿斯公共服务研究中心的学者们用于财政公共文化服务财政支出绩效评价，从绩效过程视角对其进行评估，协调社会中不同利益相关者的利益关系而得出不同的绩效结果。美国多所大学通过合作对政府公众文化服务绩效体系进行了系统化的研究，提出绩效评估的 GPP 模式，取得广泛的公众认同。

目标导向的绩效评价体系是西方主要发达国家构建科学合理的财政文化事业绩效评价体系的重要方向和维度。英格拉姆（Patricia W. Ingraham）提出"管理黑箱"问题，认为传统的公共文化服务财政支出绩效评估只是局限于政府有关文化服务方面提供效率的测评，欠缺对管理手段和能力的测评；本诺威茨（Benowitz）和斯可恩（Schein）提出，加强政府自身的绩效评估和管理是公共部门自身形象再造的重要手段，有助于提高社会公众对政府工作的信心；2004 年，胡根伯茨曼（Hoogenboezem）论述了对未完成指定工作目标的公共部门予以惩戒能有效提供公共文化服务的绩效；麦瑟（Mercer）认为，政府公共服务的实现需要建立科学、合理的绩效评估体系来支撑政府减少行政成本和提高工作效率的目标。

在绩效评价方法上，瑞德里（Ridley，1927）的《市政工作衡量：行政管理评估标准的调查》最早引入成本分析法，也是财政支出评价的最早著作；汤姆和罗伯特（Tom & Robert，1982）提出了组织的 8 项卓越原则，推动了绩效评价指标法的确立；罗伯特和大卫（Robert & David，1990）的平衡计分卡原理为绩效评价提供了有力的工具。

针对多个受评单位或备选方案的相对效率分析与比较，查尼斯等（Charnes et al.，1978）推广了法雷尔 Farrell（1957）的效率评估方法，提出了数据包络分析法（data envelopment analysis，DEA）的相对比较方式。邦克等（Banker et al.，1984）打破规模报酬不变（CCR 模式）的假设，将数据包络分析法一般化到规模报酬可变的情况，即 BCC 模式。多伊尔与格林（Doyle and Green，1994）提出一种"同侪评估"（peer evaluation）的方式，也就是以 CCR 模式或其他 DEA 模式求得每个决策单位对自己有利的权重组合，取算数平均数作为之交叉效率。安德森与彼得森（Andersen and Petersen，1993）提出，将受评决策单位排除在参考集合之外的方法，用来解决 CCR 模式下无法进一步区分效率同为 1 的方案优劣的 A&P 模式。

另外，在实践发展过程中，成本—效益分析法、最低成本法（最低费用选择法）、综合评价法（多指标分配权重）、公众评判法、因素分析法、模糊数学法先后被逐步引入，形成了服务不同层次、不同目的的财政支出绩效评价方法体系。

（三）国内研究现状述评

吕建春（2001）、徐晨阳和王华梅（2004）最早论述了财政支出绩效评价的原则；陈文学（2004）、卢静（2005）区分了财政支出绩效评价从财政支出整体到具体项目的四个层次。

陈工（2008）比较全面系统地论述了我国建立财政支出绩效评价体系的重要性，指出对政府部门效率和责任的强调，注重结果（目标）导向和对民众公共服务需求的回应，是现代政府部门进行资源配置，提高财政资金使用效益和政府行政效率，改善政府形象的重要手段，是当今世界各国行政改革的新趋势。

在评价指标体系建立的探索方面：郭亚军和何延芳（2004）建立了财政支出规模类指标、结构类指标和效果类指标；辽宁省财政厅东北大学联合课题组（2004）建立的指标体系包括支出结构类指标、拉动系数类指标、贡献类指标；余振乾和余小方（2005）认为，绩效不能只评价产出和结果，投入目标和运作过程也应成为评价对象，从立项目标和内容、项目管理状况、项目完成状态和项目社会经济效益四个方面建立评价指标体系；在指标权重确定方面主要有排序法、层次分析法、专家直观判断法，在以上方法的基础上，郭亚军和何延芳（2004）运用"拉开档次"的差异驱动；章建石和孙志军（2006）运用层次分析法对减轻指标权重确定主观性的问题进行了有价值的探索。

国内鲜有专门针对财政公共文化服务支出绩效评价的文献，仅散见于部分学者对整体财政支出绩效评价的论述中。罗晓光（2006）指出，目前在公共文化服务绩效评估体系建设研究的匮乏不能适应当前经济、社会发展的要求；马庆钰（2008）认为，公共文化服务绩效评估必须进行效率、效益和公平度的评估；向勇建立公共文化服务绩效评估的社会公众满意度模型，仅就公众满意度进行单维度的探索；杨林和许敬轩（2016）使用因子分析法衡量全国各省公共文化服务支出的规模绩效，发现与经济发展水平没有明显相关性，地方公共文化服务支出规模绩效的整体水平有待进一步提高；曾志杰和胡志勇（2017）使用 DEA 模型对福建省厦门、漳州、泉州三市公共文化服务支出绩效作了评价，得出三市相对技术效率水平的比较结果，但是这些零散的探索还没有形成系统性观点。

（四）研究意义与数据来源

当前针对特定政府职能的财政支出绩效评价研究内容较少，处于起步阶段。对福建省财政公共文化服务财政支出绩效评价的研究能够从具体社会经济环境与文化事业改革的实际出发，探索公共文化服务财政支出绩效评价与文化事业体制改革的关系，构建具有中国特色的公共文化服务财政支出绩效评价体系，是我国公共管理领域发展的新课题与新视角。能够在借鉴国外实践经验和理论成果的基础上促使研究的理论与实践运用逐渐"本土化"，对于推动财政支出绩效评价在第二层面的应用研究，对于促进福建省文化事业的发展具有一定的实践指导意义。木章所有数据来自相关年份的《福建省财政年鉴》和九地市的统计年鉴。

第二节　福建省九地市公共文化服务支出比较分析

一、九地市公共文化服务支出纵向分析

综观 2006～2015 年 10 年间福建省九地市公共文化服务财政支出的数据，除 2007 年由于科目调整统计口径变化，支出绝对值下降以外，其余年份各地市公共文化服务财政支出均保持相对强劲的上升趋势，10 年间均实现了 3～4 倍的增

长。"十一五""十二五"时期是福建省加快转变经济发展方式、推动跨越发展的关键时期，是推进海峡西岸经济区建设、提前三年建成全面小康社会的决定性时期。推动文化大繁荣的举措体现为加强精神文明建设，大力弘扬八闽特色文化，加大哲学和社会科学发展，加大研究和项目经费投入，加强公共智库建设方面。10 年来，全省各地市积极完善城乡公共文化服务网，推进博物馆、图书馆、美术馆、艺术馆和电影院等设施场馆建设。一方面，"农村书屋""有线广播村村响"等针对基层文化事业的建设全面铺开，提供公共文化的"普遍服务"；另一方面，做大做强"十大文化产业"，重点抓好"五大文化产业工程"推动文化市场繁荣。这些政策的施行与 10 年来的公共文化服务财政支出增长情况是相吻合的。

以表 6-1 中厦门市公共文化服务财政支出数据为例，与其他地市相比，厦门市的支出基数较大，支出 10 年内翻了一番。在持续增长的整体趋势下，某些年份，例如 2006 年、2011 年支出增长率达到峰值，某些年份，例如 2007 年、2014 年增长率较低。这是由于类似厦门市文化艺术中心这类的大型场馆建设或者承办一些国际性大型文化活动导致的波动。

表 6-1　　　　　　　　厦门市公共文化服务财政支出规模情况

年份	公共财政支出（万元）	GDP（万元）	公共文化财政支出（万元）	每百万人口公共文化财政支出（元）	公共文化财政支出增长率（%）	公共文化支出占财政支出比重（%）	公共文化财政支出占GDP比重（%）
2006	1500848	11737984	51100	17743.06	39.89	3.40	0.44
2007	1986559	14025849	47649	15674.02	-6.75	2.40	0.34
2008	2380896	16107098	46477	14256.75	-2.46	1.95	0.29
2009	2680527	17372349	51914	15731.51	11.70	1.94	0.30
2010	3069468	20600738	58342	16388.20	12.38	1.90	0.28
2011	3983700	25393132	81963	22704.43	40.49	2.06	0.32
2012	4704965	28151706	87374	23807.63	6.60	1.86	0.31
2013	5340945	30064081	104198	27935.12	19.26	1.95	0.35
2014	5609028	32735772	110251	28937.27	5.81	1.97	0.34
2015	6511705	34660288	142415	36895.08	29.17	2.19	0.41

从表 6-2~表 6-9 其他各地市的公共文化服务财政支出数据来看，由于基数相对较小，这些地市的公共文化服务财政支出绝对数的增长比厦门市更为显著。福州市从 2006 年的 34761 万元增长到 2015 年的 146966 万元，南平、三明、宁德与福州类似，公共文化服务财政支出绝对数在 10 年间增长超过 4 倍。其余地市如泉州、漳州、莆田也有 3 倍的增长。从各地市的公共文化服务财政支出的环比增长率情况来看，除龙岩市表现较为平稳之外，其他地市均呈现总体上升但增幅波动明显的状况，一些年份环比增长率较高，例如漳州市 2013 年的环比增长率高达 51.08%，莆田市 2009 年环比增长率 60.61%；三明市 2013 年环比增长率 96.39%，而一些年份增长率较低，如莆田 2010 年环比增长 0.16%。这种增幅波动明显的情况说明各地市公共文化服务财政支出中维持日常行政运营的经常性支出占比不大，个别年份支出的爆发性增长往往是譬如场馆建设、大型活动的开支需求引致的。这种波动与福建省九地市公共文化服务网络处在推进文化大繁荣的政策背景相吻合。

从文化事业占财政支出的比重的变化来看，剔除 2007 年的异常点，10 年间全省各地市整体呈现温和的上涨趋势。公共文化服务财政支出占财政支出的比重数值大部分稳定在 1.5%~2.2% 的区间内。公共文化服务财政支出占 GDP 的比重，厦门与泉州两市 10 年内维持稳定，而其余各地市有持续稳定的增长。

表 6-2　　　　　　　　　　福州市公共文化服务财政支出规模情况

年份	公共财政支出（万元）	GDP（万元）	公共文化财政支出（万元）	每百万人口公共文化财政支出（元）	公共文化财政支出增长率（%）	公共文化支出占财政支出比重（%）	公共文化财政支出占GDP比重（%）
2006	1100589	16869271	34761	5180.48	14.06	3.16	0.21
2007	1430922	20292767	17443	2580.33	-49.82	1.22	0.09
2008	1781952	23556710	25267	3699.42	44.85	1.42	0.11
2009	2050925	26040448	35321	5141.34	39.79	1.72	0.14
2010	2624208	31234091	39185	5507.38	10.94	1.49	0.13
2011	3633008	37363796	59263	8230.97	51.24	1.63	0.16
2012	4107344	42109279	76458	10516.92	29.01	1.86	0.18
2013	5338424	46850151	100835	13737.74	31.88	1.89	0.22
2014	5748081	51691647	122186	16444.85	21.17	2.13	0.24
2015	7259345	56180844	146966	19595.47	20.28	2.02	0.26

表 6-3　　　　　　　　泉州市公共文化服务财政支出规模情况

年份	公共财政支出（万元）	GDP（万元）	公共文化财政支出（万元）	每百万人口公共文化财政支出（元）	公共文化财政支出增长率（%）	公共文化支出占财政支出比重（%）	公共文化财政支出占GDP比重（%）
2006	1047758	19324800	36876	4709.58	17.59	3.52	0.19
2007	1339436	23433000	24676	3119.60	-33.08	1.84	0.11
2008	1613540	27956300	32259	4047.55	30.73	2.00	0.12
2009	1869038	30695000	31575	3907.80	-2.12	1.69	0.10
2010	2296427	35649739	34811	4276.54	10.25	1.52	0.10
2011	2969907	42028800	43427	5289.53	24.75	1.46	0.10
2012	3564437	47027000	58323	7035.34	34.30	1.64	0.12
2013	4222149	52161600	66176	7915.79	13.46	1.57	0.13
2014	4767231	57333600	79416	9409.48	20.01	1.67	0.14
2015	5398893	61377100	94404	11093.30	18.87	1.75	0.15

表 6-4　　　　　　　　漳州市公共文化服务财政支出规模情况

年份	公共财政支出（万元）	GDP（万元）	公共文化财政支出（万元）	每百万人口公共文化财政支出（元）	公共文化财政支出增长率（%）	公共文化支出占财政支出比重（%）	公共文化财政支出占GDP比重（%）
2006	495690	7552000	15995	3388.77	24.43	3.23	0.21
2007	682974	8776300	10430	2200.42	-34.79	1.53	0.12
2008	922578	10023900	11746	2462.47	12.62	1.27	0.12
2009	1207303	11780100	15095	3144.79	28.51	1.25	0.13
2010	1475168	14307100	16038	3333.19	6.25	1.09	0.11
2011	1824288	17682000	19113	3948.97	19.17	1.05	0.11
2012	2217738	20129200	26524	5413.06	38.77	1.20	0.13
2013	2622539	22462300	40073	8128.40	51.08	1.53	0.18
2014	2745041	25063600	46283	9331.25	15.50	1.69	0.18
2015	3558161	27673500	60308	12061.60	30.30	1.69	0.22

表 6 – 5　　　　　　　　　莆田市公共文化服务财政支出规模情况

年份	公共财政支出（万元）	GDP（万元）	公共文化财政支出（万元）	每百万人口公共文化财政支出（元）	公共文化财政支出增长率（%）	公共文化支出占财政支出比重（%）	公共文化财政支出占GDP比重（%）
2006	257419	4220100	11357	4027.31	24.19	4.41	0.27
2007	325365	5117700	3609	1275.26	−68.22	1.11	0.07
2008	455274	6100100	5006	1762.68	38.71	1.10	0.08
2009	625898	6914200	8040	2811.19	60.61	1.28	0.12
2010	793185	8503300	8053	2898.33	0.16	1.02	0.09
2011	954086	10506200	11115	3983.87	38.02	1.16	0.11
2012	1177859	12003800	16447	5853.03	47.97	1.40	0.14
2013	1441627	13453200	21710	7671.38	32.00	1.51	0.16
2014	1579085	15020700	26301	9228.42	21.15	1.67	0.18
2015	1887983	16556000	34879	12152.96	32.61	1.85	0.21

表 6 – 6　　　　　　　　　三明市公共文化服务财政支出规模情况

年份	公共财政支出（万元）	GDP（万元）	公共文化财政支出（万元）	每百万人口公共文化财政支出（元）	公共文化财政支出增长率（%）	公共文化支出占财政支出比重（%）	公共文化财政支出占GDP比重（%）
2006	338263	4705847	14257	5307.30	21.28	4.21	0.30
2007	457014	5717644	7263	2694.99	−49.06	1.59	0.13
2008	530180	7230052	8315	3077.92	14.48	1.57	0.12
2009	751466	8002444	10521	3881.43	26.53	1.40	0.13
2010	970095	9751020	12672	4646.35	20.44	1.31	0.13
2011	1208542	12118142	14618	5347.72	15.36	1.21	0.12
2012	1532235	13348211	19127	6974.55	30.85	1.25	0.14
2013	1873622	14864567	37563	13489.55	96.39	2.00	0.25
2014	1988757	16212064	44902	15810.01	19.54	2.26	0.28
2015	2406724	17130478	58390	20544.67	30.04	2.43	0.34

表 6 -7 龙岩市公共文化服务财政支出规模情况

年份	公共财政支出（万元）	GDP（万元）	公共文化财政支出（万元）	每百万人口公共文化财政支出（元）	公共文化财政支出增长率（%）	公共文化支出占财政支出比重（%）	公共文化财政支出占GDP比重（%）
2006	407017	4701935	14247	5180.73	15.77	3.50	0.30
2007	550826	5951577	9899	3586.60	-30.52	1.80	0.17
2008	682233	7340601	11996	4330.69	21.18	1.76	0.16
2009	890415	8248814	16579	5963.67	38.20	1.86	0.20
2010	1108134	9908973	18719	7037.22	12.91	1.69	0.19
2011	1377312	12421544	22164	8657.81	18.40	1.61	0.18
2012	1649299	13567808	28545	11107.00	28.79	1.73	0.21
2013	1994163	14807098	34960	13550.39	22.47	1.75	0.24
2014	2060037	16215793	44872	17325.10	28.35	2.18	0.28
2015	2579654	17384902	58082	22253.64	29.44	2.25	0.33

表 6 -8 南平市公共文化服务财政支出规模情况

年份	公共财政支出（万元）	GDP（万元）	公共文化财政支出（万元）	每百万人口公共文化财政支出（元）	公共文化财政支出增长率（%）	公共文化支出占财政支出比重（%）	公共文化财政支出占GDP比重（%）
2006	314277	3866200	9468	3102.53	6.26	3.01	0.24
2007	419383	4660663	5321	1740.03	-43.80	1.27	0.11
2008	557180	5591989	7103	2311.95	33.49	1.27	0.13
2009	702391	6216534	10274	3323.63	44.64	1.46	0.17
2010	870249	7286525	9706	3110.90	-5.53	1.12	0.13
2011	1163218	8943055	13104	4177.91	35.01	1.13	0.15
2012	1311031	9950750	15144	4828.47	15.57	1.16	0.15
2013	1781228	11154300	25687	8155.64	69.62	1.44	0.23
2014	1903858	12325593	30479	9596.36	18.66	1.60	0.25
2015	2399707	13394345	40328	12621.43	32.31	1.68	0.30

表 6 – 9　　　　　　　宁德市公共文化服务财政支出规模情况

年份	公共财政支出（万元）	GDP（万元）	公共文化财政支出（万元）	每百万人口公共文化财政支出（元）	公共文化财政支出增长率（％）	公共文化支出占财政支出比重（％）	公共文化财政支出占GDP比重（％）
2006	328893	3748949	12610	4348. 27	8. 57	3. 83	0. 34
2007	430179	4574514	5900	2048. 61	− 53. 21	1. 37	0. 13
2008	548023	5429822	6655	2326. 92	12. 80	1. 21	0. 12
2009	693331	6122829	8640	3031. 58	29. 83	1. 25	0. 14
2010	866062	7386099	10142	3599. 13	17. 38	1. 17	0. 14
2011	1140729	9301166	12047	4256. 89	18. 78	1. 06	0. 13
2012	1421845	10750634	18333	6455. 28	52. 18	1. 29	0. 17
2013	1859540	12388521	26980	9500. 00	47. 17	1. 45	0. 22
2014	1999031	13760938	30019	10532. 98	11. 26	1. 50	0. 22
2015	2480065	14873590	42008	14636. 93	39. 94	1. 69	0. 28

二、九地市公共文化服务支出的横向分析

对福建省九地市的公共文化服务支出进行横向比较分析，具体分析如下。

（一）公共文化服务支出的绝对规模比较

从表 6 – 10 中可以看出，对福建省九地市公共文化服务财政支出绝对规模进行比较，2014 年开始福州超过厦门跃居全省第一位。厦门市 10 年来公共文化服务财政支出绝对规模平稳增长，保持在全省前列，泉州、漳州紧随其后，稳居第三、第四位。后面依次是三明、龙岩、南平、宁德与莆田。

表 6 – 10　　　　2006～2015 年福建省九地市公共文化服务财政支出规模情况　　　单位：万元

年份	福州	厦门	泉州	漳州	三明	龙岩	南平	宁德	莆田
2006	17443	47649	24676	10430	7263	9899	5321	5900	3609
2007	25267	46477	32259	11746	8315	11996	7103	6655	5006
2008	35321	51914	31575	15095	10521	16579	10274	8640	8040
2009	39185	58342	34811	16038	12672	18719	9706	10142	8053

续表

年份	福州	厦门	泉州	漳州	三明	龙岩	南平	宁德	莆田
2010	59263	81963	43427	19113	14618	22164	13104	12047	11115
2011	34761	51100	36876	15995	14257	14247	9468	12610	11357
2012	76458	87374	58323	26524	19127	28545	15144	18333	16447
2013	100835	104198	66176	40073	37563	34960	25687	26980	21710
2014	122186	110251	79416	46283	44902	44872	30479	30019	26301
2015	146966	142415	94404	60308	58390	58082	40328	42008	34879

在以每百万人口公共文化财政支出规模方面，从表6－11中可以看出，大体的排序为厦门、龙岩、三明、福州、宁德、南平、莆田、漳州、泉州。与绝对规模的排名顺序不同，厦门市每百万人口公共文化服务支出的规模居全省第一位。从排名可以看出，泉州、漳州这两个总规模居前的城市其公共文化服务支出相对于人口规模而言处于末位，而龙岩、三明、宁德的公共文化支出相对于人口规模具有一定的优势。

表6－11　　　　2006～2015年福建省九地市每百万人公共文化服务
财政支出规模情况　　　　单位：万元

年份	厦门	龙岩	三明	福州	宁德	南平	莆田	漳州	泉州
2006	17743.05	5180.73	5307.30	5180.48	4348.27	3102.53	4027.31	3388.77	4709.58
2007	15674.02	3586.60	2694.99	2580.33	2048.61	1740.03	1275.26	2200.42	3119.60
2008	14256.75	4330.69	3077.92	3699.42	2326.92	2311.95	1762.68	2462.47	4047.55
2009	15731.51	4315.11	3067.54	5141.34	3031.58	3323.63	2811.19	3144.79	3907.80
2010	16388.20	7037.22	4646.35	5507.38	3599.13	3110.90	2898.33	3333.19	4276.54
2011	22704.43	8657.81	5347.72	8230.97	4256.89	4177.91	3983.87	3948.97	5289.53
2012	23807.63	11107.00	6974.55	10516.92	6455.28	4828.47	5853.03	5413.06	7035.34
2013	27935.12	13550.39	13489.55	13737.74	9500.00	8155.64	7671.38	8128.40	7915.79
2014	28937.27	17325.10	15810.01	16444.95	10532.98	9596.36	9228.42	9331.25	9409.48
2015	36895.08	22253.64	20544.67	19595.47	14636.93	12621.43	12152.96	12061.60	11093.30

（二）公共文化服务支出的相对规模比较

从表 6 - 12 中可以看出，福建省九地市公共文化服务支出的比重，三明、龙岩、厦门、福州高于 2%，其余五地市偏低。泉州、漳州两市公共文化支出总额虽居于全省前列，但是占当地财政支出的比重却较低，有较大的上升空间。而龙岩、莆田公共文化服务支出的绝对规模不大的原因应是其财政支出的总量不足。值得一提的是三明，其 GDP 与财政支出在全省九地市中排名靠后，但是人均公共文化服务支出数和占财政支出的比重均在全省排在前列。

表 6 - 12　　　　2006～2015 年福建省九地市公共文化服务占财政支出比重　　　单位：%

年份	三明	龙岩	厦门	福州	莆田	泉州	宁德	漳州	南平
2006	4.21	3.50	3.40	3.16	4.41	3.52	3.83	3.23	3.01
2007	1.59	1.80	2.40	1.22	1.11	1.84	1.37	1.53	1.27
2008	1.57	1.76	1.95	1.42	1.10	2.00	1.21	1.27	1.27
2009	1.40	1.86	1.94	1.72	1.28	1.69	1.25	1.25	1.46
2010	1.31	1.69	1.90	1.49	1.02	1.52	1.17	1.09	1.12
2011	1.21	1.61	2.06	1.63	1.16	1.46	1.06	1.05	1.13
2012	1.25	1.73	1.86	1.86	1.40	1.64	1.29	1.20	1.16
2013	2.00	1.75	1.95	1.89	1.51	1.57	1.45	1.53	1.44
2014	2.26	2.18	1.97	2.13	1.67	1.67	1.50	1.69	1.60
2015	2.43	2.25	2.19	2.02	1.85	1.75	1.69	1.69	1.68

（三）公共文化服务支出的增长速度比较

表 6 - 13 中，福建省九地市的公共文化服务支出增长率处于不断波动的情况，其波动的态势基本保持同步。2007 年，由于统计口径的变化出现了异常点；2009 年各地增长率除泉州外均达到一个小高峰（泉州增长高峰是 2008 年）；2013 年，闽东与闽西北的三明、南平、宁德的公共文化服务支出增长是一个小高峰；福州、厦门、泉州、莆田的公共文化服务支出增长在"十二五"开局的 2011～2012 年形成一个峰值。

表6-13　　　　　2006~2015年福建省九地市公共文化服务环比增长率　　　单位:%

年份	福州	厦门	泉州	漳州	莆田	龙岩	三明	南平	宁德
2006	14.06	39.89	17.59	24.43	24.19	15.77	21.28	6.26	8.57
2007	-49.82	-6.75	-33.08	-34.79	-68.22	-30.52	-49.06	-43.80	-53.21
2008	44.85	-2.46	30.73	12.62	38.71	21.18	14.48	33.49	12.80
2009	39.79	11.70	-2.12	28.51	60.61	38.20	26.53	44.64	29.83
2010	10.94	12.38	10.25	6.25	0.16	12.91	20.44	-5.53	17.38
2011	51.24	40.49	24.75	19.17	38.02	18.40	15.36	35.01	18.78
2012	29.01	6.60	34.30	38.77	47.97	28.79	30.85	15.57	52.18
2013	31.88	19.26	13.46	51.08	32.00	22.47	96.39	69.62	47.17
2014	21.17	5.81	20.01	15.50	21.15	28.35	19.54	18.66	11.26
2015	20.28	29.17	18.87	30.30	32.61	29.44	30.04	32.31	39.94

第三节　公共文化服务支出的绩效评价

一、研究方法

数据包络分析法是基于面板数据的一种非参数估计方法,此方法用于评价多投入、多产出的决策单元之间的相对有效性综合绩效。它不需要对市场相应的竞争状况做出假设,也不需要特定的生产函数假设和效率项的分布假设,使用DEA分析方法构建出最佳实践面,将决策单元(即本研究中的福建省九地市)同最佳实践者相比较,计算出每个单元的效率。

设有N个决策单元DMU,假设每个DMU都有K项投入和M项产出,对于第i个DMU分别用x_i和y_i表示:

$$x_i = (x_{1i}, x_{2i}, \cdots, x_{ki}), \quad y_i = (y_{1i}, y_{2i}, \cdots, y_{Mi})$$

其中,X、Y分别表示K×N维投入相关矩阵和M×N维产出相关矩阵。对于福建省的地级市,期望测度出所有产出与投入的比例,即:

$$h_i = \frac{u^T y_i}{v^T x_i} = \frac{\sum_{i=1}^{M} u_i y_i}{\sum_{j=1}^{K} v_j x_i}$$

其中，v_i 表示第 i 项输入的权数，u_i 表示第 i 项输出的权数，权重需要通过模型确定。假设规模报酬不变，其最优权重可以求解下列数学问题得出：

$$\text{Max}_{u,v} \frac{u^T y_i}{v^T x_i}$$

$$\text{s. t. } \frac{\sum_{r=1}^{s} u_r y_{rj}}{\sum_{i=1}^{m} v_i x_{ij}} \leqslant 1, \ j = 1, 2, \cdots, n;$$

$$v = (v_1, v_2, \cdots, vm) T \geqslant 0$$

$$u = (u_1, u_2, \cdots, um) T \geqslant 0$$

上述目标函数就是第 i 个地级市产出与投入的加权比例。为避免得出无穷多解，例如：

（u，v）是一个解，（au，av）则是另一个解，可增加约束，$v^T x_i = 1$，则上式表示为：

$$\text{Max}_{u,v} \mu^T y_i$$

$$\text{s. t. } v^T x_i = 1$$

$$\mu^T y_j - v^T x_i \leqslant 0$$

$$\mu, \ v \geqslant 0$$

利用对偶原理，可以得到这一问题的等价包络形式：

$$\min_{\theta, \lambda} \theta$$

$$\text{s. t. } -y_i + Y\lambda \geqslant 0$$

$$\theta x_i - X\lambda \geqslant 0$$

$$\lambda \geqslant 0$$

这里的 θ 是一个标量值，θ 表示第 i 个 DMU 的效率值，其值满足 $0 \leqslant \theta \leqslant 1$。当 θ 小于 1 时，表明该 DMU 效率不是有效的；当 θ = 1 时，表示该地级市处于效率前沿面上的点，因此其处在效率有效状态。CRS 模型得出的效率是技术效率，其经济含义是当第 i 个地级市产出水平保持不变（投入导向）时，若以样本中最佳表现（处于生产前沿面）的地级市为标准，实际所需要的投入比例。1 − θ 就是第 i 地级市多投入的比例，也就是可以减少（或称浪费）的比例。

CRS 模型测定的是企业的技术效率（TE），即在给定投入的情况下企业获取最大产出的能力，但 CRS 模型无法说明无效率的原因是由于技术无效率还是规模无效率造成的。因此需要借助 VRS 模型将技术效率进一步分解为纯技术效率变化与规模效率变化，这里的技术效率也是下文中的综合效率。

通过增加一个凸性规定，即 $\sum \lambda = 1$，CRS 模型可以较容易地修正为 VRS 模型。

投入导向 VRS 模型的线性规划如下：

$$\min_{\theta,\lambda} \theta$$
$$s.t. \quad -y_i + Y\lambda \geqslant 0$$
$$\theta x_i - X\lambda \geqslant 0$$
$$\sum \lambda = 1$$
$$\lambda \geqslant 0$$

综合效率 = 纯技术效率 × 规模效率，只有 DMU 同时达到纯技术效率有效和规模效率有效时，综合效率才达到有效。纯技术效率反映 DMU 投入与产出的配置和管理等方面的能力，规模效率则表示投入的规模报酬变化对产出影响的程度。

二、变量的选取

（一）投入指标的选取

文化支出的直接受益者是所在地市的人民，因此，以每百万人口相应的投入或产出指标作为统一研究尺度是一个合理的选择。本部分效率评价的是福建省九地市公共文化服务支出，除了财政资金在文化事业上的投入有精确的统计口径以外，其余投入或者指标零散、数据难以取得，或者不是专门作用于公共文化服务，与科普、教育乃至其他领域重叠。因此，将每百万人口平均文化事业支出作为投入指标是一个恰当的选择。

（二）产出指标选取

公共文化服务支出的绩效体现为支出形成的公共文化基础设施、公共文化产品与服务，以及由此带来的经济效益和社会效益。公共文化基础设施主要包括诸如公共图书馆、博物馆、文艺表演场所以及基层的文化站、群艺馆等设施；在公共文化基础设施中提供的诸如图书借阅、展览、讲座、培训、表演等相关公共文化产品与服务以活跃民众文化生活，提高群众文化素养，传承和发扬民族文化传统，促进文化、艺术事业的发展。公共文化服务支出的经济效益，一方面与教育和科技投入类似，通过提高劳动力要素的质量，提升劳动效率和生产力水平，从而达成产品产量、质量的提升，或生产成本的节约；另一方面，文化借助文字、图像、影音、数字媒体、互联网等各种载体形成文化产品，产生经济价值。更进一步地，文化还可以与其他传统产品、传统服务相结合，形成新的文化创意产业，产生经济效益。

由于公共文化支出的经济效益与社会效益都难以准确衡量，财政在文化支出与教育、科技等方面支出产生的经济效益与社会效益难以区分，即便挑出指标仍然存在严重的多重共线性，难以构建对文化支出经济效益与社会效益进行考察的分析模型。因此，本研究考虑数据的可得性与福建省九地市的一致性，结合 DEA 评价方法，选取每百万人口图书馆、博物馆、文化馆（群艺馆）等公共文化基础设施的数量、藏书数、艺术表演观众人数、群艺馆从业人员数量指标，作为公共文化服务支出的产出指标，见表 6 – 14。

表 6 – 14　　　　福建省九地市公共文化服务支出效率评价指标

投入指标	每百万人口公共文化服务支出	与产出指标对应的财政支出
产出指标	每百万人口公共图书馆的数量	公共图书供给能力
	公共图书馆藏书量	
	每百万人口博物馆数量	文物藏存、展览公共服务能力
	艺术表演观众数	艺术表演的公众感召力
	每百万人口文化站（群艺馆）数量	群众文化公共服务能力
	群众文化机构从业人员数	

（三）数据来源

根据公共文化服务支出绩效评价的指标体系，选取福建省九地市 2006～2015 年的公共文化服务支出相关数据进行实证分析。所有数据除特殊说明外，均来自福建省九地市 2007～2016 年的统计年鉴以及相应的统计局网站。

三、实证分析

（一）福建省公共文化服务支出效率总体评价

2006～2015 年福建省公共文化服务支出综合技术效率、纯技术效率和规模效率的平均值如表 6 – 15 和图 6 – 1 所示，可以看出，近 10 年福建省公共文化服务支出效率水平较为稳定。从时间上看，公共文化服务支出的综合技术效率均值一直处于平稳上升的趋势，从 2006 年的 0.753 上升到 2015 年 0.921；其中，2010 年与 2012 年出现微幅震荡，2010 年在上升总趋势中降至 0.771，2011 年恢复到

表 6 – 15　　　　　2006 ~ 2015 年福建省九地市公共文化服务支出平均效率值

年份	综合技术效率	纯技术效率	规模效率
2006	0.753	0.820	0.923
2007	0.807	0.831	0.976
2008	0.805	0.832	0.972
2009	0.824	0.888	0.934
2010	0.771	0.868	0.898
2011	0.835	0.874	0.956
2012	0.775	0.863	0.886
2013	0.841	0.898	0.940
2014	0.881	0.928	0.952
2015	0.921	0.876	0.903

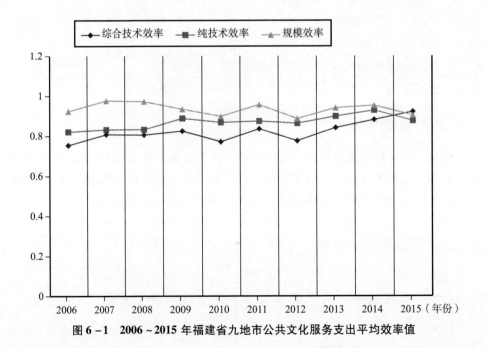

图 6 – 1　2006 ~ 2015 年福建省九地市公共文化服务支出平均效率值

0.835，2012 年又降至 0.775，2013 年恢复趋势。从数据上看，公共文化服务支出的综合技术效率上升趋势的贡献主要来自纯技术效率的平稳上升，从 2006 年的 0.82 上升至 2014 年的 0.928，2015 年下降至 0.876。公共文化服务支出的规模效率值在 10 年间呈微幅震荡下降的趋势，从 2006 年的 0.923 上升至 2008 年的峰值 0.972，后续几年持续在 0.952 至 0.886 区间震荡。

综合技术效率测量的是公共文化服务支出的整体效率情况，它是纯技术效率和规模效率的乘积。从综合技术效率分解来看，10 年间福建省公共文化服务支出的综合效率的提高靠的是纯技术效率的拉动。纯技术效率是政府在投入规模一定的条件下投入要素的生产效率，它评价的是管理水平及相关制度的效率水平。2007 年我国政府收支分类改革全面实施，从 2007 年开始政府预算、部门预算的编制、执行以及决算一律按新改革科目进行，改革提高了公共文化服务支出的纯技术效率。从 2006 年开始，围绕福建省文化事业发展重点和建设海峡西岸经济区战略，省财政加大对公共文化服务的投入，保证重点支出需要，同时进一步规范各项资金分配，健全财务制度，促进了全省文化事业协调发展。2006～2015 年间，贯彻集中财力办大事，大力发展公益性文化事业，突出抓好城市和农村文化建设的政策，这一政策导向的落实推动支出纯技术效率稳步增长，到 2014 年逼近 1 的强 DEA 有效水平。10 年间福建省公共文化服务支出的规模效率是递减趋势的，DEA 的分析结果与表 6－12 福建省九地市公共文化服务支出占财政支出比重的数据相吻合。10 年间，公共文化服务支出占比九地市均从 2015 年 3%～4% 的水平下降到 2015 年 1%～2% 的水平。但是，从公共服务支出占财政支出的相对数下降，绝对规模是不断上升的，从投入导向的最优分析来看，规模效率虽然略有下降，但 10 年间一直保持在 0.9 以上的强有效水平。

（二）福建省九地市公共文化服务支出效率评价

表 6－16～表 6－18 是福建省九地市 2006～2015 年公共文化服务支出的综合技术效率值、纯技术效率值和规模效率值以及相应的平均值。表 6－19 是根据表 6－16～表 6－18 整理得到的福建九地市公共文化服务支出效率的前沿面情况。观察表 6－16 可以看出，福建省九地市 2006～2015 年公共文化服务支出综合技术效率的相对值呈总体上升态势。其中，福州、漳州和南平三市 10 年间一直维持较高的综合技术效率，均稳定在 1 左右的强 DEA 有效水平；厦门市从 2006 年的 0.292 增长至 2015 年的 0.531，泉州市、莆田市也经历了类似的效率增长；三明、龙岩和宁德三市则在中游 0.7～0.9 的相对效率值间振荡徘徊。从表 6－19 可知，由于公共文化服务支出的综合效率一直处在比较高的水平，多数地市的效

率水平与前沿面接近，其中福州、漳州、南平三市 10 年间基本都在效率前沿面上，厦门、泉州与莆田经过支出规模调整和管理水平的提升，也都不断逼进了 DEA 有效水平。

表 6 – 16　　2006～2015 年福建九地市公共文化服务支出综合技术效率相对值

地市	2006 年	2007 年	2008 年	2009 年	2010 年	2011 年	2012 年	2013 年	2014 年	2015 年	平均
厦门	0.292	0.165	0.259	0.327	0.336	0.363	0.304	0.492	0.568	0.531	0.364
福州	1.000	1.000	1.000	1.000	1.000	1.000	0.689	1.000	1.000	1.000	0.969
泉州	0.782	0.798	0.608	0.805	0.779	0.747	0.768	1.000	0.992	1.000	0.828
漳州	1.000	1.000	1.000	1.000	1.000	1.000	0.998	0.974	1.000	0.920	0.989
龙岩	0.720	0.576	0.620	0.830	0.597	0.581	0.565	0.743	0.673	0.623	0.653
三明	0.795	0.812	0.920	1.000	0.842	0.901	0.831	0.777	0.812	0.790	0.848
南平	1.000	1.000	1.000	0.835	1.000	1.000	1.000	1.000	1.000	0.945	0.978
宁德	0.730	0.914	1.000	1.000	1.000	0.928	0.823	0.833	0.886	0.758	0.887
莆田	0.460	1.000	0.836	0.616	0.381	1.000	1.000	0.751	1.000	0.824	0.787

表 6 – 17　　2006～2015 年福建九地市公共文化服务支出纯技术效率相对值

地市	2006 年	2007 年	2008 年	2009 年	2010 年	2011 年	2012 年	2013 年	2014 年	2015 年	平均
厦门	0.292	0.165	0.259	0.327	0.336	0.363	0.442	0.492	0.568	0.531	0.378
福州	1.000	1.000	1.000	1.000	1.000	1.000	1.000	1.000	1.000	1.000	1.000
泉州	1.000	1.000	0.608	0.805	0.779	0.747	0.769	1.000	0.992	1.000	0.870
漳州	1.000	1.000	1.000	1.000	1.000	1.000	1.000	0.974	1.000	0.920	0.989
龙岩	0.761	0.579	0.640	0.947	0.692	0.827	0.717	0.906	1.000	0.785	0.785
三明	0.796	0.819	0.979	1.000	1.000	1.000	1.000	0.875	0.905	1.000	0.937
南平	1.000	1.000	1.000	0.910	1.000	1.000	1.000	1.000	1.000	0.975	0.989
宁德	0.730	0.914	1.000	1.000	1.000	0.928	0.839	0.833	0.886	0.758	0.889
莆田	0.800	1.000	1.000	1.000	1.000	1.000	1.000	1.000	1.000	0.913	0.971

表 6 – 18　　2006～2015 年福建九地市公共文化服务支出规模效率相对值

地市	2006 年	2007 年	2008 年	2009 年	2010 年	2011 年	2012 年	2013 年	2014 年	2015 年	平均
厦门	1.000	1.000	1.000	1.000	1.000	1.000	0.688	1.000	1.000	1.000	0.969

续表

地市	2006 年	2007 年	2008 年	2009 年	2010 年	2011 年	2012 年	2013 年	2014 年	2015 年	平均
福州	1.000	1.000	1.000	1.000	1.000	1.000	0.689	1.000	1.000	1.000	0.969
泉州	0.782	0.798	1.000	1.000	1.000	1.000	0.998	1.000	1.000	1.000	0.958
漳州	1.000	1.000	1.000	1.000	1.000	1.000	0.998	1.000	1.000	1.000	1.000
龙岩	0.947	0.994	0.969	0.877	0.862	0.702	0.788	0.820	0.673	0.794	0.843
三明	0.999	0.992	0.940	1.000	0.842	0.901	0.831	0.889	0.897	0.790	0.908
南平	1.000	1.000	1.000	0.917	1.000	1.000	1.000	1.000	1.000	0.969	0.989
宁德	1.000	1.000	1.000	1.000	1.000	1.000	0.981	1.000	1.000	1.000	0.998
莆田	0.576	1.000	0.836	0.616	0.381	1.000	1.000	0.751	1.000	0.903	0.806

表 6 - 19　　　　2006～2015 年福建省医疗卫生支出效率前沿面比较

年份	综合技术效率	纯技术效率	规模效率
2006	福州、漳州、南平	福州、泉州、漳州、南平	厦门、福州、漳州、南平、宁德
2007	福州、漳州、南平、莆田	福州、泉州、漳州、南平、莆田	厦门、福州、漳州、南平、宁德、莆田
2008	福州、漳州、南平、宁德	福州、漳州、南平、宁德、莆田	厦门、福州、泉州、漳州、南平、宁德
2009	福州、漳州、三明、宁德	福州、漳州、三明、宁德、莆田	厦门、福州、泉州、漳州、宁德
2010	福州、漳州、南平、宁德	福州、漳州、三明、南平、宁德、莆田	厦门、福州、泉州、漳州、南平、宁德
2011	福州、漳州、南平、莆田	福州、漳州、三明、南平、莆田	厦门、福州、泉州、漳州、南平、宁德、莆田
2012	南平、莆田	福州、漳州、三明、南平、莆田	南平、莆田
2013	福州、泉州、南平	福州、泉州、南平、莆田	厦门、福州、泉州、漳州、南平、宁德
2014	福州、漳州、南平、宁德	福州、漳州、龙岩、南平、莆田	厦门、福州、泉州、漳州、南平、宁德、莆田
2015	福州、泉州	福州、泉州、三明	厦门、福州、泉州、漳州、宁德

从表6-20中可以看出，福建省九地市年平均公共文化服务支出相对效率排名可以看出，福建省各地市之间公共文化服务支出相对效率具有显著的地域差异性。具体来说，综合技术效率排在前三位的是漳州、南平、福州，排在后三位的是厦门、龙岩、莆田；纯技术效率排在前三位的是福州、南平、漳州，排在后三位的是厦门、龙岩、泉州；规模效率排在前三位的是漳州、宁德、南平，排在后三位的是莆田、龙岩、三明；以上结果充分说明，福建省公共文化服务支出效率不平衡，福州、漳州、南平三市保持了较高的效率水平，厦门、龙岩、莆田三市支出效率有待提高。

表6-20　　福建省九地市2006~2015年平均公共文化服务支出相对效率排名

地市	厦门	漳州	泉州	福州	三明	龙岩	南平	莆田	宁德
综合技术效率	9	1	6	3	5	8	2	7	4
纯技术效率	9	3	7	1	5	8	2	4	6
规模效率	5	1	6	4	7	8	3	9	2

从表6-20中不难看出，一些经济发展水平较高的地市，如厦门、泉州，无论是综合技术效率还是纯技术效率、规模效率均居于末位水平。经济发展水平居中上水平，甚至较为靠后的南平却在支出相对效率上有较好的表现。漳州市的综合技术效率与规模效率均位居全省第一位，而南平的综合技术效率与纯技术效率居全省第二位。这说明，公共文化服务支出的绩效水平与城市经济发展水平并不存在必然的正相关联系。

首先，公共文化基础设施是按照地理与行政区划进行设置的，文化基础设施所在地的人口密度不同。人口基数大的发达城市，人均的投入与产出相关指标与总量相比可能较小；其次，一些大型的博物馆、民俗文化场馆与所在地的历史与人文条件有关，与经济发展水平不存在必然联系；最后，发达城市用于文化事业支出的预算较为充足，本书研究使用的产出指标多是文化公共产品的数量指标而非质量指标，一些投入的质量效率、社会效益难以在产出指标中得到反映。

（三）公共文化服务支出效率改进分析

图6-2以规模效率平均值与纯技术效率平均值为两个参照指标，以效率值0.9作为临界点，将福建省九地市的公共文化服务支出相对效率划分为四种类型：第一种类型是规模效率值和纯技术效率值都达到0.9以上的"双高型"，目前达到双高型的地区有福州、漳州、三明、南平，双高型条件下医疗卫生支出效率改进空间较小。第二种类型是纯技术效率高而规模效率低的"高低型"，即纯

技术效率值高于 0.9 而规模效率值低于 0.9，此类地区只有莆田。近些年来，莆田的规模效率增长很快，2012 年、2014 年均到达前沿面的水平，只是因为个别年份投入少拉低了规模效率的平均值。第三种类型是规模效率值处于 0.9 之上但纯技术效率值在 0.9 以下的"低高型"，正好与第二种类型相反，其规模效率较高而纯技术效率低，此类地区包括厦门、泉州、宁德三个地区，此类地区的医疗卫生财政投入资金已经接近较优规模了，当务之急是要改善该类地区的公共文化服务支出财政资金的配置效率，提高文化事业的财政资金管理预算及监督水平。第四种类型是规模效率与纯技术效率都位于 0.9 之下的"双低型"，以龙岩为代表。龙岩市公共文化服务支出改革的重点主要是加大政府投入力度，同时加强政府公共文化事业财政资金支出的监管力度，提高的配置效率，省级政府可运用一般性转移支付功能并加大其力度，提高公共文化服务支出的财政保障水平。

图 6-2　福建省九地市医疗卫生支出相对效率分布情况

第四节　研究结论与政策建议

一、研究结论

福建省九地市公共文化服务支出的绩效与经济发展水平没有明显的相关性。实证分析表明，经济发展水平相对较高的厦门、泉州等地虽然整体规模较高，但由于人口基数大，因此，公共文化服务的供求并不匹配。

从全省角度看，公共文化服务支出除去 2007 年统计口径变化的影响，占财政支出的比重在近 10 年间是下降的。公共文化经费基数偏低是一个全省范围内的普遍问题。

本研究中产出指标的选取均使用数量指标，由于数据的可得性等方面原因，在一定程度上结果遮盖了经济发展水平较低的地市仅完成数量指标，但文化产品挖掘层次低、种类少、专职人员青黄不接、基层文化设施闲置等制约公共文化服务质量提升的问题。

二、政策建议

针对福建省九地市公共文化服务支出效率现状，笔者提出如下建议。

第一，构建稳健、多元的资金投入机制。政府对于文化事业的投入有限，相比教育、科技事业，文化事业费占财政支出的比重偏小。应广泛引入社会力量共同发展公共文化事业，政府有效引导，如通过市场准入、资金信贷、土地使用、财税政策等方面的刺激引导社会资源向公共文化领域倾斜。

第二，继续完善公共文化服务体系，扩大公共文化产品供给。推进市、县（区）博物馆、美术馆、艺术馆、电影院等文化基础设施建设，继续推进"农家书屋"工程。对于基层文化单位，在建立普遍服务，完成数量指标的同时应加强质量管理。

第三，以点带面，形成区域特色，挖掘、整理、研究福建特色文化资源，重点挖掘闽南文化、客家文化、妈祖文化、朱子文化、船政文化、红色文化、海洋文化、福建书院文化、畲族文化、闽都文化和陈靖姑文化等地方特色文化，鼓励以文学、戏剧、影视、美术、创意设计等艺术形式创作凸显福建本土文化的优秀作品。推进文学艺术精品创作工程，打造在全国有影响力的"文艺闽军"，提高福建文化影响力。

第四，加强公共文化人才队伍建设，完善相关政策措施，健全人才培养工作机制。加快构建一支各学科门类齐全、结构合理、梯次分明、素质优良的宣传思想文化工作者队伍。继续实施"四个一批"人才、文化名家和社会科学领军人才等培养工程；加强基层文化人才队伍建设，重视发现和培养扎根基层的乡土文化能人，民族民间文化传承人，特别是非物质文化遗产项目代表性传承人；建立健全文化人才分类培训机制；充分发挥人才培养基地作用，依托福建省文学院，建设福建作家人才培养基地；设立福建省青少年戏剧、曲艺传承基地；积极引进高层次人才。

课题组组长：陈　智

成　　员：陈　智　林建秀　王志莉

李美慧　刘会娟　金新颖

第七章

福建省科技支出绩效分析[*]

第一节　福建省科技支出绩效分析概述

科学技术在如今这个现代化和信息化时代中以及在当代的经济和社会的发展中有着十分重要的作用。科技创新是提高一国社会生产力和综合国力的战略支撑，彰显了其经济实力和国际竞争力。为了推动科技创新，每个国家的政府都把推动科技进步和创新作为国家战略的重要组成部分。

科技活动是生产技术信息的活动，从公共财政角度来看，科技具有公共产品的特性，科技活动过程中存在市场失灵的现象，容易出现科技创新成果不能被从事研究开发活动的企业完全占有的现象，产生一定的外部性（通常情况下为正的外部性），其产品和服务所产生的社会效益要远大于企业自身的收益。另外，科技创新活动存在着一系列的不确定性，具有高投入、高风险、高收益的特性，这些不确定性的存在会在很大程度上影响企业对科技创新活动的投入。由于企业科技研发的交易成本巨大，很容易产生投入不足的问题。政府能从整个社会利益最大化的角度运用科技成果降低信息成本，使资源配置更加有效。因此，针对那些缺乏短期经济效益但从长远上能增加国家技术创新能力的科技项目，需要政府的介入。同时，政府投入产生的科技成果可以由社会共享，避免了资源的重复投入造成的浪费，降低整个社会的生产成本。因此，财政科技支出是科技投入中重要的资金来源，它在资源配置、组织调控中具有显著的引导和推动作用。近年来我国逐步加大了对科技的财政资金投入，地区发展中也把提高科技创新作为战略目标。

*　本章内容系福建省教育厅项目"我省实现基本公共服务均等化的财政改革研究"（JA13174S）研究成果；本章所有数据来自相关年份的《中国统计年鉴》和《福建省统计年鉴》。

对于财政科技资金投入绩效的评估，是检验资金投入产生的科技成果以及资金使用效率的必要环节。财政科技支出绩效，具体反映出政府通过预算安排的科技支出产生的经济和社会绩效，重点考量政府合理配置科技资源的有效性。财政科技支出资金使用绩效关系着科技投入资金使用的成果和效率，通过科学的方法对财政科技投入资金的绩效进行客观、公正的衡量比较和综合评估，分析科技投入和资金使用存在的问题，提出科学可行、有针对性的建议对策，落实到具体的地方实施，以提高财政科技投入资金使用效益，能有效发挥科技对地方经济的推动作用。

财政科技投入绩效评价是财政支出绩效评价的重要组成部分，目前理论界关于财政科技投入绩效评价的概念并没有统一的界定，对其内涵的理解也各不相同，且在现有文献中，关于财政科技投入绩效评价应当遵循的原则和采取何种方法进行研究也存在着多样性。本部分所研究的财政科技投入绩效评价体系中财政科技投入的内涵、原则和方法的提出，遵循了我国《财政支出绩效评价管理暂行办法》的原则，并充分借鉴了现有国内外文献在相关研究方面已取得的成果。

近年来，福建省对财政科技支出的重视程度不断加大，财政科技投入的总量不断增加，科技人才队伍和科技创新能力增长迅速，高新技术产业发展态势良好，对于加快福建产业转型升级提供了有力的科技支撑，在一定程度上促进了福建科技的发展和经济社会的进步。但福建省九地市财政科技投入的绩效究竟如何，科技产出是否跟上了科技投入的增长速度，促进财政科技资金使用效率的提高进而推动自主创新呢？本章对福建省九地市财政科技支出的绩效进行研究，并分析设计一套较为完善的绩效评价体系，希望对于开展评价考核财政科技投入的理论研究与实践发挥一定的参考价值。

第二节　福建省科技支出绩效分析文献综述

财政科技支出绩效评价的理论基础源于绩效评价在公共财政领域的应用。目前在我国研究较为广泛的是企业绩效评价和公共财政支出绩效评价，作为公共财政支出的重要组成部分，财政科技投入绩效评价也自然而然地构成了我国公共财政支出绩效评价的重要内容。在我国，公共财政支出绩效评价是政府预算绩效管理的基础和重要组成部分，预示了财政支出结构的调整和优化以及财政管理方式的某些变革。

国外学者在科技支出及其绩效相关问题的研究要早于国内，且国内外学者研究的方向和侧重点也有所不同。国外对政府财政科技投入及产出及其绩效的研究始于 20 世纪 90 年代，我国学者在 2000 年以后才陆续开始对财政科技支出及其绩效评价进行研究，起步相对较晚。国外研究重点主要侧重于两个角度：一是对财政科技投入和产出相关关系进行研究；二是对财政科技支出进行绩效评价。国内主要侧重于四个方面的研究：一是财政科技投入问题和投入对策；二是财政科技投入与经济增长相关关系；三是科技投入绩效评价指标选择；四是财政科技投入绩效评价。在使用的绩效评价方法研究上，主要有三种类型：一是模糊综合评价方法，其优点是对模糊的评价对象通过精确的数字手段处理，比较准确地刻画被评价对象，评估结果信息较丰富，缺点是当指标集较大时，在权重和为 1 的约束条件下，结果分辨率很差，甚至造成评判失误。二是层次分析法，其优点是将研究对象作为一个系统，按照比较及综合的思维方式进行决策，定性与定量结合，可以处理传统量化技术手段无法处理的实际问题，而且步骤简洁，计算简便。缺点是精确性不高，判断和计算结果较粗糙，不适用于精度较高的问题；特征值和特征向量的求解比较复杂，权重设置人为主观因素影响较大。三是 DEA 方法，其优点是可以用于评价多投入多产出的决策单位的生产（经营）绩效，决策单元结果不受投入产出数据所选单位的影响，权重依据数据产生，不受主观影响。其不足之处是随机干扰项被评价为效率因素，极值易影响评价结果。

综观国内外关于财政科技投入及其绩效评价的研究，其研究范围较为广泛，研究方法较为多样化，形成了内容丰富的研究成果，为后续相关研究的进行提供了参考和借鉴。特别是国外文献中所提及的财政科技投入支持研发活动对环境污染产生影响等较为新颖的研究出发点，是很值得我们进行审视和考量的。从国际研究范围来看，由于理论假设、研究对象、研究方法差异性的存在，目前国内外现有文献关于财政科投入绩效的研究结论各不相同，尚未形成统一规范的研究评价体系。另外，从我国当前的研究情况来看，由于国情差别的存在，国外一些相对成熟的研究方法并不一定适宜于我国相关研究的开展；特别是在我国财政科技投入绩效的评价研究起步较晚、政府层面对财政科技投入绩效评价研究的进行不甚重视的情况下，目前我国的相关研究大多只是停留在对财政科技投入事后效果的评价，对其事前及事中评价的研究较少，只拥有一个对财政支出绩效评价的指导性条例，并没有形成完善的评价模型和评价方法。因此，总体来看，对财政科技投入绩效及其评价体系的构建进行不断探索和研究，以进一步提高财政科技投入的效率。虽然研究成果可观，但研究过程中存在的一些问题和不足仍然需要我们谨慎对待。

本研究通过使用三种不同的对比评价方法，从福建省整体情况以及福建省九地市两个层面上对福建省的财政科技支出绩效进行了分析和评价。首先，通过基本的数据统计分析，横向和纵向分析了福建省及其九地市财政科技支出情况、

R&D 情况，并基于数据的可获得情况纵向分析了福建省科技人员投入情况以及九地市的科技产出情况，由此从宏观层面得出福建省以及九地市财政科技投入存在的基本问题。其次，借鉴层次分析法的评价方法，建立福建省九地市的财政科技投入绩效评价指标体系，基于数据可得性的限制，对福建省部分地市的财政科技支出绩效进行标准化的评分对比，得出一些基本性的结论，并为以后的研究者对福建省财政科技支出绩效评价体系的构建给出了可参考的指标实例。最后，为了进一步具体分析科技投入各个方面的具体改进措施，选取了具体的代表性指标，使用数据包络分析法得出数据分析结果，并提出了提高福建省财政科技支出绩效的可行性建议。

第三节　福建省九地市科技支出的比较分析

财政科技投入是指国家通过财政预算拨款为主要手段的直接财政科技投入和以税收优惠、贷款贴息等为主要内容的间接用于科学技术活动的经费①。

本节主要是对政府财政预算中以直接科技支出为基础的相关指标进行考量，考虑到数据可获得性，通过对 R&D 指标的分析进而涉及财政科技投入对社会科技研发的引致投入。在产出效果中，采用专利申请授权量以及高新技术产业值等可获得性的指标进行综合评判。从横向和纵向两个分析角度，分别就省级层面和地市级层面对福建省的财政科技投入情况进行分析。在对福建省级层面的分析中，对福建省的整体情况与全国中东西经济带横向比较，得出福建省整体在全国范围内的经济发展状况与相应的科技投入水平情况，纵向分析其资金以及人员投入增长情况，并由此发现福建省级层面财政科技投入的一些问题。在对地市级层面的分析中，对福建省九地市的财政科技投入情况、R&D 情况以及占比情况进行了横向对比，总结出不同地市的投入特点，纵向分析福建省九地市的投入和产出的增长情况，并对发现的其各自存在的问题进行分析与说明。

一、福建省九地市科技支出的横向比较分析

（一）福建省科技支出横向对比分析

1. 福建省财政科技支出情况。财政科技支出是指财政预算中在科技方面的

---

① 雷良海. 财政科技支出：理论与实践 [M]. 北京：中国财政经济出版社，2013：26.

直接投入，这一指标传达出政府对科学技术投入量的大小，是分析政府对科技投入最直观、最有效的评价依据。

将福建省2006～2015年的财政科技支出规模、科技支出相对财政总支出占比以及科技支出和地方GDP的相关关系三个方面，分别与我国东部地区、中部地区、西部地区的平均值和全国平均水平进行比较，全面地从横向视角对福建省财政科技支出现状进行对比，分析福建省财政科技支出在全国的发展水平（见图7－1）。

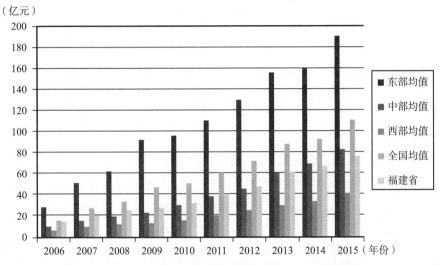

图7－1 2006～2015年福建省区财政科技支出规模全国对比

资料来源：由2007～2016年中国统计年鉴、全国31省2007～2016年统计年鉴搜集整理得出。其中东、中、西部的划分是按照对我国省、自治区、直辖市的经济发展水平进行划分的，即我国中、东、西三大经济带。其中，东部经济带包括北京、天津、河北、辽宁、上海、江苏、浙江、福建、山东、广东、广西、海南12个省、自治区、直辖市；中部地区包括山西、内蒙古、吉林、黑龙江、安徽、江西、河南、湖北、湖南9个省、自治区；西部地区包括重庆、四川、贵州、云南、西藏、陕西、甘肃、宁夏、青海、新疆10个省、自治区、直辖市。

从支出总量上分析，如图7－1所示，可以看到福建省近10年的科技支出虽然每年都几乎相当于西部均值的2倍，且与中部地区的均值相比几乎是每年都处在相当水平；但相较全国均值来说，每年支出数额都小于全国平均水平；另外，福建省本身处于东部经济带，相比较可以发现，福建省科技支出水平与东部地区的平均水平相差较大，从2006年占东部均值的51.65%下滑到2009年的30.16%，再缓慢回升至2014年的42.31%，在2015年又有所下滑，降至40.23%。从而可以看出，福建省财政科技支出规模落后于大部分东部经济带省份，且基本上低于全国均值水平。

分析 2006~2015 年福建省财政科技支出额占各年份财政总支出的比重，由表 7-1 可以看到，各个统计地区最近 10 年的财政科技支出额占财政支出额的比重分布在 1%~4% 之间，其中，东部地区平均为 3.11%，中部地区平均为 1.37%，西部地区平均为 1.19%，全国平均为 2.19%，福建省为 2.01%。虽然相较于中西部地区，福建省的财政科技支出占当年财政支出的比重一直处于相对较高的比重，但相较于东部平均水平，福建省几乎每年都低 1~2 个百分点。进一步分析表 7-1 中财政科技支出/财政总支出一栏的具体统计数据，可以发现，2009 年以前福建省和全国平均水平基本持平，2009 年以后一直处于全国平均水平之下。寻找原因发现，福建省 2006~2008 年的财政科技支出占财政支出总额的比重一直保持在 2% 以上，而 2009 年以后除了 2014 年占比达到了 2.04% 以外，其他年份均在 2% 以下，也就是说，因为福建省从 2009 年以后的科技支出占财政支出比重有所下降，导致 2009 年以后福建省的财政科技支出占比低于全国平均水平。

表 7-1		2006~2015 福建省财政科技支出占比情况全国对比								单位：%
年份	财政科技支出/财政总支出					财政科技支出/地区 GDP 均值				
	东部	中部	西部	全国	福建省	东部	中部	西部	全国	福建省
2006	2.19	1.09	1.24	1.70	2.04	0.24	0.18	0.22	0.22	0.20
2007	3.14	1.31	1.40	2.29	2.34	0.36	0.23	0.26	0.32	0.23
2008	3.08	1.29	1.25	2.18	2.25	0.37	0.24	0.28	0.33	0.24
2009	3.47	1.21	1.08	2.34	1.98	0.51	0.26	0.28	0.41	0.23
2010	3.26	1.28	1.04	2.20	1.91	0.44	0.27	0.27	0.38	0.22
2011	3.04	1.29	1.04	2.09	1.84	0.44	0.29	0.28	0.38	0.23
2012	3.16	1.32	1.11	2.15	1.86	0.47	0.31	0.30	0.40	0.25
2013	3.35	1.52	1.19	2.33	1.98	0.51	0.36	0.32	0.45	0.28
2014	3.19	1.65	1.21	2.29	2.04	0.48	0.40	0.33	0.44	0.28
2015	3.17	1.73	1.32	2.35	1.91	0.51	0.45	0.37	0.48	0.29

资料来源：由 2007~2016 年中国统计年鉴、全国 31 省 2007~2016 年统计年鉴搜集整理得出。

一个地区经济的发展离不开科技的推动。福建省的 GDP 水平基本与全国均值基本持平，远在西部和中部地区平均水平之上，与东部平均水平还有一定的差距。将各个统计地区的百亿 GDP 均值和亿元科技支出均值绘制到一个折线图中，如图 7 - 2 所示，可以发现，各个地区的 GDP 发展水平和科技支出水平具有相同的发展趋势。另外，从图中可以看出，GDP 水平高的地区科技支出也相对较高，这说明科技支出对 GDP 有一定的正向作用。

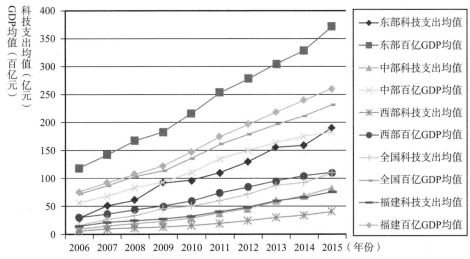

图 7 - 2　各地区百亿 GDP 与亿元财政支出关系折线图

资料来源：由 2007 ~ 2016 年中国统计年鉴、全国 31 省 2007 ~ 2016 年统计年鉴搜集整理得出。

由于地区经济发展与财政科技支出的相关关系，进一步分析财政科技支出对 GDP 的占比情况就显得尤为重要。对福建省 2006 ~ 2015 年财政科技支出占地区 GDP 比重情况进行分析，如图 7 - 3 所示，除了 2008 年以前与中部地区平均水平基本持平以外，其他年份福建省的占比全都低于其他统计地区的占比水平，各个地区基本上都保持占比不断增长的态势，但从图 7 - 3 中可以明显看出，福建省的增长相对缓慢。福建省的财政科技支出占 GDP 的比重不够稳定，且占比水平较低。

2. 福建省 R&D 情况。根据联合国教科文组织对科技活动的定义，可以将科技活动划分为研究与发展（R&D）、科技活动转化与应用以及科技服务。R&D 经费支出分为内部支出和外部支出：内部支出是指为开展 R&D 活动实际用于本单位内的全部支出；外部支出是指委托外单位进行 R&D 活动所实际支付的费用。为避免对实施单位和委托单位的重复计算，经费统计的是实施单位开展 R&D 活动的内部支出。因此，全国 R&D 经费支出指的是所有实施单位 R&D 经费内部支出之和，分析中使用的统计数据全部为内部支出统计结果。R&D 活动作为整个科技活动的核心，包含了包括政府在内的整个社会对科技的投入，因而是评判政府财政科技投入对社会资金的引导作用的重要指标，联合国教科文组织和世界上

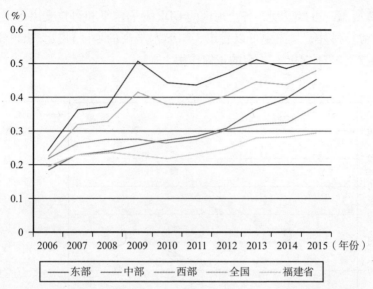

图7-3 2006~2015年福建省财政科技支出/地区GDP均值占比情况全国对比

注：由表7-1数据整理得出。

多数国家也都将R&D经费总额作为一国科技投入的重要评判指标。由于R&D内部支出统计中不仅包括政府部门的支出，还包括社会单位的支出，故这里将R&D支出单独列出，从R&D支出资金经费来源和支出活动类型两个统计角度，分析财政科技支出引导作用以及资金分配的科研环节，对福建省的科技支出结构情况进行横向评价（见表7-2）。

表7-2　　　　　　　　　福建省R&D内部支出按资金经费来源划分　　　　　单位：亿元

年份	政府资金	企业资金	国外资金	其他资金	总量
2006	6.31	59.76	0.16	1.20	67.43
2007	7.61	72.30	0.74	1.51	82.16
2008	10.45	89.39	0.60	1.69	102.13
2009	14.64	116.59	0.84	3.31	135.38
2010	17.61	148.45	1.38	3.46	170.90
2011	18.31	197.13	1.30	4.78	221.52
2012	21.60	242.56	1.10	5.73	270.99
2013	25.92	279.57	0.56	8.01	314.06

续表

年份	政府资金	企业资金	国外资金	其他资金	总量
2014	29.8	316.47	0.64	8.13	355.04
2015	33.99	346.51	0.68	11.74	392.92
2016	49.82	390.85	1.48	12.13	454.28

资料来源：根据2007~2017年福建省统计年鉴相关数据整理得出。

科技创新需要企业、政府和社会的共同努力。对于政府而言，财政资金有限，除了对基础性、公益性很强的领域进行支持外，更需要对社会资金进行引导，从而使财政与社会资金得到更有效的利用，因此，分析财政科技支出的引导作用十分必要。按照R&D经费来源划分，可将其划分为政府资金、企业资金、国外资金和其他资金。由图7-4可以看到，企业资金远远超过其他资金的支出，其次的是政府资金的支出。我们可以看到，企业资金和政府资金都保持着不断增加的态势，且政府资金的增加速度小于企业资金的增加速度。这里重点分析政府资金，由表7-2可以看出，政府资金从2006年的6.31亿元增长到2016年的49.82亿元，10年的时间增长了8倍多，并呈现出稳定的持续性的增长态势，可见福建省政府对于科技活动的重视程度，在不断地大力发展科技活动。

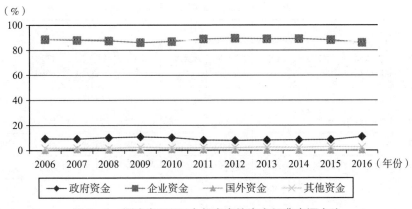

图7-4 福建省R&D内部支出按资金经费来源占比

注：由表7-2中数据整理得出。

通过政府资金和企业资金在R&D经费中的占比分析，可以很好地衡量出政府科技资金对社会资金的引导作用。政府资金占R&D经费比例越小，企业资金与政府资金比值越大，说明较少的政府财政科技投入就可以引导更多的社会投入，因此，政府资金的引导作用就越大。根据图 7 - 4，进一步关注政府资金与企业资金的比例。2006 ~ 2016 年企业资金与政府资金之比，基本上都保持在 8 ~ 11 倍之间，并且通过图 7 - 4 中折线的直观感受，两者之间的比例在逐年扩大，可以看出，近年来福建省财政科技资金的引导作用在不断增强，效率也在不断提高。R&D 支出按照资金使用的活动类型可以分为：基础研究、应用研究、试验发展。由表 7 - 3 中的数据可知，R&D 内部支出中对三种活动类型的资金投入比例从高到低依次是试验发展、应用研究、基础研究，且比例悬殊。试验发展年平均占比是基础研究的 41.34 倍，是应用研究年平均占比的 14.21 倍。这一比例顺序是由各种资金用途本身的特性所决定的，但其占比的差距却过于悬殊。从增长情况看，三种资金用途的支出规模除个别年份以外都在不断地增长，但其增长速度不稳定，有些年份甚至出现了负增长的情况。由表 7 - 3 可以看出，2006 ~ 2016 年的基础研究投入比例都很低，基本上保持在 2% 左右，并没有有规律的变化趋势。分析表 7 - 3 中的数据可以看出，福建省 2006 ~ 2016 年的应用研究投入基本上呈现出不断下降的趋势，虽然 2016 年比例稍有回升，但一直低于 2009 年以前的投入比例，且增长速度相对缓慢。试验发展是将基础研究和应用研究的成果转化为有价值的产品、服务等的科研活动。从表 7 - 3 中数据可以看到，试验发展的投入比例整体上处于较高的比例水平。

表 7 - 3　　　　　　　　福建省 R&D 内部支出按活动类型划分统计

年份	基础研究			应用研究			试验发展		
	投入量（亿元）	增速（%）	占比（%）	投入量（亿元）	增速（%）	占比（%）	投入量（亿元）	增速（%）	占比（%）
2006	1.49	—	2.23	7.13	—	10.69	58.07	—	87.07
2007	1.74	16.78	2.15	7.11	- 0.28	8.77	72.22	24.37	89.08
2008	2.22	27.59	2.19	7.06	- 0.70	6.98	91.88	27.22	90.83
2009	3.27	47.30	2.42	10.65	50.85	7.87	121.46	32.19	89.72
2010	4.19	28.13	2.45	9.49	- 10.89	5.55	157.22	29.44	92.00
2011	4.07	- 2.86	1.84	11.77	24.03	5.31	205.68	30.82	92.85
2012	4.85	19.30	1.79	12.24	3.99	4.52	253.90	23.44	93.69
2013	6.32	30.31	2.01	14.73	20.34	4.69	293.00	15.40	93.30
2014	7.54	19.30	2.12	16.23	10.18	4.57	331.26	13.06	93.30

年份	基础研究			应用研究			试验发展		
	投入量（亿元）	增速（%）	占比（%）	投入量（亿元）	增速（%）	占比（%）	投入量（亿元）	增速（%）	占比（%）
2015	10.00	32.63	2.54	20.53	26.49	5.22	362.40	9.40	92.23
2016	11.83	18.30	2.60	29.97	45.98	6.60	412.49	13.82	90.80
均值	5.23	21.51	2.21	13.36	15.45	6.43	214.51	19.92	91.35

资料来源：根据 2007～2017 年福建省统计年鉴相关数据计算得出。

（二）福建省九地市科技支出横向对比分析

在对福建省科技投入整体情况进行的横向分析后，接下来对福建省九地市的具体情况进行分析描述。依旧按照政府财政科技支出和 R&D 两个统计指标进行分析，在分析政府财政科技投入方面，按照投入量和投入占比的两个方面对九地市之间进行比较；在 R&D 指标分析中，主要就九地市的支出结构进行横向对比。

1. 福建省九地市财政科技支出情况对比。福建省九地市的经济发展水平不一，有些地市之间甚至差距很大。近 11 年按照九地市的 GDP 情况来看，平均GDP 水平按照顺序排列为：泉州（4213.21 亿元）、福州（3765.14 亿元）、厦门（2442.65 亿元）、漳州（1788.21 亿元）、龙岩（1177.32 亿元）、三明（1160.81亿元）、莆田（1060.27 亿元）、宁德（950.62 亿元）、南平（890.61 亿元），福建省平均水平为 1938.76 亿元[①]。对应地，我们可以由图 7 - 5 看出，九地市在2007～2016 年 10 年间财政科技支出的平均水平。厦门市的财政科技支出水平远高于其他地市，是居于最低水平宁德支出的 17.93 倍，是居于第二位的泉州的1.82 倍。虽然从 GDP 来看泉州和福州平均水平都居于厦门市 GDP 平均水平之上，但科技支出水平都远低于厦门市。总体来看，仅有福州、厦门、泉州三个经济较为发达的地区超过了福建省财政科技支出的平均水平，其他地市的财政科技支出年平均水平排列顺序都和其年均 GDP 排列位次相一致。

从福建省九地市 2007～2016 年科技支出占当年财政支出的比重来看，如图7 - 6 所示，厦门（平均 3% 左右）和泉州（平均 2.3% 左右）的占比一直保持在九地市的前两位，但是泉州的占比和厦门相比差距依然很大。其他地市包括 GDP均值处于第二位的福州（1.5% 左右）的财政科技支出占当年财政总支出的比值

---

① 数据来源：由 2007～2017 年福建省统计年鉴整理得出。

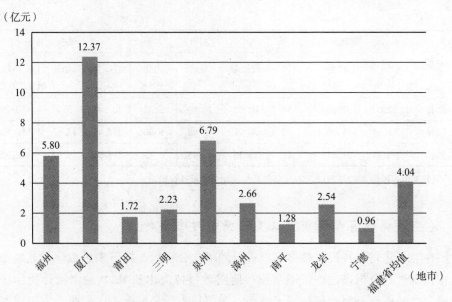

图7-5　2007~2016年福建省九地市财政科技支出均值对比

注：由于2006年数据与2007年以后的财政科技支出统计口径不同，本研究只针对2007年以后9年的数据进行分析。

也一直处于福建省均值水平之下，与莆田、三明、漳州、龙岩相差不大，而南平、宁德比值一直在1%左右。与厦门市相比，其他地市的科技支出水平相对于财政科技支出过低，有待于进一步提高财政科技支出总额和在财政总支出中的比例。

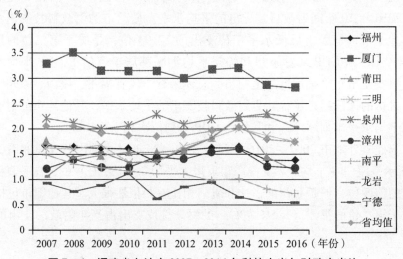

图7-6　福建省九地市2007~2016年科技支出与财政支出比

从福建省九地市 2007～2016 年科技支出占当年地区 GDP 的比重来看（见表 7－4），平均占比最高的地市依然是厦门市，与财政科技支出占当年财政总支出的比重有所不同，除厦门市的年平均比重较高（0.51%）、宁德市的年平均比重较低（0.1%）以外，其他地市包括年均 GDP 排在第一和第二的泉州市和福州市，其占比水平与其他经济发展水平相对较低的地市一样维持在 0.15% 左右的比例。从其投入比例的增长情况来看，福州、厦门、三明、泉州、龙岩五个地市投入比例不断上升，稳步发展，而莆田、漳州、南平、宁德几个经济发展水平靠后的地市近两年的投入比例有所下降。

表 7－4　　　2007～2016 年福建省九地市财政科技支出占地区 GDP 情况　　　单位：%

年份	福州	厦门	莆田	三明	泉州	漳州	南平	龙岩	宁德
2007	0.12	0.46	0.11	0.13	0.13	0.09	0.13	0.10	0.09
2008	0.12	0.52	0.10	0.12	0.12	0.13	0.13	0.13	0.08
2009	0.13	0.48	0.13	0.16	0.12	0.13	0.14	0.17	0.10
2010	0.13	0.47	0.14	0.13	0.13	0.13	0.14	0.15	0.13
2011	0.13	0.48	0.14	0.13	0.16	0.15	0.14	0.15	0.08
2012	0.15	0.49	0.16	0.19	0.16	0.15	0.15	0.20	0.11
2013	0.18	0.54	0.19	0.23	0.18	0.18	0.15	0.24	0.14
2014	0.18	0.54	0.23	0.24	0.18	0.16	0.16	0.28	0.09
2015	0.18	0.54	0.17	0.26	0.20	0.16	0.14	0.33	0.09
2016	0.18	0.56	0.14	0.24	0.20	0.14	0.12	0.29	0.09

资料来源：根据 2007～2017 年福建省统计年鉴相关数据计算得出。

2. 福建省九地市 R&D 情况对比。如前所述，R&D 活动作为整个科技活动的核心，包含了包括政府在内的整个社会对科技的投入，R&D 经费总额作为一国科技投入的重要评判指标，同样可以很好地衡量地市的科技投入情况，也可以作为分析地市政府科技投入引致社会资金投入情况的重要指标。限于数据的可获得性，这里我们不能获得福建省各地 R&D 内部支出按照资金来源的划分情况，所以暂且不对地方政府科技财政支出的引致作用进行分析，只分析资金总量投入情况以及资金的使用情况（见表 7－5）。

表 7 – 5　　　　　　福建省九地市 2006 ~ 2016 年 R&D 经费内部支出情况　　　　单位：亿元

年份	福州	厦门	莆田	三明	泉州	漳州	南平	龙岩	宁德	省均值
2007	29.32	23.70	3.03	2.42	10.07	6.11	4.28	2.21	1.03	9.13
2008	38.07	26.57	3.28	2.82	14.23	8.32	4.63	2.91	1.3	11.35
2009	46.07	35.14	4.59	6.08	19.69	11.06	5.59	5.77	1.39	15.03
2010	54.54	50.98	4.82	7.02	24.53	12.16	6.08	8.58	2.19	18.99
2011	62.19	68.86	6.50	9.82	34.04	17.44	7.83	12.0	2.83	24.61
2012	74.26	79.01	9.10	12.44	43.87	20.62	8.34	15.45	7.9	30.11
2013	80.35	87.37	12.32	14.11	57.59	25.28	8.36	18.52	10.17	34.9
2014	89.36	96.39	15.31	15.52	65	28.82	11.64	20.64	12.34	39.45
2015	98.76	103.42	19.91	15.21	67.88	33.37	15.18	25.14	14.05	43.66
2016	124.48	117.66	20.93	17.49	71.99	37.02	15.07	30.09	19.55	50.48
均值	65.40	64.76	9.28	9.52	37.86	18.70	8.15	13.02	6.65	25.93

资料来源：根据 2007 ~ 2017 年福建省统计年鉴相关数据计算得出。

第一，从支出规模上对福建省九地市 R&D 内部支出进行对比。首先，从支出总量上看，可以发现其存在较大的差异，按照各个地市 2007 ~ 2016 年 10 年间的平均值进行比较，可以看到处于福建省均值水平之上的地市有福州、厦门、泉州三个地市，虽然根据 GDP 排名，泉州处于九地市之首，但是其 R&D 支出平均却远远低于福州和厦门的支出水平；福州的 GDP 发展水平明显高于厦门，其 R&D 平均支出水平却和厦门几乎相同，对比福州和厦门的数据可以发现，在 2011 年以前福州的 R&D 支出水平一直领先于厦门，但在 2011（含）年以后厦门市的支出水平一直保持稳定的增长态势，居于福州的支出水平之上；其他地市 R&D 支出水平顺序与 GDP 发展水平保持一致。其次，从 R&D 资金占 GDP 的比重上分析。全社会研发（R&D）投入占地区生产总值（GDP）的比重通常作为衡量一个地区科技活动规模及科技投入强度的通用指标。由图 7 – 7 可以看到，总体上各个地市的比例基本都保持不断上升的增长态势，福州和厦门两个地市的 R&D/GDP 比值处于省均值之上，其他地市都处于福建省九地市均值之下。厦门市的增长幅度最大，但是在 2008 年受金融危机的影响比例明显下降，其他地市都保持了良好的增长，但是 2008 年以后其他地市的占比与厦门市的差距逐渐拉大。值得注意的是，GDP 发展水平处于第一的泉州市的 R&D/GDP 比值不仅处于均值之下，甚至几乎一直处于 GDP 排在第四位和第五位的漳州和龙岩之下。另一个明显的特点是龙岩市的增长幅度相对较大，从 2006 年的倒数第二位至 2011

年以后跃升至第三位，其增长态势比较强劲。相较于其他地市南平的增长过于缓慢，有时还有下降的情况产生。

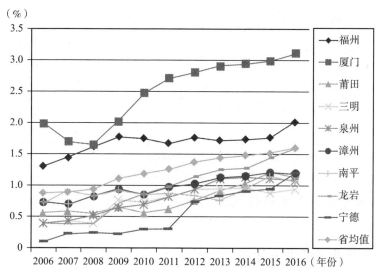

图 7-7 福建省九地市 2006~2016 年 R&D 内部支出占各自 GDP 比重

第二，福建省从九个地市 R&D 资金活动类型进行分析。限于数据的可获得性，仅对 2015 年的数据进行分析。如表 7-6 所示，在三种活动类型资金的使用方面，与福建省的总体情况相一致，依然是投入目标相对比较明确、收益较高的试验发展资金的使用占比最大，故这一活动类型的资金投入可以主要依赖企业进行投入。对比基础研究和试验发展两类活动资金的投入情况，九个地市的情况各不相同，福州和莆田两市在这两项资金的投入相对均等，而其他地市在这两项资金的投入上相差较大。

表 7-6　　　　2015 年福建省九地市 R&D 内部支出按活动类型划分　　　　单位：万元

地市	基础研究		应用研究		试验发展		总量
	支出量	占比（%）	支出量	占比（%）	支出量	占比（%）	
厦门	27055	2.62	97743	9.45	909381	87.93	1034179
福州	65226	6.60	67190	6.80	855223	86.59	987639
泉州	2616	0.39	24845	3.66	651373	95.95	678834

续表

地市	基础研究		应用研究		试验发展		总量
	支出量	占比（%）	支出量	占比（%）	支出量	占比（%）	
漳州	1857	0.56	3642	1.09	328180	98.35	333679
龙岩	393	0.16	2992	1.19	248034	98.65	251419
莆田	1318	0.66	1111	0.56	196683	98.78	199112
三明	360	0.24	4729	3.11	147022	96.65	152111
南平	478	0.31	1573	1.04	149793	98.65	151844
宁德	719	0.51	1465	1.04	138296	98.45	140480

资料来源：根据 2016 年福建省统计年鉴相关数据计算得出。

二、福建省九地市科技支出的纵向比较分析

（一）福建省科技支出纵向对比分析

1. 福建省财政科技支出情况。在 2007~2016 年 10 年的时间内，可以从福建省财政科技支出总结出以下特点：一是福建省财政科技投入规模总体上呈现不断增加的稳定态势，从 2007 年的 21.27 亿元增加至 2016 年的 80.28 亿元，在 2013 年首次突破 60 亿元；二是福建省财政科技支出增长率相对不高，除了 2007 年增长率为 43.26% 以外，其他年份的增长率都在 30% 以下；三是从同比的视角来看，福建省财政科技投入呈现出不同的阶段性特征。纵观这 10 年环比速度，呈现出先下降后上升再下降的趋势，从 2007 年的 43.26% 不断下降至 2009 年的 8.83%，环比增速达到最小值，而后上升至 2011 年的 25.29%，2012 年继续下降，2013 年有所提升，为 25.07%，自此之后又逐年下降至 2016 年的 4.81%，如图 7-8 所示。

从图 7-9 中的增长率来看，2007~2016 年福建省 GDP 增长率波动幅度最小，GDP 增长率先下降至 2009 年的 13.06%，再上升至 2010 年的 20.44%，再逐年下降至 2016 年的 9.77%。财政支出增长率 2007~2009 年基本保持在 24%，而在 2010 年下降至 20.06% 之后，2011 年达到近几年的最高值 29.68%，此后逐年下降，在 2016 年达到至最低值 6.84%。财政科技支出的增长率变化幅度很大，最大波动幅度达到 22.75%，变化情况相对随机，从 2007 年的 43.26% 猛降至 2009 年的 8.83%，在 2011 年和 2013 年分别达到了 25.29% 和 25.07%，其他年份除 2016 年达到最低值 4.81% 以外，增长率都在 15% 左右。

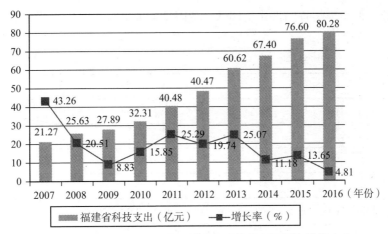

图 7 – 8 福建省 2007～2016 年财政科技支出及同比增长速度

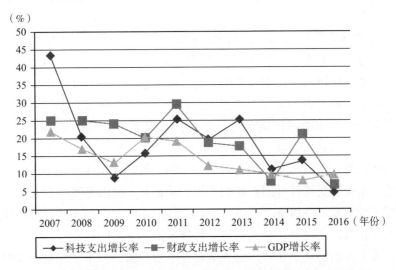

图 7 – 9 福建省 2007～2016 年科技支出、财政支出、GDP 增长率

2. 福建省 R&D 情况。以上主要从横向角度分析了福建省 R&D 支出的资金来源和资金活动类型结构，就福建省 R&D 支出的纵向发展情况看，福建省 R&D 内部支出总量在 2006～2016 年一直保持较快的增长速度，2016 年的支出额是 2006 年支出额的 6.74 倍；另外其增长率表现出现增加再不断放缓的趋势，从 2007 年的 21.84% 上升为 2009 年的 32.56% 再逐年下降为 2015 年的 10.67%，在 2016 年稍微回升到 15.62%。将福建省的增长情况与全国增长情况进行对比，从图 7 – 10 中可以看出，福建省与全国 R&D 内部支出占 GDP 的比重增长速度基本

保持一致，但是福建省的占比整体低于全国总体水平的占比。

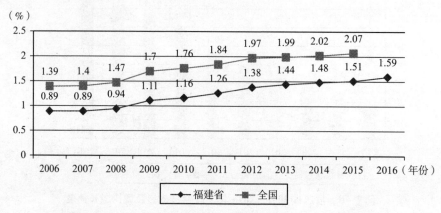

图 7 - 10　2006 ~ 2016 年 R&D 内部支出占 GDP 的比重情况

3. 福建省从事科技活动人员情况。科技的进步不仅需要资金的支持，人力资源的支持也十分重要。对比福建省 2007 ~ 2016 年间从事科技活动人员的投入情况及其变化，可以得出一些基本的结论。按照福建省统计年鉴的划分标准，从事科技活动的人员可以划分为科研机构、高等院校、大中型企业和其他四项。

从图 7 - 11 所示的占比情况进行分析，大中型企业占比最高，一直保持在45% 以上水平，且其在 2006 ~ 2013 年基本上处于不断上升的水平，但近两年有下降的趋势出现；占比居于其次的是其他类别，其比重每年变化不大，这说明其他三项的比重变动受统计外因素影响很小；排在第三位的是高等院校，可以看到除了个别年份稍有下降以外，其占比呈现良好的不断上升的态势；科研机构的科技活动人员相对占比最低，且其占比一直处于不断下降的状态。从人员数量上进行分析，各个方面的从事科技活动人员都在不断增加，只是大中型企业科技活动人员在 2015 年有所下降。

（二）福建省九地市科技支出纵向对比分析

1. 福建省九地市财政科技支出增长情况。福建省从九地市 2007 ~ 2016 年间财政科技支出的总体变化情况来看，如表 7 - 7 所示，2015 年以前，除了莆田在2015 年、三明在 2010 年、宁德在 2011 年和 2014 年出现负增长以外，九地市的财政科技支出增长率都为正值，处于逐年上升的态势，但是 2016 年有 4 个地市都出现了负增长的情况，具体来看，九地市的增长幅度各异。九地市财政科技支出的增长幅度均值按照高低顺序排列分别为：龙岩（29.97%）、三明（23.42%）、

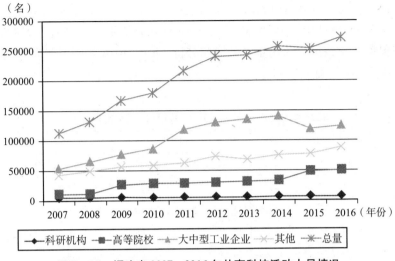

图7-11 福建省2007~2016年从事科技活动人员情况

漳州（21.99%）、宁德（20.24%）、莆田（20.07%）、福州（19.20%）、泉州（18.61%）、厦门（14.42%）、南平（13.17%）。而福建省的平均增长率水平为17.67%，可以看出，仅有厦门和南平处于平均增长率之下，但厦门本身科技支出水平就排在九地市之首，这说明南平的财政科技支出增长率有待进一步提高。

表7-7　　　　　　2008~2016年福建省九地市科技支出年增长率　　　　单位：%

地市	2008年	2009年	2010年	2011年	2012年	2013年	2014年	2015年	2016年	均值
福州	21.52	28.35	9.34	12.36	15.25	55.54	17.40	69.95	6.11	25.37
厦门	14.82	0.70	49.13	52.11	8.82	15.93	20.67	38.35	44.79	12.55
莆田	26.09	14.31	32.66	-0.12	27.69	21.68	15.98	8.01	57.60	19.65
三明	18.00	27.01	18.50	27.72	42.65	43.10	28.28	26.22	-26.69	27.19
泉州	31.47	13.32	29.90	56.16	9.82	19.85	13.12	42.76	71.08	21.46
漳州	33.16	18.55	38.18	33.96	24.67	29.60	17.40	31.01	45.15	26.29
南平	8.14	7.19	34.62	16.58	14.60	10.02	11.72	31.29	-25.46	11.62
龙岩	7.80	5.83	-21.49	12.71	17.06	1.36	0.49	25.80	4.38	8.08
宁德	11.84	14.47	-10.18	-0.66	6.96	0.77	-6.52	-3.68	5.17	6.79
省均值	19.20	14.42	20.07	23.42	18.61	21.99	13.17	29.97	20.24	17.67

资料来源：根据2008~2016年福建省统计年鉴相关数据计算得出。

2. 福建省九地市 R&D 增长情况。上述第一部分在横向分析时着重分析了福建省九地市 2007 ~ 2016 年间的 R&D 总量水平之间的不同以及各自 R&D 支出占各自 GDP 的比重情况，这里重点从纵向分析 2007 ~ 2016 年间福建省九地市 R&D 支出的增长情况（见表 7 – 8）。

表 7 – 8　　　　　　　福建省九地市 2007 ~ 2016 年 R&D 内部支出增长率　　　　单位：%

地市	2007	2008	2009	2010	2011	2012	2013	2014	2015	2016
福州	33.39	1.72	29.49	36.72	32.50	10.29	63.36	15.71	171.05	21.90
厦门	29.84	12.11	8.25	16.53	41.31	36.17	8.18	31.67	26.21	24.32
莆田	21.01	32.25	39.94	115.60	38.37	32.93	20.73	98.28	6.92	32.42
三明	18.39	45.08	5.01	15.46	24.58	9.95	8.77	48.70	57.55	26.35
泉州	14.03	35.07	34.85	39.89	38.77	43.42	28.78	39.86	29.22	29.59
漳州	19.41	14.74	40.00	26.68	28.88	18.23	6.51	28.75	179.15	22.35
南平	8.20	10.58	35.38	13.42	31.27	22.60	0.24	19.87	28.73	15.91
龙岩	11.21	10.32	24.27	9.99	12.87	14.00	39.23	11.45	21.34	13.04
宁德	10.52	7.29	30.05	– 2.00	4.43	15.79	30.41	21.80	13.86	10.67
省均值	23.99	13.77	7.86	15.02	6.06	14.28	1.70	19.71	39.12	15.61
均值	19.00	18.29	25.51	28.73	25.90	21.77	20.79	33.58	57.32	21.22
排名	8	9	5	3	4	6	7	2	1	—

资料来源：根据 2007 ~ 2016 年福建省统计年鉴相关数据计算得出。

从图 7 – 12 中可以看出，福建省九地市的 R&D 支出水平都处于不断增长的态势，只是增长幅度有所差别。由表 7 – 8 中可以看出，九地市除了三明 2015 年的增长率为负以外，其他地区和年份全部为正增长。分析其增长情况，不难发现，除了投入水平本来就很高的福州和厦门两个地市以及南平以外，其他地市的年平均增长率均处于福建省均值水平之上。另外，可以由表中统计数据看到，九地市 9 年间 R&D 支出平均增长率排名情况，对照图 7 – 11 中各个地市支出关系图可以发现，虽然宁德的支出水平一直处于九地市后两位的水平，但是其平均增长率达到 57.32%，远超其他地市，需要继续保持；但值得注意的是，从其不同年份的增长率来看，其增长的幅度不够稳定，最高增长速度是最低速度的 25.88 倍。这种增长幅度的不稳定性在其他地市也都比较明显，这说明各个地市都没有建立一套有计划的稳定的增长控制机制。另外，南平的平均增长水平处于福建省均值之下，说明其增长不足有待进一步提高。

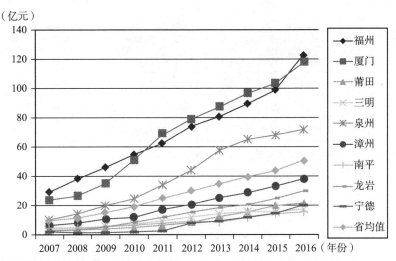

图 7 - 12 福建省九地市 2007 ~ 2016 年 R&D 内部支出变化情况

3. 福建省九地市科技产出情况。前面对福建省九地市科技情况的分析都是基于投入方面，关于科技产出方面也有相当一部分指标可供选择，考虑到评价的科学性以及数据的可得性等因素，接下来以福建省九地市 2007 ~ 2016 年间的专利申请授权量作为衡量财政科技投入的产出效果情况进行分析。由表 7 - 9 以及图 7 - 13 可以看出，九地市的专利申请授权量基本上都保持不断增加的态势，只有福州在 2013 年、2014 年两个年份中的专利申请授权量突然增加，但是 2015 年又有相当大的回落。与 GDP 排名、财政科技支出情况相同，仍然是福州、泉州、厦门三个地市处于省均值之上，其他地市的专利申请授权量基本上相差不大且保持着几乎相同的发展步调，这与经济发展水平以及科技投入量相一致。

表 7 - 9　　　　　福建省九地市 2007 ~ 2016 年专利申请授权量情况　　　　单位：项

年份	福州	厦门	莆田	三明	泉州	漳州	南平	龙岩	宁德	省均值
2007	1687	2402	188	199	2030	497	302	189	267	862
2008	2018	2330	221	184	2045	430	266	197	246	882
2009	2733	2986	278	180	3014	789	663	350	289	1254
2010	4215	5040	426	307	4786	1520	469	780	520	2007
2011	4773	5484	615	507	6391	1858	596	1005	636	2429
2012	5965	7477	1197	603	9744	2035	778	1610	1047	3389

续表

年份	福州	厦门	莆田	三明	泉州	漳州	南平	龙岩	宁德	省均值
2013	37511	8255	1705	837	13267	3148	841	1882	1293	4168
2014	37857	8944	2175	1587	11456	2666	1211	1786	1168	4206
2015	10740	12467	2331	2651	23968	3423	1863	2745	1822	6847
2016	19081	6863	2179	2962	26851	4282	1103	1841	1980	7460

资料来源：根据2007～2017年福建省统计年鉴相关数据计算得出。

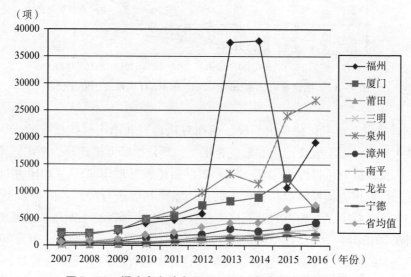

图7-13　福建省九地市2007～2016年专利申请授权量

三、福建省公共财政科技投入的基本特点

通过上述数据分析，可以初步总结出福建省及其九地市在财政科技投入方面和R&D等方面的基本特点。

（一）财政科技投入方面

第一，从财政科技支出规模看，福建省的科技投入规模不大，九地市科技投入水平悬殊，部分地区投入严重不足。福建省的经济发展水平处于西部、中部以及全国平均GDP水平之上，处于东部地区平均GDP水平之下，是比较发达的省份。但是其财政科技支出规模却处于中下等水平，一直低于全国平均财政科技支出水平，且和东部经济带平均财政科技支出规模呈现逐年拉大的差距，甚至在2014年和2015年的支出水平被中部经济带的平均水平赶超。九地市科技投入规模发展不平衡，厦门的财政科技支出水平远高于其他地市，是居于最低水平宁德支出的17.93倍，是居于第二位的泉州的1.82倍。虽然从GDP来看泉州和福州平均水平都居于厦门GDP平均水平之上，但他们的科技支出水平都远低于厦门，而其他地市的科技支出水平都相对较小。

第二，从财政科技投入占比看，福建省整体的科技投入占财政总支出的比重相对较小，九地市之间的投入比例悬殊。相较于东部平均水平，福建省财政科技投入占财政总支出的比重几乎每年都低1~2个百分点，由于福建省从2009年以后的科技支出占财政支出比重有所下降，导致2009年以后一直处于全国平均水平之下。九地市之中，厦门和泉州的科技支出占财政总支出比重一直处于地市的领先地位，福州虽然GDP发展水平处于九地市第二位，其财政科技投入占比却一直处于福建省平均水平之下，与莆田、三明、漳州、龙岩相差不大，而投入占比相对较低的南平、宁德比值一直在1%左右，远低于厦门（平均3%左右）和泉州（平均2.3%左右）。

第三，从增长情况来看，福建省的财政科技支出增长率不高，增长率变化幅度很大，变化情况相对随机，最大波动幅度达到22.75%，环比增长速度不同年份相差较大；财政科技支出占GDP的比重保持稳定状态，但占比相对较小；财政科技支出占财政总支出的比重除2014年达2%以上，2008年以后的比重都低于2%。福建省九地市的财政科技支出增长率差别较大，龙岩、三明、漳州三地的财政科技支出增长率居于九地市前三名，仅有厦门和南平处于平均增长率19.02%之下，但厦门本身科技支出水平就排在九地市之首。

（二）从R&D方面分析

第一，从支出规模来看，福建省九地市的R&D内部支出情况各异。从总量上看，福建省九地市10年间的平均值为23.47亿元，福州（59.49亿元）、厦门（59.47亿元）、泉州（34.45亿元）三个地市处于省均值水平之上，且居于GDP首位的泉州的支出水平不高。漳州（16.87亿元）、龙岩（11.31亿元）、三明（8.72亿元）、莆田（8.12亿元）、南平（7.46亿元）、宁德（5.36亿元）六地市处于福建省均值水平之下，与其各自的经济发展水平排名一致。从R&D内部支出占GDP的比重即R&D投入强度来看，仅有厦门和福州两地的占比在省均值之上，泉州的占比甚至在经济发展水平排在第四五位的漳州和龙岩之下，龙岩市虽然具体的支出强度较低，但是其增长速度比较快。

第二，从资金结构来看，福建省的 R&D 内部支出的资金来源主要由企业资金提供，其次是政府资金、其他资金和国外资金，这与符合研究与发展科学项目的基本性质一致。从 2010 年开始，政府资金投入与企业资金投入之间的差距进一步不断拉大。近年来，福建省在基础研究方面投入力度比较小，从 2012 年开始应用研究的投入比例有所下滑，社会资金对其投入不足。

第三，从增长情况来看，福建省九地市的 R&D 内部支出整体上呈现不断增长的趋势，且近年来的增长速度有所放缓，其与全国的 R&D 增长情况相一致。除了投入水平本来就很高的福州和厦门两个地市以外，其他地市的年平均增长率均处于福建省均值水平之上。宁德的增长水平显著，但是和其他地市都有的通病一样，其增长不够稳定。

第四节　科技支出绩效评价指标体系与单项指标绩效评价

构建科技支出绩效评价指标体系是整个评价工作的中心，它对评价结果的可靠性和准确性以及评价目标的实现至关重要。构建一个科学合理的指标体系对财政科技支出进行绩效评分是这一部分的主要内容。在这部分分析的内容有：指标的选取原则、指标的选取范围以及特定评价对象评价指标的确定。最后，也是整个评价工作最关注的内容，就是依据所确定的评价标准和评价对象所设定的预期目标对各指标和综合指标进行计分，从而确定评价对象绩效的好坏程度，根据评价信息和结果分析公共决策和行为存在的问题，并指明财政支出决策改进的方向。

一、科技支出绩效评价指标设计

（一）科技支出绩效评价指标体系的设计

1. 科技活动层次的划分。科技活动按其在社会经济中的地位和作用可划分为三个层次：研究与发展（R&D）、科技成果转化与应用、科技服务。

研究与发展指在科学技术领域，为增加知识总量，以及运用这些知识去创造新的应用进行的系统的、创造性的活动，研究与发展又包括基础研究、应用研究和试验发展三类活动。科技成果转化与应用是指为解决研究与发展阶段产生的新产品、新装置、新工艺、新技术、新方法、新系统和服务等能投入生产或在实际中运用所存在的技术问题而进行的系统性活动，它不具有创新成分。此类活动包括为达到生产目的而进行的定型设计和试制，以及为形成生产规模和应用领域而进行的适应性试验。科技服务是指和研究与发展、科技成果转化与应用有关的，有助于科技知识的产生、传播和应用的活动，它既为研究与发展服务，也为科技成果转化与应用服务。按照联合国教科文组织的规定，科技服务主要包括图书馆、档案馆、情报文献中心，计算、标准、统计，科技博物馆、动植物园，科技图书和期刊编译与出版，地质、天文、气象，科技普及和咨询等方面的服务工作。

为便于分析，也可按照一项科学研究的发展过程将科技活动的构成简化为三个环节。其中试验发展基本上属于应用研究的范畴，科技成果的转化与应用则归于开发研究一类（见图7-14）。

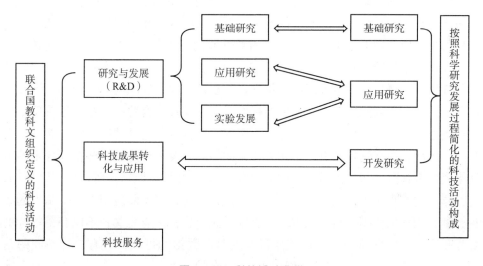

图7-14 科技活动分类

根据以上内容对科技活动所作的界定，完整地说，科技活动应包括基础研究、应用研究、开发研究和科技服务四类，其中由于基础研究和应用研究同属于研究与发展的范畴，因此，将科技活动划分为研究与发展、开发研究和科技服务三个过程步骤，以此为根据来设定具体的评价指标体系。

2. 指标设计与选择原则。对于具体的评价对象来说，指标选取遵循一定的原则，才能保证绩效评价的科学性、准确性和可靠性以及全面性，达到预期的评价目标。一般来说，绩效评价选取的标准应该包括：（1）重要性原则。根据指标在整个体系的地位和作用进行筛选，选择最具代表性、最能反映评价要求的指标，注意指标的兼容性问题，不要对指标杂乱无章的排列。（2）全面性原则。选取的指标应该充分反映科技支出的整个过程，要使选取的指标涵盖研究与发展、开发研究和科技服务的整个过程。（3）可测性原则。指标的选取应该考虑现实条件及可操作性，指标应该可以用具体的数值反映，以便于评价可以进行。（4）相关性原则。衡量指标与政府部分的目标及项目的目标具有直接的联系，不能因为好收集就使用，例如投入或产出的衡量相对容易，但如果与项目成果目标的相关性存在问题，单纯的投入指标或产出指标就不能很好地反映项目的实际影响。

但是，前面设计出的指标在真正评价时并非都可以使用，这有着多种原因。原因之一是有些指标可能并不重要，与科技支出的主要目标关系不大；原因之二是有些指标之间反映的内容近似或具有高度的相关性，同一类指标大量采用可能会扩大这一方面的影响，所以应该进行同类指标合并或仅保留具代表性的指标；原因之三则可能是因为缺乏相应的统计资料，无法取得相应的数据。因此，评价指标的选取应该遵循以下原则：（1）重要性原则。所谓重要性原则是指所选择的指标应该可以反映科技支出绩效某一方面的主要信息，而不是次要信息。（2）非重复性原则。所谓非重复性原则是指选择的指标之间所反映的信息内容应该彼此尽可能独立，不要重复，以免造成指标的冗余。不过，有些指标之间虽然反映的主要内容属于不同方面，但仍然存在一定的关联程度，这种情况是不可能完全避免的。因此，对于这样具有一定相关信息的指标，要采用降低这些指标权重的方法来避免夸大这些指标间重复反映的内容。（3）可得性原则。所谓可得性原则，是指指标的数据是可以获得的。一个评价指标最终付诸实际应用有一个基本的条件，就是指标的数据是可以获得的，否则，无论指标多有意义，不能获得指标的数据也是没有实践价值的。但需要说明的是，数据的可得性会有多种不同的情况。第一种情况是某一指标的数据是客观存在的，也已经有相关的数据资料；第二种情况是某一指标的数据是客观存在的，但是尚未建立相关的数据采集制度，因此，目前没有相关数据记录；第三种情况是某一指标反映的对象还只是一种设想，尚未客观存在或发生，相应的数据更是不存在。严格说来，只有第一种情况的指标才是可以采用的，第二、第三种情况的指标需要建立相应的数据采集制度或建立相应的数据产生机制后才能成为可以实际采用的指标。（4）可比性原则。指标是用来衡量评价对象的"好"或"差"的程度的，做出评价需要参照一定的标准。但是如果某个指标在不同的制度安排下有着不同的实质含义，这个指标也不适合作为评价采用的指标。（5）目的性原则。对于科技活动来说，其产生的结果和影响是十分广泛的。对于科技活动要达到的目标，不同时代、不同国家、不同的人可能有不同的见解，因此，在对科技支出绩效进行评价时，不可能也没有必要把反映科技支出绩效的指标全部采用。事实上，绩效评价是为总结过去工作和提高以后工作服务的，评价的目的在于更好地实现既定目标。所以在设计评价指标时，应结合科技支出要达到的目的或目标来设计。对反映目标达成效果的指标不应缺少，而对与目标无关的指标也不应保留。根据上述的指标选取原则，可以对公共科技支出绩效评价的指标进行筛选，最终选择适合实际情况的评价指标组合。

（二）指标类别与级别的划分

1. 基础指标的确定。由于科技支出是由科技活动的内容决定的，因此，从理论上说，在遵循经济性、效率性和有效性（即"3E"）原则的前提下，设计科技支出评价指标体系时必须从各类科技活动的特点出发，分类设计具体指标，以求全面、客观地对一国的科技支出绩效进行评价。根据公共科技支出评价指标设计应遵循的原则，结合福建省科技支出的特点，可以设计两大类指标：一类为基础指标；另一类为评价指标。基础指标就是要将指标根据其性质划分为不同的类别分别进行汇总处理，评价指标就是将"3E"类别下的指标具体化为可以计量的评价指标。

因此，完整的科技支出评价体系应根据"3E"原则分为三大部分：第一部分是经济性评价，反映科技投入的规模和强度；第二部分是效率性评价，反映既定的科技投入是否获得最大的满足公共需要的科技产品；第三部分是有效性评价，反映公共科技支出目标的实现程度。其中的每一部分都应该从研究与发展、开发研究、科技服务以及通用指标（即上述三大类科技活动共性的内容）四个方面进行评价，分别反映出科技支出在投入和过程、产出以及效果方面的情况，这样就建立起了评价体系的基础指标。

然而，从实践情况来看，世界各国普遍尚未建立如此全面的统计和评价体系。就我国的实际情况而言，一下子就建立完整的公共科技支出绩效评价体系也是很难实现的。为此，结合福建省的实际情况，应在遵循"3E"原则的前提下，对每一个大类评价下的几个方面进行简化处理、具有重要性和代表性的主要科技活动类型进行评价，设定评价的一级指标体系，并以此作为评价科技支出的经济性、效率性和有效性的直接依据，最终对福建省的公共科技支出的绩效做出全面评价。

首先，从经济性评价方面考虑，经济性指标主要反映的是科技支出的规模和强度，因此，通用指标的评价是必须的，即对公共部门在研究与发展、开发研究、科技服务这三大类科技活动方面的支出情况进行总体评价。而且由于数据可得性的限制，目前福建省内所提供的公开资料中难以获取开发研究和科技服务这两类科技活动在支出方面的单项资料，因此，要将科技支出在三大类科技活动方面的投入情况完全分离出来进行逐类评价也是不现实的。而 R&D 活动作为整个科技活动的核心，其发展水平已成为衡量一国科学技术水平高低的重要标志。联合国教科文组织和世界上多数国家都将 R&D 经费总额作为一国科技投入的重要评判指标，因此，将 R&D 经费的使用情况进行单独评价也是必要的。所以，公共科技支出绩效评价体系中的经济性评价包括 R&D 评价和通用指标评价两项内容。

其次，从效率性评价方面考虑，效率性指标主要反映的是科技支出的产出情况，特别是与投入相比较后的产出情况（即单位成本的产出情况）。由于三种类型的科技活动各有特点，相互之间不具有替代性，因此，对于每一类科技活动都需要单独设计效率性指标。也就是说，在效率性评价方面，有必要对这三大类科技活动分别进行评价。同时，还有一些指标属于三类科技活动共性的内容，而且由于资料的有限性，无法将其按类别划分后进行评价，如科技活动的人力资源使用指标，对这类指标的评价就需纳入通用指标评价的范围内。所以公共科技支出绩效评价体系中的效率性评价包括 R&D 评价、开发研究评价、科技服务评价和通用指标评价全部四项内容。

最后，从有效性评价方面考虑，有效性指标反映的是公共科技支出目标的实现程度，是与投入相比较后的科技支出的效果。同样，由于三种类型的科技活动各具特点，因此，在有效性评价方面，也必须对这三大类科技活动分别进行评价。至于通用指标评价，由于目前相关的研究资料中尚未有专门的研究，也未发现这三种类型的科技活动在效果方面具有共性之处，因此，通用指标暂不纳入有效评价的范围。所以公共科技支出绩效评价包括 R&D 评价、开发研究评价和科技服务评价三项内容。

综上所述，就确定了目前的指标评价体系的基础指标，包括根据"3E"原则的三种指标分类以及其下设的一级指标（具体见表 7 - 10）。

表 7 - 10　　　　　　　　　　简化后指标评价体系的基础指标

指标类别	一级指标
经济性指标	R&D 指标
	通用指标

续表

指标类别	一级指标
效率性指标	R&D 指标
	开发研究指标
	科技服务指标
	通用指标
有效性指标	R&D 指标
	开发研究指标
	科技服务指标

　　另外，需要说明的是，一个国家的科技支出既包括公共科技支出也包括民间支出，但是要区分出科技的产出和效果多少是公共科技支出的结果，多少是民间科技支出的结果，是极为困难的。在本书研究中，我们将不去区分科技的产出和效果是公共科技支出的结果还是民间科技支出的结果。这一方面是因为做这样的区分几乎是不可能的；另一方面则是因为公共科技支出与民间科技支出之间是一种紧密结合、共同作用的关系，严格区分这两种科技支出的结果本身也是不科学的。

　　2. 具体指标设置：二级指标、三级指标。由于公共科技支出绩效后评价指标数量繁多、覆盖面广，整个指标体系呈现出复杂性和多样性的特点，因此，在最终指标体系形成时，如果像表 7 - 10 中所列指标那样，仅以各个大类下的简单罗列来展现所有的入选指标显然不足以充分体现公共科技支出的性质特征以及各指标之间的相互关系。因此，有必要对表 7 - 10 中设计出的评价指标进行更加细致的级别划分，并在此基础上形成完整的公共科技支出绩效后评价指标体系。

　　指标划分的第三层次，是根据各种类型科技活动的性质、内容以及具体指标的特征，在每项一级指标下再划分若干项二级指标。这些二级指标中，有一部分就是对一国的公共科技支出绩效进行计分与评价时所直接使用的评价指标；另一部分则是考虑到根据联合国教科文组织（UNESCO）的定义，某些类型的科技活动（如 R&D 活动、科技服务活动）本身还可以划分为几个次一级活动类别，因此，我们也对这些类型的科技活动下属的次一级活动类别分别确定相应的二级指标，如 R&D 指标下又包括基础研究指标、应用研究指标以及通用指标这几个二级指标（具体指标设计见表 7 - 11）。

表7－11　　　　　　　福建省九地市科技支出绩效评价指标体系设计

指标类别	一级指标	二级指标	三级指标
经济性 指标 （30%）	R&D 指标 （30%）	R&D 投入强度（%）（50%）	
		R&D 人员人均 R&D 经费（50%）	
	通用指标 （70%）	公共科技支出额占 GDP 的比重（%）（25%）	
		人均公共科技支出额（元）（25%）	
		公共科技支出额占全社会科技支出总额比重（%）（25%）	
		公共科技支出额占公共支出总额比重（%）（25%）	
效率性 指标 （30%）	R&D 指标 （25%）	基础研究 指标（33%）	科技论文被 SCI 收录数（100%）
		应用研究 指标（33%）	万元支出专利申请受理量（件）（50%）
			R&D 人员折合全时当量（人/年）（50%）
		通用指标 （34%）	科学家和工程师人数占 R&D 折合全时人员数的比重（%）（50%）
			万元支出科技成果登记量（项）（50%）
	开发研究 指标（25%）	万元支出新产品项目数（项）（50%）	
		万元支出高新技术企业产值（万元）（50%）	
	科技服务 指标（25%）	图书情报类 指标（34%）	人均藏书量（册）（33%）
			人均藏书年增加量（册）（33%）
			万元支出为读者服务举办活动次数（次）（34%）
		地质天文气象 类指标（33%）	万元支出新增气象台站个数（个）（100%）
效率性指标	科技服务 指标（25%）	科技普及和 资讯类指标 （33%）	万元支出举办科普讲座次数（次）（50%）
			万元支出举办科普展览次数（次）（50%）
	通用指标 （25%）	每百万人中科技活动人员数（人）（50%）	
		科学家和工程师人数占科技活动人员总数的比重（%）（50%）	
有效性 指标（40%）	R&D 指标 （33%）	基础研究 指标（50%）	科技论文被 SCI 引证率（100%）
		应用研究 指标（50%）	万元支出专利申请授权量（件）（25%）
			专利申请授权量占同期专利申请授权量比重（%）（25%）
			应用技术成果的应用率（%）（50%）

续表

指标类别	一级指标	二级指标	三级指标
有效性 指标（40%）	开发研究 指标（33%）		新产品销售收入占全部销售收入比重（%）（33%）
			高新技术产品出口额占商品出口额比重（%）（33%）
			技术市场成交额（34%）
	科技服务类 指标（34%）	图书情报类 指标（25%）	亿元支出为读者服务活动参加人数（万人次）（100%）
		科技博物馆类 指标（25%）	亿元支出博物馆陈列展览参加人数（万人次）（100%）
		地质天文气象 类指标（25%）	短期天气预报准确率（%）（100%）
		科技普及类 指标（25%）	亿元支出科普讲座听讲人数（万人次）（50%）
			亿元支出科普展览参观人数（万人次）（50%）

资料来源：根据上海财经大学课题组．公共支出评价［M］．北京：经济科学出版社，2006（6）中的指标设计。

（三）指标权重的确定

根据公共支出绩效评价的基本理念，结合公共科技支出的自身特点，各类、各级指标在整个指标体系中的重要程度不尽相同。因此，有必要对各类、各级指标赋予一定的权重，从而在计分时通过计算其分值的加权平均数而得到综合得分。

1. 确定指标权重的基本原则与注意点。在确定各类、各级指标的权重时，以下两点特别需要注意。

一是对各类、各级指标赋予权重的基本原则。这一基本原则就是，在不明确各类、各级指标的重要性差别的时候尽量采取将指标权重平均化的办法，以避免人为拉大各指标分值之间的差距，造成综合得分的偏差。对于能够明确判断出重要程度差别的指标，可以根据其重要程度的不同赋予不同的权重。但需要说明的是，本书中对部分指标所赋予的不同权重值只是在研究时间和资源有限的条件下所做出的粗略判断，主要目的是以权重从大到小的顺序体现各类、各级指标在同类或同级指标中的地位（主要表现为重要程度的差别），其权重值的精确化有待于进一步的讨论、探研和完善。

二是各项、各级指标分值计入上一级指标分值时的权重比例的换算。每一类、每一级指标均以100%为权重总和，因此，将该指标得分计入上一类、上一级指标计分系统时，需要根据上一类或上一级指标的权重进行换算。

根据以上分析，对于各类、各级指标而言，在同类或同级指标中重要程度基本相当或难以做出明确判断的，均以平均化或近似于平均化的比例赋予权重（为了计算的简便，在百分号计数方式下只保留整数，如对同一级的三个指标赋予33%、33%和34%的权重时，意味着平均地赋予这三者权重）。这种情况下，指标权重的确定理由是相同的，不再逐一展开讨论。下面将对各类、各级指标中明显具有差别的权重确定情况进行详细说明。

2. 类别指标权重的确定。科技支出绩效后评价指标体系（评价指标）中，按照"3E"原则所划分的三个大类指标，即经济性指标、效率性指标和有效性指标，分别反映了公共科技投入在过程中的执行情况、公共科技投入与其产出的对比关系以及公共科技投入与其有效产出（即效果）之间的相互关系。三者各有特点又相互联系，从三者的重要程度比较来看，有效性指标所反映的是公共科技支出与其有效产出之间的关系。结合科学技术活动的概念以及公共科技支出的目标考虑，有效的产出才能较好地推动科学技术活动的发展，进而使一国的科学技术水平提升到一个新的层面，从而促进科技成果转化为生产力，推动一国生产力的发展和经济水平的提高，以实现科学技术活动的最高目标。由此可见，有效性指标可更充分地体现出公共科技支出的绩效。因此，根据以上分析，分别对经济性指标、效率性指标和有效性指标赋予30%、30%和40%的权重。

3. 级别指标权重的确定。

（1）一级指标权重的确定。一级指标权重值的差别主要体现在经济性指标下的 R&D 指标和通用指标这两项一级指标上。根据指标权重的确定原则，在不明确各类、各级指标的重要性差别时尽量采取将指标权重平均化的办法。在这种基本思想指导下，可以首先假设通用指标和 R&D 指标的权重各为50%。然后，考虑到 R&D 指标的特殊性，应当降低其指标得分的权重，以减少对综合得分造成偏差。目前虽然不能获得 R&D 经费中公共科技支出历年的具体数据，但是根据有关资料显示，近年来我国政府对 R&D 的投入占整个 R&D 投入的比例一直稳定在60%左右[①]。据此，可以将这一稳定的比例60%作为权重的确定依据，得：

R&D 指标权重 = 50% × 60% = 30%

通用指标权重 = 1 - R&D 指标权重 = 1 - 30% = 70%

（2）二级指标权重的确定。根据指标权重确定的平均化原则，公共科技支出绩效评价各项二级指标的权重均没有显著差别。

（3）三级指标权重的确定。三级指标权重中需要说明的是应用研究类评价指标的权重构成。应用研究指标下的三项评价指标，即亿元支出专利申请授权量、

[①] 蒋洪主编. 财政学 [M]. 高等教育出版社，上海社会科学院出版社，2000：131－132.

专利申请授权量占同期专利申请受理量的比重及应用技术成果的应用率。由于前两项指标是从不同的角度对专利申请的情况进行评价，因此，将这两项指标的权重之和定为50%，应用技术成果的应用率指标权重也为50%。然后再按照平均原则，对这两项有关专利申请的指标各赋予25%的权重。根据上述权重设定原则，各个指标具体的权重值见表7-12。

表 7-12　　　　　　　　　　　　可行性指标体系

指标类别	一级指标	二级指标	三级指标
经济性指标（30%）	R&D 指标（30%）	R&D 投入强度（%）（50%）	
		R&D 人员人均 R&D 经费（50%）	
	通用指标（70%）	公共科技支出额占 GDP 的比重（%）（33%）	
		人均公共科技支出额（元）（33%）	
		公共科技支出额占公共支出总额比重（%）（34%）	
效率性指标（30%）	R&D 指标（25%）	应用研究指标（100%）	亿元支出专利申请受理量（件）（50%）
			R&D 人员折合全时当量（人/年）（50%）
	开发研究指标（25%）	每元科技支出高新技术企业产值（元）（100%）	
	通用指标（25%）	每万人中科技活动人员数（人）（100%）	
	科技服务指标（25%）	图书情报类指标（50%）	人均藏书量（册）（50%）
			亿元支出为读者服务举办活动次数（次）（50%）
		科技普及和资讯类指标（50%）	亿元支出举办科普讲座次数（次）（50%）
			亿元支出举办科普展览次数（次）（50%）
有效性指标（40%）	R&D 指标（50%）	应用研究指标（100%）	亿元支出专利申请授权量（件）（50%）
			专利申请授权量占同期专利申请授权量的比重（%）（50%）
	开发研究指标（50%）	新产品销售收入占全部销售收入比重（%）（33%）	
		高新技术产品出口额占商品出口额比重（%）（33%）	
		技术市场成交额（万元）（34%）	

（四）指标评分方法

通过评价指标体系的设计和具体指标的计算，可以获得各个指标的量化数据，但是，根据这些数据做出科学评价结论还必须有一套评价的标准和方法。在得出各指标的数据结果后，必须对这一数据结果反映的情况的是"好"还是"坏"做出判断，而且应该能够度量"好"或"坏"的程度。实际上，前者是一个评价参照水平的选择问题，即评价标准问题；后者是一个评价结论的量化问题，即评分问题。

其一，关于评价标准问题。我们可以将数据指标的统计数据进行横向对比和纵向对比。所谓横向对比，就是将评价对象这一指标的数据与其他可比对象同期的数据进行对比，得出评价的结果；所谓纵向对比，就是将评价对象这一指标现在的数据与以前某一时间段的数据进行比较，通过数据前后的变化得出评价的结果。理论上讲，为使评价结果达到客观、公正、全面，既能反映被评价对象的指标数据所处的地位，又能反映一段时期内被评价对象相关部门工作的努力程度和效果，最佳的评价方法应当是对每个指标都分别采用横向比较法和纵向比较法两种方式进行评分，然后综合考虑两种评价方式的结果（例如可以采用加权平均的方法），得出指标的综合得分。然而，在实际评价过程中，由于研究条件的限制，在有限时间内通过有限渠道获取所有指标一定时期内的全部横向和纵向数据是相当困难的。鉴于目前有相当一部分指标无法获得横向数据，因而对科技支出绩效的评价需要采用部分横向评价与部分纵向评价相结合的方式。

其二，关于评分问题。根据公共科技支出相应的评价指标，进行具体量化计分评价。计分就是将绩效评价指标进行无量纲化处理（简单地说，就是将以某种计量单位表示的带量纲的指标值转化为没有计量单位的分值），消除原始变量量纲的影响，给每个指标进行打分，然后通过对每个评价指标设置不同权重，根据一定的指数合成方法，计算出评价指标的综合得分，形成量化的评价结果。计分的方法分为三种情况。

情况一，若指标是越小越好，则：

a. 如果指标数值大于及格标准值，那么：

$$指标得分 = max\left(60 - \frac{指标实际值 - 及格标准值}{及格标准值 - 满分标准值} \times 40 \right)$$

b. 如果指标数值大于满分标准，小于及格标准，那么：

$$指标得分 = 100 - \frac{指标实际值 - 满分标准值}{及格标准值 - 满分标准值} \times 40$$

c. 如果指标小于满分标准值，那么指标得分 = 100

情况二，若指标是越大越好，则：

a. 如果指标数值小于及格标准值，那么：

$$指标得分 = \max\left(60 - \frac{\text{及格标准值} - \text{指标实际值}}{\text{满分标准值} - \text{指标实际值}} \times 40\right)$$

b. 如果指标数值大于及格标准值，小于满分标准值，那么：

$$指标得分 = 100 - \frac{\text{满分标准值} - \text{指标实际值}}{\text{满分标准值} - \text{及格标准值}} \times 40$$

c. 如果指标数值大于满分标准值，那么指标得分 = 100

二、科技支出单项指标绩效评价——以福建省九地市为例

（一）福建省九地市评分结果

根据以上绩效评价理论，代入地区具体的统计数据便可以得出相应的结论，但限于数据的可得性，暂不能得出系统性的评分结果。因此根据查得的数据将评价体系进一步简化，虽然这里违背了体系设计标准的完整性，但根据地区具体的数据可以得出一些比较性的结论（简化后的指标体系以及权重见表 7 - 12）。

即便将指标进行了最大可能的简化，由于数据的不可得性，只能就厦门 2011年和 2012 年的科技支出绩效得出最终的评价结果，可测算得出厦门市 2011 年和 2012 年科技支出绩效得分分别为 71.44 分和 70.70 分。

（二）评分结果评价与分析

虽然获得福建省九地市的近 10 年全部数据比较困难，但是就指标的部分数据进行分析可以得出一些基本的结论。接下来分别分析经济性、效率性以及有效性三大指标的具体得分情况，以发现福建省九地市的科技投入与产出方面存在的问题。

1. 经济性指标得分情况分析。经济性指标包括 R&D 指标和通用指标。其中经济性 R&D 指标选取了 R&D 投入强度（即 R&D 支出与当年 GDP 总量的比重），它是国际上通用的衡量一国科技投入程度的关键指标。按照 100 分的满分标准，这里得出的评分结果表明，2006~2015 年 10 年间，尽管从各个地市每年的得分都在不断上涨，但福建省的平均得分仅为 40.38 分，距离及格分数相去较远。按照平均分数排名从高到低依次为：厦门（81.08 分）、福州（55.32 分）、漳州（31.90 分）、龙岩（29.46 分）、南平（29.07 分）、泉州（25.88 分）、莆田（24.80 分）、三明（24.05 分）、宁德（15.94 分）。可以看出，厦门市的得分远远超过其他地市，以厦门市为满分标准，其他地市得分全都处于及格线之下，特

别是泉州这个本身 GDP 发展水平处于全省第一的地市，其 R&D 投入强度明显不足。这个结果与前文的结果一致，这里不再赘述。另外代表性的经济性 R&D 指标是 R&D 人员人均 R&D 经费（即 R&D 经费支出与同期 R&D 人员全时当量的比值），它代表了 R&D 人员的资源配置状况，是衡量地区研究与发展对资源配置的分配状况。限于数据的可获得性，仅就 2015 年福建省九地市的得分情况进行对比（见表 7 - 13），从数据较完整的厦门、龙岩以及宁德近年来得分的变化情况可以推测出各个地市的得分都随着年份的增长而不断增加。对比 2015 年的数据可以发现，相较于经济比较发达的几个地市，反而是经济较为落后的地市的 R&D 人员人均 R&D 经费较多，结合 R&D 支出总量进行对比，导致这种情况的原因有两种可能：一是经济较为发达的地市对 R&D 经费的均等分配不够重视；二是经济较为落后的几个地市的 R&D 人员全时当量较小，即 R&D 人员投入较少且人员效率较低。这里虽然统计数据不够完整，根据获得的数据可以发现厦门的 R&D 人员全时当量几乎每年都是龙岩的 5~8 倍，而其 R&D 投入值是龙岩的 4~6 倍，这说明第二种原因是导致经济较为发达的几个地市得分较为落后的原因。因此，反而是得分较高的几个地市应该提高 R&D 人员的投量以及提高 R&D 人员效率。

表 7 - 13　　　2015 年福建省九地市 R&D 人员人均 R&D 经费指标得分情况

地区	福州	厦门	莆田	三明	泉州	漳州	南平	龙岩	宁德	福建省
得分	64.71	75.01	90.37	89.66	87.38	100.0	86.78	97.00	94.60	78.77
排名	9	8	4	5	6	1	7	2	3	—

经济性指标中通用性指标包含了公共科技支出额占 GDP 的比重、人均公共科技支出额以及公共科技支出额占公共支出总额比重三个具体的评价指标，它们综合评价了九地市财政科技支出的投入效率情况。分析 2007~2015 年 9 年间的数据，指标具体得分均值如表 7 - 14 所示。其中公共科技支出额占 GDP 的比重和公共科技支出额占公共支出总额比重在第一节已经做了较为完整的分析，这里不再赘述，它们的评分情况也与第一节中的评价结果一致。这里，重点看一下人均公共科技支出额，它反映了财政科技支出的分配是否均等以及支出量是否合理。九地市相差悬殊，厦门平均的分为 71.30 分，而相比之下其他地市得分全部在 25 分以下，说明其财政科技投入相对于其人口量远远不足，需要进一步增加财政资金对科技的支持力度。

表 7 - 14　　　　2007 ~ 2015 年福建省九地市经济性通用指标得分均值情况　　　单位：%

地区	福州	厦门	莆田	三明	泉州	漳州	南平	龙岩	宁德	省均值
公共科技支出额占 GDP 的比重	27. 36	92. 87	28. 32	32. 71	28. 42	26. 49	26. 40	35. 99	18. 62	46. 24
公共科技支出额占公共支出总额比重	44. 57	90. 07	46. 72	47. 12	61. 55	38. 82	32. 27	46. 33	23. 01	55. 06
人均公共科技支出额	17. 97	71. 30	12. 64	16. 65	20. 12	11. 27	8. 45	17. 47	5. 82	24. 66

　　最后，关于经济性指标得分，根据可获得的统计数据，将经济性指标评分进行汇总，按照计入总分分值的最终计算结果统计，可以得到表 7 - 15 所示的结果。按照最初的指标设定，经济性指标在总的评价指标中占比 30%，即满分为 30 分，从表 7 - 15 中可以看出，仅以 2015 年的评分结果来看，福建省的平均评分为 16. 15 分，处于均值之上的有两个地市，分别是厦门（27. 51 分）和龙岩（18. 09 分），其他地市的得分相对较低，不足 18 分的及格值。这说明，九地市中除厦门以外，其科技支出的投入效率比较低，需要增加科技资金使用效率、分配效率以及人员配置效率。

表 7 - 15　　　　福建省九地市 2006 ~ 2015 年经济性评价指标得分汇总

地区	福州	厦门	莆田	三明	泉州	漳州	南平	龙岩	宁德	福建省
得分	12. 62	27. 51	12. 36	14. 75	15. 33	12. 24	9. 97	18. 09	8. 51	16. 15

　　2. 效率性指标得分情况分析。效率性指标主要是为了衡量科技支出的产出情况，特别是与投入相比较后的产出情况（即单位成本的产出情况）。指标体系中效率性指标包括 R&D 指标、开发研究指标、科技服务指标和通用指标四个一级指标，R&D 指标中包含的亿元支出专利申请受理量以及 R&D 人员全时当量前面已经具体分析过，这里不再具体展开。开发研究指标纳入了每元科技支出高新技术产业值，它直接表达了财政科技支出的支出效率。从表 7 - 16 中可以看出其各自的得分情况以及近三年的得分均值情况。福建省近三年的均值得分为 65. 52 分，稍高于及格线。相比其他指标，此指标各个地市之间的差距相对在合理的范围之内，其得分并不按照经济发展排名进行排列，福州的得分值一直处于全省第

一的位置，其次宁德和漳州的得分也均在 70 分以上。

表 7-16　　　　福建省九地市每元财政科技支出高新技术产业值得分情况

地区	福州	厦门	莆田	三明	泉州	漳州	南平	龙岩	宁德	福建省
2013 年	100	66.48	51.89	44.08	71.02	62.46	44.43	35.59	53.83	58.91
2014 年	100	68.61	43.32	40.01	72.87	65.48	48.68	31.31	79.00	61.03
2015 年	100	68.25	63.93	34.04	52.51	93.37	57.45	37.55	100	76.63
均值	100	67.78	53.05	39.38	65.47	73.77	50.19	34.82	77.61	65.52

　　效率性指标下设开发研究指标，具体由每万人中科技活动人员数表示，鉴于数据的不足，仅就已获得的数据进行分析。如表 7-17 所示，福建省的平均得分仅为 28.41 分，厦门的得分一直比较高，而龙岩和宁德两市的得分虽然较低，但呈现逐年递增的趋势，而三明的得分从 2011 年开始出现下降的趋势。

表 7-17　　　　福建省九地市效率性指标中开发研究指标得分情况

地区	厦门	三明	龙岩	宁德	福建省
2006 年	61.43	11.74	—	—	15.73
2007 年	64.27	12.41	—	—	17.41
2008 年	85.50	13.60	—		20.15
2009 年	97.51	15.90	12.09	3.79	25.42
2010 年	100.0	15.32	14.77	5.05	27.07
2011 年	100.0	17.74	18.09	7.57	32.39
2012 年	100.0	16.88	20.03	12.05	35.70
2013 年	100.0	16.50	21.01	12.90	35.77
2014 年	100.0	15.88	22.20	13.00	37.72
2015 年	96.05	15.22	23.28	13.54	36.72
均值	90.48	15.12	18.78	9.72	28.41

　　资料来源：根据福建省历年统计年鉴整理得出。数据查询中泉州、漳州、南平与福州无法完整收集数据。

　　效率性指标的科技服务指标主要包含了图书情报类及科技普及和咨询类两个二级指标，又下设人均藏书量、亿元支出为读者举办活动次数、亿元支出举办科普讲座次数以及亿元支出举办科普展览次数四个三级指标。其中人均藏书量的数据较为完整，其得分情况见表 7 – 18。福建省平均值为 49.21 分尚未及格，厦门、福州和三明三个地市的人均藏书量得分都在及格线以上，但是福州和三明的实际值和厦门市相差比较大。另外，由于数据的缺失，对科技服务指标的分析仅有厦门市的数据以及福建省 2012 ~ 2015 年 4 年的数据，厦门市的数据按照计入总分的得分算，仅在 2.5 ~ 4 分之间，福建省均值得分仅在 1.5 ~ 2 分之间，距离 7.5 分的满分标准分以及 4.5 分的及格标准分相差较大。

表 7 – 18　　　　　福建省九地市 2006 ~ 2015 年人均藏书量指标得分

地区	福州	厦门	莆田	三明	泉州	漳州	南平	龙岩	宁德	福建省
2006 年	66.49	71.92	5.21	52.25	—	—	—	21.24	14.91	—
2007 年	71.82	73.17	5.41	48.84	24.84	—	35.82	6.85	15.50	—
2008 年	71.38	81.36	5.68	40.98	27.15	—	26.31	22.88	16.40	36.09
2009 年	72.45	81.57	—	40.98	27.31	—	26.15	22.91	16.96	37.90
2010 年	77.98	87.29	—	45.52	30.24	—	26.69	23.82	17.39	41.02
2011 年	43.36	100.0	—	47.49	38.06	—	43.98	23.87	19.26	40.58
2012 年	47.71	97.55	—	70.10	58.09	—	76.06	66.57	31.55	49.99
2013 年	32.89	100.0	—	85.61	67.03	—	57.58	53.95	31.19	58.88
2014 年	53.27	100.0	12.80	100.0	45.49	—	57.88	53.50	31.97	62.97
2015 年	100.0	100.0	13.34	100.0	50.46	—	100.0	53.11	33.32	66.20
均值	63.74	89.29	8.49	63.18	40.96	—	50.05	34.87	22.85	49.21

最后，分析效率性指标的总体得分情况，按照计入最终得分的标准计算，效率性指标的满分得分为 30 分，及格分数为 18 分。由于数据的不完整，仅仅得出了厦门 2009 ~ 2015 年的得分情况分布在 17 ~ 21 分之间，以及莆田 2015 年得分（10.16 分），福建省 2013 ~ 2015 年得分分别为 14.61 分、14.76 分、13.39 分。从得分结果可以看出，福建省的效率性指标平均得分低于及格分，九地市的科技支出效率比较低，基金以及人员投入没有得到合理的利用，且资源配置方面也缺乏效率。

3. 有效性指标得分情况分析。有效性指标下设 R&D 指标和开发研究指标两个一级指标，其中 R&D 研究指标主要分析应用研究中的亿元支出专利申请授权量情况，在第一节已经对九地市的专利授权量情况做了详细的说明，故这里不再赘述。开发研究一级指标下设新产品销售收入占全部产品销售收入比重、高新技术产品出口额占商品出口总额比重以及技术市场成交额三个二级指标。其中，新产品销售收入占全部产品销售收入比重反映了科技投入的实际产出，即科技投入转化为有用的新产品的能力。基于已有数据，可以得到厦门和龙岩两个地市部分年份的得分情况，按照 100 分的满分标准值，2006～2013 年厦门市的平均得分为63.24 分，龙岩的平均得分为 80.26 分，但两个地市每年的得分都不够稳定，说明科技投入的转化能力还不能够维持稳定和保证增长。相对于新产品的销售情况，厦门的高新技术产品出口额占全部销售收入比重得分（平均81.63 分）高于龙岩得分（平均24.06 分），可以说是相差悬殊，统计数据为 2006～2012 年的数据，此时厦门尚未被批准为自贸区，这说明龙岩的高新技术产品出口不足。技术市场成交额是衡量科技投入有效性比较直观的指标，由统计数据得出九地市 2012～2015 年的得分情况（见表 7－19），可以看到九地市的得分情况相差甚远，厦门的技术市场成交额远超其他地市，这说明其他地市的技术市场交易不够活跃，科技投入没有很好地转化为切实的生产力。

表 7－19　　　福建省九地市 2002～2015 年技术市场成交额指标得分统计

地市	福州	厦门	莆田	三明	泉州	漳州	南平	龙岩	宁德
2012 年	53.61	100.0	0.90	3.14	0.47	1.38	0.00	1.10	0.00
2013 年	64.99	100.0	1.37	2.58	23.50	3.31	1.36	1.08	0.00
2014 年	80.46	100.0	1.19	0.04	31.82	0.93	0.42	0.21	0.34
2015 年	78.50	100.0	0.00	3.31	1.28	0.76	0.76	0.51	0.00
均值	69.39	100.0	0.86	2.27	14.27	1.60	0.64	0.73	0.34

第五节　福建省九地市财政科技支出的实证分析

分析梳理以往绩效评价相关文献，可以发现，在众多的评价方法中，数据包络分析法（DEA）是常用的研究方法。DEA 方法是典型的非参数方法，此方法用于评价多投入多产出的决策单位的生产（经营）绩效，它不需要先假设生产函数，且权重依数据产生，不受主观影响；具有单位不变性；决策单元结果不受投入产出数据所选单位的影响。近年来，DEA 方法不断发展，应用范围涉及教育、农业、环境、宏观经济、税务、医疗卫生、电力、企业管理等众多领域。数据包络模型是研究多个输入变量和输出变量之间的相对效率。一般我们又可以从产出导向和投入导向衡量效率水平，在规模报酬不变（constant returns to scale，CRS）的情况下，两个角度得到的效率值是相同的。但在规模报酬可变（variable returns to scale，VRS）的情况下，结果可能不相等。对于科技投入产出的结果进行人为的调控不太可能，这里我们根据已有的数据，采用 DEA 可变规模报酬的投入角度即 DEA - BCC - I 模型研究方法对福建省以及福建省部分地市的科技支出绩效进行评价，通过对绩效评价结果对投入指标进行调整，以期达到最优的效率水平。对于 DEA 模型的构建有以下几点具体要求：

（1）满足分析的目的性。构建分析指标体系就是为了通过分析客观的实现分析目的，为了能够全面反映分析目的，要以服务、服从于分析目的为原则选取投入指标与产出指标体系。

（2）尽量精简投入和产出指标。虽然 DEA 模型适合分析多投入、多产出指标体系，但是过多的投入、产出指标将会增加有效 DMU 的数量，DEA 方法的分析功能也会降低。有学者认为，DMU 的数目至少应该是投入产出的指标数目的 3 倍，因此，要特别注意选取能够有助于区分决策单元的指标。

（3）指标之间的相关性不能太强。投入、产出两种指标内部具体指标的相关性不能太强，否则就认为其中一个指标可以反映另一个指标，而不必将另一个指标纳入评价体系。

（4）需要将产出指标滞后一期。由于从科技投入到经济社会中到产出具体的成果需要一定的传导时间，因此，与本年投入关联最大的产出应该在其后的年份，故将产出指标滞后一期更加合理。

（5）考虑数据的可得性。这是绩效评价中最大的限制，一些很直观的评价指标，例如科技创新力、科技对公民的满意程度以及财政对科技的促进作用等，虽能较好地衡量财政科技投入绩效，但指标数据收集成本过大，有些甚至无法收集。另外，一些指标虽然在统计年鉴中可得，但是其部分统计年份数据缺失，也造成指标的不可用。

一、基于 DEA - BCC 模型的省级财政科技支出绩效实证分析

根据 DEA 模型的设定要求，经过筛选，最终使用四个投入指标和三个产出指标对福建省 2001~2016 年的科技投入绩效进行评价，由于产出指标滞后一期，因此，只能对 2011~2015 年的科技投入进行评价。具体的评价指标如表 7 - 20 所示。

表 7 – 20 福建省科技投入产出指标体系

类别	构成要素	指标名称
投入指标	科技资金投入	财政科技资金投入（亿元）
	科技资金投入强度	财政科技资金投入占财政总支出的比重（%）
	科技人力投入	R&D 人员全时当量（人/年）
	人均财政	人均财政科技资金投入（元/人）
产出指标	科技直接产出	专利授权量（项）
	经济效益产出	技术市场成交额（万元）
	社会效益产出	R&D 投入强度（%）

科技投入指标包括财政科技资金投入、财政科技资金投入占财政支出的比例两个指标，衡量了财政科技投入的总量及稳定性，第三个指标衡量了科技活动人员的投入状况。科技产出指标：专利授权量指一个地区一年内授权专利成果数，反映了一定时期内拥有自主知识产权的科技成果情况，它表现了科技成果的直接产出；技术市场交易额指一个地区一年内技术市场的成交金额，可充分反映财政科技投入对科技成果转化的促进效果，是反映经济效益产出的直接指标；R&D投入强度即 R&D 经费支出与 GDP（地区生产总值）之比，是国际上用于衡量一国或一个地区在科技创新方面努力程度的重要指标，同时它也很好地反映出政府资金科技资金的引导作用，是衡量社会效益产出的重要指标。

根据所选取的投入产出指标体系，对福建省 2001 ~ 2015 年的财政科技投入绩效进行分析，借助于 DEA 软件，对指标原始数据进行运算、整理，得出绩效综合分析结果（见表 7 – 21）。表 7 – 21 中 DMU1 ~ DMU15 分别反映 2001 ~ 2015 年财政科技投入绩效，综合效率值等于纯技术效率与规模效率的乘积，且 irs、–、drs 分别表示规模收益递增、不变、递减。纯技术效率衡量的是在当前的投入情况下，投入产出资源间的组合是否达到相对有效状态，而规模效率衡量产出随投入的增加如何变化。

表 7 – 21 福建省 2001 ~ 2015 年财政科技支出 DEA 模型下效率分解

DMU	年份	综合效率	纯技术效率	规模效率	规模报酬
DMU1	2001	0.947	1.000	0.947	irs

续表

DMU	年份	综合效率	纯技术效率	规模效率	规模报酬
DMU2	2002	1.000	1.000	1.000	—
DMU3	2003	0.920	0.942	0.977	irs
DMU4	2004	1.000	1.000	1.000	—
DMU5	2005	1.000	1.000	1.000	—
DMU6	2006	1.000	1.000	1.000	—
DMU7	2007	0.519	0.752	0.690	drs
DMU8	2008	0.558	0.958	0.583	drs
DMU9	2009	0.697	1.000	0.697	drs
DMU10	2010	0.693	1.000	0.693	drs
DMU11	2011	0.761	1.000	0.761	drs
DMU12	2012	1.000	1.000	1.000	—
DMU13	2013	0.952	1.000	0.952	drs
DMU14	2014	0.886	0.920	0.962	drs
DMU15	2015	1.000	1.000	1.000	—
平均	—	0.862	0.971	0.884	

　　从表7-21中的结果可以看出，6个DMU的综合效率为1，达到了DMU相对有效，占DMU总数的40%，平均综合效率为0.862，不足0.9，这说明财政科技投入的产出效率还比较低，存在很多可以改进的地方。从纯技术效率看，在技术效率上处于有效状态的年份占73.3%。DMU3、DMU7、DMU8和DMU14没有处于技术有效状态。在2001年、2009年、2010年、2011年和2013年虽然综合效率小于1，但是其纯技术效率值为1，属于纯技术效率有效而规模无效，表明此年份中现有的技术水平上财政科技支出资源已经得到了有效利用，但是科技支出规模尚不合理，规模的改变能够带来产出的增加。而2001年规模收益递增，可适当增加投入规模来提升财政科技支出效率。具体来说，除了要在合理配置财政科技支出资源、适当调整支出结构等方面加大力度外，还应进一步扩大规模，以提高支出的有效性。2009年、2010年、2011年和2013年则处于规模收益递减阶段，具体来讲要适当减少投入规模，以达到最优状态。2003年、2007年、2008年和2014年几个年份中纯技术效率和规模效率都处于无效的状态，且2003年处于规模收益递增阶段，2007年、2008年和2014年都处于规模收益递减阶

段，表明此年份中不仅在现有的技术水平上财政科技投入各资源间未得到充分利用，而且支出规模也未达到合理状态。由于此年份规模收益递减，因此，表明此年份中财政科技支出投入规模过大，各部分协调性相对较差，很大程度上造成了浪费；而对于处于规模收益递增的年份，可适当扩大投入规模，弥补投入不足的现状。综上所述，故应该逐步加大对财政科技支出的管理力度，合理控制财政科技支出规模，并注重内部结构和比例的调整。从规模效率来看，由于 9 个统计年份的规模效率处于无效状态，占总统计年份的 60%，说明福建省近 15 年的财政科技资源的投入规模应该进一步调整，使支出规模处于合理的水平，尽可能地减少资源浪费和投入与规模不匹配的情况。

由 DEA 软件分析，可得到福建省 2001~2015 年省级财政科技支出投入指标的具体数据，具体如表 7-22、表 7-23 所示。对三项投入指标的实际值、投入冗余、目标值进行了数据性的分析与整合，这三项指标之间的关系为：实际值 + 投入冗余 = 目标值。分别对三项投入的冗余比进行整理，其中，负数部分表示存在投入冗余，即实际值大于目标值；正数部分则表示存在投入不足，即实际值小于目标值。

表 7-22　　　　　　　　福建省财政科技支出 BCC 模型计算结果（投入）

年份	综合效率值	财政科技资金投入（亿元）			科技资金投入强度（%）		
		实际值	投入冗余	目标值	实际值	投入冗余	目标值
2001	0.947	3.069	0.000	3.069	0.822	0.000	0.822
2002	1.000	3.761	0.000	3.761	0.946	0.000	0.946
2003	0.920	4.253	-0.295	3.958	0.940	-0.055	0.885
2004	1.000	4.384	0.000	4.384	0.848	0.000	0.848
2005	1.000	4.679	0.000	4.679	0.789	0.000	0.789
2006	1.000	5.232	0.000	5.232	0.718	0.000	0.718
2007	0.519	21.267	-8.589	12.678	2.335	-1.086	1.249
2008	0.558	25.628	-1.195	24.433	2.253	-0.439	1.814
2009	0.697	27.890	0.000	27.890	1.975	0.000	1.975
2010	0.693	32.306	0.000	32.306	1.906	0.000	1.906
2011	0.761	40.479	0.000	40.479	1.841	0.000	1.841
2012	1.000	48.470	0.000	48.470	1.859	0.000	1.859
2013	0.952	60.623	0.000	60.623	1.975	0.000	1.975
2014	0.886	67.396	-5.428	61.968	2.038	-0.161	1.877
2015	1.000	76.601	0.000	76.601	1.914	0.000	1.914

表 7 - 23　　　　福建省财政科技支出 BCC 模型计算结果（投入）

年份	综合效率值	R&D 人员全时当量（人/年）			人均财政科技资金投入（元/人）		
		实际值	投入冗余	目标值	实际值	投入冗余	目标值
2001	0.947	16977	0.000	16977	8.91	0.000	8.91
2002	1.000	17832	0.000	17832	10.82	0.000	10.82
2003	0.920	20311	-1179.016	19131.984	12.14	-0.830	11.314
2004	1.000	20843	0.000	20843	12.42	0.000	12.42
2005	1.000	35815	0.000	35815	13.15	0.000	13.15
2006	1.000	31861	0.000	31861	14.59	0.000	14.59
2007	0.519	47642	-11825.118	35816.882	58.88	-23.991	34.888
2008	0.558	59557	-2527.118	57029.882	70.43	-3.708	66.718
2009	0.697	63269	0.000	63269	76.08	0.000	76.08
2010	0.693	76737	0.000	76737	87.48	0.000	87.48
2011	0.761	96884	0.000	96884	108.82	0.000	108.82
2012	1.000	114492	0.000	114492	129.32	0.000	129.32
2013	0.952	122544	0.000	122544	160.63	0.000	160.63
2014	0.886	135866	-15973.750	119892.250	177.08	-14.110	162.967
2015	1.000	126572	0.000	126572	199.53	0.000	199.53

由上述统计结果可以看出，福建省的财政科技投入指标无效率的年份分别是纯技术效率低于 1 的 2003 年、2007 年、2008 年和 2014 年，各个投入指标均存在一定的投入冗余，而没有投入不足的现象。在 2003 年处于规模报酬递增的阶段，且纯技术效率和规模效率均在 0.9 以上不足 1，各个指标出现投入冗余主要是由于各项投入指标没有达到最优的效率和投入规模不合理导致的。2007 年的纯技术效率和规模效率分别为 0.752 和 0.690，其各个指标主要也是存在投入冗余，但是相比其他年份，次年份的投入冗余值相对较大。其中财政科技资金投入在 2003 年、2008 年、2014 年的投入冗余比均低于 10%，而 2007 年的投入冗余比高达 40.38%，其他各个指标的投入冗余值也远远高于其他年份。这主要是因为我们使用的产出数据为 2008 年的数据，在 2008 年波及全球的金融危机的影响下，全球的经济产出效率都受到了影响，故 2007 年的指标值显示出各种资金投入的效率都不高。2008 年的纯技术效率为 0.958，规模效率为 0.583，其投入冗余的出现主要是因为投入规模不合理造成的，由于其处于规模报酬递减的阶段，

是由于投入的资金规模过大造成的，从纯技术的角度看其投入资源的使用效率是相对有效的。横向来看，存在投入冗余的主要是财政科技投入强度，即财政科技支出与财政总支出的比值。

从产出角度看，共有4个年份出现产出不足的情况，但没有出现产出过剩，这些年份分别为2003年、2007年、2008年和2014年，各个指标产出不足的份额分别为——专利授权量：6.99%、22.28%、43.27%、8.85%；技术市场成交额：16.15%、31.96%、41.63%、43.06%。而R&D投入强度不存在产出不足的情况。以上结果表明，福建省的科技支出效果中，专利申请授权量的科技直接产出不理想，资金转化为实际的科研成果效率不高。其经济效益产出不足，这从技术市场成交额的产出不足可以看出。而其社会产出效益即政府资金对社会资金的引导作用整体来讲是比较理想的，因为并没有出现产出不足的年份。

表7-24　　　　　　福建省财政科技支出 BCC 模型计算结果（产出）

年份	专利授权量（项）			技术市场成交额（万元）			R&D 投入强度（%）		
	实际值	产出不足	目标值	实际值	产出不足	目标值	实际值	产出不足	目标值
2001	4001	0	4001	129000	0	129000	0.52	0	0.52
2002	5377	0	5377	166800	0	166800	0.72	0	0.72
2003	4758	325	5083	141400	22720	164120	0.74	0	0.74
2004	5147	0	5147	171959	0	171959	0.82	0	0.82
2005	6412	0	6412	113200	0	113200	0.88	0	0.88
2006	7761	0	7761	145579	0	145579	0.89	0	0.89
2007	7937	1769	9706	179690	57425	237115	0.94	0	0.94
2008	11282	4882	16164	232594	96826	329420	1.11	0	1.11
2009	18063	0	18063	356569	0	356569	1.16	0	1.16
2010	21865	0	21865	345712	0	345712	1.26	0	1.26
2011	30456	0	30456	500920	0	500920	1.38	0	1.38
2012	68739	0	68739	446885	0	446885	1.44	0	1.44
2013	68850	0	68850	391913	0	391913	1.48	0	1.48
2014	62010	5570	67580	521448	222190	743638	1.51	0	1.51
2015	67142	0	67142	1057125	0	1057125	1.59	0	1.59

二、基于 DEA – BCC 模型的地市级财政科技支出绩效实证分析

考虑到数据的可得性，我们仅就可获得的数据对九地市的情况进行分析。所采用的投入指标为财政科技资金投入（亿元）和科技资金投入强度（％），分别代表了其资金投入规模和资金投入强度。产出指标分别为专利授权量（项）和 R&D 投入强度，分别代表了科技直接产出以及社会效益产出的情况。考虑到产出的滞后性，依然将产出数据滞后一年进行分析，分析 2007～2014 年的投入情况。根据福建省九地市级财政科技投入和产出数据，借助 DEA 软件，我们对福建省九地市 2007～2014 年财政科技投入绩效进行分析。从九地市 2007～2014 年财政科技支出绩效评价的效率分解值可以看出，同一年份中，不同地市效率值差别很大；而同一地市不同的年份中效率值也不同。由于所涉及的效率数值过多，我们将从以下方面进行分析。

表 7 – 25 给出了福建省九地市三种效率值为 1 和 0.9 以上的市的个数，可以看出，福建省财政科技支出效率有效的地市个数有逐年增加的趋势，但是增速较慢。综合效率值为 1 的地市在 2～6 个之间，且不同的年份有较大的区别，而纯技术效率为 1 的地市在 4～9 个之间，规模效率为 1 的地市与综合效率值为 1 的分布几乎相同。说明造成综合效率低下的原因主要集中在规模效率较低，在现有的技术水平下，九地市政府财政科技支出并未达到规模有效。与此相对应的效率值为 0.9 以上的地市个数，三种效率值也呈现出相同的变化趋势，而纯技术效率达到 0.9 以上的地市数量每年都占总地市数量的 77.78% 以上。可以看出，1/2 以上的地市财政科技支出纯技术效率较高，但是规模效率较低，造成综合效率不高。由此，福建省九地市财政科技支出规模效率亟待提高。

表 7 –25 不同效率的地市个数

年份	效率值为 1 的地市个数			效率值为 0.9 以上的地市个数		
	综合效率	纯技术效率	规模效率	综合效率	纯技术效率	规模效率
2007	2	9	3	5	9	5
2008	5	7	5	8	9	8
2009	4	4	4	6	7	7
2010	5	7	5	7	8	7
2011	3	4	4	6	7	8

续表

年份	效率值为1的地市个数			效率值为0.9以上的地市个数		
	综合效率	纯技术效率	规模效率	综合效率	纯技术效率	规模效率
2012	5	7	5	6	8	7
2013	2	5	2	6	8	8
2014	6	8	6	8	9	8

为了研究不同地市的财政科技支出综合效率，我们将九地市 2007～2014 年的财政科技支出综合效率值整理得出表 7 - 26。可以看出，多数地市的财政科技支出综合效率都比较高，呈现出缓慢的增长，而且九地市间的综合效率值差额显现出减小的态势。其最大差额由 2007 年的 0.41 缩小为 2014 年的 0.195。这种差异减小的趋势说明，随着经济的发展和科学技术的进步，不同城市之间的产业差异规模效率对财政科技支出综合效率的影响正在减弱。

表 7 - 26　　　　　　　　福建省九地市 2007～2014 年综合效率值

年份	福州	厦门	泉州	漳州	莆田	三明	南平	龙岩	宁德
2007	0.963	0.863	0.918	1	0.89	0.73	1	0.975	0.59
2008	0.92	0.824	1	0.929	1	1	1	1	0.525
2009	1	1	1	1	0.766	0.775	0.901	0.95	0.57
2010	1	1	0.999	1	0.764	0.953	1	0.443
2011	0.984	0.994	0.879	0.891	0.959	1	0.853	1	1
2012	1	1	1	1	1	0.875	0.723	0.972	0.763
2013	1	0.957	0.976	0.925	1	0.946	0.898	0.861	0.683
2014	0.805	1	1	0.939	0.994	1	1	1	1

从表 7 - 26 中可以看出，大多数地市的综合效率都在 0.8 以上，且 8 年的统计年份中一直处于较高的综合效率上，它们包括福州、厦门、泉州、漳州、南平、龙岩六个地市，从其各自的效率分解可以得知，存在综合效率低于 1 的年份大多是规模效率低下引起的，少部分年份是由技术效率和规模效率共同作用影响的。导致这六个地市综合效率不足 1 的年份的根本原因是政府在支出规模上规模效率值的低下，也在一定程度上说明政府并未建立起有效的财政科技支出规模防范机制来有效控制支出规模，并提高财政科技支出的支出效率。

从总体上分析，福建省各地市的科技效率是上升的，但各地区科技活动的投入产出规模以及效率还存在着较大的差距。泉州与漳州的科技发展还处在发展阶段，它们的投入产出规模正在逐步扩大，具有良好的发展潜力。福州和厦门的科技财力投入或是科技人力投入均属于高密集型，而其产出也形成了一定的规模，占了全省很大的比例，特别是泉州、南平、三明、莆田、龙岩和宁德六个地市的科技发展还处在初步阶段，未形成规模，产出和效率都缺乏稳定性。宁德市的综合效率情况，其效率变化是九地市之中变化最大的，但整体上效率呈现出不断增长的态势。九地市科技投入结构存在不合理现象，从而造成了资源的相对冗余，如泉州市。虽然宁德市的经济和科技处在全省较为落后的位置，但2014年宁德市的科技活动效率有所提高，并呈现上升的趋势。具体见表7-27。

表7-27　　　　　　　　部分地市2007~2014年效率分解

年份	莆田				三明				宁德			
	综合效率	纯技术效率	规模效率	规模报酬	综合效率	纯技术效率	规模效率	规模报酬	综合效率	纯技术效率	规模效率	规模报酬
2007	0.890	1.000	0.890	irs	0.730	1.000	0.730	irs	0.590	1.000	0.590	irs
2008	1.000	1.000	1.000	—	1.000	1.000	1.000	—	0.525	1.000	0.525	irs
2009	0.766	0.942	0.813	irs	0.775	0.846	0.916	irs	0.570	0.827	0.689	irs
2010	0.764	0.920	0.830	irs	1.000	1.000	1.000	—	0.443	0.609	0.727	irs
2011	0.959	0.996	0.962	iis	1.000	1.000	1.000	—	1.000	1.000	1.000	—
2012	1.000	1.000	1.000	—	0.875	1.000	0.875	drs	0.763	0.798	0.957	drs
2013	1.000	1.000	1.000	—	0.946	1.000	0.946	drs	0.683	0.683	0.999	irs
2014	0.994	1.000	0.944	drs	1.000	1.000	1.000	—	1.000	1.000	1.000	—

第六节　福建省九地市科技支出存在的问题

一、科技投入力度不强且增长不足

相较于全国的支出水平，不管是从总的支出规模上还是支出结构比例上，福建省离合理的科技投入水平还相距甚远，投入方面存在较大的资金缺口，不仅影响福建省科技水平的提高，还制约了经济的较快发展。从省级层面来看，福建省的财政科技支出无论是总的支出规模还是财政科技支出占财政总支出的比重，以及财政科技支出占当年 GDP 的比重，均低于东部经济带平均水平，甚至低于全国平均水平。从福建省下设市级层面来看，各个地市的支出规模悬殊。支出水平处于全省均值水平之上的地市仅有厦门、福州以及泉州三个地市，且福州、泉州和厦门的支出水平依然相差较大。泉州和福州的经济发展水平均在厦门市之上，但其财政科技支出水平却较为落后，其他地市不论在支出水平还是支出占比情况上，与前三个地市都不是一个量级的。这说明福建省的总体投入情况不太乐观，特别是发展较为落后的地市，需要加大财政科技投入以及合理把控其在财政总支出与 GDP 的占比情况。无论是福建省整体，还是九地市层面，GDP 增长率、财政支出增长率和财政科技支出增长率不稳定且三者的联动关系不强，目前还未建立财政科技增长率增长机制。

二、财政科技投入的规模不合理

从数据包络分析方法得出的统计结果可以看出，福建省 15 年的统计数据中有 9 年的综合效率值低于 1，但是其中有 5 年的纯技术效率为 1，造成综合效率低下的原因完全是规模效率不足。而地市级的分析数据中每年综合效率值为 1 的地市在 2~6 个之间，且不同的年份有较大的区别，而纯技术效率为 1 的地市在 4~9 个之间，其出现综合效率较低的原因也是因为规模效率不足，这与从省级层面分析得出的结论是一致的。由此可以看出福建省九地市财政科技支出规模效率亟待提高。

三、政府财政科技支出结构有待优化

R&D 内部支出中对三种活动类型的资金投入比例从高到低依次是试验发展、应用研究、基础研究，且比例悬殊。从支出比例来看，福建省在科技的各个领域内资金投入极不平衡，科技投入几乎都用在了实验发展领域方面。造成这种比例失衡的原因主要是市场的选择，资金都有逐利性，流向最能获利也最具有发展前景的领域。从增长情况看，三种资金用途的支出规模除个别年份以外，都在不断地增长，但其增长速度不稳定，有些年份甚至出现了负增长，这说明政府对 R&D 资金的使用还没有较强的控制意识，或者说还没有建立可控的增长机制。

四、财政科技投入资金没有最大化其效用

从财政科技投入的效率性指标评分情况来看，其专利申请受理量以及 R&D 人员全时当量都在较低水平，且各个地市的发展情况极不均衡，能够直接表达财政科技支出效率的其每元科技支出高新技术产业值指标评分，福建省近三年的均值得分为 65.52 分，稍高于及格线，说明福建省整体财政科技支出的效率不够高，高新技术企业产值不足。从数据包络分析方法的分析结果来看，福建省每年的统计结果中，仅有 6 年的综合效率值为 1，平均综合效率仅为 0.862，不足 0.9。其纯技术有效的年份为 73.3%，不足 80%，说明其纯技术效率相对较低。而从地市级的分析结果来看，综合技术效率为 1 的地市每年在 2 ~ 6 个之间，并不是所有地市每年的纯技术效率都为 1。可以看出，福建省的财政科技投入资金没有完全发挥出应有的作用，产出效率不足。

五、科技人员投入不足，投入结构需要完善

福建省从事科技活动的人员可以分为科研机构、高等院校、大中型企业和其他四项。大中型企业的科技活动人员占比最高，且其在 2006 ~ 2013 年基本上处于不断上升的水平，但近两年有下降的趋势；其他单位人员占比居第二位且比较稳定；高等院校的投入比例排在第三位，除个别年份稍有下降外，其占比呈现不断上升的良好态势；科研机构的科技活动人员相对占比最低，且其占比一直处于不断下降的状态。高等院校和科研机构的科技活动人员的投入具有很大的正的外部效应，按照科技人员的投入来源划分，科研机构和高等院校的人员投入相对于大中型企业的占比较低，说明政府还没有建立起更加符合社会需求的科技人员培养模式，没有做到产学研的有机结合，以最大限度地节约社会成本，增加高等院校和科研机构科技人员的产出效益。福建省财政科技支出的评分指标体系中，对效率性指标下的每万人中科技活动人员数指标，福建省的平均得分仅为 28.41 分，说明福建省整体的科技人员投入比较少，应该加大科研人才的培养以及促进企业对科研人员的支持。

六、科技服务不到位，成果转化存在障碍

财政科技支出评价体系中的科技服务指标评分，排名领先的厦门各年财政科

技服务指标得分仅为 33.33 ~ 53.33 分，福建省在统计年份的平均得分为 20 ~ 26.67 分。效率性指标的科技服务指标主要包含了图书情报类及科技普及和咨询类两个二级指标，下设人均藏书量、亿元支出为读者举办活动次数、亿元支出举办科普讲座次数以及亿元支出举办科普展览次数四个三级指标。其较低的分支说明科技福建省的科技服务不到位，科技资金投入没有转化为实际的有形服务。另外，从科技成果转化情况来看，对福建省的财政科技支出进行 DEA 模型分析时，在统计的 15 个年份中有 4 个年份的技术市场成交额存在产出不足的情况，且在效率指标评分体系中每元科技支出高新技术产业值指标直接表达了财政科技支出的支出效率，福建省近三年的均值得分为 65.52 分，稍高于及格线，说明福建省整体财政科技支出的效率不够高，高新技术企业产值不足，科技成果转化为切实的生产力的能力不足。

第七节　福建省九地市科技支出问题的对策建议

一、加大财政科技支出力度，建立稳定的支出增长机制

当前福建省地方财政科技投入水平不高，支出增长率不稳定，很大程度上在于尚未形成稳定的财政科技投入机制，相关的投入机制亟待健全和完善。要解决这一问题，需做到以下两个方面：首先，建立财政科技投入稳定增长机制。要强化政府财政科技投入预算，通过省人大或科技主管部门制定专门的政策法规，对财政科技投入进行总量控制以及细化财政科技投入的使用原则，使财政科技投入增长具有连贯性，优化内生增长机制。其次，创新财政科技投入机制。在确保财政科技投入稳定增长的同时，努力做到改革财政科技投入方式，将直接的财政科技投入为主变为间接投入为主。例如，利用财政贴息、税收优惠、贷款担保等政策鼓励引导企业和社会资金对科技活动加大投入力度，加大对科研机构的无偿资助、科技型企业的偿还性资助以及中小科技企业的创业风险投资，引导鼓励金融资本支持科技型中小企业发展，运用贴息、股权投资等杠杆式支持方式，增强中小科技企业商业融资能力，财政科技投入根据地市情况有选择地对一些能合理利用自然条件与发挥资源优势提供理论依据和科学基础的项目进行支持等。

二、调整政府科技投入规模，优化科技资金支出结构

现代科技无论是在广度上还是在深度上都有了迅猛的发展，这就要求在解决科技支出绩效水平不高的问题方面，在不断增加政府财政科技支出总量的同时，应该结合福建省各地市的效率评价结果，根据其所处的规模报酬阶段，合理控制财政科技各个投入指标的投入规模。还应调整现有政府财政科技支出的结构，把有限的财政资金用到最必要的地方，以达到效用最大化。对于省级政府来说，福建省政府应加大对基础研究和应用研究的投入，目前基础研究经费与应用研究经费所占 R&D 经费的比例太低，应适当减少对试验发展经费的投入力度，调整好其结构性，加强对科研基础设施的建设，增强财政科技支出的支出效率。对基础科技领域的财政投入，是有利于提高社会效益和经济效益的，有利于地区的可持续发展的，在加大基础研究投入的同时，还应兼顾应用研究的投入，并将政府资金在两者投入之中设置合理的权重，使其发挥最大的引导作用。具体来讲，财政科技投入大部分应用于关系国计民生的基础性研究和公益领域方面的研究，而这些研究领域是不通过市场去配置资源来实现的。在财政对这些基础性和公益性领域的科技投入时，由于缺乏市场的竞争作用，无疑会在使用的效率上出现问题，因此，需要对此引进预算管理和绩效评价。对此类投入要细化到每一环节，并且施行问责制，从而达到提高财政科技投入效率的目的。财政科技投入要符合自身的发展政策，按照战略性原则，有选择、有重点地进行人力、物力、财力在各个项目上的分配。

三、加强科技资金管理，提高资金使用效益

要提高资金的使用效益，就需要加强对科技项目和资金的管理。在科技项目申报环节要重点防控重复申报、多头申报等问题，由于各类科技专项之间边界不清、重复交叉严重，往往一个科技项目通过"改头换面"的方式可以在多个科技专项中重复申报。为避免此类情况，财政部门要切实加强科技专项资金项目申报管理工作，逐步完善科技专项"项目库"制度和专家评审制度，提高科技项目成熟度和可转化度，加强科技专项资金项目库建设和评审专家库建设。对于符合条件的科技项目要及时纳入科技专项项目库，积极进行科技项目储备。在此基础上，实行滚动管理，即在专家评审的基础上确定当年支持项目，当年未能支持的继续在项目库内滚动，以后年度通过评审再予以支持。所有支持项目都要从项目

库中选择，且都要经专家评审通过，减少行政干预和人为因素干扰。完善评审专家项目库建设，吸纳社会各领域专家学者进入专家库，在项目评审前根据需要随机挑选专家进行项目评审，确保评审的公开、公平、公正。另外，在科技项目资金使用环节，要重点防止科技资金的"跑冒滴漏"，防止部分项目单位采用擅自调整资金使用方向、利用虚假票据套取资金等方式，将科研经费用于其他方面支出或直接揣入个人腰包，从而"稀释"了政府科技投入。通过加强对科技资金的检查和审计，严肃财经纪律，可有效减少此类情况的发生，确保科技资金能够真正用于科技发展。

四、加强科技人员培养，发挥科技人员潜力

在实证分析中 R&D 人员全时当量的冗余反映出 R&D 科技活动人员作用尚未全部发挥出来。且从科技活动人员投入来看，投入规模不足和投入结构不合理的现象显而易见。在接下来的工作中，应充分发挥 R&D 人员的创造潜力。R&D 人员作为科技创新发展的基础性及关键性人力资源，必须加大政策力度引导并充分利用这一宝贵的人力资源。科技创新需要充分挖掘 R&D 人员队伍的潜力，提高其工作效率。在实践中要不断注重人才队伍建设，进一步改善科研条件，加快实施科学研究间接费用补偿机制和科研人员激励机制，提高科研人员的待遇水平，大力引进高层次、高学历科技人才，建立多层次、高水平的科技创新人员队伍；此外，要健全科技人员评价制度与激励机制，尊重知识，尊重人才，增强科技人员的荣誉感与归属感，激发其科技创新动力，更高效地为科技发展做出贡献。

五、提高科技服务水平，推动科技成果向现实生产力转化

针对前面提出的福建省科技服务水平相对较低且科技成果转化能力不足的问题，需要从以下两个方面努力。首先，要加强科研机构与企业等市场主体间的交流和合作。这样做，一方面使得科研机构的科研成果更符合市场的需求，另一方面减少了企业在人力、物力和财力上的不必要支出，加上科技的进步，两方面一起促进企业利润的增加，也提高了企业进行科技投入的热情，能够提高社会对科技服务的支持力度。其次，为了提高科技成果的转化效率，福建省需要加强同各地区的交流与合作，发挥产学研合作的优势。在市场经济体制下，在追求共同利益的驱动下，通过新兴手段、新兴思维和新兴产品等，明确各方在合作中的目标和任务，并且利用各自的优势条件，形成相互配合、互动有序的科研开发系统。

在这样的有机系统中，企业、高等院校、科研机构和单位的经济利益与社会效益都会显著提高。政府部门应该加强与企业、高等院校、科研机构等的合作。在建立合理的绩效考评机制的情况下，保证资金支持和政策引导，以对它们产生激励作用。政府部门与私人部门合作时，根据不同企业的自身特点和所处行业性质，有针对性地采取合适的形式和企业合作。政府要传递各方信息、协调各方工作，加快科技成果转化为现实的生产力为市场和社会经济服务，促进产学研的协作与发展，在福建省形成具有竞争优势的创新技术产业集群。产学研相结合的模式，不但在提高科技成果转化率方面优势明显，而且在新兴产业的产生与发展方面也起着重要影响。

六、完善科技项目绩效评价制度

从财政科技投入到实现科技进步，中间有一个重要的环节，就是科技研发和成果转化，这是提高决策单元技术效率的关键。政府部门设立了许多的科技专项资金，能否把这些资金用好，提高科技成果转化率，要依靠加大财政科技资金绩效考评力度来实现。积极推进财政科技投入的预算绩效管理能够进一步提高财政资金的使用效率，在减少财政资源浪费的同时，为社会提供更加良好的公共产品和服务。因此，科技专项绩效评价要贯彻项目始终。在科技项目立项时，要有明确、可量化的绩效目标。财政和科技主管部门在开展项目评审时，要将绩效目标的有效性和完整性作为项目评分的重要依据。项目实施中期要进行中期评价，中期评价结果作为后续投入的重要依据，对财政科技投入资金的使用过程采用政府管理和专家管理相结合的监督办法，使财政科技投向更加合理。项目结束，要实施总体绩效评价，并将评价结果予以公布，对于未能实现预期绩效目标的项目单位要采取一定的惩罚性措施，问题严重的甚至可以收回全部项目资金。

课题组组长：宋生瑛

成　　　员：宋生瑛　罗昌财　缑玉玉

舒晓飞　桂金祥

第八章

福建省环境保护支出绩效分析[*]

目前，我国的环境问题越来越突出，水污染、空气污染、固体工业废物污染等环境问题已经严重影响人们的日常生活，据世界银行估计，我国每年因环境污染造成的损失约为国民生产总值的 7% ~8%，在全球 146 个国家中，可持续能力指数排在 133 位，甚至落后于一些欠发达国家。

党中央、国务院高度重视生态文明建设。习近平总书记多次强调，"绿水青山就是金山银山"，"要坚持节约资源和保护环境的基本国策"，"像保护眼睛一样保护生态环境，像对待生命一样对待生态环境"。李克强总理多次指出，要加大环境综合治理力度，提高生态文明水平，促进绿色发展，下决心走出一条经济发展与环境改善双赢之路。中共十八大以来，党中央、国务院把生态文明建设摆在更加重要的战略位置，纳入"五位一体"总体布局，做出了一系列重大决策部署，出台《生态文明体制改革总体方案》，实施大气、水、土壤污染防治行动计划，把发展观、执政观、自然观内在统一起来，融入执政理念、发展理念中，生态文明建设的认识高度、实践深度、推进力度前所未有。[①]

为了贯彻政府的决策思想，我国政府每年均下拨数量不菲的环保专项资金，并取得了良好的效果。环保部 2012 ~ 2016 年度部门决算表资料显示，对环保的财政拨款依次为 24.5 亿元、26.8 亿元、62.4 亿元、85.7 亿元、78.5 亿元。特别是 2014 年开始，环保资金的财政投入有了明显的增加，从 26.8 亿元增加到62.4 亿元，增加了将近 200%，反映了国家对环保问题的高度重视。巨大的环保投入也取得了立竿见影的效果，"十二五"期间，全国化学需氧量和氨氮、二氧化硫、氮氧化物排放总量分别累计下降 12.9%、13%、18%、18.6%。2015 年，

---

* 本章系省基地重大项目"福建省环保专项资金绩效评价指标体系与方法研究"（2016JDZ063）研究成果。

① 根据《"十三五"生态环境保护规划》整理得出。

全国 338 个地级及以上城市细颗粒物（PM2.5）年均浓度为 50 微克/立方米，首批开展监测的 74 个城市细颗粒物年均浓度比 2013 年下降 23.6%，京津冀、长三角、珠三角分别下降 27.4%、20.9%、27.7%，酸雨区占国土面积比例由历史高峰值的 30% 左右降至 7.6%，大气污染防治初见成效。全国 1940 个地表水国控断面 I ~ Ⅲ类比例提高至 66%，劣 V 类比例下降至 9.7%，大江大河干流水质明显改善。全国森林覆盖率提高至 21.66%，森林蓄积量达到 151.4 亿立方米，草原综合植被盖度 54%。[①]

与其他省份相比，福建省的环境质量持续保持全国领先，这和福建省得天独厚的自然条件和各级政府的努力是分不开的。福建省 2016 年环境质量公报资料显示，到 2016 年，福建省 12 条主要河流水质整体保持为优，I ~ Ⅲ类水质比例为 96.5%，全省 68 个城市空气质量平均达标天数比例为 97.8%，森林覆盖率达 65.95%，是全国水、大气、生态全优的省份之一[②]。

但我们也应看到，青山绿水和短暂的经济利益是存在冲突的，特别是城市的发展中，为经济利益而造成的环境污染依旧严重，据《"十三五"生态环境保护规划》统计，目前我们污染物排放量大面广，环境污染重；我国化学需氧量、二氧化硫等主要污染物排放量仍然处于 2000 万吨左右的高位，环境承载能力超过或接近上限；78.4% 的城市空气质量未达标，公众反映强烈的重度及以上污染天数比例占 3.2%；全国土壤点位超标率 16.1%，耕地土壤点位超标率 19.4%，工矿废弃地土壤污染问题突出。[③] 为了缓解和解决这一顽疾，每年的环保专项资金投入就非常重要，它主要承担着改善环境、还原青山绿水的重要职责。所谓专项资金，是指财政部门或上级单位拨给行政事业单位，用于完成专项工作或工程，并需要单独报账结算的资金。专项资金有三个特点：一是由财政或上级单位下拨；二是用于特定的项目；三是需要单独核算。而环保专项资金就是开展环保项目时由政府下拨的资金，用于恢复自然环境，保证自然环境的长久存在。

相对于庞大的社会需求来说，环保专项资金的投入毕竟有限，它还属于社会公共稀缺资源。作为纳税人共同创造的财富，如何充分合理地利用该专项资金具有非常重要实际意义。如果不能对这些专项基金的立项过程、使用过程以及使用效果进行绩效评价，则容易埋下专项资金贪污腐败、损失浪费、分配不合理或者不能发挥应有效益的隐患。这不仅影响环保专项资金使用的有效性，而且违背了政府设置专项资金的初衷。因此，对环保专项资金的绩效进行评价是当务之急。

---

①③　根据《"十三五"生态环境保护规划》整理得出。
②　根据福建省 2016 年环境质量公报整理得出。

通过评价，可以分析其存在的问题，从而可以更好地提高专项资金的使用效率。本研究在对国内外相关文献梳理的基础上，对福建省和九地市环保支出进行整体分析，并结合其他省市的经验，从福建省的实际情况出发，构建一套科学可行的环保专项资金绩效评价指标体系，最后结合九地市可收集的数据（2012~2016年），对九地市环保专项资金的部分绩效指标进行评价，并给出相关的建议。

第一节　环境保护支出绩效评价文献综述

一、环保专项资金绩效评价模型的理论探讨

《利马宣言》（1977）提出"3E"评价体系，认为绩效审计是对政府工作的效果、经济性和效率进行的审计，该体系得到国内外政府部门和广大学者的普遍认可。基于此框架模型，很多学者结合我国的国情，对环保专项资金绩效评价模型进行了更深入的探讨。例如，何芹（2009）认为，目前在环境保护专项资金绩效审计评价中如果独立运用两大类指标（经济指标和环境指标）是存在缺陷的，建议采用生态效率的概念来衡量真实的绩效；房巧玲等（2010）在对环境保护支出进行绩效审计评价指标的研究中，通过以绩效目标核心为主线，围绕环保部门和环保项目分别构建了绩效评价指标；黄溶冰等（2012）从真实性、合规性、经济性、效率性、效果性和回应性六个维度来定义绩效，并且对每个维度的特点进行了定义。

二、环保专项资金绩效评价方法的探讨

美国的督察长办公室（Office of Inspector General，1997）指出，项目分级评估工具（PART）已经成为美国环保局（EPA）对环境保护项目进行绩效评估的最重要工具之一；米勒（Millar A.，2001）指出，逻辑框架法（LFA）作为项目的评估工具在绩效评价中得到了广泛的应用；桂林市审计局课题组（2007）结合我国当前现状，探讨了农业与资源环保效益审计的目标、实施方式内容、评价标准和技术方法，提出农业与资源环保效益审计如何在当前形势下实施的建议和看法；郑杰阳等（2010）基于DEA构建了环保企业绩效评价体系，并详细探讨了构建的步骤、模型选取与指标选取中要注意的问题；杨玉楠等（2011）指出，费

用效益分析法是目前美国应用最为广泛的环境类项目评估手段，并提出其在我们环保绩效评价中的应用前景；李强（2012）将模糊综合评判法运用到环保专项资金绩效审计评价中，并阐述其运用的具体过程和需要注意的地方；程亮等（2012）在其构建的中央环境保护专项资金项目评估模型中，建议对项目效果层次的评估可选用系统分析、专家评议、文献调查法、横向对比法、费用效果法等；王爽（2012）建议环保财政资金绩效审计评价可以选用沃尔评分法、模糊数学分法、综合指数法、因素分析法以及方案比较法等；程亮等（2013）运用逻辑框架法从投入、产出、结果和影响四个方面构建了包括评估内容、评估指标、评估信息来源、评估方法在内的中央环境保护专项资金项目评估模型；黄征（2015）以乡镇环保机构为例，利用平衡计分卡（BSC）设计出一套适合我国农村水环境治理的绩效指标体系；此外，马秀（2014）对中央及广东、江苏、黑龙江等省市的环保绩效指标体系进行了详细的梳理，并给出了有价值的观点。

三、调查研究和实证研究方法研究

由于条件限制，在很长一段时期，我国理论界似乎都倾向于采用规范方法研究此类问题，2004 年才有所突破。林挺进（2007）通过对地级市财政环保投入与环保绩效的定量研究发现，"高投入与高绩效之间相关性"具有稳定性，而环保投入水平较低的城市则相反；刘长翠等（2007）通过调查问卷的方式对环境保护财政资金绩效评价的实施情况、评价依据、影响因素、程序和方法等进行研究，针对分析结论中的问题，给出了相应的对策；李强（2012）综合运用德尔菲法、文献调研法和层次分析法由管理绩效等方法构建基于模糊综合评判法的综合评价体系，并对某市 2009 年环保专项资金绩效评价进行了实证研究，取得了良好的效果。

四、环保专项资金绩效评价研究现状的述评

从目前的文献资料看，"3E"评价体系仍是理论界公认的构建绩效评价指标的理论基石，在此理论指引下，逻辑框架法在具体实践中得到了广泛深入的应用，应用效果也比较令人满意，可以为本书研究指标体系的构建提供参考。需要指出的是，从广东、黑龙江、江苏等省市的环保绩效评价指标看，每个省市都有各自的特点，因此，在设定明细指标和设定权重时应有所侧重，突出每个省市各自的特点，力求评价指标体系的客观公正。

第二节　福建省环保支出整体分析

在省委的正确领导下，福建省在 2012～2016 年主要致力于水、大气和土壤污染的防治。经过多年的努力，福建省的环保工作取得了长足的进步。2016 年，厦门、泉州获得国家生态市命名，福州、漳州、三明获得省级生态市命名，其中福州通过国家生态市考核验收 24 个设市城市（含平潭综合实验区、建阳区）。除漳平、南安、龙海外，其他城市空气质量均达到国家《环境空气质量标准》（GB3095－2012）二级标准。

在针对水、大气和土壤污染防治的过程中，环保专项资金发挥了举足轻重的作用，以下对 2012～2016 年环保专项资金的支出进行详细的考察评价，以期对其未来的资金支出的使用提供参考。

根据福建省统计年鉴（2012～2016 年）的资料，对支出的明细进行梳理（见表 8－1）。

表 8－1　　　　　　　　　　福建省环境污染治理投资

	2012 年	2013 年	2014 年	2015 年	2016 年
1. 环保资金投入组成分析					
全省环境污染治理投资额（亿元）	146.04	175.39	162.3	167.43	92.93
（1）城市环境基础设施投资（亿元）	122.28	136.98	141.96	137.61	70.30
燃气（亿元）	6.30	3.79	16.53	12.34	4.44
排水（亿元）	27.05	31.90	43.28	40.29	31.40
园林绿化（亿元）	66.49	87.38	73.37	73.85	25.67
市容环境卫生（亿元）	22.44	13.91	8.78	11.13	8.79
城市环境基础设施投资/全省环境污染治理投资额（%）	83.7	78.1	87.5	82.2	75.65
（2）工业污染治理投资（亿元）	23.76	38.41	20.34	29.82	22.63
治理废水（亿元）	10.29	13.96	5.60	6.94	7.35
治理废气（亿元）	5.22	13.09	6.47	7.54	6.28
治理固体废物（亿元）	0.76	0.77	4.58	1.98	5.70
治理噪声（亿元）	0.04	0.06	0.33	0.18	0.01

	2012 年	2013 年	2014 年	2015 年	2016 年
工业污染治理投资/全省环境污染治理投资额（%）	16.3	21.9	12.5	17.8	24.35
2. 环境污染治理投资额与 GDP 的比较					
GDP（亿元）	19701.78	21868.49	24055.76	25979.82	28519.15
污染治理投资额/GDP（%）	0.74	0.8	0.67	0.64	0.32
（1）城市环境基础设施投资/GDP（%）	0.62	0.63	0.59	0.53	0.25
（2）工业污染治理投资/GDP（%）	0.12	0.18	0.08	0.11	0.08
3. 环境污染治理投资额与公共财政支出的比较					
公共财政支出（亿元）	2607.50	3068.81	3306.7	4001.58	4275.4
污染治理投资额/公共财政支出（%）	6.19	5.7	4.9	4.2	2.2
（1）城市环境基础设施投资/公共财政支出（%）	4.69	4.46	4.29	3.44	1.64
（2）工业污染治理投资/公共财政支出（%）	0.91	1.25	0.62	0.75	0.53

资料来源：根据 2012～2016 年福建省统计年鉴整理得出。

一、福建省环保资金支出整体分析（2012～2016 年）

表 8－1 显示，福建省环保专项资金的投入主要由两部分组成，即环境基础设施投资部分和工业污染治理投资部分。其中，环境基础设施投资主要包括燃气、排水、园林绿化和市容环境卫生四个部分，而工业污染治理投资主要包括治理废水、治理废气、治理固体废物和治理噪声四个部分，治理噪声部分几乎可以忽略不计。表 8－1 显示，环境基础设施的投入一直是环保专项资金的重点部分，2012～2016 年分别占环保专项资金的比重分别为 83.7%、78.1%、87.5%、82.2%、75.65%。从图 8－1 中可以看出，环境基础设施投资的绝对数在 2013 年开始有了明显增加，表明了各级政府美化市容、服务人民的意识不断增加，力度不断加大，2013～2015 年度该部分资金一直处于历史高位，到 2016 年，环境基础设施投资趋于饱和，到 2016 年有了明显的下降，仅为 70.30 亿元。与环境基础设施投资相比，工业污染治理投资一直保持平稳的态势，2012～2016 年分别为 23.76 亿元、38.41 亿元、20.34 亿元、29.82 亿元、22.63 亿元，2012～2016 年占环保专项资金的比重分别为 16.3%、21.9%、12.5%、17.8%、24.35%，特别值得一提的是，在 2016 年环保专项资金绝对数下降的情况下，其占环保专

项资金的比重仍从2015年的17.8%上升到2016年的24.35%，反映了各级政府对工业污染治理的重视，这也是与中央的精神相一致的。

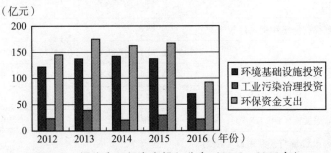

图8-1 福建省环保资金投入分布（2012~2016年）

从GDP和公共财政支出角度考察，2012~2016年污染治理投资占GDP的比重分别为0.74%、0.8%、0.67%、0.64%、0.32%，占公共财政支出的比重分别为6.19%、5.7%、4.9%、4.2%、2.2%，都呈现不同程度的下降趋势，反映了相对GDP和公共财政支出的迅速增长，污染治理投资还比较滞后，但值得注意的是，与城市基础环境的比重下降幅度相比较，工业污染治理投资的比重下降趋势不是很明显（如图8-2和图8-3所示），反映了各级政府对工业污染治理投资的重视程度。

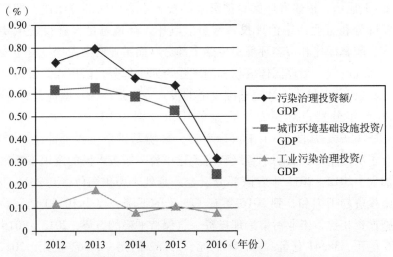

图8-2 福建省污染治理投资组成部分和GDP的比较（2012~2016年）

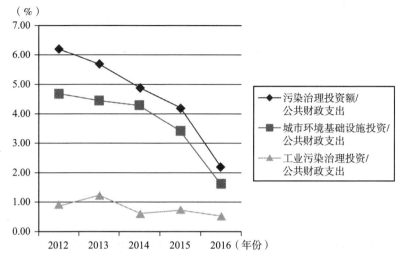

图 8 - 3 福建省污染治理投资组成部分和公共财政支出的比较（2012 ~ 2016 年）

二、福建省环境基础设施投入组成分析（2012 ~ 2016 年）

图 8 - 4 列示了环境基础设施投入的各个组成部分，从图 8 - 4 中可以看出，各个地市非常重视园林绿化工作，2012 ~ 2016 年其投资额占环境基础设施投资的比重分别为 54.4%、67.8%、51.7%、53.7%、36.5%。基本都在 50% 以上，特别是 2013 年，占比达到了 67.8%。到 2016 年，随着城市扩张和新区建设的陆续完成，园林绿化投资开始减缓，占比下降为 36.5%。排水设施的投入也是环境基础设施投入的一个重要部分，其投资额占环境基础设施投资的比重分别为 22.12%、23.28%、30.49%、29.28%、44.67%（见图 8 - 5），特别是 2016 年，达到了 44.67%。

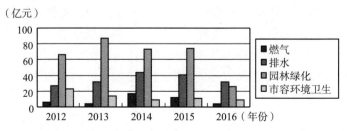

图 8 - 4 福建省环境基础设施投入组成分析（2012 ~ 2016 年）

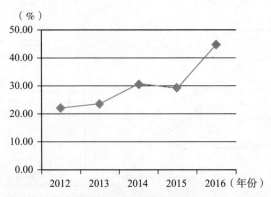

图 8 - 5　福建省排水设施投资占环境基础设施的比重（2012～2016 年）

三、福建省工业污染治理投资组成分析（2012～2016 年）

图 8 - 6 列示了福建省工业污染治理投资的组成部分。从图 8 - 6 可以看出，工业污染治理投资主要体现在治理废水污染和治理废气污染方面。为了解决日益严重的水污染和大气污染，各级政府投入了大量专项资金，特别是 2013 年达到历史高位，废水污染治理投入 13.96 亿元，占比 36.3%；废气污染治理投入 13.09 亿元，占比 34.1%；值得注意的是，治理固体废物虽然投入不大，但增长趋势明显，特别是 2014 年，治理固体废物投资从 2013 年的 0.77 亿元急剧增加到 2014 年的 4.58 亿元，这与日益严重的工业废物对环境的严重影响是分不开的。随着工业生产的发展，工业废物数量日益增加。尤其是冶金、火力发电等工业排放量最大。工业废物数量庞大，种类繁多，成分复杂，处理相当困难。工业废物消极堆存不仅占用大量土地，造成人力物力的浪费，而且许多工业废渣含有易溶于水的物质，通过淋溶污染土壤和水体。粉状的工业废物随风飞扬，污染大气，有的还散发臭气和毒气。有的废物甚至淤塞河道，污染水系，影响生物生长，危害人体健康①。2015 年，福建省出台《关于进一步加强危险废物污染防治工作的意见》，制定了危险废物监管工作指南、规范化管理工作方案，8 个设区市设立固体废物监管机构。这都说明了治理固体废物污染已经成为摆在各级政府面前刻不容缓的紧迫任务。可以预测，对固体废物污染的治理在未来还将得到持续的加强。

---

① https：//baike. baidu. com/item/% E5% B7% A5% E4% B8% 9A% E5% 9B% BA% E4% BD% 93% E5% BA% 9F% E7% 89% A9/8950571？ fr = aladdin.

（亿元）

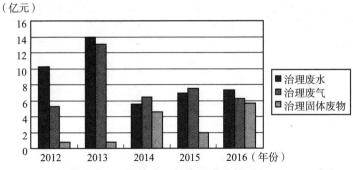

图 8 - 6　福建省工业污染治理投资组成分析（2012～2016 年）

四、九地市环保支出整体分析（2012～2016 年）

福建省下辖九地市（厦门市、福州市、龙岩市、三明市、莆田市、南平市、宁德市、漳州市、泉州市①），以下依次对九地市的环保支出进行横向和纵向的比较分析。这里需要指出的是，如前所述，环保专项投资主要包括环境基础设施投资和工业污染治理投资，但根据公开的资料收集，笔者只获取了各地市工业污染治理投资的数据，因此，笔者拟从工业污染治理支出入手，进行分析评价（见表 8 - 2～表 8 - 5 和图 8 - 7～图 8 - 8）。

表 8 - 2　　　　福建省九地市工业污染治理投资（2012～2016 年）　　　单位：亿元

地区	2012 年	2013 年	2014 年	2015 年	2016 年
福建省	23.76	38.42	20.34	29.82	22.63
福州市	2.46	7.68	0.22	不详	1.38
厦门市	0.79	1.9	1.87	1.64	1.91
莆田市	0.11	0.67	不详	不详	0.66
三明市	1.93	1.10	0.21	0.23	0.36
泉州市	15	17.86	1.80	0.42	13.14
漳州市	0.14	6.15	15.58	13	1.52
南平市	0.76	0.43	0.16	不详	0.2
龙岩市	0.70	0.42	0.50	14.53	0.82
宁德市	1.88	2.31	不详	不详	2.64

① 由于平潭综合试验区环保投入基数较小，暂时不做考虑。

表 8 - 3　　　　福建省九地市工业污染治理投资/全省工业污染治理投资　　单位：%

地区	2012 年	2013 年	2014 年	2015 年	2016 年
福建省	100	100	100	100	100
福州市	10.35	19.99	1.10	不详	6.09
厦门市	3.32	4.95	9.18	5.51	8.44
莆田市	0.46	1.74	不详	不详	2.92
三明市	8.12	2.86	1.03	0.77	1.59
泉州市	63.13	46.49	8.85	1.41	58
漳州市	0.59	16	77	43.59	6.72
南平市	3.2	1.12	0.79	不详	0.88
龙岩市	2.95	1.09	2.46	48.73	3.62
宁德市	7.91	6.01	不详	不详	11.67

表 8 - 4　　　　　　　　　福建省九地市公共财政支出　　　　　　　单位：亿元

地区	2012 年	2013 年	2014 年	2015 年	2016 年
福建省	2607.50	3068.80	3306.7	4001.58	4275.40
福州市	410.73	533.84	574.81	725.93	829.93
厦门市	470.5	534.09	560.90	651.17	758.64
莆田市	117.79	144.16	157.91	188.8	206.91
三明市	153.22	187.36	198.88	240.67	253.80
泉州市	356.44	422.21	476.72	539.89	597.67
漳州市	221.77	262.25	274.50	355.82	369.15
南平市	131.10	178.12	190.39	239.97	249.82
龙岩市	164.93	199.42	206	257.97	274.28
宁德市	142.18	185.95	199.90	248	266.92

表 8 - 5　　　福建省九地市工业污染治理投资/公共财政支出的比重分析　　单位：%

地区	2012 年	2013 年	2014 年	2015 年	2016 年
福建省	0.91	1.25	0.62	0.75	0.53
福州市	0.6	1.44	0.039	不详	0.17
厦门市	0.17	0.36	0.33	0.25	0.25
莆田市	0.09	0.46	不详	不详	0.32
三明市	1.26	0.59	0.11	0.1	0.14
泉州市	4.21	4.23	0.38	0.08	2.2

续表

地区	2012 年	2013 年	2014 年	2015 年	2016 年
漳州市	0.06	2.35	5.68	3.65	0.41
南平市	0.58	0.24	0.08	不详	0.08
龙岩市	0.42	0.21	0.24	5.63	0.3
宁德市	1.32	1.24	不详	不详	0.99

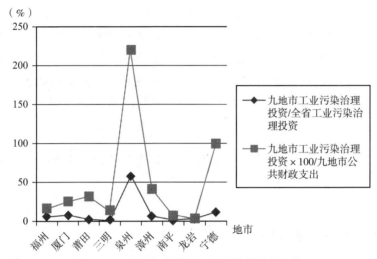

图 8 - 7　2016 年九地市工业污染投资的比较

注：由于工业污染治理投资占公共财政支出的比重较小，为了方便观察，这里扩大了 100 倍。

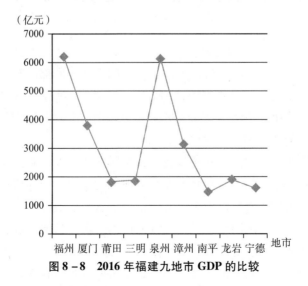

图 8 - 8　2016 年福建九地市 GDP 的比较

表 8 - 2 显示，2012～2016 年由于污染投资项目存在不确定性，因此，大多数地市的投资额存在波动，相对处于高位的城市有泉州、福州、龙岩、厦门和漳州。

这里仅以 2016 年度的数据进行分析，2016 年泉州的工业污染治理投资最多，达到 13.14 亿元，达到全省总投资的 58%，同时泉州也是工业污染治理投资占据公共财政支出比重最大的，达到 2.2%，反映了泉州市政府对工业污染治理的重视，这也和泉州的经济强市地位所匹配的（如图 8 - 8 所示，泉州 GDP 和福州基本持平，居全省前两位）。值得注意的是，2016 年宁德虽然经济还处于落后地位，GDP 全省倒数第二，但 2016 年工业污染治理投资在公共财政支出的比重却达到 0.99%，超过了全省的平均数 0.53%。从纵向看，宁德在 2012～2016 年期间（2014 年和 2015 年数据缺失），工业污染治理投资占公共财政支出的比重一直较大，这反映了宁德地方政府对工业污染治理投资的高度重视。

第三节　环保支出绩效评价指标体系

一、环保支出绩效评价指标体系

（一）环保专项资金绩效评价体系构建的核心思想："3E"和逻辑框架法

《利马宣言》（1977）提出 "3E" 评价体系，认为绩效审计是对政府工作的效果、经济性和效率进行的审计，该体系得到国内外政府部门和广大学者的普遍认可。国际上对绩效审计主要采用 "3E" 定义，即指对经济性（economy）、效率性（efficiency）和效益性（effectiveness）进行的审计（三个单词的第一个英文字母都为 "e"，简称 "3E"）的审计。

经济性是指从事一项活动并使其达到合格质量所需要耗费的最小资源；效率性是指投入资源与产出的产品、服务或其他成果的比较，即如何以尽可能小的投入来获得最大的回报；效益性是指投入一定经济资源后最终取得的实际收益至少要达到计划收益。其关注的重点是企业投入产出的实际情况，也就是效益的实现情况。效益具体又分为经济效益、社会效益和环境效益等。

效率性与经济性、效果性三者之间有着紧密的联系。首先，效率性与经济性是紧密相关的，经济性要求产出所利用的资源以更节约的方式取得，效率性则衡量资源投入与产出的关系，因此经济性带来的低成本取得的资源才代表着效率的提高；其次，效率性与效果性也是紧密相关的，效果性侧重于产出要达到目标，而效率性则决定了为取得目标产出而采用的更低成本的恰当方式；最后，经济性与效率性同是效果目标的约束性目标①。

石爱中等（2002）认为，"3E"审计表明了我国政府绩效审计的内涵和内容，其他均应视为"3E"审计的具体表现形式②。这种观点得到了广大学者的广泛认可，我们目前的绩效评价体系的构建主要都是以"3E"思想进行构建，环保专项资金绩效评价体系也是如此。

基于"3E"思想，逻辑框架法（logical framework approach，LFA）应运而生，该方法被广泛应用到公共项目的具体评估中。LFA 是由美国国际发展署于 1970 年提出的一种项目开发的工具，该工具可以清晰阐明所评价项目的绩效和绩效成因，有效地分析并表现事物间因果关系的逻辑框架，即相应的投入会产生一定的结果。

具体地说，LFA 把项目内在逻辑划分为投入、产出、效果、影响等具有因果逻辑关系的四个层次。其中，投入环节主要体现项目的经济性，也即以最小成本实现既定的项目目标，这一环节可体现出项目的经济性；过程环节是组织者、实施者和使用者在项目实施中相互配合、共同实施的过程，这一环节可体现出项目的效率性；结果和影响环节体现的是项目目标的实现程度。在对环境类项目进行评价时多考虑项目的完成、污染物的减排与区域的环境改善等指标③。这一环节可体现出项目的效果性。

国内外的大量实践经验表明，LFA 具有较好的科学性和可操作性。中央及各省市关于绩效评价指标体系的设置大多参照了 LFA 的原理。

（二）现有环保专项资金绩效评价指标体系的介绍和评述④

随着环保观念的深入人心，各地市分别结合当地的情况，总结设计出具有地方特色的环保专项资金绩效评价指标体系，评价小组对此进行了梳理。

1. 中央环保专项资金绩效评价指标体系。该体系应用 LFA 设置了 4 大类 80 个备选指标，结合环保项目的特点和管理需求，筛选出符合环保专项资金的指

---

① 剧杰．绩效审计中效率性评价体系构建思路［J］．审计与经济研究，vol23，no5，2008.

② 宋常，吴少华．我国绩效审计理论研究回顾与展望［J］．审计研究．2004（2）：33.

③ 杨玉楠等．美国环境类公共支出项目绩效评估体系研究［J］．环境污染与防治．vol 33，no 1，2011：88.

④ 部分内容参阅了马秀．黑龙江省环保专项资金绩效评价指标体系构建研究［D］．黑龙江大学硕士学位论文，2014.

标，最终建立了包含 4 个绩效指数、16 个绩效指标的指标体系（见表 8 - 6）。

表 8 - 6　　　　　　　中央环保专项资金绩效评价指标体系（初期）

指数权重	指数	指标权重	指标
0.3	（一）资金投入和保障	0.3	自筹资金到位率
		0.3	专项资金使用率
		0.2	专项资金乘数
		0.2	资金到位及时性
0.15	（二）项目实施与管理	0.3	管理制度执行性
		0.2	实施调整规范性
		0.2	管理措施健全性
		0.3	项目监管到位性
0.15	（三）项目产出	0.3	投资完成率
		0.2	进度符合性
		0.2	建设规模实现率
		0.3	达标排放稳定性
0.4	（四）效益与可持续影响	0.6	环境效益指标
		0.1	经济效益指标
		0.1	社会效益指标
		0.2	可持续影响指标

资料来源：根据《中央财政专项资金污染防治项目绩效评价管理暂行办法》整理得出。

2010～2011 年，中央编制完成《中央财政专项资金污染防治项目绩效评价管理暂行办法》，其中将 16 个指标精简为 10 个指标（见表 8 - 7）。这 10 个指标作为满足项目宏观管理需要的骨干指标，各地方可根据需要自行增补指标。

表 8 - 7　　　　　　中央环保专项资金绩效评价指标体系（优化后）

评价内容	评价指标	指标分值
资金投入与管理	自筹资金到位性	10
	资金管理合规性	10
	制度执行到位性	10

续表

评价内容	评价指标	指标分值
项目实施管理	实施调整规范性	10
	建设进度符合性	10
项目运行情况	排放达标频次	10
	运行同步性	10
项目效益	环境目标实现性	20
	经济效益状况	5
	社会影响程度	5

资料来源：根据《中央财政专项资金污染防治项目绩效评价管理暂行办法》整理得出。

从指标体系的分值分配看，相比经济效益与社会效益，中央进行优化后的指标体系中环境效益所占的分值较高，而经济效益与社会效益相对分数较低。这表明，环境目标实现性在所有的指标内容中占有重要地位，它是我们进行绩效评价所要测评的重要指标，也是衡量环保资金绩效的关键因素。

2. 江苏省省级节能减排专项引导资金绩效评价指标体系[①]。该指标体系也是以逻辑框架法为指导，按照江苏省开展财政资金绩效评价工作的要求，从资金安排与使用、项目实施与管理、项目产出与效益三个方面进行分析评价（见表8-8）。对应的逻辑关系为：资金的投入与及时到位，使得项目顺利实施；项目实施并经有效监督管理，促使工程按时完工；项目完工后发挥了污染防治设施的作用，产生了一定的环境效益、社会效益和经济效益。

表8-8 　　　　　　**江苏省省级节能减排专项引导资金绩效评价指标体系**

一级指标	二级指标	三级指标	指标属性
投入指标	资金落实	实际到位率	共性指标
		预算完成率	共性指标
	资金使用	支出实现率	共性指标
		财政资金专款专用率	共性指标
	带动效益	财政资金投入乘数	共性指标

① 这部分内容参阅了万寅婧，潘铁山. 环保专项资金绩效评价指标体系构建探讨——以江苏省省级节能减排（重点污染排放治理）专项引导资金为例 [J]. 污染防治技术，2012 (3).

续表

一级指标	二级指标	三级指标	指标属性
管理指标	资金管理	制度健全	共性指标
		财务执行	共性指标
		会计质量	共性指标
	组织实施	组织机构	共性指标
		项目执行	共性指标
		支撑条件	共性指标
		资料归集	共性指标
产出和效益指标	实际产出	项目按时完工率	共性指标
		示范工程建设数量	个性指标
		专利数	个性指标
		发表文章数	个性指标
	环境效益	自动监控设备正常运转率	个性指标
		二氧化硫削减量	个性指标
		工业废水削减量	个性指标
		COD	削减量
		新增工业废水处理能力	个性指标
		新增危险废物处置能力	个性指标

3. QD 环保专项资金评价指标体系[①]。该体系也是按照因果逻辑关系和 LFA 构建的。具体地说，是以环保专项资金项目的整个运行流程为主线，从投入、管理、项目产出、效益与可持续影响四个方面进行评价（见表 8 - 9），确定每一层次的主要评价指标，具体设计的评价指标体系涵盖了项目运行的整个流程。

---

① 这部分内容参阅了王晓丽. 环境保护专项资金绩效审计评价指标体系构建研究［D］. 中国海洋大学硕士学位论文，2014.

表 8 – 9　　　　　　　　环保专项资金项目绩效审计评价指标体系

一级指标	二级指标	三级指标	指标说明
投入类指标	资金到位情况	专项资金到位率	专项资金到位率 = 实际到位专项资金/批复到位专项资金 × 100% 反映环保专项资金实际到位情况，评价环保专项资金是否按预定目标落实
		专项资金到位时效	评价环保专项资金是否按预定时间及时到位
		自筹资金到位率	自筹资金到位率 = 实际到位自筹资金/批复到位自筹资金 × 100% 反映自筹资金实际到位情况，评价自筹资金是否按预定目标落实
		自筹资金到位时效	评价自筹资金投入是否按预定时间及时到位
	资金使用情况	专项资金使用率	专项资金使用率 = 实际使用专项资金/实际到位专项资金 × 100% 评价环保专项资金使用情况，是否存在环保专项资金结余等问题
	资金带动效益	专项资金投入乘数	专项资金投入乘数 = 实际使用自筹资金/实际使用专项资金 × 100% 反映环保专项资金投入带动企业投资污染防治项目的乘数效益
管理类指标	资金管理	项目财务核算合规性	评价环保专项资金项目财务核算是否合规，项目是否独立核算、清晰合规
		支出和预算相符程度	评价项目实际支出的范围与预算是否相符
	项目实施	项目管理制度执行性	评价项目建设是否履行了国家相关项目管理制度的规定
		项目管理措施健全性	评价项目实施过程内部管理措施的健全程度和执行情况
		项目监管到位性	评价项目主管部门对项目实施的监督检查措施是否到位
项目产出指标	项目产出数量	产出数量符合性	评价项目产出数量是否符合预期目标
	项目产出质量	产出质量符合性	评价项目产出质量是否符合预期目标
	项目进度	进度符合性	评价项目实际建设进度与计划进度的符合程度

续表

一级指标	二级指标	三级指标	指标说明
效益与可持续影响指标	环境效益	主要污染物减排	评价项目目标污染物减排绩效目标实现情况
		环境质量改善水平	评价项目的环境质量改善绩效目标实现情况
		污染物处理能力	评价项目的污染治理能力绩效目标实现情况
	经济效益	废物综合利用收益	评价项目的废物综合利用收益绩效目标实现情况
		节能降耗收益	评价项目的节能降耗收益绩效目标实现情况
	社会影响	公众满意度	反映项目实施后社会公众的满意程度
		项目示范性	评价新技术、新工艺项目所带来的示范作用
		增加就业情况	反映项目所带来的增加就业人数情况
	可持续影响	持续运行率	持续运行率 = 项目运行时间/（项目运行时间 + 项目停止时间）×100% 评价项目实施后的持续运行情况

资料来源：王晓丽. 环境保护专项资金绩效审计评价指标体系构建研究［D］. 中国海洋大学硕士学位论文，2014：37.

4. 评价指标体系的评述和可借鉴的经验。

（1）逻辑框架法的运用。运用逻辑框架法原理构建指标体系，使指标体系内容更加严谨，具有逻辑参考价值。逻辑性强的指标体系在提供理论支撑的同时，还有利于绩效评价工作全面有效地开展。无论是中央，还是江苏省和 QD，在设计指标体系的过程中，都运用了逻辑框架法，即遵循"投入—产出—效果—影响"这一思路，全面考量环保专项资金绩效评价指标体系的构建。

（2）具有一定的灵活性。结合实际情况设计指标体系的具体内容，理论与实践有效结合，同时又能够突出项目自身的特点。中央设计的环保专项资金绩效评价指标体系属于宏观框架，并不具有微观指导作用；江苏省结合减排项目的实际情况，在项目效益指标中重点测评环境效益指标；QD 考虑了地方的实际特点，对中央环保专项资金绩效评价指标体系进行了细化，具有一定的针对性和实践价值。这些省市的经验告诉我们，在设计指标体系的时候，可以参照已有的体系，借鉴一二级指标，然后根据评价对象的具体情况，特别是根据可收集的数据确定操作性较好和可比性较好的下级指标，从而对一二级指标进行细化。

（3）定性指标和定量指标的灵活应用。指标体系在设计过程中将大量定性指标吸收进来，主要是考虑到环保财政支出的运行绩效具有社会性、多样性和复杂性的特点，很多情况下无法通过客观的、易于计算的定量指标予以反映。当然，这在一定程度上增加了指标的衡量难度，需要对评价标准做出更加科学、明确的界定①。同时，为了尽可能保证客观性，能予以量化的指标尽量加以量化，如江苏省的指标体系在产出和效益部分都采用了量化的指标，这虽然增加了数据收集的难度，但却使评价结果具有客观性。

（4）产出和效益的分值较重。从分值分配看，中央环保专项资金绩效评价体系中对项目效益部分的分值予以倾斜，这也是与《财政支出（项目支出）绩效评价操作指引（试行)》《福建省财政支出绩效评价管理暂行办法》《省级财政支出绩效自评表》等指引文件的思想相一致的，在构造福建省环保专项资金绩效指标体系时应予以参考。

二、环保专项资金绩效评价指标体系的构建原则

绩效评价指标的选取直接关系到绩效评价体系的评价结果质量，为了有效实现对项目实施效果的评价，在评价指标的选取过程中要严格依据一定的原则，主要包括：

第一，重要性原则。主要指在进行绩效评价时所衡量的指标应当与项目的绩效目标和评价目的有直接关联，以保证指标体系评价功能的实现。环保绩效评价本身比较复杂，可供选择的指标众多，尽量选择有代表性、关键性的指标，单一指标要能够反映出尽可能多的信息，从而保证具体指标的核心价值。

第二，可操作性原则。指标的选择应当考虑现实生活中的可操作性。但在实际调研中，评价小组深感数据获取的困难，即便有地方单位的帮助，仍然存在数据缺漏、数据零散和数据不一致等问题，使得获取信息的成本较高，这就需要评价小组选取一些效果没有非常理想但数据获取相对容易可信的指标作为代替。为了便于操作，可理解性也是很重要的，可理解性是指环保专项资金项目绩效审计评价指标内容应明确、具体，对评价指标进行明确的界定。只有评价指标便于理解，评价者和被评价者之间对指标的含义才会有共同的认识，数据获取也就相对容易，减少歧义的存在。

第三，独立性原则。对于上级评价指标，往往需要从多个下级指标进行反映，为了避免各个指标之间的干扰，原则上要求各指标相互独立存在，尽量降低所选用指标之间的耦合度。

---

① 房巧玲等. 环境保护支出绩效评价指标体系构建研究［J］. 审计研究，2010（3）.

第四，可比性原则。在设定指标体系时，要参照可收集的九地市的共同资料权衡指标内容，一旦确定，指标内容不能随意更改，这样既有利于工作的开展也有利于不同项目之间的指标进行比较与鉴别。本书重点研究对象就是对福建省九地市的环保支出绩效进行评价，因此，无论从时间跨度和空间跨度来讲，可比性都是非常重要的。

三、福建省九地市环保支出绩效评价指标体系

福建省九地市环保支出绩效评价指标体系见表 8－10。

表 8－10　　　　　　福建省九地市环保支出绩效评价指标体系

一级指标	二级指标	三级指标	四级指标	五级指标	评分标准
投入（20分）	项目立项（10分）	项目立项流程规范性（5分）			项目的申请、设立过程是否符合相关要求，用以反映和考核项目立项的规范情况 项目立项规范科学、手续齐全记5分，项目立项不规范记3分，项目未立项记零分
		项目立项依据合理性（5分）			项目立项是否依据政府文件精神，用于反映立项的合理性 项目立项依据合理充分记5分，存在立项目的不明确、随意性较大的酌情扣分，扣完为止
	资金落实（10分）	资金到位率（3分）			实际到位资金与预算安排资金的比率，用以反映和考核资金落实情况 资金到位率100%记3分，每低5个百分点扣1分，扣完为止
		资金支出率（3分）			实际支付资金与实际到位资金的比率，用于反映资金的支出进度 资金支出率100%记3分，每低5个百分点扣1分，扣完为止
		到位及时率（4分）			资金是否在规定时间内及时发放给申请者 可以及时发放的得4分，存在延迟的，酌情扣分，扣完为止

一级指标	二级指标	三级指标	四级指标	五级指标	评分标准
过程管理（20分）	业务管理（和实施相关的）（5分）	管理制度健全性（2分）			是否已制定或具有相应的业务管理制度；业务管理制度是否合法、合规、完整 缺少一项扣1分
		项目质量可控性（3分）			是否具有或制定了相应的项目质量要求或标准；实施中是否采取了必要的控制措施或手段；完工后有无验收机制 缺少一项扣1分
	财务管理（和资金相关的）（10分）	资金管理制度健全性（3分）			是否有专门的项目资金管理办法；项目资金管理办法是否符合相关财务会计制度的规定；是否有审计报告等反馈监督机制 一项不符合扣1分，严重的此项完全不得分
		资金使用合规性（3分）			资金使用是否符合国家财经法规和财务管理制度以及有关专项资金管理办法的规定；资金的拨付是否有完整的审批程序和手续；拨付金额是否严格依据补贴标准计算 一项不符合扣1分，严重的此项完全不得分
		项目资金安全性（4分）			是否符合项目预算批复的用途；是否存在截留、挤占、挪用等情况 一项不符合扣2分，严重的此项完全不得分
	信息公开水平（5分）	信息披露的质量（3分）			信息是否及时、准确地予以公开；是否有健全的公开制度；公开信息的质量是否满足信息公开条例 一项不符合扣1分
		信息获取的多样性（2分）			信息是否披露多样性 酌情给分

续表

一级指标	二级指标	三级指标	四级指标	五级指标	评分标准
产出 （40分）	城市环境 基础设施 （16分）	燃气管道 （4分）	城市燃气普 及率		该指标有上升趋势且高于全省平均 数，得满分，否则酌情扣分
		排水设施 （4分）	城市用水普 及率		该指标有上升趋势且高于全省平均 数，得满分，否则酌情扣分
		园林绿化 （4分）	人均公园绿 地		该指标有上升趋势且高于全省平均 数，得满分，否则酌情扣分
		环境市容 （4分）	生活垃圾无 害化处理率		该指标有上升趋势且高于全省平均 数，得满分，否则酌情扣分
	工业污染 治理 （24分）	工业固体 废物处置 （6分）	工业固体废 物产生量和 综合利用率 （3分）		利用率稳中有升且高于全省平均 数，且工业固体废物产生量持续下 降的，得满分，否则酌情扣分
			工业固体废 物产生量/ 第二产业生 产总值（3 分）		该指标稳中有降且低于全省平均 数，得满分，否则酌情扣分
		废气处置 （9分）	二氧化硫排 放量（3分）	二氧化硫排放 量/省二氧化 硫 排 放 量 （1.5分）	该指标低于10%且稳中有降的，得 满分，否则酌情扣分
				二氧化硫排放 量/GDP（1.5 分）	该指标稳中有降且低于全省平均 数，得满分，否则酌情扣分
			氮氧化物排 放量（3分）	氮氧化物排放 量/省氮氧化 物 排 放 量 （1.5分）	该指标低于10%且稳中有降的，得 满分，否则酌情扣分
				氮氧化物排放 量/GDP（1.5 分）	该指标稳中有降且低于全省平均 数，得满分，否则酌情扣分
			烟尘排放量 （3分）	烟尘排放量/ 省烟尘排放量 （1.5分）	该指标低于10%且稳中有降的，得 满分，否则酌情扣分
				烟尘排放量/ GDP（1.5分）	该指标稳中有降且低于全省平均 数，得满分，否则酌情扣分

续表

一级指标	二级指标	三级指标	四级指标	五级指标	评分标准
产出 (40分)	工业污染 治理 (24分)	废水处置 (9分)	废水排放量 (3分)	废水排放量/ 省废水排放量 (1.5分)	该指标低于10%且稳中有降的，得满分，否则酌情扣分
				废水排放量/ GDP（1.5分）	该指标稳中有降且低于全省平均数，得满分，否则酌情扣分
			化学需氧量 排放量（3 分）	化学需氧量排 放量/省化学 需氧量排放量 (1.5分)	该指标低于10%且稳中有降的，得满分，否则酌情扣分
				化学需氧量排 放量/GDP（1.5 分）	该指标稳中有降且低于全省平均数，得满分，否则酌情扣分
			氮氧排放量 (3分)	氮氧排放量/ 省氮氧排放量 (1.5分)	该指标低于10%且稳中有降的，得满分，否则酌情扣分
				氮氧排放量/ GDP（1.5分）	该指标稳中有降且低于全省平均数，得满分，否则酌情扣分
效果 (20分)	居民投诉 (5分)	环保投 诉量（3分）			该指标稳中有降且低于全省平均数，得满分，否则酌情扣分
		办结率 (2分)			办结率高于99%得满分，合则酌情扣分
	污水集中 处理率 (5分)				该指标稳中有升且高于全省平均数，得满分，否则酌情扣分
	空气质量 优良率 (5分)				该指标稳中有升且高于全省平均数，得满分，否则酌情扣分
	可持续性 (5分)	GDP（5分）			该指标稳中有升且高于10%，得满分，否则酌情扣分

关于指标体系的说明：

（1）指标体系依据"3E"和逻辑框架法的思想构建，并借鉴了中央和其他省市的指标体系，从投入、管理、产出和效果四个方面进行评价。

（2）在设置各个指标和相应权重时，参阅了中央和地方的评价指标体系，在权重方面对产出和效果部分适当加以倾斜。这里需要说明的是，根据统计局的年鉴资料，各地市的环保专项资金主要用于城市环境基础设施和工业污染治理方面，并且城市环境基础设施占的比重较大，但由于基础设施完成效果良好，所选指标无法拉开差距，而工业污染治理方面存在一定的差距，且大气污染、水污染、土壤污染是《"十三五"生态环境保护规划》中确定的重点，因此，为了评价客观以及与国家环保政策相呼应，这里没有根据资金投放金额设置权重。

（3）关于工业污染治理的指标设计。考虑到百度词条对工业固体废物的定义①和收集数据的便利性，特别设计了"工业固体废物产生量/第二产业生产总值"指标来衡量工业生产的固体废物的产生效率情况。由于该数据较小，为了图示清晰，比例特别扩大了 100 倍；而废水和废气主要有工业生产和城镇居民生活产生，为了评价其污染物产生效率情况，这里特别设计了"各分项指标/GDP"指标。

（4）关于可持续发展的指标设计。地市的经济发展决定了环保专项资金的投入是否可以持续，从以往的经验看，当经济发展滞后甚至倒退时，环保投入很容易成为维持经济短期增长的牺牲品，因此，GDP 的增长决定了环保专项资金是否可以持续。

第四节　单项指标绩效评价

由于收集资料的限制，目前仅能根据可收集的公开资料进行评价，因此，各地市的投入和管理过程部分无法进行评价，以下根据收集的资料对产出和效果中的部分指标进行评价。

一、产出过程的评价

（一）城市环境基础设施的评价

城市环境基础设施的投资主要用于燃气管道、排水管道、园林绿化和市容环境卫生四个方面。根据可收集的数据，评价小组认为，燃气的主要指标是城市燃

---

① 工业固体废物，是指在工业生产活动中产生的固体废物。固体废物的一类，简称工业废物，是工业生产过程中排入环境的各种废渣、粉尘及其他废物。可分为一般工业废物（如高炉渣、钢渣、赤泥、有色金属渣、粉煤灰、煤渣、硫酸渣、废石膏、脱硫灰、电石渣、盐泥等）和工业有害固体废物。

气普及率，排水的主要指标是城市用水普及率，园林绿化的主要指标是人均公园绿地，市容环境卫生的主要指标是生活垃圾无害化处理率。其中福建省 2012 ~ 2016 年的平均水平如表 8 - 11 所示。

表 8 - 11　　　福建省城市环境基础设施相关评价指标（2012 ~ 2016 年）

年份	城市燃气普及率（%）	城市用水普及率（%）	人均公园绿地（平方米）	生活垃圾无害化处理率（%）
2012	98.6	99.1	12.1	96.4
2013	98.9	99.4	12.57	98.2
2014	99.8	99.55	12.76	97.9
2015	98.6	99.6	12.98	99.2
2016	97.2	98.1	13.08	98.4

1. 福州。如表 8 - 12 所示，从纵向比较，福州的各项指标在 2012 ~ 2016 年一直比较平稳，特别是人均公园绿地面积持续增加，个别指标出现下降和波动应和城市的扩张有关，因配套设施的完成存在一定的滞后所致。从横向看，福州的各项指标基本都高于全省的平均水平，特别是城市用水普及率和人均公园绿地面积明显高于全省平均水平，根据评分标准，城市环境基础设施的产出部分可得 16 分。

表 8 - 12　　　福州城市环境基础设施相关评价指标（2012 ~ 2016 年）

年份	城市燃气普及率（%）	城市用水普及率（%）	人均公园绿地（平方米）	生活垃圾无害化处理率（%）
2012 年	99.5	99.4	11.32	98.2
2013 年	99.5	100	12.84	99
2014 年	99.5	100	12.94	96
2015 年	99.5	100	13.52	100
2016 年	97.2	100	14.07	99
得分	4	4	4	4

2. 厦门。如表 8 - 13 所示，从纵向比较，厦门的城市燃气普及率和城市用水普及率在 2015 年和 2016 年出现了不同程度的下降，生活垃圾无害化处理率也在 2016 年出现了下降，这与新城区的迅速扩张有关。从横向看，2016 年厦门各项

指标均低于全省平均水平。特别是最近五年来，厦门人口增长迅速，土地资源有限，尽管厦门地方政府非常重视市政公园建设，致力打造花园城市，但客观条件的限制使厦门的人均绿地面积一直低于全省平均水平。但考虑到厦门的经济实力，评价小组相信随着新区建设的配套完成，2016 年落后的城市燃气普及率、城市用水普及率、生活垃圾无害化处理率将很快赶上并超过全省平均水平。根据评分标准，城市环境基础设施的产出部分可得 14.5 分。

表 8 – 13　　厦门城市环境基础设施相关评价指标（2012 ~ 2016 年）

年份	城市燃气普及率（％）	城市用水普及率（％）	人均公园绿地（平方米）	生活垃圾无害化处理率（％）
2012 年	100	100	11.38	99
2013 年	100	100	11.47	99.2
2014 年	99.3	100	11.44	100
2015 年	97.6	100	11.46	100
2016 年	96.4	94.6	11.47	97.8
得分	3.5	3.5	3.5	4

3. 莆田。如表 8 – 14 所示，从纵向看，莆田的各项指标基本平稳，除燃气普及率在 2016 年有所下降外，其他指标都持平或者有微小上升；从横向看，和全省平均水平相比，城市用水普及率和城市燃气普及率基本持平，生活垃圾无害化处理率略高于全省平均水平，但人均绿地面积一直落后全省平均水平，根据评分标准，城市环境基础设施的产出部分可得 14 分。

表 8 – 14　　莆田城市环境基础设施相关评价指标（2012 ~ 2016 年）

年份	城市燃气普及率（％）	城市用水普及率（％）	人均公园绿地（平方米）	生活垃圾无害化处理率（％）
2012 年	98.8	99.5	12.71	98.5
2013 年	99	99.6	12.72	99.1
2014 年	99.1	99.7	12.72	99.1
2015 年	99.5	99.8	12.68	99.2
2016 年	95	99.5	12.7	99.1
得分	4	4	2	4

4. 三明。如表 8 – 15 所示，从纵向看，三明的各项指标一直保持处于稳中有升的趋势，从横向看，三明的各项指标都高于全省的平均水平，特别是人均公园绿地面积远远高于全省平均水平，反映了三明良好的人居环境，根据评分标准，城市环境基础设施的产出部分可得 16 分。

表 8 – 15　　　　三明城市环境基础设施相关评价指标（2012 ~ 2016 年）

年份	城市燃气普及率（%）	城市用水普及率（%）	人均公园绿地（平方米）	生活垃圾无害化处理率（%）
2012 年	99.6	99.9	12.59	97.8
2013 年	99.6	99.9	12.82	97.9
2014 年	99.6	99.9	13.71	98.1
2015 年	99.6	99.9	14.56	98.5
2016 年	99.6	99.9	14.76	98.6
得分	4	4	4	4

5. 泉州。如表 8 – 16 所示，从纵向看，泉州的各项指标除了生活垃圾无害化处理率有所下降外，其他指标都一直保持处于稳中有升的趋势，从横向看，泉州的各项指标都高于全省的平均水平，特别是人均公园绿地面积远远高于全省平均水平，反映了泉州良好的人居环境，根据评分标准，城市环境基础设施的产出部分可得 15 分。

表 8 – 16　　　　泉州城市环境基础设施相关评价指标（2012 ~ 2016 年）

年份	城市燃气普及率（%）	城市用水普及率（%）	人均公园绿地（平方米）	生活垃圾无害化处理率（%）
2012 年	96.8	98.8	13.7	99
2013 年	97	98.8	13.9	99.2
2014 年	97.1	99	14	98.4
2015 年	97.4	99.1	14.1	98.7
2016 年	97.5	99.1	14.2	98.7
得分	4	4	4	3

6. 漳州。如表 8 – 17 所示，从纵向看，漳州的各项指标一直保持处于稳中有升的趋势，从横向看，漳州的各项指标都高于全省的平均水平，特别是人均公园

绿地面积和城市燃气普及率远远高于全省平均水平，根据评分标准，城市环境基础设施的产出部分可得 16 分。

表 8 – 17　　　　　漳州城市环境基础设施相关评价指标（2012 ~ 2016 年）

年份	城市燃气普及率（%）	城市用水普及率（%）	人均公园绿地（平方米）	生活垃圾无害化处理率（%）
2012 年	98.4	99.7	12.41	99
2013 年	98.7	99.8	13.59	99.1
2014 年	99.1	99.9	14.2	99.2
2015 年	99.5	100	14.53	99.7
2016 年	99.5	100	14.64	99.7
得分	4	4	4	4

7. 南平。如表 8 – 18 所示，从纵向看，南平的城市用水普及率一直稳居 100%，反映了良好的城市用水设施，但城市燃气普及率和生活垃圾无害化处理率不稳定，并均在 2016 年出现了不同程度的下降，从横向看，城市用水普及率远高于全省平均水平，其他指标基本持平，根据评分标准，城市环境基础设施的产出部分可得 14 分。

表 8 – 18　　　　　南平城市环境基础设施相关评价指标（2012 ~ 2016 年）

年份	城市燃气普及率（%）	城市用水普及率（%）	人均公园绿地（平方米）	生活垃圾无害化处理率（%）
2012 年	97.7	100	13.53	99
2013 年	99.4	100	13.75	99
2014 年	99.5	100	13.64	100
2015 年	99.7	100	13.19	97
2016 年	93.1	100	13.11	95.3
得分	3	4	4	3

8. 龙岩。如表 8 – 19 所示，从纵向看，龙岩的各项指标除了城市用水普及率略有下降之外，其他指标一直是稳中有升的趋势，从横向看，城市燃气普及率、城市用水普及率和生活垃圾无害化处理率一直处于全省平均水平以上，人均绿地面积虽然逐年提高，但提高幅度不够，一直低于全省平均水平，根据评分标准，城市环境基础设施的产出部分可得 15.5 分。

表 8 – 19　　　　龙岩城市环境基础设施相关评价指标（2012 ~ 2016 年）

年份	城市燃气普及率（%）	城市用水普及率（%）	人均公园绿地（平方米）	生活垃圾无害化处理率（%）
2012 年	98.8	99.5	11.9	99
2013 年	98.8	99.6	12.05	99.1
2014 年	99	99.8	12.22	99.5
2015 年	99.6	99.2	12.39	99.6
2016 年	99.7	99.3	12.51	99.7
得分	4	4	3.5	4

9. 宁德。如表 8 – 20 所示，从纵向看，宁德的各项指标一直稳中有升，到 2016 年达到历史高位，从横向看，宁德的人均公园绿地面积远超全省平均水平，2016 年达到人均 15.64 平方米，生活垃圾无害化处理率进步明显，2012 年仅为 84%，低于全省 12 个百分点，而到 2016 年，已经达到 96.5%，虽然还低于全省 2 个百分点，但从改善的速度足以看出地方政府对人均环境舒适度的重视。根据评分标准，城市环境基础设施的产出部分可得 14 分。

表 8 – 20　　　　宁德城市环境基础设施相关评价指标（2012 ~ 2016 年）

年份	城市燃气普及率（%）	城市用水普及率（%）	人均公园绿地（平方米）	生活垃圾无害化处理率（%）
2012 年	98.9	99.1	13.82	84
2013 年	99	99.2	13.94	91.1
2014 年	99	99.2	15.45	94
2015 年	99.1	99.2	15.6	96.5
2016 年	99.1	99.2	15.64	96.5
得分	4	4	4	2

（二）工业污染治理的产出评价

环保专项资金的另一个重要投入方向是对工业污染的治理投入，目前福建省主要的工业污染来自于工业固体废物、废水、废气等污染。

这里需要特别指出的是，评价小组根据福建省和九地市的统计年鉴、环境质量公告国民经济和社会发展统计公报（2012 ~ 2016 年），对相关数据进行了梳理，但评价小组发现各种资料来源中的重复数据存在一定程度的误差。因此，如无特殊情况，均统一采用统计年鉴中的数据。

1. 厦门。

（1）工业固体废物。关于工业固体废物产生量和综合利用率。从表8-21中可以看出，2012～2016年厦门的工业固体废物产生量持续下降，从2012年的114.47万吨，下降至2016年的82.06万吨，占全省的工业固体废物产出量的比重也相当低，且一直处于比较平稳的地位；厦门的工业固体废物利用率一直高于全省平均水平（见图8-9），2016年比全省平均水平高出15%左右，反映了厦门在对工业固体废物的处理上处于全省领先地位。根据评分标准，该指标得分为3分。

表8-21　　厦门固体废物产生和利用情况与全省平均水平的比较（2012～2016年）

年份	厦门工业固体废物产生量（万吨）	全省工业固体产生量（万吨）	占全省产生量的比重（%）	厦门工业固体废物综合利用率（%）	全省工业固体废物综合利用率（%）	厦门工业固体废物产生量/厦门第二产业生产总值（万吨/亿元）	省工业固体废物产生量/省第二产业生产总值（万吨/亿元）
2012	114.47	7719.54	1.48	95.98	89.2	0.084	0.758
2013	102.88	8536.88	1.2	94.25	86.8	0.073	0.753
2014	103.19	4834.90	2.13	97.95	88.5	0.071	0.386
2015	96.25	4956.27	1.94	93.10	76.4	0.064	0.379
2016	82.06	4449.23	1.84	84.44	69.5	0.053	0.321

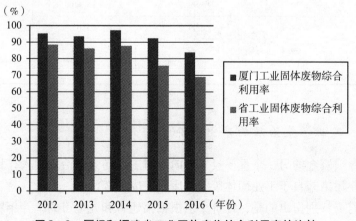

图8-9　厦门和福建省工业固体废物综合利用率的比较

关于工业固体废物产生量/第二产业生产总值。厦门的固体产生量的持续减少并不是以牺牲工业产值为代价的，图8-10表明，厦门工业固体废物产生量/第二产业生产总值一直处于低位，不仅持续降低，而且还远低于全省平均水平，反映了厦门在经济发展和环境保护上取得了良好的平衡。根据评分标准，该项目指标得分为3分。

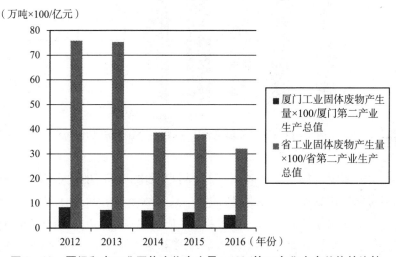

图8-10　厦门和省工业固体废物产生量×100/第二产业生产总值的比较

（2）废水治理。

①废水排放量。从表8-22中可以看出，厦门的废水排放总量在全省排放总量中大致稳定，接近20%。从图8-11中可以看出，厦门废水排放总量/厦门市GDP一直高于全省平均水平，反映了相对经济的发展，废水排放总量偏高，但该指标在持续下降，根据评分标准，该指标得分为2分。

表8-22　　　　　　　　　　厦门废水排放情况和全省的比较

年份	废水排放总量（万吨）	全省废水排放总量（万吨）	占全省比重（%）	厦门市GDP（亿元）	厦门市废水排放总量/厦门市GDP（万吨/亿元）	全省GDP（亿元）	福建省废水排放总量/全省GDP（万吨/亿元）
2012	47507.57	256263.01	18.54	2815	16.88	19701.78	13.01
2013	50212.77	259097.86	19.38	3006	16.70	21868.49	11.85
2014	50786.23	260579.22	19.49	3273	15.52	24055.76	10.83
2015	47183.10	256868.17	18.37	3466	13.61	25979.82	9.89
2016	45324.62	237016.09	19.12	3784	11.98	28519.15	8.31

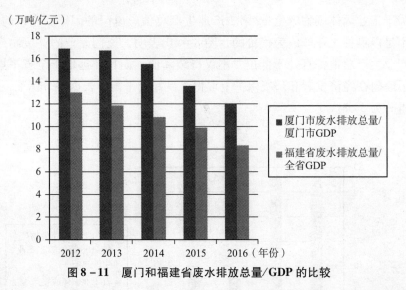

图 8-11　厦门和福建省废水排放总量/GDP 的比较

②化学需氧量排放量。从表 8-23 中可以看出，厦门的化学需氧量排放量在全省化学需氧量排放量中稳定低于 10%，且持续下降，反映了厦门在化学需氧量排放量上处于全省领先水平。从图 8-12 中可以看出，厦门市化学需氧量排放量/厦门市 GDP 显著低于全省平均水平，到 2016 年，甚至不足全省平均水平的 1/2，反映了厦门在化学需氧量排放得到有效降低的同时，经济的发展也得到了很好的保证。根据评分标准，该指标得分为 3 分。

表 8-23　　　　　　　厦门化学需氧量排放量和全省的比较

年份	化学需氧量排放量（吨）	全省化学需氧量排放量（吨）	占全省比重（%）	厦门市 GDP（亿元）	厦门市化学需氧量排放量/厦门市 GDP（吨/亿元）	全省 GDP（亿元）	福建省化学需氧量排放量/全省 GDP（吨/亿元）
2012	44032	660044	6.7	2815	15.64	19701.78	33.50
2013	40963	638996	6.4	3006	13.63	21868.49	29.22
2014	39303	629822	6.2	3273	12.01	24055.76	26.18
2015	36985	609439	6.1	3466	10.67	25979.82	23.46
2016	24661	391645	6.3	3784	6.52	28519.15	13.73

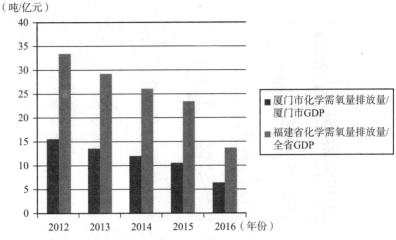

（吨/亿元）

图 8 – 12　厦门和福建省化学需要量排放量/GDP 的比较

③氨氮排放量。从表 8 – 24 中可以看出，厦门的氨氮排放量占全省氨氮排放量的比重稳定且平均低于 10%，反映了厦门在氨氮排放量上处于全省领先水平。从图 8 – 13 中可以看出，厦门市氨氮排放量/厦门市 GDP 显著低于全省平均水平，并逐年降低，反映了厦门在氨氮排放量得到有效降低的同时，经济的发展也得到了很好的保证。根据评分标准，该指标得分为 3 分。

表 8 – 24　　　　　　　　厦门氨氮排放量和全省的比较

年份	氨氮排放量（吨）	全省氨氮排放量（吨）	占全省比重（%）	厦门市 GDP（亿元）	厦门市氨氮排放量/厦门市 GDP（吨/亿元）	全省 GDP（亿元）	福建省氨氮排放量/全省 GDP（吨/亿元）
2012	8226	93181	8.8	2815	2.92	19701.78	4.73
2013	7593	90929	8.4	3006	2.53	21868.49	4.16
2014	7310	89343	8.2	3273	2.23	24055.76	3.71
2015	7007	85133	8.2	3466	2.02	25979.82	3.28
2016	5585	53252	10.55	3784	1.48	28519.15	1.87

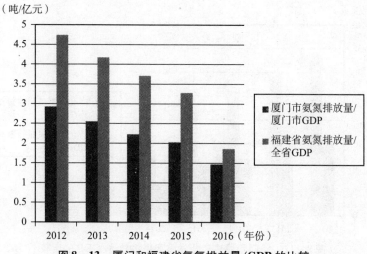

图 8 – 13　厦门和福建省氨氮排放量/GDP 的比较

（3）废气治理。

①二氧化硫排放量。从表 8 – 25 中可以看出，厦门的二氧化硫排放量占全省化学需氧量排放的比重稳定低于 10%，且持续下降，到 2016 年，甚至只占全省排放量的 2.22%，反映了厦门作为著名的海上花园城市，在对二氧化硫排放的控制上持续处于全省领先水平。从图 8 – 14 中可以看出，厦门市二氧化硫排放量/厦门市 GDP 显著低于全省平均水平，到 2016 年，甚至只是全省平均水平的 1/6，反映了厦门在二氧化硫排放得到有效降低的同时，经济的发展也得到了很好的保证。根据评分标准，该指标得分为 3 分。

表 8 – 25　　　　　　　　厦门二氧化硫排放量和全省的比较

年份	二氧化硫排放量（吨）	全省二氧化硫排放量（吨）	占全省比重（%）	厦门市 GDP（亿元）	厦门市二氧化硫排放量/厦门市 GDP（吨/亿元）	全省 GDP（亿元）	福建省二氧化硫排放量/全省 GDP（吨/亿元）
2012	19765	371251	5.32	2815	7.02	19701.78	18.84
2013	19261	361003	5.33	3006	6.41	21868.49	16.51
2014	16328	355957	4.59	3273	4.99	24055.76	14.8
2015	17297	337882	5.12	3466	4.99	25979.82	13.01
2016	4205	189257	2.22	3784	1.11	28519.15	6.64

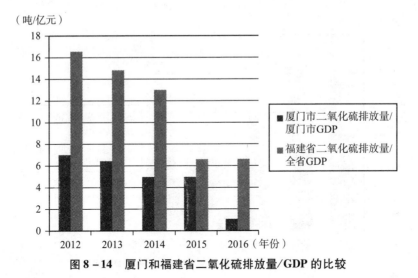

图 8 - 14　厦门和福建省二氧化硫排放量/GDP 的比较

②氮氧化物排放量。从表 8 - 26 中可以看出，厦门的氮氧化物排放量占全省氮氧化物排放的比重在 2012 ~ 2016 年虽有所上升，但稳定低于 10%，反映了厦门在氮氧化物排放上处于全省领先水平。从图 8 - 15 中可以看出，厦门市氮氧化物排放量/厦门市 GDP 显著低于全省平均水平，到 2016 年，甚至只是略超过全省平均水平的 1/2，反映了厦门在经济发展的同时，氮氧化物排放量得到了很好的控制。根据评分标准，该指标得分为 3 分。

表 8 - 26　　　　　　　　　厦门氮氧化物排放量和全省的比较

年份	氮氧化物排放量（吨）	全省氮氧化物排放量（吨）	占全省比重（%）	厦门市 GDP（亿元）	厦门市氮氧化物排放量/厦门市 GDP（吨/亿元）	全省 GDP（亿元）	福建省氮氧化物排放量/全省 GDP（吨/亿元）
2012	34273	467210	7.33	2815	12.18	19701.78	23.71
2013	32968	438344	7.52	3006	10.97	21868.49	20.04
2014	30984	411662	7.53	3273	9.47	24055.76	17.11
2015	31649	379022	8.35	3466	9.13	25979.82	14.59
2016	21072	261835	8.05	3784	5.57	28519.15	9.18

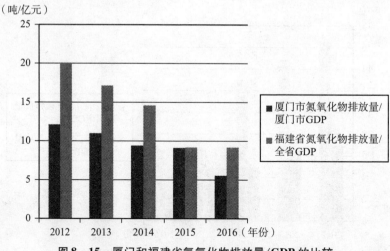

（吨/亿元）

图 8 - 15　厦门和福建省氮氧化物排放量/GDP 的比较

③烟（粉）尘排放量。从表 8 - 27 中可以看出，厦门的烟（粉）尘排放量占全省烟（粉）尘排放量的比重稳定低于 10%，且持续下降，到 2016 年，甚至只占全省排放量的 1.13%，反映了厦门在烟（粉）尘排放量的控制上持续处于全省领先水平。从图 8 - 16 中可以看出，厦门市烟（粉）尘排放量/厦门市 GDP 显著低于全省平均水平，并持续降低，到 2016 年，甚至只是全省平均水平的 8.5%，反映了厦门在经济发展的同时，烟（粉）尘排放量得到了很好的控制。根据评分标准，该指标得分为 3 分。

表 8 - 27　　　　　　　　厦门烟（粉）尘排放量和全省的比较

年份	烟（粉）尘排放量（吨）	全省烟（粉）尘排放量（吨）	占全省比重（%）	厦门市 GDP（亿元）	厦门市烟（粉）尘排放量/厦门市 GDP（吨/亿元）	全省 GDP（亿元）	福建省烟（粉）尘排放量/全省 GDP（吨/亿元）
2012	4783	252635	1.89	2815	1.7	19701.78	12.82
2013	5958	259310	2.3	3006	1.98	21868.49	11.86
2014	6405	367903	1.74	3273	1.96	24055.76	15.29
2015	4066	341664	1.19	3466	1.17	25979.82	13.15
2016	2685	237868	1.13	3784	0.71	28519.15	8.34

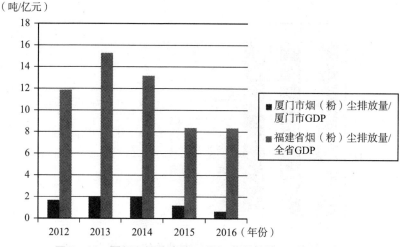

（吨/亿元）

图 8 – 16 厦门和福建省烟（粉）尘排放量/GDP 的比较

2. 龙岩。

（1）工业固体废物。关于工业固体废物产生量和综合利用率。从表 8 – 28 中可以看出，2012 ~ 2016 年龙岩的工业固体废物产生量基数非常大，2013 年甚至达到全省产出量的 60% 以上，但我们也看到，该数据在持续下降，从 2012 年的4576. 47 万吨下降到 2016 年的 1605. 28 万吨，占全省的工业废物产出量的比重也一直处于下降的趋势，特别是从 2014 年起，比上一年度下降了 30% 以上，反映了地方政府在大力减少固体废物污染上的努力。但我们也看到，工业固体废物的利用率也一直低于全省平均水平（见图 8 – 17），特别从 2015 年开始还出现了较大幅度的下降，反映了在固体工业废物的利用上还需要进一步加强。根据评分标准，该指标得分为 2 分。

表 8 – 28 龙岩固体废物产生和利用情况与全省平均水平的比较（2012 ~ 2016 年）

年份	龙岩工业固体废物产生量（万吨）	全省工业固体产生量（万吨）	占全省产生量的比重（%）	龙岩工业固体废物综合利用率（%）	全省工业固体废物综合利用率（%）	龙岩工业固体废物产生量/龙岩第二产业生产总值（万吨/亿元）	省工业固体废物产生量/省第二产业生产总值（万吨/亿元）
2012	4576. 47	7719. 54	59. 28	88. 8	89. 2	6. 086	0. 758
2013	5160. 74	8536. 88	60. 45	86. 3	86. 8	6. 467	0. 753
2014	1422. 54	4834. 90	29. 42	79. 2	88. 5	1. 629	0. 386
2015	1376. 25	4956. 27	27. 77	41. 5	76. 4	1. 504	0. 379
2016	1605. 28	4449. 23	36. 08	27. 4	69. 5	1. 660	0. 321

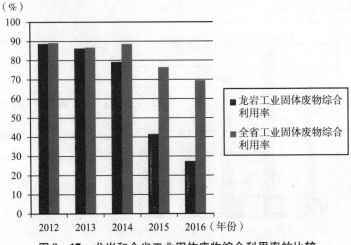

图 8-17　龙岩和全省工业固体废物综合利用率的比较

　　关于工业固体废物产生量/第二产业生产总值。龙岩的工业固体废物产生量/第二产业生产总值从 2014 年开始迅速下降，从 2013 年的 6.467 下降到 2014 年的 1.629，但与全省平均水平相比还是很高（见图 8-18），到 2016 年，该指标仍是全省平均水平的 5 倍以上，反映了龙岩的工业生产模式还有粗放生产的成分，但从 2014 年指标的急剧下降看，有理由相信，未来和全省平均水平持平应该可期。根据评分标准，该项指标得分为 1 分。

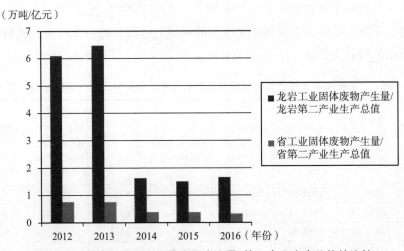

图 8-18　龙岩和省工业固体废物产生量/第二产业生产总值的比较

（2）废水处理。

①废水排放量。从表8-29中可以看出，龙岩的废水排放量占全省废水排放量的比重稳定低于10%（2013年除外），到2016年，甚至只占全省排放量的5.15%，反映了龙岩在废水排放量的控制上处于全省较好水平。从图8-19中可以看出，龙岩市废水排放量/龙岩市GDP低于全省平均水平（2013年除外），反映了龙岩在废水排放量得到有效降低的同时，经济发展也得到了较好的保证。根据评分标准，该指标得分为2.5分。

表8-29 龙岩和全省废水排放量的比较

年份	废水排放总量（万吨）	全省废水排放总量（万吨）	占全省比重（%）	龙岩市GDP（亿元）	龙岩市废水排放总量/龙岩市GDP（万吨/亿元）	全省GDP（亿元）	福建省废水排放总量/全省GDP（万吨/亿元）
2012	13722.46	256263.01	5.35	1357	10.11	19701.78	13.01
2013	50212.77	259097.86	19.38	1481	33.90	21868.49	11.85
2014	13978.54	260579.22	5.36	1622	8.62	24055.76	10.83
2015	15023.68	256868.17	5.85	1738	8.64	25979.82	9.89
2016	12213.16	237016.09	5.15	1896	6.44	28519.15	8.31

（万吨/亿元）

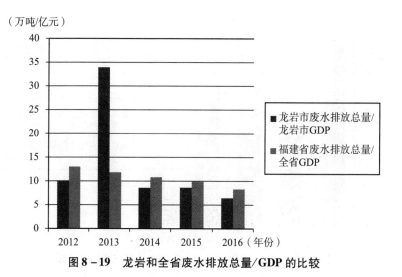

图8-19 龙岩和全省废水排放总量/GDP的比较

②化学需氧量排放量。从表8-30中可以看出，龙岩的化学需氧量排放量在

全省化学需氧量排放量中稳定低于 10%，且在 2012～2016 年持续下降，到 2016 年，甚至只占全省排放量的 4.69%，反映了龙岩在化学需氧量排放量的控制上处于全省领先水平。从图 8－20 中可以看出，龙岩市化学需氧量排放量/龙岩市 GDP 在 2012～2015 年高于或持平于全省平均水平，但明显可以看出，该指标处于下降通道中，特别是 2016 年仅为 9.69，低于全省的平均水平 13.73，反映了龙岩在经济发展的同时，化学需氧量排放量的排放也得到了有效的控制。根据评分标准，该指标得分为 2.5 分。

表 8－30 龙岩和全省化学需氧量排放量的比较

年份	化学需氧量排放量（吨）	全省化学需氧量排放量（吨）	占全省比重（%）	龙岩市 GDP（亿元）	龙岩市化学需氧量排放量/龙岩市 GDP（吨/亿元）	全省 GDP（亿元）	福建省化学需氧量排放量/全省 GDP（吨/亿元）
2012	63649	660044	9.64	1357	46.9	19701.78	33.50
2013	40963	638996	6.41	1481	27.66	21868.49	29.22
2014	59330	629822	9.42	1622	36.58	24055.76	26.18
2015	58324	609439	9.57	1738	33.56	25979.82	23.46
2016	18372	391645	4.69	1896	9.69	28519.15	13.73

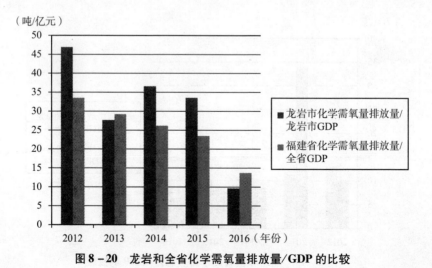

图 8－20 龙岩和全省化学需氧量排放量/GDP 的比较

③氨氮排放量。从表 8－31 中可以看出，龙岩的氨氮排放量占全省氨氮排放

量的比重稳定低于 10%，且在 2012~2016 年持续下降，到 2016 年，甚至只占全省排放量的 5.59%，反映了龙岩在氨氮排放量的控制上处于全省领先水平。从图 8-21 中可以看出，龙岩市氨氮排放量/龙岩市 GDP 在 2012~2015 年高于全省平均水平，但持续处于下降趋势，特别是 2016 年仅为 1.57，已经低于全省的平均水平 1.87，反映了龙岩在经济发展的同时，氨氮排放量的排放也得到了有效的控制。根据评分标准，该指标得分为 2.5 分。

表 8-31　　　　　　　　　　　龙岩和全省氨氮排放量的比较

年份	氨氮排放量（吨）	全省氨氮排放量（吨）	占全省比重（%）	龙岩市 GDP（亿元）	龙岩市氨氮排放量/龙岩市 GDP（吨/亿元）	全省 GDP（亿元）	福建省氨氮排放量/全省 GDP（吨/亿元）
2012	8513	93181	9.14	1357	6.27	19701.78	4.73
2013	7593	90929	8.35	1481	5.13	21868.49	4.16
2014	7887	89343	8.83	1622	4.86	24055.76	3.71
2015	7403	85133	8.70	1738	4.26	25979.82	3.28
2016	2979	53252	5.59	1896	1.57	28519.15	1.87

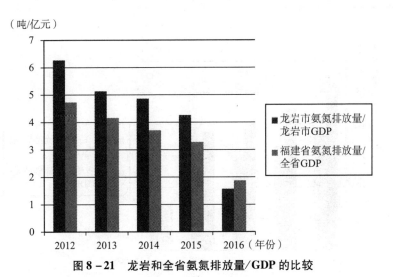

图 8-21　龙岩和全省氨氮排放量/GDP 的比较

（3）废气污染。

①二氧化硫排放量。从表 8-32 中可以看出，龙岩的二氧化硫排放量在全省

二氧化硫排放量中稳定低于 10%，到 2016 年，甚至只占全省排放量的 7.49%，反映了龙岩在二氧化硫排放量的控制上处于全省领先水平。从图 8 - 22 中可以看出，龙岩市二氧化硫排放量/龙岩市 GDP 在 2012 ~ 2016 年一直高于全省平均水平，但持续处于下降趋势，特别是 2016 年下降明显，从 2015 年的 18.78 下降到 2016 年的 7.479，几乎和全省平均水平持平，反映了龙岩在经济发展的同时，氨氮排放量虽得到了有效的控制，但相对经济发展而言，还有需要改进的空间。根据评分标准，该指标得分为 2 分。

表 8 - 32　　　　　　　　　　龙岩和全省二氧化硫排放量的比较

年份	二氧化硫排放量（吨）	全省二氧化硫排放量（吨）	占全省比重（%）	龙岩市 GDP（亿元）	龙岩市二氧化硫排放量/龙岩市 GDP（吨/亿元）	全省 GDP（亿元）	福建省二氧化硫排放量/全省 GDP（吨/亿元）
2012	33338	371251	8.98	1357	24.57	19701.78	18.84
2013	33147	361003	9.18	1481	22.38	21868.49	16.51
2014	33425	355957	9.39	1622	20.61	24055.76	14.8
2015	32643	337882	9.66	1738	18.78	25979.82	13.01
2016	14180	189257	7.49	1896	7.479	28519.15	6.64

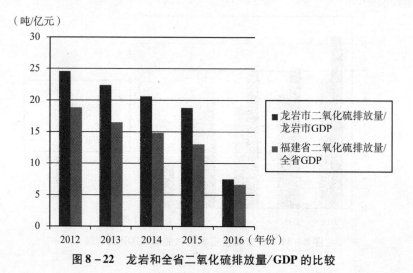

图 8 - 22　龙岩和全省二氧化硫排放量/GDP 的比较

②氮氧化物排放量。从表 8 - 33 中可以看出，龙岩的氮氧化物排放量占全省

氮氧化物排放量的比重稳定于 10% 左右，且有下降的趋势，反映了龙岩在氮氧化物排放量的控制上处于全省较好水平。从图 8-23 中可以看出，龙岩市氮氧化物排放量/龙岩市 GDP 在 2012~2016 年远高于全省平均水平，2012 年甚至接近全省的 2 倍，但我们也看到，该数据持续处于下降趋势，特别是 2016 年下降明显，从 2015 年的 23.16 下降到 2016 年的 14.44，反映了龙岩在经济发展的同时，氮氧化物排放量虽得到了有效的控制，但相对经济发展而言，还有需要改进的空间。根据评分标准，该指标得分为 2 分。

表 8-33　　　　　　　　龙岩和全省氮氧化物排放量的比较

年份	氮氧化物排放量（吨）	全省氮氧化物排放量（吨）	占全省比重（%）	龙岩市 GDP（亿元）	龙岩市氮氧化物排放量/龙岩市 GDP（吨/亿元）	全省 GDP（亿元）	福建省氮氧化物排放量/全省 GDP（吨/亿元）
2012	56074	467210	12.00	1357	41.32	19701.78	23.71
2013	57156	438344	13.00	1481	38.59	21868.49	20.04
2014	43419	411662	10.55	1622	26.77	24055.76	17.11
2015	40253	379022	10.62	1738	23.16	25979.82	14.59
2016	27378	261835	10.46	1896	14.44	28519.15	9.18

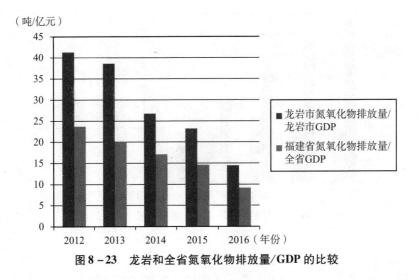

图 8-23　龙岩和全省氮氧化物排放量/GDP 的比较

③烟（粉）尘排放量。从表 8-34 中可以看出，龙岩的烟（粉）尘排放量

占全省烟（粉）尘排放量的比重持续下降，从 2012 年的 20.49% 下降到 2016 年的 9.64%，反映了龙岩在烟（粉）尘排放量的控制上取得了长足进步。从图 8-24 中可以看出，龙岩市烟（粉）尘排放量/龙岩市 GDP 在 2012~2016 年远高于全省平均水平，但下降趋势明显，从 2012 年的 38.15 下降到 2016 年的 12.09，反映了龙岩在经济发展的同时，烟（粉）尘排放量虽得到了有效的控制，但相对经济发展而言，还有需要改进的空间。根据评分标准，该指标得分为 2 分。

表 8-34　　　　　　　　　　龙岩和全省烟（粉）尘排放量的比较

年份	烟（粉）尘排放量（吨）	全省烟（粉）尘排放量（吨）	占全省比重（%）	龙岩市 GDP（亿元）	龙岩市烟（粉）尘排放量/龙岩市 GDP（吨/亿元）	全省 GDP（亿元）	福建省烟（粉）尘排放量/全省 GDP（吨/亿元）
2012	51764	252635	20.49	1357	38.15	19701.78	12.82
2013	49571	259310	19.12	1481	33.47	21868.49	11.86
2014	41435	367903	11.26	1622	25.55	24055.76	15.29
2015	33081	341664	9.68	1738	19.03	25979.82	13.15
2016	22922	237868	9.64	1896	12.09	28519.15	8.34

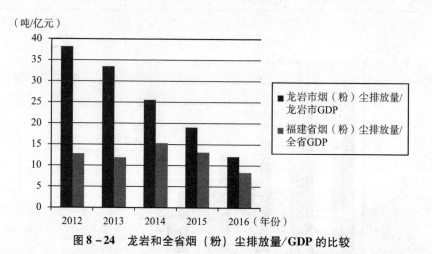

图 8-24　龙岩和全省烟（粉）尘排放量/GDP 的比较

3. 福州。

（1）工业固体废物。关于工业固体废物产生量和综合利用率。从表 8-35 中可以看出，2012~2016 年福州的工业固体废物产生量持续下降，从 2012 年的

728.40 万吨下降至 2016 年的 489.05 万吨，占全省的工业固体废物产出量的比重也一直处于比较平稳的地位，但略有上升的趋势；福州的工业固体废物利用率除 2013 年外均高于全省平均水平（见图 8－25），2016 年高出全省平均水平 30% 左右，反映了福州在工业固体废物的处理上处于较好的水平。根据评分标准，该指标得分为 2.5 分。

表 8－35　福州固体废物产生和利用情况与全省平均水平的比较（2012～2016 年）

年份	福州工业固体废物产生量（万吨）	全省工业固体产生量（万吨）	占全省产生量的比重（%）	福州工业固体废物综合利用率（%）	全省废物综合利用率（%）	福州工业固体废物产生量/福州第二产业生产总值（万吨/亿元）	省工业固体废物产生量/省第二产业生产总值（万吨/亿元）
2012	728.40	7719.54	9.44	90	89.2	0.382	0.758
2013	811.34	8536.88	9.50	78	86.8	0.380	0.753
2014	782.14	4834.90	16.18	96	88.5	0.333	0.386
2015	601.73	4956.27	12.14	95	76.4	0.246	0.379
2016	489.05	4449.23	10.99	98	69.5	0.189	0.321

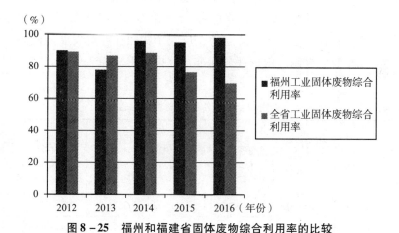

图 8－25　福州和福建省固体废物综合利用率的比较

关于工业固体废物产生量/第二产业生产总值。福州的固体产生量的持续减少并不是以牺牲工业产值为代价的，图 8－26 表明，福州工业固体废物产生量/第二产业生产总值不仅持续降低，而且一直低于全省平均水平，反映了福州在经济发展和环境保护上取得了良好的平衡。根据评分标准，该项目指标得分为 3 分。

（万吨×100/亿元）

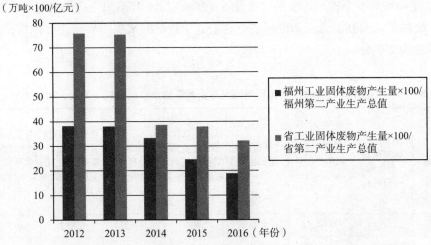

图 8－26　福州和省工业固体废物产生量×100/第二产业生产总值的比较

（2）废水处理。

①废水排放总量。从表 8－36 中可以看出，福州废水排放总量占全省废水排放总量的比重保持在 15% 左右，值得注意的是，该指标有上升的趋势。从图 8－27 中可以看出，福州市废水排放总量/福州市 GDP 在 2012～2016 年始终低于全省平均水平，并且持续处于下降趋势，反映了福州在经济发展的同时，废水排放总量得到了有效的控制。根据评分标准，该指标得分为 2 分。

表 8－36　　　　　　　　　　　福州和全省废水排放总量的比较

年份	废水排放总量（万吨）	全省废水排放总量（万吨）	占全省比重（%）	福州市 GDP（亿元）	福州市废水排放总量/福州市 GDP（万吨/亿元）	全省 GDP（亿元）	福建省废水排放总量/全省 GDP（万吨/亿元）
2012	36837.15	256263.01	14.37	4211	8.75	19701.78	13.01
2013	37010.48	259097.86	14.28	4685	7.9	21868.49	11.85
2014	37833.80	260579.22	14.52	5169	7.32	24055.76	10.83
2015	40164.84	256868.17	15.64	5618	5	25979.82	9.89
2016	42259.94	237016.09	17.83	6198	6.82	28519.15	8.31

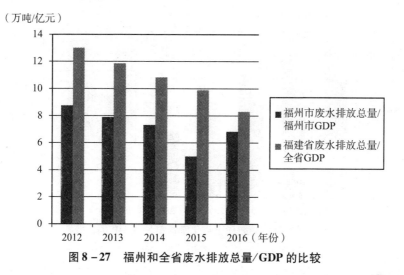

（万吨/亿元）

图例：
- 福州市废水排放总量/福州市GDP
- 福建省废水排放总量/全省GDP

图 8 – 27　福州和全省废水排放总量/GDP 的比较

②化学需氧量排放量。从表 8 – 37 中可以看出，福州的化学需氧量排放量占全省化学需氧量排放量的比重保持在 18% 左右，但值得注意的是，该指标有上升的趋势，从 2012 年的 16.18% 上升到了 2016 年的 21.98%。从图 8 – 28 中可以看出，福州市化学需氧量排放量/福州市 GDP 在 2012～2016 年持续处于下降趋势，到 2016 年与全省平均水平持平，反映了福州在经济发展的同时，化学需氧量排放量得到了控制。根据评分标准，该指标得分为 2 分。

表 8 – 37　　　　　　　福州和全省化学需氧量排放量的比较

年份	化学需氧量排放量（吨）	全省化学需氧量排放量（吨）	占全省比重（%）	福州市 GDP（亿元）	福州市化学需氧量排放量/福州市 GDP（吨/亿元）	全省 GDP（亿元）	福建省化学需氧量排放量/全省 GDP（吨/亿元）
2012	106784	660044	16.18	4211	25.36	19701.78	33.50
2013	106836	638996	16.72	4685	22.80	21868.49	29.22
2014	104578	629822	16.60	5169	20.23	24055.76	26.18
2015	102695	609439	16.85	5618	18.28	25979.82	23.46
2016	86081	391645	21.98	6198	13.89	28519.15	13.73

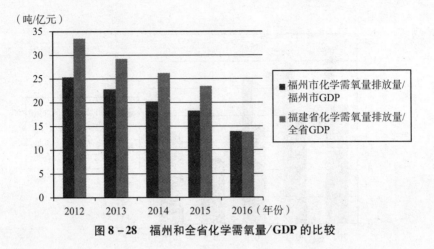

图 8 - 28　福州和全省化学需氧量/GDP 的比较

③氨氮排放量。从表 8 - 38 中可以看出，福州的氨氮排放量在 2012 ~ 2016 年占全省氨氮排放量的比重保持在 17.5% 左右，相对稳定。从图 8 - 29 中可以看出，福州市氨氮排放量/福州市 GDP 在 2012 ~ 2016 年持续低于全省平均水平，并且处于下降趋势，反映了福州在经济发展的同时，氨氮排放量得到了有效的控制。根据评分标准，该指标得分为 2.5 分。

表 8 - 38　　　　　　　　福州和全省氨氮排放量的比较

年份	氨氮排放量（吨）	全省氨氮排放量（吨）	占全省比重（%）	福州市 GDP（亿元）	福州市氨氮排放量/福州市 GDP（吨/亿元）	全省 GDP（亿元）	福建省氨氮排放量/全省 GDP（吨/亿元）
2012	15851	93181	17.01	4211	3.76	19701.78	4.73
2013	15820	90929	17.40	4685	3.38	21868.49	4.16
2014	15541	89343	17.39	5169	3.01	24055.76	3.71
2015	14989	85133	17.61	5618	2.67	25979.82	3.28
2016	9652	53252	18.13	6198	1.56	28519.15	1.87

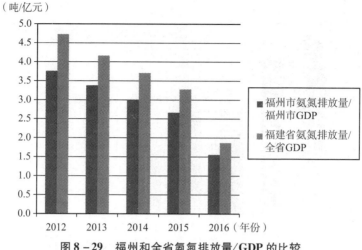

（吨/亿元）

图 8 - 29　福州和全省氨氮排放量/GDP 的比较

（3）废气污染。

①二氧化硫排放量。从表 8 - 39 中可以看出，福州二氧化硫排放量持续下降，占全省二氧化硫排放量的比重保持在 20% 左右，相对稳定。从图 8 - 30 中可以看出，福州市二氧化硫排放量/福州市 GDP 始终在 2012 ~ 2016 年低于或持平于全省平均水平，并且持续处于下降趋势，反映了福州在经济发展的同时，二氧化硫排放量得到了有效的控制。根据评分标准，该指标得分为 2.5 分。

表 8 - 39　　　　　　　　　福州和全省二氧化硫排放量的比较

年份	二氧化硫排放量（吨）	全省二氧化硫排放量（吨）	占全省比重（%）	福州市 GDP（亿元）	福州市二氧化硫排放量/福州市 GDP（吨/亿元）	全省 GDP（亿元）	福建省二氧化硫排放量/全省 GDP（吨/亿元）
2012	77536	371251	20.89	4211	18.41	19701.78	18.84
2013	77324	361003	21.42	4685	16.50	21868.49	16.51
2014	57665	355957	16.20	5169	11.16	24055.76	14.80
2015	57097	337882	16.90	5618	10.16	25979.82	13.01
2016	41525	189257	21.94	6198	6.7	28519.15	6.64

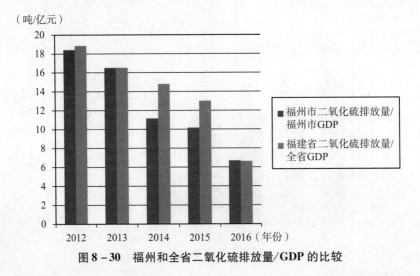

图 8 – 30　福州和全省二氧化硫排放量/GDP 的比较

②氮氧化物排放量。从表 8 – 40 中可以看出，福州的氮氧化物排放量在 2012 ~ 2016 年持续下降，占全省二氧化硫排放量的比重保持在 22% 左右，处于较高的位置，但该指标稳中有降。从图 8 – 31 中可以看出，福州市氮氧化物排放量/福州市 GDP 在 2012 ~ 2015 年高于全省平均水平，但持续处于下降趋势，特别是到 2016 年为 7.9，首次低于全省的平均水平 9.18，反映了福州在经济发展的同时，氮氧化物排放量得到了较好的控制。根据评分标准，该指标得分为 2 分。

表 8 – 40　　　　　　　　　　福州和全省氮氧化物排放量的比较

年份	氮氧化物排放量（吨）	全省氮氧化物排放量（吨）	占全省比重（%）	福州市 GDP（亿元）	福州市氮氧化物排放量/福州市 GDP（吨/亿元）	全省 GDP（亿元）	福建省氮氧化物排放量/全省 GDP（吨/亿元）
2012	107706	467210	23.05	4211	25.58	19701.78	23.71
2013	94124	438344	21.47	4685	20.09	21868.49	20.04
2014	94127	411662	22.87	5169	18.21	24055.76	17.11
2015	84560	379022	22.31	5618	15.05	25979.82	14.59
2016	48972	261835	18.70	6198	7.90	28519.15	9.18

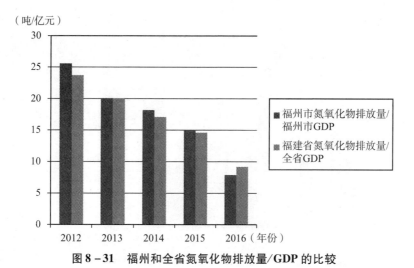

（吨/亿元）

图 8 - 31　福州和全省氮氧化物排放量/GDP 的比较

③烟（粉）尘排放量。从表 8 - 41 中可以看出，福州的烟（粉）尘排放量占全省烟（粉）尘排放量的比重维持在 24% 左右，处于较高的位置，而且从 2014 年开始，该指标还有了明显的上升，到 2016 年，甚至达到了全省烟（粉）尘排放量的 29.53%。从图 8 - 32 中可以看出，福州市烟（粉）尘排放量/福州市 GDP 在 2012～2015 年高于全省平均水平，但在 2016 年得到了有效的控制，达到了 11.33 吨/亿元，虽还高于全省的平均水平 8.34 吨/亿元，但相对以前年份已经有了很大的进步，反映了福州在经济发展的同时，氮氧化物排放量得到了重视，但仍需加强。根据评分标准，该指标得分为 1.5 分。

表 8 - 41　　　　　　　　　福州和全省烟（粉）尘排放量的比较

年份	烟（粉）尘排放量（吨）	全省烟（粉）尘排放量（吨）	占全省比重（%）	福州市 GDP（亿元）	福州市烟（粉）尘排放量/福州市 GDP（吨/亿元）	全省 GDP（亿元）	福建省烟（粉）尘排放量/全省 GDP（吨/亿元）
2012	40151	252635	15.89	4211	9.53	19701.78	12.82
2013	46013	259310	17.74	4685	9.82	21868.49	11.86
2014	108291	367903	29.43	5169	20.95	24055.76	15.29
2015	93781	341664	27.45	5618	16.69	25979.82	13.15
2016	70244	237868	29.53	6198	11.33	28519.15	8.34

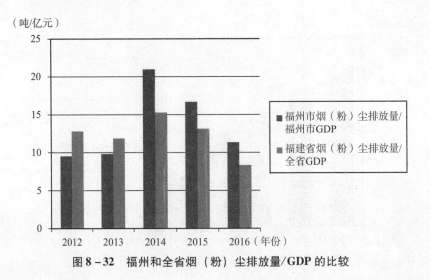

（吨/亿元）

图 8 – 32　福州和全省烟（粉）尘排放量/GDP 的比较

4. 泉州。

（1）工业固体废物。关于工业固体废物产生量和综合利用率。从表 8 – 42 中可以看出，2012 ~ 2016 年泉州的工业固体废物产生量持续下降，从 2012 年的 719. 43 万吨，下降至 2016 年的 620. 13 万吨，占全省工业固体废物产出量的比重相对平稳，维持在 12% 左右，但值得注意的是，从 2014 年开始有了小幅增加。泉州工业固体废物的利用率一直高于全省平均水平（见图 8 – 33），反映了泉州在工业固体废物的处理上处于全省领先地位。根据评分标准，该指标得分为 2. 5 分。

表 8 – 42　泉州固体废物产生和利用情况与全省平均水平的比较（2012 ~ 2016 年）

年份	泉州工业固体废物产生量（万吨）	全省工业固体产生量（万吨）	占全省产生量的比重（%）	泉州工业固体废物综合利用率（%）	全省废物综合利用率（%）	泉州工业固体废物产生量/泉州第二产业生产总值（万吨/亿元）	省工业固体废物产生量/省第二产业生产总值（万吨/亿元）
2012	719. 43	7719. 54	9. 32	95	89. 2	0. 249	0. 758
2013	805. 86	8536. 88	9. 44	96	86. 8	0. 25	0. 753
2014	759. 75	4834. 90	15. 71	97	88. 5	0. 214	0. 386
2015	811. 57	4956. 27	16. 37	98	76. 4	0. 221	0. 379
2016	620. 13	4449. 23	13. 94	95	69. 5	0. 16	0. 321

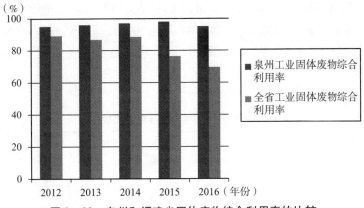

图 8－33　泉州和福建省固体废物综合利用率的比较

关于工业固体废物产生量/第二产业生产总值。泉州的工业固体废物产生量的持续减少并不是以牺牲工业产值为代价的，图 8－34 表明，泉州工业固体废物产生量/第二产业生产总值一直处于低位，不仅持续降低，而且一直低于全省平均水平，2016 年仅为全省平均水平的 50%，反映了泉州在经济发展和环境保护上取得了良好的平衡。根据评分标准，该项目指标得分为 3 分。

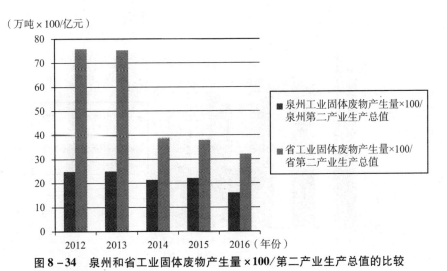

图 8－34　泉州和省工业固体废物产生量×100/第二产业生产总值的比较

（2）废水处理。

①废水排放总量。从表 8－43 中可以看出，泉州的废水排放总量占全省废水排放总量的比重保持在 21% 左右，处于较高的位置，且相对稳定。从图 8－35 中

可以看出，泉州市废水排放总量/泉州市 GDP 在 2012～2016 年始终低于全省平均水平，且持续下降，到 2016 年为 7.44 万吨/亿元，低于全省平均水平的 8.31 万吨/亿元，反映了泉州在经济发展的同时，废水排放总量得到了较好的控制。根据评分标准，该指标得分为 2.5 分。

表 8 -43　　　　　　　　　　泉州和全省废水排放总量的比较

年份	废水排放总量（万吨）	全省废水排放总量（万吨）	占全省比重（%）	泉州市GDP（亿元）	泉州市废水排放总量/泉州市 GDP（万吨/亿元）	全省 GDP（亿元）	福建省废水排放总量/全省 GDP（万吨/亿元）
2012	55097.79	256263	21.50	4703	11.72	19701.78	13.01
2013	55625.97	259098	21.47	5216	10.66	21868.49	11.85
2014	55908.86	260579	21.46	5733	9.752	24055.76	10.83
2015	56555.68	256868	22.02	6138	9.21	25979.82	9.89
2016	49474.19	237016	20.87	6647	7.44	28519.15	8.31

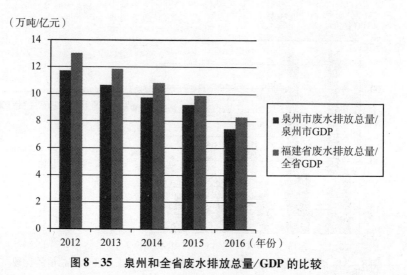

图 8 -35　泉州和全省废水排放总量/GDP 的比较

②化学需氧量排放量。从表 8 -44 中可以看出，泉州的化学需氧量排放量占全省化学需氧量排放量的比重保持在 20% 左右，处于较高的位置，且相对稳定，但 2016 年有小幅增加。从图 8 -36 中可以看出，泉州市化学需氧量排放量/泉州

市 GDP 在 2012～2016 年始终低于或持平于全省平均水平，反映了泉州在经济发展的同时，化学需氧量排放量得到了较好的控制。根据评分标准，该指标得分为 2.5 分。

表 8－44　　　　　　　泉州和全省化学需氧量排放量的比较

年份	化学需氧量排放量（吨）	全省化学需氧量排放量（吨）	占全省比重（％）	泉州市 GDP（亿元）	泉州市化学需氧量排放量/泉州市 GDP（吨/亿元）	全省 GDP（亿元）	福建省化学需氧量排放量/全省 GDP（吨/亿元）
2012	127133	660044	19.26	4703	27.03	19701.78	33.50
2013	123199	638996	19.28	5216	23.62	21868.49	29.22
2014	122519	629822	19.45	5733	21.37	24055.76	26.18
2015	118168	609439	19.39	6138	19.25	25979.82	23.46
2016	91274	391645	23.31	6647	13.73	28519.15	13.73

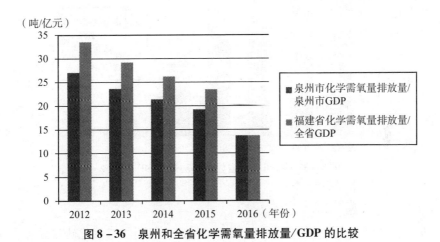

图 8－36　泉州和全省化学需氧量排放量/GDP 的比较

③氨氮排放量。从表 8－45 中可以看出，泉州的氨氮排放量占全省氨氮排放量的比重保持在 20％ 左右，处于较高的位置，且相对稳定，但在 2016 年有所上升，达到了 24.15％；从图 8－37 中可以看出，泉州市氨氮排放量/泉州市 GDP 在 2012～2016 年始终低于或接近持平于全省平均水平，反映了泉州在经济发展的同时，氨氮排放量得到了较好的控制。根据评分标准，该指标得分为 2.5 分。

表8-45 泉州和全省氨氮排放量的比较

年份	氨氮排放量（吨）	全省氨氮排放量（吨）	占全省比重（%）	泉州市 GDP（亿元）	泉州市氨氮排放量/泉州市 GDP（吨/亿元）	全省 GDP（亿元）	福建省氨氮排放量/全省 GDP（吨/亿元）
2012	16875	93181	18.11	4703	3.59	19701.78	4.73
2013	16536	90929	18.19	5216	3.17	21868.49	4.16
2014	16538	89343	18.51	5733	2.88	24055.76	3.71
2015	15764	85133	18.52	6138	2.57	25979.82	3.28
2016	12862	53252	24.15	6647	1.94	28519.15	1.87

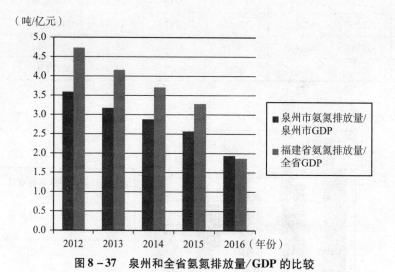

图8-37 泉州和全省氨氮排放量/GDP 的比较

（3）废气污染。

①二氧化硫排放量。从表8-46 中可以看出，泉州的二氧化硫排放量占全省二氧化硫排放量的比重保持在27%左右，相对处于高位。从图8-38 中可以看出，泉州市二氧化硫排放量/泉州市 GDP 在2012～2016 年始终高于全省平均水平，但处于持续下降通道中，特别是2016 年不足上年的50%，反映了泉州在经济发展的同时，二氧化硫排放量得到了相关部门的高度重视，但减排工作仍然需要加强。根据评分标准，该指标得分为1.5 分。

表 8 - 46　　　　　　　　　　泉州和全省二氧化硫排放量的比较

年份	二氧化硫排放量（吨）	全省二氧化硫排放量（吨）	占全省比重（%）	泉州市GDP（亿元）	泉州市二氧化硫排放量/泉州市GDP（吨/亿元）	全省GDP（亿元）	福建省二氧化硫排放量/全省GDP（吨/亿元）
2012	103768	371251	27.95	4703	22.06	19701.78	18.84
2013	93818	361003	25.99	5216	17.99	21868.49	16.51
2014	113899	355957	32.00	5733	19.87	24055.76	14.80
2015	98522	337882	29.16	6138	16.05	25979.82	13.01
2016	47292	189257	24.99	6647	7.11	28519.15	6.64

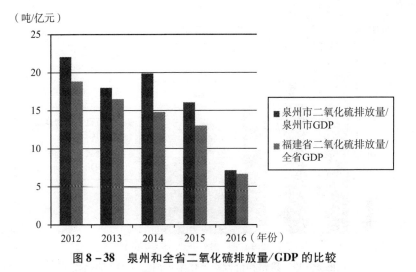

图 8 - 38　泉州和全省二氧化硫排放量/GDP 的比较

②氮氧化物排放量。从表 8 - 47 中可以看出，泉州的氮氧化物排放量占全省氮氧化物排放量的比重保持在 22% 左右，处于较高的位置且相对稳定，但在 2016 年有所上升，达到了 24.93%。从图 8 - 39 中可以看出，泉州市氮氧化物排放量/泉州市 GDP 在 2012 ~ 2016 年始终低于和持平于全省平均水平，但 2016 年略高于全省平均水平，反映了泉州在经济发展的同时，氨氮排放量得到了较好的控制。根据评分标准，该指标得分为 2.5 分。

表 8 - 47 泉州和全省氮氧化物排放量的比较

年份	氮氧化物排放量（吨）	全省氮氧化物排放量（吨）	占全省比重（%）	泉州市 GDP（亿元）	泉州市氮氧化物排放量/泉州市 GDP（吨/亿元）	全省 GDP（亿元）	福建省氮氧化物排放量/全省 GDP（吨/亿元）
2012	97853	467210	20.94	4703	20.81	19701.78	23.71
2013	88611	438344	20.21	5216	16.99	21868.49	20.04
2014	86436	411662	21.00	5733	15.08	24055.76	17.11
2015	85494	379022	22.56	6138	13.93	25979.82	14.59
2016	65283	261835	24.93	6647	9.82	28519.15	9.18

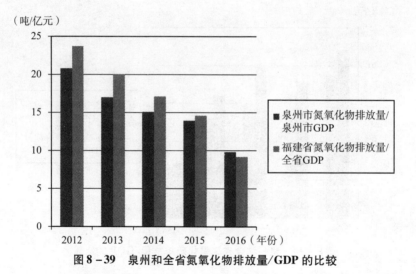

图 8 - 39 泉州和全省氮氧化物排放量/GDP 的比较

③烟（粉）尘排放量。从表 8 - 48 中可以看出，泉州的烟（粉）尘排放量占全省烟（粉）尘排放量的比重保持在 22% 左右，处于较高的位置，且相对稳定。从图 8 - 40 可以看出，泉州市烟（粉）尘排放量/泉州市 GDP 在 2012 ~ 2016 年始终与全省平均水平相当，但存在一定的波动，反映了泉州在经济发展的同时，烟（粉）尘排放量得到了一定的控制。根据评分标准，该指标得分为 2 分。

表 8 – 48　　　　　　　泉州和全省烟（粉）尘排放量的比较

年份	烟（粉）尘排放量（吨）	全省烟（粉）尘排放量（吨）	占全省比重（%）	泉州市 GDP（亿元）	泉州市烟（粉）尘排放量/泉州市 GDP（吨/亿元）	全省 GDP（亿元）	福建省烟（粉）尘排放量/全省 GDP（吨/亿元）
2012	55672	252635	22. 04	4703	11. 84	19701. 78	12. 82
2013	55880	259310	21. 55	5216	10. 71	21868. 49	11. 86
2014	71594	367903	19. 46	5733	12. 49	24055. 76	15. 29
2015	88127	341664	25. 79	6138	14. 36	25979. 82	13. 15
2016	58431	237868	24. 56	6647	8. 79	28519. 15	8. 34

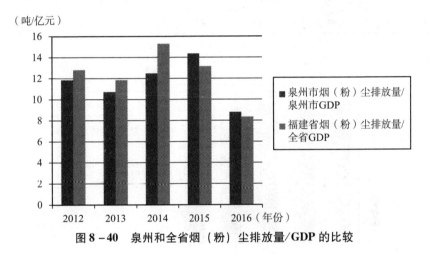

图 8 – 40　泉州和全省烟（粉）尘排放量/GDP 的比较

5. 宁德。

（1）工业固体废物。关于工业固体废物产生量和综合利用率。从表 8 – 49 中可以看出，2012～2016 年宁德的工业固体废物产生量占全省工业固体废物产生量的比重基本保持 10% 以下，但从 2014 年开始有了小幅增加；宁德工业固体废物的利用率一直高于全省平均水平（见图 8 – 41），反映了宁德在工业固体废物的处理上处于全省较好水平，但从 2015 年起利用率出现比较明显下降。根据评分标准，该指标得分为 2 分。

表 8-49 　　　　　　　宁德固体废物产生和利用情况与全省平均
水平的比较（2012～2016 年）

年份	宁德工业固体废物产生量（万吨）	全省工业固体产生量（万吨）	占全省产生量的比重（%）	宁德工业固体废物综合利用率（%）	全省废物综合利用率（%）	宁德工业固体废物产生量/宁德第二产业生产总值（万吨/亿元）	省工业固体废物产生量/省第二产业生产总值（万吨/亿元）
2012	219.64	7719.54	2.85	94.6	89.2	0.429	0.758
2013	242.13	8536.88	2.84	95.0	86.8	0.387	0.753
2014	289.98	4834.90	6.00	96.0	88.5	0.411	0.386
2015	503.72	4956.27	10.16	82.0	76.4	0.663	0.379
2016	393.63	4449.23	8.85	82.0	69.5	0.488	0.321

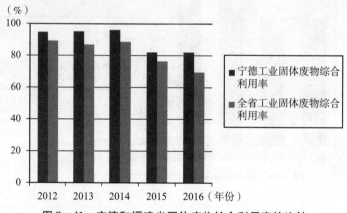

图 8-41　宁德和福建省固体废物综合利用率的比较

　　关于工业固体废物产生量/第二产业生产总值。宁德的工业固体废物产生量/
第二产业生产总值在 2012～2013 年一直远低于全省平均水平，但值得注意的是，
从 2015 年开始有了明显增加，2016 年开始回落（见图 8-42）。根据评分标准，
该项目指标得分为 2 分。

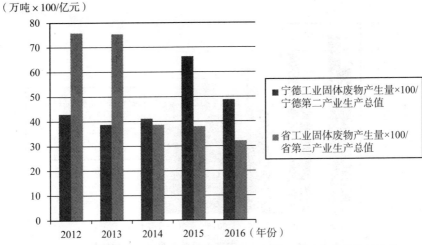

（万吨×100/亿元）

图 8 - 42　宁德和省工业固体废物产生量×100/第二产业生产总值的比较

（2）废水处理。

①废水排放总量。从表 8 - 50 中可以看出，宁德的废水排放总量占全省化学需氧量排放的比重始终低于 10%，反映了宁德在废水排放总量上处于全省领先水平。从图 8 - 43 中可以看出，宁德市废水排放总量/宁德市 GDP 显著低于全省平均水平，到 2016 年仅为 6.58，反映了宁德在废水排放总量得到有效降低的同时，经济的发展也得到了很好的保证。根据评分标准，该指标得分为 3 分。

表 8 - 50　　　　　　　　宁德和全省废水排放总量的比较

年份	废水排放总量（万吨）	全省废水排放总量（万吨）	占全省比重（%）	宁德市GDP（亿元）	宁德市废水排放总量/宁德市GDP（万吨/亿元）	全省GDP（亿元）	福建省废水排放总量/全省GDP（万吨/亿元）
2012	11504.72	256263.01	4.49	1078	10.67	19701.78	13.01
2013	10204.49	259097.86	3.94	1239	8.24	21868.49	11.85
2014	10476.90	260579.22	4.02	1378	7.60	24055.76	10.83
2015	10706.29	256868.17	4.17	1488	7.2	25979.82	9.89
2016	10673.40	237016.09	4.50	1623	6.58	28519.15	8.31

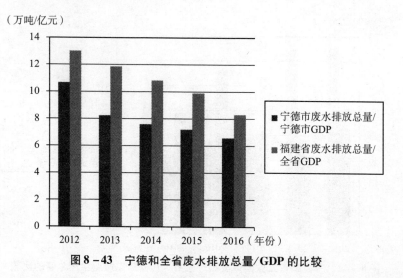

图 8 - 43   宁德和全省废水排放总量/GDP 的比较

②化学需氧量排放量。从表 8 - 51 中可以看出，宁德的化学需氧量排放量占全省化学需氧量排放量的比重始终低于 10%，反映了宁德在化学需氧量排放量上处于全省领先水平。从图 8 - 44 中可以看出，宁德市化学需氧量排放量/宁德市 GDP 持续高于全省平均水平，但持续处于下降通道中，反映了宁德在经济发展的同时，化学需氧排放量也得到了较好的控制，但仍需进一步的改进。根据评分标准，该指标得分为 2 分。

表 8 - 51   宁德和全省化学需氧量排放量的比较

年份	化学需氧量排放量（吨）	全省化学需氧量排放量（吨）	占全省比重（%）	宁德市 GDP（亿元）	宁德市化学需氧量排放量/宁德市 GDP（吨/亿元）	全省 GDP（亿元）	福建省化学需氧量排放量/全省 GDP（吨/亿元）
2012	44755	660044	6.78	1077.73	41.53	19701.78	33.50
2013	42969	638996	6.72	1238.72	34.69	21868.49	29.22
2014	42100	629822	6.68	1377.65	30.56	24055.76	26.18
2015	41585	609439	6.82	1487.65	27.95	25979.82	23.46
2016	27077	391645	6.91	1623.22	16.68	28519.15	13.73

（吨/亿元）

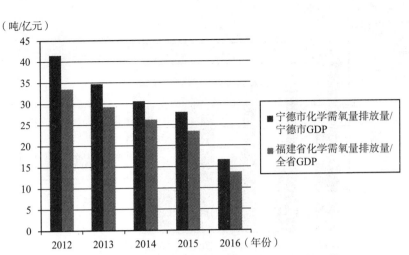

图 8 -44　宁德和全省化学需氧量排放量/GDP 的比较

③氨氮排放量。从表 8 -52 中可以看出，宁德的氨氮排放量占全省氨氮排放量的比重稳定低于 10%，反映了宁德在氨氮排放量上处于全省领先水平。从图 8 -45 中可以看出，宁德市氨氮排放量/宁德市 GDP 持续高于全省平均水平，但持续处于下降通道中，特别是 2016 年度下降明显，从 2015 年的 5.58 吨/亿元下降到 2016 年的 2.09 吨/亿元，反映了宁德在氨氮排放量得到有效降低的同时，经济的发展也得到了较好的保证，但仍需进一步的改进。根据评分标准，该指标得分为 2 分。

表 8 -52　　　　　　　宁德和全省氨氮排放量的比较

年份	氨氮排放量（吨）	全省氨氮排放量（吨）	占全省比重（%）	宁德市 GDP（亿元）	宁德市氨氮排放量/宁德市 GDP（吨/亿元）	全省 GDP（亿元）	福建省氨氮排放量/全省 GDP（吨/亿元）
2012	8762	93181	9.40	1077.73	8.13	19701.78	4.73
2013	8545	90929	9.40	1238.72	6.9	21868.49	4.16
2014	8424	89343	9.43	1377.65	6.11	24055.76	3.71
2015	8307	85133	9.76	1487.65	5.58	25979.82	3.28
2016	3388	53252	6.36	1623.22	2.09	28519.15	1.87

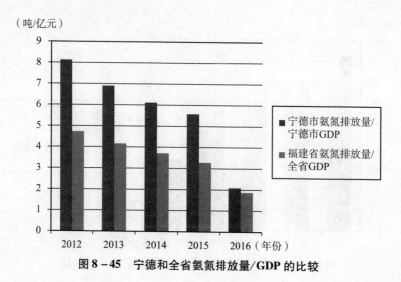

（吨/亿元）

图 8 – 45　宁德和全省氨氮排放量/GDP 的比较

（3）废气污染。

①二氧化硫排放量。从表 8 – 53 中可以看出，宁德的二氧化硫排放量占全省二氧化硫排放量的比重稳定低于 10%，反映了宁德在二氧化硫排放量上处于全省领先水平，但有上升的趋势。从图 8 – 46 中可以看出，宁德市二氧化硫排放量/宁德市 GDP 有一定的波动，但持续处于下降通道中，反映了宁德在二氧化硫排放量的减排得到重视的同时，经济的发展也得到了保证，但仍需进一步的改进。根据评分标准，该指标得分为 2 分。

表 8 – 53　　　　　　　　宁德和全省二氧化硫排放量的比较

年份	二氧化硫排放量（吨）	全省二氧化硫排放量（吨）	占全省比重（%）	宁德市 GDP（亿元）	宁德市二氧化硫排放量/宁德市 GDP（吨/亿元）	全省 GDP（亿元）	福建省二氧化硫排放量/全省 GDP（吨/亿元）
2012	18186	371251	4.90	1077.73	16.87	19701.78	18.84
2013	16138	361003	4.47	1238.72	13.03	21868.49	16.51
2014	17553	355957	4.93	1377.65	12.74	24055.76	14.80
2015	18791	337882	5.56	1487.65	12.63	25979.82	13.01
2016	17217	189257	9.10	1623.22	10.61	28519.15	6.64

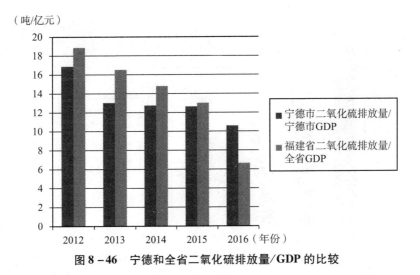

（吨/亿元）

图 8 – 46　宁德和全省二氧化硫排放量/GDP 的比较

②氮氧化物排放量。从表 8 – 54 中可以看出，宁德的氮氧化物排放量占全省氮氧化物排放量的比重显著低于 10%，反映了宁德在氮氧化物排放量上处于全省领先水平。从图 8 – 47 中可以看出，宁德市氮氧化物排放量/宁德市 GDP 有一定的波动，但持续处于下降通道中，到 2016 年与全省平均水平基本持平，反映了宁德在氮氧化物排放量得到有效降低的同时，经济的发展也得到了较好的保证。根据评分标准，该指标得分为 2.5 分。

表 8 – 54　　　　　　　　　宁德和全省氮氧化物排放量的比较

年份	氮氧化物排放量（吨）	全省氮氧化物排放量（吨）	占全省比重（%）	宁德市 GDP（亿元）	宁德市氮氧化物排放量/宁德市 GDP（吨/亿元）	全省 GDP（亿元）	福建省氮氧化物排放量/全省 GDP（吨/亿元）
2012	30416	467210	6.51	1077.73	28.22	19701.78	23.71
2013	20256	438344	4.62	1238.72	16.35	21868.49	20.04
2014	15100	411662	3.67	1377.65	10.96	24055.76	17.11
2015	20415	379022	5.39	1487.65	13.72	25979.82	14.59
2016	15210	261835	5.81	1623.22	9.37	28519.15	9.18

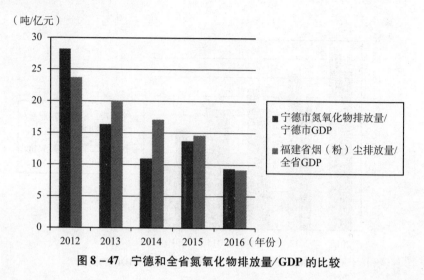

图8-47 宁德和全省氮氧化物排放量/GDP的比较

③烟（粉）尘排放量。从表8-55中可以看出，宁德的烟（粉）尘排放量占全省烟（粉）尘排放量的比重平均值显著低于10%，反映了宁德在烟（粉）尘排放量上处于全省领先水平，特别是2014年开始，烟（粉）尘排放量有了显著的下降。从图8-48中可以看出，宁德市烟（粉）尘排放量/宁德市GDP在2012~2016年一直处于下降通道中，特别是2014年显著低于全省平均水平，反映了宁德在烟（粉）尘排放量得到有效降低的同时，经济的发展也得到了较好的保证。根据评分标准，该指标得分为3分。

表8-55　　　　　　　宁德和全省烟（尘）尘排放量的比较

年份	烟（粉）尘排放量（吨）	全省烟（粉）尘排放量（吨）	占全省比重（%）	宁德市GDP（亿元）	宁德市烟（粉）尘排放量/宁德市GDP（吨/亿元）	全省GDP（亿元）	福建省烟（粉）尘排放量/全省GDP（吨/亿元）
2012	27249	252635	10.79	1077.73	25.28	19701.78	12.82
2013	26041	259310	10.04	1238.72	21.02	21868.49	11.86
2014	14485	367903	3.94	1377.65	10.51	24055.76	15.29
2015	9439	341664	2.76	1487.65	6.34	25979.82	13.15
2016	8716	237868	3.66	1623.22	5.37	28519.15	8.34

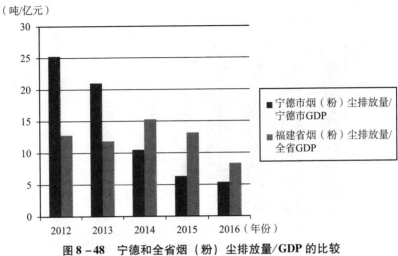

图 8-48 宁德和全省烟（粉）尘排放量/GDP 的比较

6. 漳州。

（1）工业固体废物。关于工业固体废物产生量和综合利用率。从表 8-56 中可以看出，2012~2016 年漳州的工业固体废物产生量一直相对平稳，低于 10%，但值得注意的是，从 2014 年开始有了小幅增加，漳州工业固体废物的利用率一直高于全省平均水平，且持续增加，反映了漳州在工业固体废物的处理上处于较好水平（见图 8-49）。根据评分标准，该指标得分为 3 分。

表 8-56 漳州固体废物产生和利用情况与全省平均水平的比较（2012~2016 年）

年份	漳州工业固体废物产生量（万吨）	全省工业固体产生量（万吨）	占全省产生量的比重（%）	漳州工业固体废物综合利用率（%）	全省废物综合利用率（%）	漳州工业固体废物产生量/漳州第二产业生产总值（万吨/亿元）	省工业固体废物产生量/省第二产业生产总值（万吨/亿元）
2012	182.83	7719.54	2.37	95.5	89.2	0.057	0.758
2013	208.36	8536.88	2.44	94.7	86.8	0.057	0.753
2014	302.16	4834.90	6.25	98.2	88.5	0.073	0.386
2015	269.48	4956.27	5.44	96.4	76.4	0.060	0.379
2016	260.74	4449.23	5.86	99.4	69.5	0.053	0.321

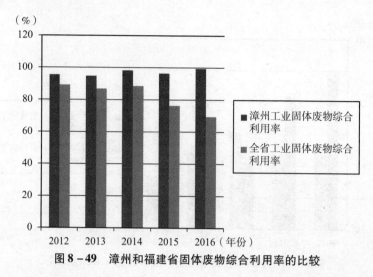

图 8 - 49　漳州和福建省固体废物综合利用率的比较

关于工业固体废物产生量/第二产业生产总值。漳州的工业固体废物产生量的持续减少并不是以牺牲工业产值为代价的，图 8 - 50 表明，漳州工业固体废物产生量/第二产业生产总值一直处于低位，不仅持续降低，而且一直远低于全省平均水平（见图 8 - 50），反映了漳州在经济发展和环境保护上取得了良好的平衡。根据评分标准，该项目指标得分为 3 分。

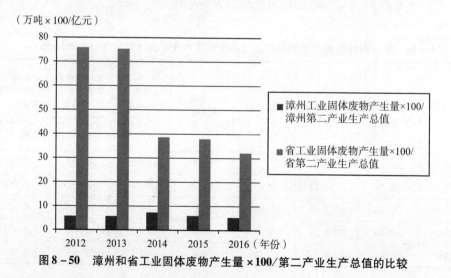

图 8 - 50　漳州和省工业固体废物产生量 × 100/第二产业生产总值的比较

（2）废水处理。

①废水排放总量。从表 8 - 57 中可以看出，漳州的废水排放总量占全省废水

排放总量的比重相对稳定，始终维持在15%左右，且持续处于下降通道中。从图 8 - 51 中可以看出，漳州市废水排放总量/漳州市 GDP 虽然一直高于全省的平均水平，但在 2012～2016 年一直处于下降通道中，反映了漳州在废水排放总量得到有效降低的同时，经济的发展也得到了保证，但仍需进一步的改进。根据评分标准，该指标得分为 2 分。

表 8 - 57　　　　　　　　　漳州和全省废水排放总量的比较

年份	废水排放总量（万吨）	全省废水排放总量（万吨）	占全省比重（%）	漳州市 GDP（亿元）	漳州市废水排放总量/漳州市 GDP（万吨/亿元）	全省 GDP（亿元）	福建省废水排放总量/全省 GDP（万吨/亿元）
2012	39830. 19	256263. 01	15. 54	2013	19. 79	19701. 78	13. 01
2013	42290. 43	259097. 86	16. 32	2246	18. 83	21868. 49	11. 85
2014	41130. 35	260579. 22	15. 78	2506	16. 41	24055. 76	10. 83
2015	38831. 63	256868. 17	15. 12	2767	14. 03	25979. 82	9. 89
2016	33698. 75	237016. 09	14. 22	3125	10. 78	28519. 15	8. 31

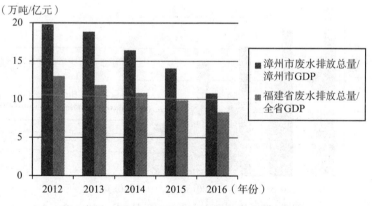

图 8 - 51　漳州和全省废水排放总量/GDP 的比较

②化学需氧量排放量。从表 8 - 58 中可以看出，漳州的化学需氧量排放量占全省化学需氧量排放量的比重相对稳定，始终维持在15%左右，特别在 2016 年出现了较大的下降。从图 8 - 52 中可以看出，漳州市化学需氧量排放量/漳州市 GDP 虽然一直显著高于全省的平均水平，但在 2012～2016 年一直处于下降通道

中，特别是 2016 年，出现明显的下降，仅不到 2015 年的 1/2，反映了漳州在经济快速发展的同时，化学需氧量的减排也得到了政府的高度重视，但仍需进一步的改进。根据评分标准，该指标得分为 2 分。

表 8 - 58　　　　　　　　漳州和全省化学需氧量的比较

年份	化学需氧量排放量（吨）	全省化学需氧量排放量（吨）	占全省比重（%）	漳州市 GDP（亿元）	漳州市化学需氧量排放量/漳州市GDP（吨/亿元）	全省 GDP（亿元）	福建省化学需氧量排放量/全省GDP（吨/亿元）
2012	107313	660044	16.26	2013	53.31	19701.78	33.50
2013	103649	638996	16.22	2246	46.15	21868.49	29.22
2014	101784	629822	16.16	2506	40.62	24055.76	26.18
2015	99423	609439	16.31	2767	35.93	25979.82	23.46
2016	51941	391645	13.26	3125	16.62	28519.15	13.73

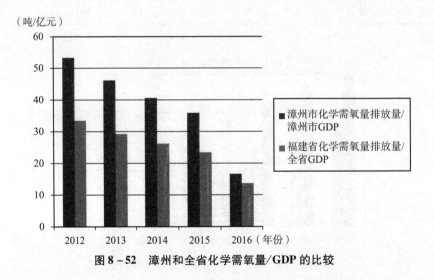

图 8 - 52　漳州和全省化学需氧量/GDP 的比较

③氨氮排放量。从表 8 - 59 中可以看出，漳州的氨氮排放量占全省氨氮排放量的比重相对稳定，始终维持在 14% 左右，特别是在 2016 年出现了较大的下降。从图 8 - 53 中可以看出，漳州市氨氮排放量/漳州市 GDP 虽然一直高于全省的平均水平，但在 2012 ~ 2016 年一直处于下降通道中，特别是 2016 年出现了明显下

降，仅不到 2015 年的 1/2，反映了漳州在氨氮排放量得到有效降低的同时，经济的发展也得到了政府的高度重视，但仍需进一步的改进。根据评分标准，该指标得分为 2 分。

表 8 - 59　　　　　　　　　　漳州和全省氨氮排放量的比较

年份	氨氮排放量（吨）	全省氨氮排放量（吨）	占全省比重（%）	漳州市 GDP（亿元）	漳州市氨氮排放量/漳州市 GDP（吨/亿元）	全省 GDP（亿元）	福建省氨氮排放量/省 GDP（吨/亿元）
2012	13977	93181	15.00	2013	6.94	19701.78	4.73
2013	13511	90929	14.86	2246	6.02	21868.49	4.16
2014	13326	89343	14.92	2506	5.32	24055.76	3.71
2015	12948	85133	15.21	2767	4.68	25979.82	3.28
2016	6917	53252	12.99	3125	2.21	28519.15	1.87

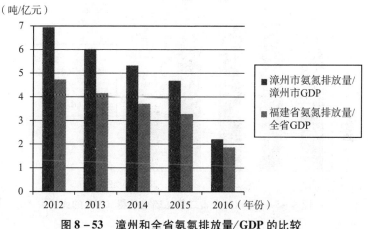

图 8 - 53　漳州和全省氨氮排放量/GDP 的比较

（3）废气污染。

①二氧化硫排放量。从表 8 - 60 中可以看出，漳州的二氧化硫排放量占全省二氧化硫排放量的比重相对稳定，始终维持在 10% 左右。从图 8 - 54 中可以看出，漳州市二氧化硫排放量/漳州市 GDP 基本处于全省的平均水平，但在 2013 ~ 2016 年一直处于下降通道中，特别是 2016 年出现了明显的下降，仅不到 2015 年的 1/2，反映了漳州在二氧化硫排放量得到有效降低的同时，经济也得到了较好

的发展。根据评分标准，该指标得分为 2.5 分。

表 8 – 60 漳州和全省二氧化硫排放量的比较

年份	二氧化硫排放量（吨）	全省二氧化硫排放量（吨）	占全省比重（%）	漳州市 GDP（亿元）	漳州市二氧化硫排放量/漳州市 GDP（吨/亿元）	全省 GDP（亿元）	福建省二氧化硫排放量/全省 GDP（吨/亿元）
2012	28408	371251	7.65	2013	14.11	19701.78	18.84
2013	36936	361003	10.23	2246	16.45	21868.49	16.51
2014	38445	355957	10.80	2506	15.34	24055.76	14.80
2015	36355	337882	10.76	2767	13.14	25979.82	13.01
2016	19687	189257	10.40	3125	6.3	28519.15	6.64

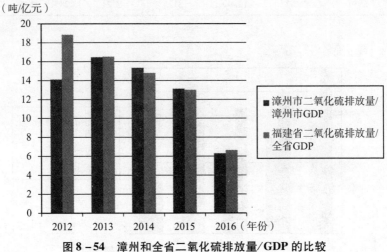

图 8 – 54 漳州和全省二氧化硫排放量/GDP 的比较

②氮氧化物排放量。从表 8 – 61 中可以看出，漳州的氮氧化物排放量占全省氮氧化物排放量的比重相对稳定，始终维持在 10% 左右，特别是在 2016 年有了比较明显的下降。从图 8 – 55 中可以看出，漳州市氮氧化物排放量/漳州市 GDP 波动比较明显，但在 2016 年出现了明显的下降，仅不到 2015 年的 1/2，反映了漳州在氮氧化物排放量得到有效降低的同时，经济也得到了很好的发展。根据评分标准，该指标得分为 2.5 分。

表 8 - 61　　　　　　　　　漳州和全省氮氧化物排放量的比较

年份	氮氧化物排放量（吨）	全省氮氧化物排放量（吨）	占全省比重（%）	漳州市GDP（亿元）	漳州市氮氧化物排放量/漳州市GDP（吨/亿元）	全省GDP（亿元）	福建省氮氧化物排放量/全省GDP（吨/亿元）
2012	47188	467210	10.10	2013	23.44	19701.78	23.71
2013	51987	438344	11.86	2246	23.15	21868.49	20.04
2014	64042	411662	15.56	2506	25.56	24055.76	17.11
2015	48434	379022	12.78	2767	17.5	25979.82	14.59
2016	24361	261835	9.30	3125	7.8	28519.15	9.18

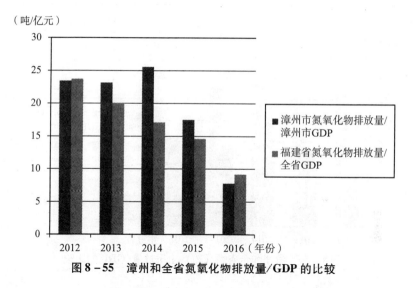

图 8 - 55　漳州和全省氮氧化物排放量/GDP 的比较

③烟（粉）尘排放量。从表 8 - 62 中可以看出，漳州的烟（粉）尘排放量占全省烟（粉）尘排放量的比重相对稳定，始终维持在 10% 以下，特别是 2016年有了比较明显的下降，仅为 4%。从图 8 - 56 中可以看出，漳州市烟（粉）尘排放量/漳州市 GDP 波动比较明显，但始终低于全省平均水平，特别在 2016 年出现明显的下降，仅不到 2015 年的 1/2，反映了漳州在经济发展的同时，烟（粉）尘排放量也得到了政府的高度重视，并取得了良好的效果。根据评分标准，该指标得分为 3 分。

表 8 - 62　　　　　　　　　　漳州和全省烟（粉）尘排放量的比较

年份	烟（粉）尘排放量（吨）	全省烟（粉）尘排放量（吨）	占全省比重（%）	漳州市 GDP（亿元）	漳州市烟（粉）尘排放量/漳州市 GDP（吨/亿元）	全省 GDP（亿元）	福建省烟（粉）尘排放量/全省 GDP（吨/亿元）
2012	11112	252635	4.40	2013	5.52	19701.78	12.82
2013	16415	259310	6.33	2246	7.31	21868.49	11.86
2014	26044	367903	7.08	2506	10.39	24055.76	15.29
2015	22003	341664	6.44	2767	7.95	25979.82	13.15
2016	9519	237868	4.00	3125	3.05	28519.15	8.34

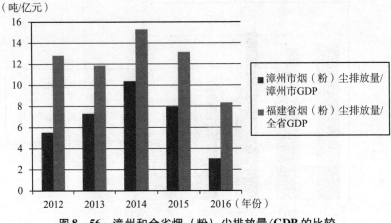

图 8 - 56　漳州和全省烟（粉）尘排放量/GDP 的比较

7. 南平。

（1）工业固体废物。关于工业固体废物产生量和综合利用率。从表 8 - 63 中可以看出，2012 ~ 2016 年南平的工业固体废物产生量一直处于下降的趋势，从 2012 年的 292.32 万吨下降到 2016 年的 120.99 万吨，其占全省工业固体废物产生量的比重也不断下降，特别是 2016 年的比重仅为 2015 年的 1/2；南平工业固体废物的利用率不是很平稳，特别是 2014 年和 2015 年有了明显下降（但 2016 年远高于全省平均水平），反映了南平在工业固体废物的处理上处于较好水平（见图 8 - 57）。根据评分标准，该指标得分为 2.5 分。

表 8 – 63　　　南平固体废物产生和利用情况与全省平均水平的比较（2012 ~ 2016 年）

年份	南平工业固体废物产生量（万吨）	全省工业固体废物产生量（万吨）	占全省产生量的比重（%）	南平工业固体废物综合利用率（%）	全省工业固体废物综合利用率（%）	南平工业固体废物产生量/南平第二产业生产总值（万吨/亿元）	省工业固体废物产生量/省第二产业生产总值（万吨/亿元）
2012	292.32	7719.54	3.79	88.7	89.2	0.232	0.758
2013	278.72	8536.88	3.26	80.6	86.8	0.192	0.753
2014	259.00	4834.90	5.36	59.0	88.5	0.160	0.386
2015	271.28	4956.27	5.47	50.0	76.4	0.155	0.379
2016	120.99	4449.23	2.72	94.3	69.5	0.065	0.321

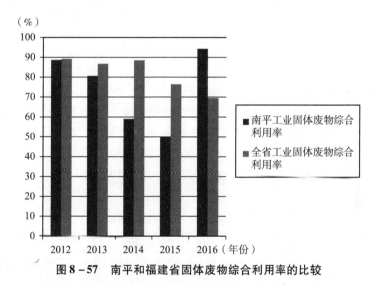

图 8 – 57　南平和福建省固体废物综合利用率的比较

　　关于工业固体废物产生量/第二产业生产总值。南平的工业固体废物产生量的持续减少并不是以牺牲工业产值为代价的，图 8 – 58 表明，南平工业固体废物产生量/第二产业生产总值一直处于低位，不仅持续降低，而且一直远低于全省平均水平，反映了南平在经济发展和环境保护上取得了良好的平衡。根据评分标准，该项目指标得分为 3 分。

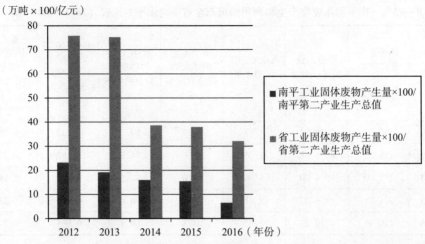

（万吨×100/亿元）

图8-58　南平和省工业固体废物产生量×100/第二产业生产总值的比较

（2）废水处理。

①废水排放总量。从表8-64中可以看出，南平的废水排放总量占全省废水排放总量的比重稳中有降，始终维持在10%以下。从图8-59中可以看出，南平市废水排放总量/南平市GDP持续处于下降通道中，但始终略高于全省平均水平，值得注意的是，在2016年出现了比较明显的下降，反映了南平市在废水排放总量得到有效降低的同时，经济的发展也得到了政府的高度重视，但仍需进一步的改进。根据评分标准，该指标得分为2.5分。

表8-64　　　　　　　　　　南平和全省废水排放总量的比较

年份	废水排放总量（万吨）	全省废水排放总量（万吨）	占全省比重（%）	南平市GDP（亿元）	南平市废水排放总量/南平市GDP（万吨/亿元）	全省GDP（亿元）	福建省废水排放总量/全省GDP（万吨/亿元）
2012	15537.08	256263.01	6.06	995	15.62	19701.78	13.01
2013	15117.57	259097.86	5.83	1115	13.56	21868.49	11.85
2014	15559.20	260579.22	5.97	1232	12.63	24055.76	10.83
2015	14718.22	256868.17	5.73	1339	10.99	25979.82	9.89
2016	12539.65	237016.09	5.29	1458	8.6	28519.15	8.31

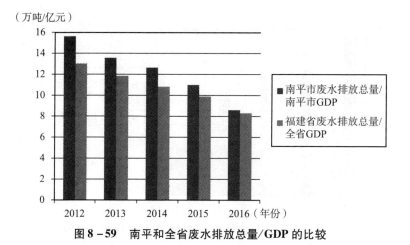

图 8 - 59　南平和全省废水排放总量/GDP 的比较

②化学需氧量排放量。从表 8 - 65 中可以看出，南平的化学需氧量排放量占全省化学需氧量排放量的比重持续处于下降通道中，基本维持在 10% 以下。从图 8 - 60 中可以看出，南平市化学需氧量排放量/南平市 GDP 在 2012～2016 年始终显著高于全省平均水平，但一直处于下降通道中，特别是在 2016 年出现了比较明显的下降，仅不到 2015 年的 1/2，反映了南平在经济发展的同时，化学需氧量的减排也得到了政府的高度重视，但仍需进一步的改进。根据评分标准，该指标得分为 2 分。

表 8 - 65　　　　　　　　南平和全省化学需氧量排放量的比较

年份	化学需氧量排放量（吨）	全省化学需氧量排放量（吨）	占全省比重（%）	南平市 GDP（亿元）	南平市化学需氧量排放量/南平市 GDP（吨/亿元）	全省 GDP（亿元）	福建省化学需氧量排放量/全省 GDP（吨/亿元）
2012	66498	660044	10.07	995	66.83	19701.78	33.50
2013	63794	638996	9.98	1115	57.21	21868.49	29.22
2014	62230	629822	9.88	1232	50.51	24055.76	26.18
2015	59227	609439	9.72	1339	44.23	25979.82	23.46
2016	29392	391645	7.50	1458	20.16	28519.15	13.73

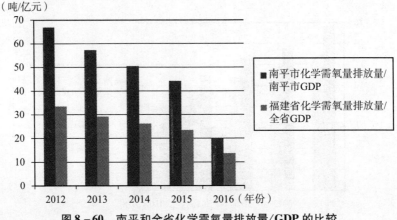

（吨/亿元）

图 8 - 60　南平和全省化学需氧量排放量/GDP 的比较

③氨氮排放量。从表 8 - 66 中可以看出，南平的氨氮排放量占全省氨氮排放量的比重持续处于下降通道中，维持在 10% 以下。从图 8 - 61 中可以看出，南平市氨氮排放量/南平市 GDP 在 2012 ~ 2016 年始终高于全省平均水平，但一直处于下降通道中，特别是在 2016 年出现了比较明显的下降，仅不到 2015 年的 1/2，反映了南平市在经济发展的同时，氨氮排放量的减排工作也得到了政府的高度重视，但仍需改进。根据评分标准，该指标得分为 2 分。

表 8 - 66　　　　　　　　　　南平和全省氨氮排放量的比较

年份	氨氮排放量（吨）	全省氨氮排放量（吨）	占全省比重（%）	南平市 GDP（亿元）	南平市氨氮排放量/南平市 GDP（吨/亿元）	全省 GDP（亿元）	福建省氨氮排放量/全省 GDP（吨/亿元）
2012	7563	93181	8.12	995	7.60	19701.78	4.73
2013	7272	90929	8	1115	6.52	21868.49	4.16
2014	7126	89343	7.98	1232	5.78	24055.76	3.71
2015	6726	85133	7.90	1339	5.02	25979.82	3.28
2016	3654	53252	6.86	1458	2.51	28519.15	1.87

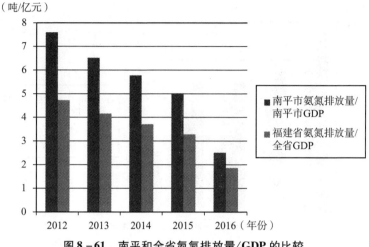

（吨/亿元）

图 8 - 61　南平和全省氨氮排放量/GDP 的比较

（3）废气污染。

①二氧化硫排放量。从表 8 - 67 中可以看出，南平的二氧化硫排放量占全省二氧化硫排放量的比重始终维持在 10% 以下。从图 8 - 62 中可以看出，南平市二氧化硫排放量/南平市 GDP 在 2012 ～ 2016 年始终高于全省平均水平，但一直处于下降通道中，特别是在 2016 年出现了比较明显的下降，仅不到 2015 年的 1/2，反映了南平在二氧化硫排放量得到有效降低的同时，经济的发展也得到了政府的高度重视，但仍需进一步的改进。根据评分标准，该指标得分为 2 分。

表 8 - 67　　　　　　　　南平和全省二氧化硫排放量的比较

年份	二氧化硫排放量（吨）	全省二氧化硫排放量（吨）	占全省比重（%）	南平市 GDP（亿元）	南平市二氧化硫排放量/南平市 GDP（吨/亿元）	全省 GDP（亿元）	福建省二氧化硫排放量/全省 GDP（吨/亿元）
2012	23552	371251	6.34	995	23.67	19701.78	18.84
2013	21856	361003	6.05	1115	19.60	21868.49	16.51
2014	21067	355957	5.92	1232	17.1	24055.76	14.8
2015	23005	337882	6.81	1339	17.18	25979.82	13.01
2016	11680	189257	6.17	1458	8.01	28519.15	6.64

（吨/亿元）

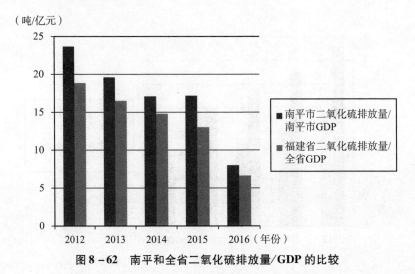

图 8 -62　南平和全省二氧化硫排放量/GDP 的比较

②氮氧化物排放量。从表 8 -68 可以看出，南平的氮氧化物排放量占全省氮氧化物排放量的比重持续处于下降通道中，维持在 10% 以下。从图 8 -63 中可以看出，南平市氮氧化物排放量/南平市 GDP 在 2012 ~2016 年始终低于全省平均水平，且一直处于下降通道中，反映了南平二氧化硫排放量的控制与经济的发展取得了良好的平衡。根据评分标准，该指标得分为 3 分。

表 8 -68　　　　　　南平和全省氮氧化物排放量的比较

年份	氮氧化物排放量（吨）	全省氮氧化物排放量（吨）	占全省比重（%）	南平市 GDP（亿元）	南平市氮氧化物排放量/南平市 GDP（吨/亿元）	全省 GDP（亿元）	福建省氮氧化物排放量/全省 GDP（吨/亿元）
2012	17603	467210	3.77	995	17.69	19701.78	23.71
2013	16522	438344	3.77	1115	14.82	21868.49	20.04
2014	15234	411662	3.70	1232	12.37	24055.76	17.11
2015	14275	379022	3.77	1339	10.66	25979.82	14.59
2016	12516	261835	4.78	1458	8.58	28519.15	9.18

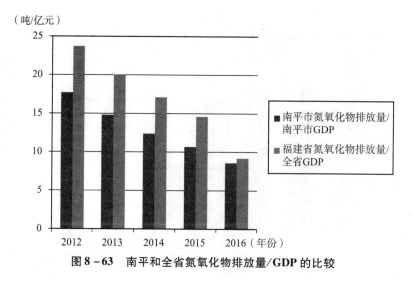

（吨/亿元）

图 8 - 63　南平和全省氮氧化物排放量/GDP 的比较

③烟（粉）尘排放量。从表 8 - 69 中可以看出，南平的烟（粉）尘排放量占全省烟（粉）尘排放量的比重持续处于下降通道中，始终维持在 10% 以下，到 2016 年，仅占全省烟（粉）尘排放量的 4.09%。从图 8 - 64 中可以看出，南平市烟（粉）尘排放量/南平市 GDP 在 2012～2016 年基本持平于全省平均水平，特别是 2016 年出现了比较大的下降，低于全省的平均水平，反映了南平市在经济发展的同时，二氧化硫的减排得到了政府的高度重视，并取得了较好的效果。根据评分标准，该指标得分为 2.5 分。

表 8 - 69　　　　　　　南平和全省烟（粉）尘排放量的比较

年份	烟（粉）尘排放量（吨）	全省烟（粉）尘排放量（吨）	占全省比重（%）	南平市 GDP（亿元）	南平市烟（粉）尘排放量/南平市 GDP（吨/亿元）	全省 GDP（亿元）	福建省烟（粉）尘排放量/全省 GDP（吨/亿元）
2012	18503	252635	7.32	995	18.6	19701.78	12.82
2013	17533	259310	6.76	1115	15.72	21868.49	11.86
2014	17252	367903	4.69	1232	14	24055.76	15.29
2015	18977	341664	5.55	1339	14.17	25979.82	13.15
2016	9717	237868	4.09	1458	6.66	28519.15	8.34

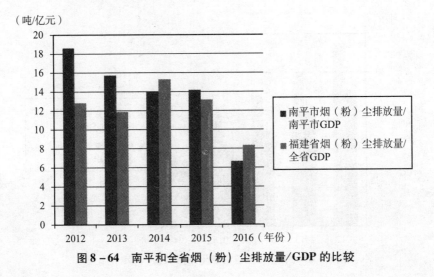

图 8－64 南平和全省烟（粉）尘排放量/GDP 的比较

8. 莆田。

（1）工业固体废物。关于工业固体废物产生量和综合利用率。从表 8－70 中可以看出，2012～2016 年莆田的工业固体废物产生量一直处于低位，虽然从 2012 年一直小幅增加，但到 2016 年也仅占全省工业固体废物产生量的 1.66%。莆田工业固体废物的利用率一直高于全省平均水平，但值得注意的是，从 2014 年开始，利用率呈现下降趋势（见图 8－65）。根据评分标准，该指标得分为 2.5 分。

表 8－70　莆田固体废物产生和利用情况与全省平均水平的比较（2012～2016 年）

年份	莆田工业固体废物产生量（万吨）	全省工业固体产生量（万吨）	占全省产生量的比重（%）	莆田工业固体废物综合利用率（%）	全省废物综合利用率（%）	莆田工业固体废物产生量/莆田第二产业生产总值（万吨/亿元）	省工业固体废物产生量/省第二产业生产总值（万吨/亿元）
2012	54.88	7719.54	0.71	92.8	89.2	0.08	0.758
2013	76.39	8536.88	0.90	99.9	86.8	0.098	0.753
2014	72.95	4834.90	1.51	92.6	88.5	0.084	0.386
2015	68.08	4956.27	1.37	87.7	76.4	0.072	0.379
2016	73.72	4449.23	1.66	81.6	69.5	0.072	0.321

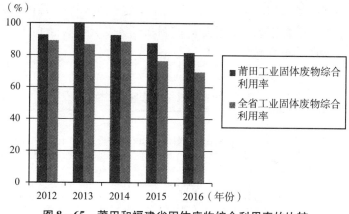

图 8 – 65　莆田和福建省固体废物综合利用率的比较

关于工业固体废物产生量/第二产业生产总值。莆田的固体废物产生量的持续减少并不是以牺牲工业产值为代价的，图 8 – 66 表明，莆田工业固体废物产生量/第二产业生产总值一直显著低于全省平均水平，反映了莆田市在经济发展和环境保护上取得了良好的平衡。根据评分标准，该项目指标得分为 3 分。

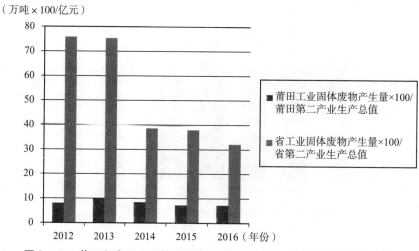

图 8 – 66　莆田和省工业固体废物产生量 ×100/第二产业生产总值的比较

（2）废水处理。

①废水排放总量。从表 8 – 71 中可以看出，莆田的废水排放总量占全省废水排放总量的比重始终维持在 10% 以下。从图 8 – 67 中可以看出，莆田市废水排放

总量/莆田市 GDP 在 2012～2016 年始终低于全省平均水平，且一直处于下降通道中，反映了莆田市在废水排放总量的控制和经济发展上取得了良好的平衡。根据评分标准，该指标得分为 3 分。

表 8-71   莆田和全省废水排放总量的比较

年份	废水排放总量（万吨）	全省废水排放总量（万吨）	占全省比重（%）	莆田市 GDP（亿元）	莆田市废水排放总量/莆田市 GDP（万吨/亿元）	全省 GDP（亿元）	福建省废水排放总量/全省 GDP（万吨/亿元）
2012	11647.86	256263.01	4.55	1200	9.71	19701.78	13.01
2013	11603.18	259097.86	4.48	1345	8.62	21868.49	11.85
2014	12766.58	260579.22	4.90	1502	8.5	24055.76	10.83
2015	13083.95	256868.17	5.09	1655	7.91	25979.82	9.89
2016	13304.37	237016.09	5.61	1823	7.3	28519.15	8.31

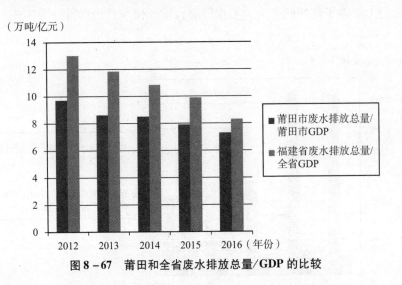

图 8-67   莆田和全省废水排放总量/GDP 的比较

②化学需氧量排放量。从表 8-72 中可以看出，莆田的化学需氧量排放量占全省化学需氧量排放量的比重一直维持在 10% 以下，但值得注意的是，2012～2016 年一直处于小幅上升阶段。从图 8-68 中可以看出，莆田市化学需氧量排放量/莆田市 GDP 在 2012～2016 年始终高于全省平均水平，但一直处于下降通道中，特别是 2016 年出现了比较明显的下降，反映了莆田在化学需氧量排放量得

到有效降低的同时，经济的发展也得到了政府的高度重视，但仍需进一步的改进。根据评分标准，该指标得分为 2 分。

表 8 – 72　　　　　　　　　　莆田和全省化学需氧量的比较

年份	化学需氧量排放量（吨）	全省化学需氧量排放量（吨）	占全省比重（%）	莆田市 GDP（亿元）	莆田市化学需氧量排放量/莆田市 GDP（吨/亿元）	全省 GDP（亿元）	福建省化学需氧量排放量/全省 GDP（吨/亿元）
2012	41631	660044	6.31	1200	34.7	19701.78	33.50
2013	40617	638996	6.36	1345	30.2	21868.49	29.22
2014	41313	629822	6.00	1502	27.51	24055.76	26.18
2015	39914	609439	6.55	1655	24.12	25979.82	23.46
2016	29735	391645	7.59	1823	16.31	28519.15	13.73

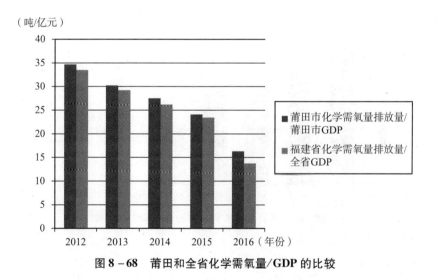

图 8 – 68　莆田和全省化学需氧量/GDP 的比较

③氨氮排放量。从表 8 – 73 中可以看出，莆田的氨氮排放量占全省氨氮排放量的比重一直维持在 10% 以下，但值得注意的是，2012 ~ 2016 年一直处于小幅上升阶段。从图 8 – 69 中可以看出，莆田市氨氮排放量/莆田市 GDP 在 2012 ~ 2016 年始终略高于全省平均水平，但一直处于下降通道中，特别是 2016 年出现了比较明显的下降，反映了莆田在氨氮排放量的排放得到有效控制的同时，经济

的发展也得到了政府的高度重视，但仍需改进。根据评分标准，该指标得分为2分。

表8-73 莆田和全省氨氮排放量的比较

年份	氨氮排放量（吨）	全省氨氮排放量（吨）	占全省比重（%）	莆田市GDP（亿元）	莆田市氨氮排放量/莆田市GDP（吨/亿元）	全省GDP（亿元）	福建省氨氮排放量/全省GDP（吨/亿元）
2012	5917	93181	6.35	1200	4.93	19701.78	4.73
2013	5856	90929	6.44	1345	4.35	21868.49	4.16
2014	5961	89343	6.67	1502	3.97	24055.76	3.71
2015	5677	85133	6.67	1655	3.43	25979.82	3.28
2016	4134	53252	7.76	1823	2.27	28519.15	1.87

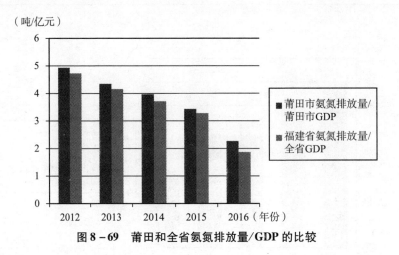

图8-69 莆田和全省氨氮排放量/GDP的比较

（3）废气污染。

①二氧化硫排放量。从表8-74中可以看出，莆田的二氧化硫排放量占全省二氧化硫排放量的比重持续维持在10%以下。从图8-70中可以看出，莆田市二氧化硫排放量/莆田市GDP在2012～2016年始终低于全省平均水平，且处于下降通道中，特别是2016年出现比较明显的下降，反映了莆田在二氧化硫排放量的减排和经济的发展上取得了良好的平衡。根据评分标准，该指标得分为3分。

表 8－74　　　　　　　　　　莆田和全省二氧化硫排放量的比较

年份	二氧化硫排放量（吨）	全省二氧化硫排放量（吨）	占全省比重（%）	莆田市GDP（亿元）	莆田市二氧化硫排放量/莆田市GDP（吨/亿元）	全省GDP（亿元）	福建省二氧化硫排放量/全省GDP（吨/亿元）
2012	15121	371251	4.07	1200	12.60	19701.78	18.84
2013	12628	361003	3.50	1345	9.39	21868.49	16.51
2014	10482	355957	2.94	1502	6.98	24055.76	14.8
2015	12785	337882	3.78	1655	7.73	25979.82	13.01
2016	8560	189257	4.52	1823	4.7	28519.15	6.64

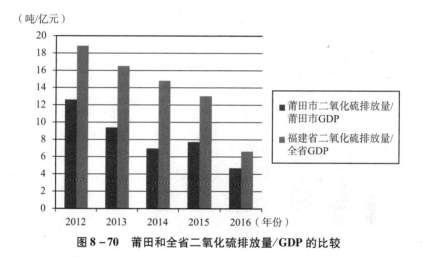

图 8－70　莆田和全省二氧化硫排放量/GDP 的比较

②氮氧化物排放量。从表 8－75 中可以看出，莆田的氮氧化物排放量占全省氮氧化物排放量的比重一直处于下降的通道中，且持续维持在 10% 以下。从图 8－71 中可以看出，莆田市氮氧化物排放量/莆田市 GDP 在 2012～2016 年始终低于或持平于全省平均水平，且一直处于下降通道中，特别是 2014 年出现比较明显的下降，到 2016 年，仅为 6.63 吨/亿元，远低于全省的平均水平 9.18 吨/亿元，反映了莆田在氮氧化物排放量的减排和经济的发展上取得了良好的平衡。根据评分标准，该指标得分为 3 分。

表 8 - 75   莆田和全省氮氧化物排放量的比较

年份	氮氧化物排放量（吨）	全省氮氧化物排放量（吨）	占全省比重（%）	莆田市 GDP（亿元）	莆田市氮氧化物排放量/莆田市 GDP（吨/亿元）	全省 GDP（亿元）	福建省氮氧化物排放量/全省 GDP（吨/亿元）
2012	29945	467210	6.41	1200	24.95	19701.78	23.71
2013	30254	438344	6.90	1345	22.49	21868.49	20.04
2014	19173	411662	4.66	1502	12.76	24055.76	17.11
2015	16465	379022	4.34	1655	9.95	25979.82	14.59
2016	12084	261835	4.62	1823	6.63	28519.15	9.18

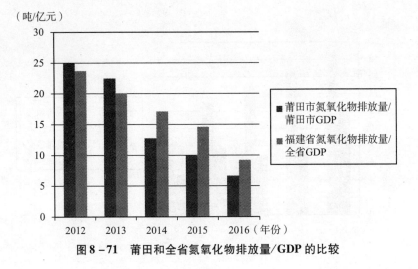

图 8 - 71 莆田和全省氮氧化物排放量/GDP 的比较

③烟（粉）尘排放量。从表 8 - 76 中可以看出，莆田的烟（粉）尘排放量占全省烟（粉）尘排放量的比重一直比较稳定，且持续维持在 10% 以下，平均仅为 2% 左右。从图 8 - 72 中可以看出，莆田市烟（粉）尘排放量/莆田市 GDP 在 2012 ~ 2016 年始终显著低于全省平均水平，且一直处于下降通道中，特别是 2016 年出现比较明显的下降，到 2016 年仅为 2.93 吨/亿元，远低于全省的平均水平 8.34 吨/亿元，反映了莆田在烟（粉）尘排放量的减排和经济的发展上取得了很好的平衡。根据评分标准，该指标得分为 3 分。

表 8 - 76　　　　　　　莆田和全省烟（粉）尘排放量的比较

年份	烟（粉）尘排放量（吨）	全省烟（粉）尘排放量（吨）	占全省比重（%）	莆田市 GDP（亿元）	莆田市烟（粉）尘排放量/莆田市 GDP（吨/亿元）	全省 GDP（亿元）	福建省烟（粉）尘排放量/全省 GDP（吨/亿元）
2012	5925	252635	2.35	1200	4.94	19701.78	11.86
2013	5771	259310	2.23	1345	4.29	21868.49	15.29
2014	6715	367903	1.83	1502	4.47	24055.76	13.15
2015	6704	341664	1.96	1655	4.05	25979.82	8.34
2016	5348	237868	2.25	1823	2.93	28519.15	8.34

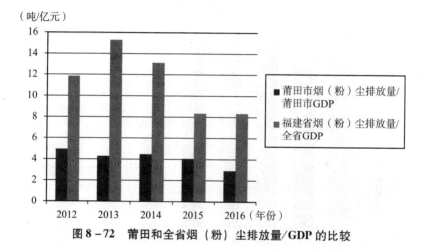

图 8 - 72　莆田和全省烟（粉）尘排放量/GDP 的比较

9. 三明。

（1）工业固体废物。关于工业固体废物产生量和综合利用率。从表 8 - 77 中可以看出，2012～2016 年三明的工业固体废物产生量一直相对平稳，但值得注意的是，从 2014 年开始占全省工业固体产量的比重有了小幅增加。三明的工业固体废物的利用率一直维持在较高水平，到 2016 年高于全省 20% 以上，反映了三明在工业固体废物的处理上处于全省较好的水平（见图 8 - 73）。根据评分标准，该指标得分为 2.5 分。

表 8 – 77   三明固体废物产生和利用情况与全省平均水平的比较（2012～2016 年）

年份	三明工业固体废物产生量（万吨）	全省工业固体产生量（万吨）	占全省产生量的比重（%）	三明工业固体废物综合利用率（%）	全省废物综合利用率（%）	三明工业固体废物产生量/三明第二产业生产总值（万吨/亿元）	省工业固体废物产生量/省第二产业生产总值（万吨/亿元）
2012	830.98	7719.54	10.770	81.2	89.2	1.226	0.758
2013	850.36	8536.88	9.960	85.0	86.8	1.089	0.753
2014	843.10	4834.90	17.438	90.2	88.5	0.991	0.386
2015	957.84	4956.27	19.330	92.5	76.4	1.095	0.379
2016	808.78	4449.23	18.180	90.0	69.5	0.868	0.321

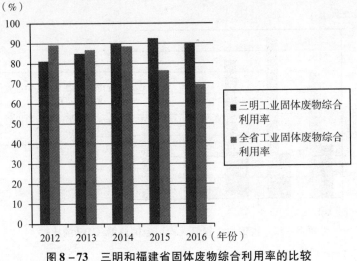

图 8 – 73 三明和福建省固体废物综合利用率的比较

　　关于工业固体废物产生量/第二产业生产总值。图 8 – 74 表明，三明工业固体废物产生量/第二产业生产总值一直远高于全省平均水平，且下降趋势不是很明显，到 2016 年，大约是全省平均水平的 3 倍，应予以重视。根据评分标准，该项目指标得分为 1 分。

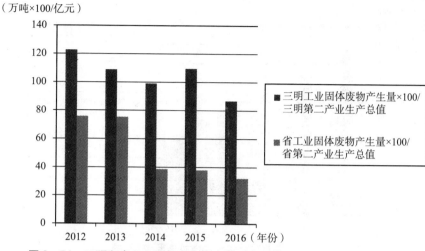

（万吨×100/亿元）

图8－74　三明和省工业固体废物产生量×100/第二产业生产总值的比较

（2）废水处理。

①废水排放总量。从表8－78中可以看出，三明的废水排放总量占全省废水排放总量的比重一直处于下降的通道中，且持续维持在10%以下。从图8－75中可以看出，三明市废水排放总量/三明市GDP在2012～2016年始终略高于全省平均水平，但一直处于下降通道中，特别是2016年出现比较明显的下降，仅为8.58万吨/亿元，与全省平均水平基本持平，反映了三明在废水排放总量得到有效降低的同时，经济的发展也得到了政府的高度重视，但仍需进一步的改进。根据评分标准，该指标得分为2.5分。

表8－78　　　　　　　　　　三明和全省废水排放总量的比较

年份	废水排放总量（万吨）	全省废水排放总量（万吨）	占全省比重（%）	三明市GDP（亿元）	三明市废水排放总量/三明市GDP（万吨/亿元）	全省GDP（亿元）	福建省废水排放总量/全省GDP（万吨/亿元）
2012	23465.69	256263.01	9.16	1335	17.58	19701.78	13.01
2013	21980.31	259097.86	8.48	1486	14.79	21868.49	11.85
2014	20996.44	260579.22	8.06	1621	12.95	24055.76	10.83
2015	19152.90	256868.17	7.46	1713	11.18	25979.82	9.89
2016	15960.91	237016.09	6.73	1861	8.58	28519.15	8.31

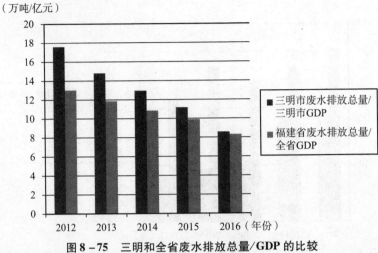

（万吨/亿元）

图 8－75　三明和全省废水排放总量/GDP 的比较

②化学需氧量排放量。从表 8－79 中可以看出，三明的化学需氧量排放量占全省化学需氧量排放量的比重一直处于下降通道中，且持续维持在 10% 以下。从图 8－76 中可以看出，三明市化学需氧量排放量/三明市 GDP 在 2012～2016 年始终略高于全省平均水平，但一直处于下降通道中，特别是 2016 年出现比较明显的下降，仅为 15.48 吨/亿元，与全省平均水平基本持平，反映了三明在化学需氧量排放量得到有效降低的同时，经济发展也得到了政府的高度重视，但仍需进一步的改进。根据评分标准，该指标得分为 2.5 分。

表 8－79　　　　　　　　　三明和全省化学需氧量排放量的比较

年份	化学需氧量排放量（吨）	全省化学需氧量排放量（吨）	占全省比重（%）	三明市 GDP（亿元）	三明市化学需氧量排放量/三明市 GDP（吨/亿元）	全省 GDP（亿元）	福建省化学需氧量排放量/全省 GDP（吨/亿元）
2012	53881	660044	8.16	1335	40.36	19701.78	33.50
2013	51627	638996	8.08	1486	34.74	21868.49	29.22
2014	51892	629822	8.24	1621	32.01	24055.76	26.18
2015	48735	609439	8.00	1713	28.45	25979.82	23.46
2016	28806	391645	7.36	1861	15.48	28519.15	13.73

（吨/亿元）

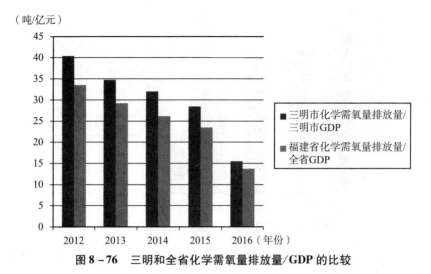

图8－76　三明和全省化学需氧量排放量/GDP 的比较

③氨氮排放量。从表8－80 中可以看出，三明的氨氮排放量占全省氨氮排放量的比重一直处于下降通道中，且持续维持在10% 以下。从图8－77 中可以看出，三明市氨氮排放量/三明市 GDP 在2012～2016 年与全省平均水平基本持平，且持续下降，特别是2016 年出现比较明显的下降，仅为1.89 吨/亿元，反映了三明在氨氮排放量得到有效降低的同时，经济发展也得到了政府的高度重视。根据评分标准，该指标得分为3 分。

表8－80　　　　　　　　三明和全省的氨氮排放量的比较

年份	氨氮排放量（吨）	全省氨氮排放量（吨）	占全省比重（%）	三明市 GDP（亿元）	三明市氨氮排放量/三明市 GDP（吨/亿元）	全省 GDP（亿元）	福建省氨氮排放量/全省 GDP（吨/亿元）
2012	6610	93181	7.09	1335	4.95	19701.78	4.73
2013	6642	90929	7.30	1486	4.47	21868.49	4.16
2014	6342	89343	7.10	1621	3.91	24055.76	3.71
2015	5486	85133	6.44	1713	3.20	25979.82	3.28
2016	3521	53252	6.61	1861	1.89	28519.15	1.87

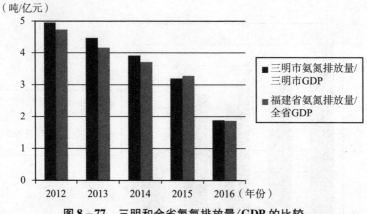

图 8-77　三明和全省氨氮排放量/GDP 的比较

（3）废气污染。

①二氧化硫排放量。从表 8-81 中可以看出，三明的二氧化硫排放量占全省二氧化硫排放量的比重比较平稳，持续维持在 13% 左右。从图 8-78 中可以看出，三明市二氧化硫排放量/三明市 GDP 在 2012～2016 年一直显著高于全省平均水平，始终为全省平均水平的 2 倍左右，但该指标一直处于下降通道中，特别是 2016 年出现比较明显的下降，反映了三明在二氧化硫排放量得到有效降低的同时，经济发展也得到了政府的高度重视，但仍需进一步的改进。根据评分标准，该指标得分为 2 分。

表 8-81　　　　　　　　三明和全省二氧化硫排放量的比较

年份	二氧化硫排放量（吨）	全省二氧化硫排放量（吨）	占全省比重（%）	三明市 GDP（亿元）	三明市二氧化硫排放量/三明市 GDP（吨/亿元）	全省 GDP（亿元）	福建省二氧化硫排放量/全省 GDP（吨/亿元）
2012	51527	371251	13.88	1335	38.6	19701.78	18.84
2013	49846	361003	13.81	1486	33.54	21868.49	16.51
2014	47042	355957	13.22	1621	29.02	24055.76	14.8
2015	41285	337882	12.22	1713	24.10	25979.82	13.01
2016	24848	189257	13.13	1861	13.35	28519.15	6.64

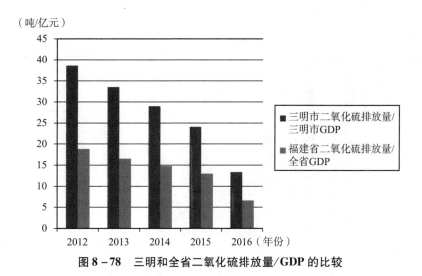

图 8 - 78　三明和全省二氧化硫排放量／GDP 的比较

②氮氧化物排放量。从表 8 - 82 中可以看出，三明的氮氧化物排放量占全省氮氧化物排放量的比重比较平稳，持续维持在 10% 左右，但在 2016 年出现了比较明显的增加。从图 8 - 79 中可以看出，三明市氮氧化物排放量／三明市 GDP 在 2012 ~ 2016 年一直高于全省平均水平，到 2016 年仍为全省平均水平的 2 倍，但该指标一直处于下降通道中，反映了三明在氮氧化物排放量得到有效降低的同时，经济发展也得到了政府的高度重视，但仍需改进。根据评分标准，该指标得分为 2 分。

表 8 - 82　　　　　　　　　　三明和全省氮氧化物排放量的比较

年份	氮氧化物排放量（吨）	全省氮氧化物排放量（吨）	占全省比重（%）	三明市 GDP（亿元）	三明市氮氧化物排放量／三明市 GDP（吨/亿元）	全省 GDP（亿元）	福建省氮氧化物排放量／全省 GDP（吨/亿元）
2012	46136	467210	9.87	1335	34.56	19701.78	23.71
2013	46448	438344	10.60	1486	31.26	21868.49	20.04
2014	43127	411662	10.48	1621	26.61	24055.76	17.11
2015	37442	379022	9.88	1713	21.86	25979.82	14.59
2016	34923	261835	13.34	1861	18.77	28519.15	9.18

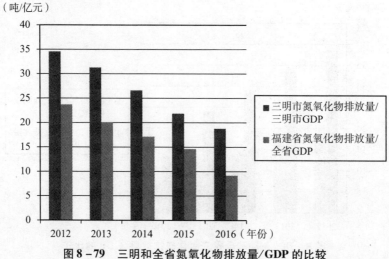

图 8 – 79　三明和全省氮氧化物排放量/GDP 的比较

③烟（粉）尘排放量。从表 8 – 83 中可以看出，三明的烟（粉）尘排放量占全省烟（粉）尘排放量的比重维持在 20% 左右，比重偏高，值得注意的是，从 2014 年出现了比较明显的上升。从图 8 – 80 中可以看出，三明市烟（粉）尘排放量/三明市 GDP 在 2012～2016 年一直显著高于全省平均水平，到 2016 年仍为全省平均水平的 3 倍左右，但该指标一直处于下降通道中，特别是 2016 年比 2015 年出现了比较明显的下降，反映了三明在烟（粉）尘排放量得到有效降低的同时，经济发展也得到了政府的高度重视，但仍然需要进一步的加强。根据评分标准，该指标得分为 1.5 分。

表 8 – 83　　　　　　　　　　三明和全省烟（粉）尘排放量的比较

年份	烟（粉）尘排放量（吨）	全省烟（粉）尘排放量（吨）	占全省比重（%）	三明市 GDP（亿元）	三明市烟（粉）尘排放量/三明市 GDP（吨/亿元）	全省 GDP（亿元）	福建省烟（粉）尘排放量/全省 GDP（吨/亿元）
2012	37452	252635	14.82	1335	28.05	19701.78	12.82
2013	36099	259310	13.92	1486	24.29	21868.49	11.86
2014	75660	367903	20.57	1621	46.67	24055.76	15.29
2015	65421	341664	19.15	1713	38.19	25979.82	13.15
2016	50221	237868	21.11	1861	26.99	28519.15	8.34

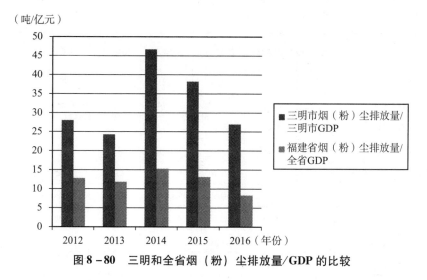

（吨/亿元）

图 8 – 80　三明和全省烟（粉）尘排放量/GDP 的比较

二、效果部分的评价

根据评价小组收集的数据发现，效果部分的数据存在缺失，数据的披露不是很规范，有些数据官方电子媒体也没有公布，只能根据搜索引擎查找，可能存在一定的误差，这里仅根据可收集的数据，大致给出评价小组认为比较合理的部分指标的得分。

（一）关于可持续发展能力的评分（见表 8 – 84）

表 8 – 84　　　　　　　　福建省九地市可持续发展指标得分

项目	2012 年	2013 年	2014 年	2015 年	2016 年	可持续发展指标得分
全省 GDP（亿元）	19701.78	21868.49	24055.76	25979.82	28519.15	—
福州市 GDP（亿元）	4211	4678	5169	5618	6198	5
占全省 GDP 比重（%）	21.37	21.42	21.49	21.62	21.73	—
厦门市 GDP（亿元）	2815	3006	3273	3466	3784	5
占全省 GDP 比重（%）	14.29	13.75	13.61	13.34	13.27	—
莆田市 GDP（亿元）	1200	1345	1502	1655	1823	4
占全省 GDP 比重（%）	6.09	6.15	6.24	6.37	6.39	—

续表

项目	2012 年	2013 年	2014 年	2015 年	2016 年	可持续发展指标得分
三明市 GDP（亿元）	1335	1486	1621	1713	1862	4
占全省 GDP 比重（%）	6.78	6.80	6.74	6.59	6.53	—
泉州市 GDP（亿元）	4703	5216	5733	6138	6647	5
占全省 GDP 比重（%）	23.87	23.85	23.83	23.63	23.31	—
漳州市 GDP（亿元）	2013	2246	2506	2767	3125	5
占全省 GDP 比重（%）	10.22	10.27	10.42	10.65	10.96	—
南平市 GDP（亿元）	995	1115	1232	1339	1458	4
占全省 GDP 比重（%）	5.05	5.10	5.12	5.15	5.11	—
龙岩市 GDP（亿元）	1357	1481	1622	1738	1896	4
占全省 GDP 比重（%）	6.89	6.77	6.74	6.69	6.62	—
宁德市 GDP（亿元）	1078	1238	1378	1487	1623	4
占全省 GDP 比重（%）	5.47	5.66	5.73	5.72	5.69	—

（二）关于污水集中处理率和空气质量优良率的评分（见表8-85～表8-93）

表 8-85　　　　　福州和全省污水集中处理率和空气质量优良率的比较　　　单位：%

年份	污水集中处理率	福建省污水集中处理率	空气质量优良率	福建省空气质量优良率
2012 年	96.16	83.9	99.45	99.6
2013 年	89.66	83.9	94.0	99.4
2014 年	不详	88	92	99
2015 年	不详	88	95.3	99.5
2016 年	90	88.6	98.6	97.8
得分	5	—	5	—

表 8－86　　　　　厦门和全省污水集中处理率和空气质量优良率的比较　　　　单位：%

年份	污水集中处理率	福建省污水集中处理率	空气质量优良率	福建省空气质量优良率
2012 年	97.73	83.9	100	99.6
2013 年	91.6	83.9	93.4	99.4
2014 年	93.73	88	95.3	99
2015 年	94	88	99.18	99.5
2016 年	98	88.6	98.9	97.8
得分	5	—	5	—

表 8－87　　　　　莆田和全省污水集中处理率和空气质量优良率的比较　　　　单位：%

年份	污水集中处理率	福建省污水集中处理率	空气质量优良率	福建省空气质量优良率
2012 年	83	83.9	不详	99.6
2013 年	85.5	83.9	不详	99.4
2014 年	85	88	99.7	99
2015 年	86	88	97.5	99.5
2016 年	88	88.6	96.3	97.8
得分	4	—	5	—

表 8－88　　　　　三明和全省污水集中处理率和空气质量优良率的比较　　　　单位：%

年份	三明市污水集中处理率	福建省污水集中处理率	三明市空气质量优良率	福建省空气质量优良率
2012 年	80.6	83.9	98	99.6
2013 年	82.0	83.9	98.3	99.4
2014 年	85	88	97.8	99
2015 年	85.2	88	98.6	99.5
2016 年	86.3	88.6	98.9	97.8
得分	4	—	5	—

表 8-89　　　　　泉州和全省污水集中处理率和空气质量优良率的比较　　　　　单位：%

年份	污水集中处理率	福建省污水集中处理率	空气质量优良率	福建省空气质量优良率
2012 年	86.89	83.9	99.5	99.6
2013 年	87.2	83.9	98.9	99.4
2014 年	不详	88	95.3	99
2015 年	90	88	98.9	99.5
2016 年	91.21	88.6	98.3	97.8
得分	4.5	—	5	—

表 8-90　　　　　漳州和全省污水集中处理率和空气质量优良率的比较　　　　　单位：%

年份	污水集中处理率	福建省污水集中处理率	空气质量优良率	福建省空气质量优良率
2012 年	不详	83.9	不详	99.6
2013 年	44.7	83.9	不详	99.4
2014 年	85.0	88	不详	99
2015 年	不详	88	98.9	99.5
2016 年	不详	88.6	97.81	97.8
得分	4	—	4.5	—

表 8-91　　　　　南平和全省污水集中处理率和空气质量优良率的比较　　　　　单位：%

年份	污水集中处理率	福建省污水集中处理率	空气质量优良率	福建省空气质量优良率
2012 年	不详	83.9	不详	99.6
2013 年	不详	83.9	不详	99.4
2014 年	不详	88	99.7	99
2015 年	不详	88	不详	99.5
2016 年	86	88.6	98.5	97.8
得分	4	—	5	—

表 8 – 92 　　　龙岩和全省污水集中处理率和空气质量优良率的比较　　　单位：%

年份	污水集中处理率	福建省污水集中处理率	空气质量优良率	福建省空气质量优良率
2012 年	83	83.9	不详	99.6
2013 年	85.5	83.9	不详	99.4
2014 年	87.68	88	95.3	99
2015 年	88.86	88	不详	99.5
2016 年	89.23	88.6	不详	97.8
得分	4.5	—	4	—

表 8 – 93 　　　宁德和全省污水集中处理率和空气质量优良率的比较　　　单位：%

年份	污水集中处理率	福建省污水集中处理率	空气质量优良率	福建省空气质量优良率
2012 年	80.51	83.9	100	99.6
2013 年	82.5	83.9	99.5	99.4
2014 年	84.0	88	99.4	99
2015 年	85.5	88	100	99.5
2016 年	85.0	88.6	97.3	97.8
得分	4	—	5	—

第五节　福建省九地市环保支出存在的问题

　　根据表 8 – 93 中部分指标的得分情况，评价小组认为，福建省九地市的环保专项支出的得分从高到低依次为厦门、漳州、福州、泉州、莆田、南平、三明、宁德、龙岩。当然，这些指标的得分存在一定的主观因素，而且由于数据收集的困难，只能对部分指标打分，所以并不能完全反映九地市的全部情况。另外，我们也要看到，一些城市某些项目的分数之所以偏低或者近年来有所下降，是与新区扩张过快、配套设施无法及时跟上相关，相信随着城市建设的深入，很多指标的得分应可以有所提升。这里仅针对目前的得分情况，对环保专项资金绩效评估中出现的问题进行分析。

表 8 - 94　　　　　　　　　福建九地市部分指标得分

指标项目（满分分值）	福州	厦门	莆田	三明	泉州	漳州	南平	龙岩	宁德
城市燃气普及率（4分）	4	3.5	4	4	4	4	3	4	4
城市用水普及率（4分）	4	3.5	4	4	4	4	4	4	4
人均公园绿地（4分）	4	3.5	2	4	4	4	4	3.5	4
生活垃圾无害化处理率（4分）	4	4	4	4	3	4	3	4	2
工业固体废物产生量和综合利用率（3分）	2.5	3	2.5	2.5	2.5	3	2.5	2	2
工业固体废物产生量/第二产业生产总值（3分）	3	3	3	1	3	3	3	2	2
废水排放量（3分）	2	2	3	2.5	2.5	2	2.5	2.5	3
化学需氧量排放量（3分）	2	2	2	2.5	2.5	2	2	2.5	2
氨氮排放量（3分）	2.5	3	2	3	2.5	2	2	2.5	2
二氧化硫排放量（3分）	2.5	2	3	2	1.5	2.5	2	2	2
氮氧化物排放量（3分）	2	3	3	2	2.5	2.5	3	2	2.5
烟（粉）尘排放量（3分）	1.5	3	3	1.5	2	3	2.5	2	3
可持续发展（5分）	5	5	4	4	5	4	4	4	4
污水集中处理率（5分）	5	5	4	4	4.5	4	4	4.5	4
空气质量优良率（5分）	5	5	5	5	5	4.5	5	4	5
得分合计（55分）	49	51.5	48.5	46	48.5	49.5	46.5	45.5	45.5

一、关于城市环境基础设施

福建省九地市的城市环境基础设施在 2012 ~ 2016 年均投入了大量的环保资金，都取得了非常好的效果，特别是福州、厦门、漳州和泉州的各项指标均为全省前列。但也有少数城市的指标需要提升，如莆田的人均公园绿地面积、宁德的生活垃圾无害化处理率等。

二、关于工业固体废物

福建省九地市工业固体废物的得分参差不齐，只有厦门和漳州得了满分，但很多城市的工业固体废物产生量在 2012 ~ 2016 年持续下降，如厦门、莆田、福州、龙岩、南平等，特别是厦门和莆田，不仅工业固体废物产生量占全省比重低于2%，其"工业固体废物产生量/第二产业生产总值"远远低于全省平均水平，反映了地方政府精细化的工业发展理念。我们也应看到，城市之间的参差不齐是和城市的历史定位和发展历程分不开的，以三明为例，1958年4月，三明作为台海的大后方，被辟为重工业基地后，大量高污染和高耗能的企业建设在三明，这成为工业固体废物污染的隐患，固体废物产生量占全省比重一直维持在15%以上，尽管地方政府在2012~2016年做出了大量的努力，投入了大量的环保专项资金，很多指标也改进明显，但还需要时间来消化这些历史遗留问题。值得注意的是，三明的工业固体废物产生量/第二产业生产总值的得分仅为1分，一定程度反映了工业生产的粗放性，需要精耕细作，应实现经济发展和环境保护的双赢局面。龙岩作为闽西重要工业城市，其工业固体废物问题也不容小觑，工业固体排放量一度占了全省的半壁江山，但我们也可以清晰地看到，龙岩在控制工业固体废物产生量上的长足进步，从2012年占全省的59.28%下降到2016年的36.08%。另外值得注意的是，福建省工业固体废物综合利用率在2012~2016年持续下降，龙岩、宁德、莆田下降得尤其明显，特别是龙岩的综合废物利用率一直低于全省平均水平，并呈扩大趋势，到2016年仅为27.4%，远低于全省平均的69.5%，需要引起重视。

三、关于废水处置

（1）废水排放总量。值得欣喜的是，除了福州和莆田之外，其他地市的废水排放总量在2012~2016年一直处于下降通道，但厦门、福州、漳州和泉州等较发达地市，由于经济总量的持续增加和人口的增加，废水排放总量占全省废水排放总量的比重相对较高。（2）化学需氧量排放量。以厦门为代表的地市在化学需氧量排放上一直控制效果良好，无论是占全省的比重，还是与GDP相比的产生效率都处于全省领先水平。但福州和泉州由于经济原因，其排放量占全省比重较高，而漳州和南平的化学需氧量的产生效率过高，如南平几乎一直维持在全省平均水平的一倍以上，反映了相对于经济的发展，化学需氧量排放量偏高。（3）氨氮排放量。厦门和三明的氨氮排放量无论从排放数量，还是与GDP相比的产生效率都处于全省领先水平，相对而言，福州和泉州的排放量都偏高，占全省的20%以上，但考虑到这两个城市的经济总量，与GDP相比，氨氮排放量/GDP均低于全省平均水平。

四、关于废气处置

（1）二氧化硫排放量。福建省九地市中莆田的二氧化硫排放量无论从排放数量还是与 GDP 的产生效率来看，都处于领先水平；而厦门等城市因受困于汽车的尾气污染等因素，近几年占全省比重反而有所增加；问题相对严重的是泉州，二氧化硫排放量占全省比重一直维持在 20% 以上，相对 GDP 的产生效率也偏高，但呈现下降趋势。（2）氮氧化物排放量。福建省九地市中厦门、莆田、南平等城市无论从排放数量还是与 GDP 相比的产生效率来看，都处于领先水平，但福州和泉州由于经济原因，其二氧化硫排放量占全省的比重明显偏高，维持在 20% 以上，特别是泉州，比重最近几年还出现了轻微的上涨，相对 GDP 的产生效率也从 2016 年开始首度超过了全省的平均水平。（3）烟（粉）尘排放量。该项指标各城市相差很大，九地市中厦门、莆田、宁德无论从排放数量还是与 GDP 相比的产生效率来看，都处于领先水平，但福州和三明得分相对较低，主要是由于烟尘排放量占全省的比重过高，而且需要注意的是，相对于 GDP 而言，三明的烟尘排放量的产生效率明显高于全省平均水平，虽然该指标不断下降，但到 2016 年，该指标仍然是全省平均水平的 3 倍左右。

五、关于效果部分

福建省九地市的污水集中处理率、空气质量优良率和可持续能力均表现较好，特别是厦门、福州、泉州等经济发达城市表现得更加明显，充分体现了适居城市的定位特点。

第六节　福建省九地市环保支出问题的对策建议

一、加大工业固体废物处理的环保支出

从福建省统计年鉴我们可以看出，2012～2016 年工业固体废物处理的环保支出持续增加，从 2012 年的 0.76 亿元到 2016 年的 5.7 亿元，但从九地市的得分可以看出，问题依旧严重，一些城市甚至持续恶化，因此，加大对工业固体废物处

理的环保支出、提高固体废物综合利用率是当务之急。

二、从粗放生产向精细生产的转变

随着经济的发展，如果污染控制不力，的确会导致污染物产生量的增多，我们的对策是，一方面要加强污染的治理，提高综合利用率；另一方面要降低污染物排放的效率，即减少污染物排放量/经济指标的数值。通过对福建省九地市的公开资料的梳理，评价小组认为，粗放生产仍然存在，一些城市的污染物的增加速度高于经济指标的增加速度，少数城市近几年甚至持续恶化，这样无疑增加了治理难度和成本。只有实现了精细化生产，才能实现经济发展和环境保护的双赢。

另外，需要指出的是，在项目进行中，评价小组深感数据收集的困难，其中的重要原因就是不同来源的重复数据存在一定的误差，地市的同类数据的计量单位也不同，有些重要数据存在缺失。环保专项资金绩效评估应是一个长期的、有意义的课题，如果数据能统一规范，无疑会降低评估的难度，提高评估结果的科学性。

课题组组长：汤　岩

成　　员：汤　岩　柴芳云　蒋振富　胡志勇

　　　　　林建秀　陈　旻　甘庭芳　陈庆海

　　　　　卿　松　李治国　陶海映　徐章容

　　　　　李美慧　刘会娟

参 考 文 献

［1］李鸿阶. 福建经济发展差距与跨越发展战略研究［J］. 福建论坛：人文社会科学版，2011（12）：164 – 170.

［2］郑佳明. 中国社会转型与价值变迁［J］. 清华大学学报（哲学社会科学版），2010，25（1）：113 – 126.

［3］陆开锦. 把握福建经济发展的阶段性特征［N］. 福建日报，2016 – 12 – 13（9）.

［4］梁新潮，施锦明. 地方财政绩效管理理论与实践［M］. 北京：经济科学出版社，2017.

［5］王泽彩. 绩效：政府预算的起点与终点［M］. 上海：立信会计出版社，2016.

［6］顾建光. 公共经济与政策学原理［M］. 上海：上海人民出版社，2014.

［7］高培勇，崔军. 公共部门经济学［M］. 北京：中国人民大学出版社，2011.

［8］李晓蕙. 公共经济学［M］. 大连：大连海事大学出版社，2015.

［9］毛太田. 地方政府公共财政支出绩效评价研究［M］. 北京：光明日报出版社，2013.

［10］黄健荣. 公共管理学［M］. 北京：社会科学文献出版社，2008.

［11］郝晓薇. 新公共管理运动对瓦格纳定律的冲击［M］. 成都：西南财经大学出版社，2012.

［12］金荣学，宋弦. 基于 DEA 的财政支出绩效实证分析——以湖北省为例［J］. 财政研究，2011（8）：41 – 44.

［13］高天辉，张萌，戴大双. 我国政府对高新技术产业化项目财政科技投入绩效评价——基于 Borda 法［J］. 技术经济，2012（7）：28 – 33.

［14］陈晶璞，闫丽莎. 基本公共服务财政支出绩效评价体系研究［J］. 燕山大学学报（哲学社会科学版），2011（9）：110 – 113.

［15］闫丽莎. 基于 DEA 的基本公共服务财政支出绩效评价研究［J］. 河北

经贸大学学报（综合版），2011（1）：79－82.

［16］陈昌盛，蔡跃洲．中国政府公共服务：基本价值取向与综合绩效评估［J］．财政研究，2007（6）：20－24.

［17］陈昌盛，蔡跃洲．中国政府公共服务：体制变迁与地区综合评估［M］．北京：中国社会科学出版社，2007.

［18］项继权．基本公共服务均等化：政策目标与制度保障［J］．华中师范大学学报，2008（1）：3－5.

［19］金人庆．完善公共财政制度逐步实现基本公共服务均等化［J］．求是，2006（22）：7－9.

［20］胡税根，李幼芸．省级文化行政部门公共文化服务绩效评估研究［J］．中共浙江省委党校学报，2015（1）：26－31.

［21］胡税根，叶安丽．浙江省公共基础设施均等化的实证研究［J］．中共浙江省委党校学报，2011（4）：62－69.

［22］童光辉，赵海利．新型城镇化进程中的基本公共服务均等化：财政支出责任及其分担机制［J］．经济学家，2014（11）：32－36.

［23］单菲菲，高秀林．基于 DEA 方法的新疆基本公共服务财政支出绩效评价——以新疆 14 个地州市为例［J］．新疆社会科学，2015（2）：33－38.

［24］高天辉，宋砚秋，张萌，戴大双．我国政府对高新技术产业化项目财政科技投入绩效评价——基于 Borda 法［J］．技术经济，2012（7）：28－33.

［25］赵霞，段玉铭，张雪．中国公共财政支出的绩效评估要求——基于公平与效率兼顾的视角［J］．国家行政学院学报，2011（1）：88－93.

［26］袁金星．河南省财政科技投入绩效评价研究——基于 DEA 分析法［J］．金融理论与实践，2013（12）：51－54.

［27］武辉，郑华．公共支出综合绩效评价研究——以山东省为例［J］．财政研究，2010（5）：66－69.

［28］金荣学，胡智煜．公共支出绩效评价研究最新动态［J］．当代经济，2014（9）：108－110.

［29］姚凤民．财政支出绩效评价：国际比较与借鉴［J］．财政研究，2006（8）：77－79.

［30］赵学群．绩效评价和绩效预算研究述评［J］．财政研究，2010（9）：76－79.

［31］王曙光，李金耀，仲深．中国省级区域财政支出绩效综合评价实证研究［J］．哈尔滨商业大学学报（自然科学版），2017（10）：626－632.

[32] 唐齐鸣, 王彪. 中国地方政府财政支出效率及影响因素的实证研究 [J]. 金融研究, 2012 (2): 48-60.

[33] 代娟, 甘金龙. 基于 DEA 的财政支出效率研究 [J]. 财政研究, 2013 (8): 22-25.

[34] 张践祚, 李贵才. 城市财政支出效率及其影响因素研究——基于2003~2012年中国283个地级以上城市的面板数据 [J]. 社会发展研究, 2015 (4): 24-42.

[35] 孙杰, 邓群钊, 林永钦, 肖丽群. 财政支出效率评价与政策启示——基于五大发展理念政府绩效 [J]. 华东经济管理, 2017 (4): 104-110.

[36] 郭小聪, 代凯. 国内近五年基本公共服务均等化研究: 综述与评估 [J]. 中国人民大学学报, 2013 (1): 145-154.

[37] 安体富, 任强. 我国公共服务均等化水平指标体系的构建——基于地区差别视角的量化分析 [J]. 财贸经济, 2008 (6): 79-82.

[38] 刘成奎, 王朝才. 城乡基本公共服务均等化指标体系研究 [J]. 财政研究, 2011 (8): 25-29.

[39] 王新民, 南锐. 基本公共服务均等化水平评价体系构建及应用——基于我国31个省域的实证研究 [J]. 软科学, 2011 (7): 21-26.

[40] 任强. 中国省际公共服务水平差异的变化——运用基尼系数的测度方法 [J]. 中央财经大学学报, 2009 (11): 5-9.

[41] 童光辉, 赵海利. 新型城镇化进程中的基本公共服务均等化: 财政支出责任及其分担机制 [J]. 经济学家, 2014 (11): 32-36.

[42] 杨蓉. 我国基本公共服务财政支出的绩效评估研究 [D]. 西北大学, 2008.

[43] 黄冠华. 基本公共服务财政支出绩效评价与差异性分析——来自湖北省17地州市的证据 [J]. 财政监督, 2017 (13): 42-47.

[44] 孙怡帆, 杜子芳, 刑景丽. 基本公共服务绩效评价指标体系的构建 [J]. 统计和决策, 2016 (5): 43-45.

[45] 吴乐珍. 基于因子分析法的各省基本公共服务绩效评价 [J]. 统计和决策, 2012 (11): 60-62.

[46] 丁元竹. 界定基本公共服务及其绩效 [J]. 国家行政学院学报, 2009 (2): 18-21.

[47] 童伟. 提高基本公共服务支出绩效 [J]. 前线, 2013 (5): 38-40.

[48] 董晔璐. 我国省级政府基本公共服务绩效评价研究 [J]. 经济论坛,

2014 (4): 169 - 173.

[49] 习明, 洪兴建. 基尼系数的一种简便计算方法——协方差公式 [J]. 统计与决策, 2007 (21): 161 - 162.

[50] 徐莉莉. 我国基本公共服务支出省际差异的测定与评价 [J]. 统计和决策, 2012 (4): 107 - 110.

[51] 吴强, 段雅伶. 京津冀基本公共服务支出差异测定与评价 [J]. 价格理论与实践, 2016 (2): 149 - 152.

[52] 刘尚希. 逐步实现基本公共服务均等化的路径选择 [J]. 中国财政, 2007 (3): 1.

[53] 谢利萍. 试析基本公共服务的内涵 [J]. 中共乐山市委党校学报, 2010, 11 (6): 21 - 23.

[54] Borger B D, Kerstens K. Radial and Nonradial Measures of Technical Efficiency: An Empirical Illustration for Belgian Local Governments Using an FDH Reference Technology [J]. *Journal of Productivity Analysis*, 1996, 7 (1): 41 - 62.

[55] Ho, Shih Jen Kathy, Chan, Yee Ching Li lian. Performance Measurement and the Implementation of Balanced Scorecards in Municipal Governments [J]. *Journal of Government Financial Management*, 2002, 51 (4): 8 - 19.

[56] Keith Mackay. *How to Build M&E Systems to Support Better Government* [M]. Washington, D. C.: The International Bank for Reconstruction and Development, 2007: 5.

[57] Premchand A. *Public Expenditure Management* [M]. China Finance Press, 1995.

[58] Eleanor O, Schroederl. *Institutional Incentives and Sustainable Development* [M]. University of California Press, 2000.

[59] Schiavo S, *Tommasi CD. Managing Government Ex Penditure* [M]. Comell University Press, 2001.

[60] Kaplan RS, Norton DP. The Balanced Scorecard: Measure That Drive Performance [J]. *Harvard Business Review*, 1992, 2: 24 - 26.

[61] Holerz M. Evaluating Performance: How to Appraise Promote and Fire [J]. *American: Collins*, 2000.

[62] 杨杰. 中国社会保障财政支出与经济增长关系研究 [J]. 物流与采购研究, 2009 (7): 14.

[63] 卢盛峰. 中国社会保障财政支出对城乡二元经济结构收敛效应研究

[J]. 法制与经济, 2007 (9): 11.

[64] 财政部社会保障课题司. 社会保障支出国家比较 [J]. 财政研究, 2007 (10): 11-13.

[65] 李春根, 李建华. 建立适应和谐社会的社会保障支出绩效评估体系 [J]. 当代经济管理, 2009 (2): 45.

[66] 杨聪敏. 论经济增长与省域社会保障的协调发展——基于浙江的实证考察和理论推演 [J]. 浙江学刊, 2010 (4): 211-217.

[67] 李凤月, 张忠任. 我国财政社会保障支出的中央地方关系及地区差异研究 [J]. 财政研究, 2015 (6): 51-58.

[68] 张琳. 山东省财政社会保障支出结构研究 [D]. 山东财经大学, 2016.

[69] 张立光, 邱长溶. 社会保障综合评价指标体系和评价方法研究 [J]. 管理评论, 2003 (2): 55.

[70] 曹信邦. 政府社会保障绩效评估指标体系研究 [J]. 中国行政管理, 2006 (7): 38.

[71] 刘畅. 我国财政社会保障支出困境及对策建议 [J]. 中央财经大学学报, 2009 (9): 17-22.

[72] 吴景钧. 社会保障财政支出绩效指标浅析 [J]. 中国财政, 2006 (9): 35.

[73] 李二斌. 构建城镇社会保障水平评估指标体系 [J]. 江西广播电视大学学报, 2007 (2): 22.

[74] 安秀梅. 从政府公共支出的角度创设政府绩效评估体系 [M]. 北京: 中国财政经济出版社, 2009: 87.

[75] 张平. 构建我国社会保障支出绩效评价指标体系 [J]. 中国社会保障, 2010 (7): 32-34.

[76] 张平. 当前我国社会保障支出绩效的定量分析研究 [J]. 现代财经, 2009 (3): 53.

[77] 柴士改. 我国社会保障绩效评价实证研究 [D]. 江西财经大学, 2009.

[78] 杨良玉, 王敏. 社会保险财政补助支出绩效评价探析 [J]. 中国财政, 2010 (11): 53.

[79] 李斌宁. 社会保障指标体系的实证分析 [J]. 工业技术经济, 2011 (12): 57.

[80] 吴霜. 基于平衡计分卡的社会保障基金的绩效指标体系构建 [D]. 武汉科技大学, 2011.

［81］张平. 我国社会保障支出绩效评价的难点与指标体系构建 ［J］. 现代财经，2009（06）：18－22.

［82］王增文. 中国社会保障财政支出最优规模研究：基于财政的可持续性视角 ［J］. 农业技术经济，2010（1）：111－117.

［83］龙玉其. 中国社会保障财政支出成效与问题 ［J］. 学术论坛，2011（5）：41.

［84］刘新，刘伟，胡宝娣. 财政社会保障支出与经济增长：基于扩展 VAR 模型的分析 ［J］. 商业研究，2011（4）：14－21.

［85］徐倩，李放. 我国财政社会保障支出的差异与结构：1998～2009 年 ［J］. 改革，2012（2）：47－52.

［86］杨红燕，谢萌，肖益等. 财政社会保障支出省际差异的影响因素分析 ［J］. 统计与决策，2014（18）：141－143.

［87］马勋. 福建省财政社会保障支出绩效评价 ［D］. 福建：集美大学，2017.

［88］袁勇志. 公共部门绩效管理——基于平衡计分卡的实证研究 ［M］. 北京：经济管理出版社，2009：121－125.

［89］常沙. 社会保障财政支出绩效评价问题研究 ［D］. 山东：山东财经大学，2013.

［90］彭锻炼. 地方政府社会保险服务绩效评价指标体系构建与绩效测度 ［J］. 中央财经大学学报，2015（1）：19－26.

［91］史安玲. 我国社会保障基金绩效审计评价指标体系构建 ［J］. 临沂大学学报，2014（4）：96－99.

［92］于宁. 基本养老保险基金支出绩效评价标准设计研究 ［J］. 上海经济研究，2017（7）：69－80.

［93］张宏基. 社会保险绩效研究 ［D］. 云南：云南财经大学，2017.

［94］Pradhan S. *Evaluating Public Spending：A Framework for Public Expenditure Review* ［M］. World Bank Publications，1996.

［95］Gupta S，Verhoeven M. The Efficiency of Government Expenditure：Experiences From Africa ［J］. *Journal of Policy Modeling*，2001，23（4）：433－467.

［96］李坚，李毅. 基于集对论的医疗卫生财政支出绩效评价 ［J］. 武汉理工大学学报，2009（31）：666－668.

［97］王小万，冯芮华，刘丽杭. 基于结构方程模型的政府卫生投入绩效评价研究 ［J］. 卫生经济研究，2012（5）：41－45.

[98] 许光建, 魏义方. 政府卫生支出绩效评价研究——以北京市为例 [J]. 经济理论与经济管理, 2012 (7): 66-76.

[99] 官永彬. 新医改以来我国医疗卫生财政支出效率评价: 2009-2011 [J]. 中共南京市委党校学报, 2015 (1): 20-27.

[100] 杨林, 盛银娟. 山东省医疗卫生事业财政投入绩效的影响因素研究 [J]. 中国海洋大学学报, 2015 (4): 83-89.

[101] 王丽, 王晓洁. 京津冀协同背景下公共医疗卫生财政支出绩效差异实证分析 [J]. 中央财经大学学报, 2015 (4): 3-10.

[102] An Introduction to Efficiency and Productivity, Timothy Coelli...[et al.]. 2'ed. Library of Congress Cataloging-in-Publication Data.

[103] 申亮, 王玉燕. 我国公共文化服务政府供给效率的测试与检验 [J]. 上海财经大学学报, 2017 (2): 26-49.

[104] 曾志杰, 胡志勇. 厦漳泉三市公共文化服务支出绩效评价——基于 DEA 模型的实证研究 [J]. 泉州师范学院学报, 2017 (2): 94-98.

[105] 杨林, 许敬轩. 公共治理视域下地方财政公共文化服务支出规模绩效评价 [J]. 东岳论丛, 2016 (3): 68-76.

[106] 曾志杰, 梁新潮. 福建省九地市公共文化支出绩效评价——基于 AHP 的实证研究 [J]. 集美大学学报 (哲社版), 2017 (1): 53-62.

[107] 李景鹏. 从管制型政府向服务型政府的转变 [J]. 新视野, 2004 (5).

[108] 朱志刚. 财政支出绩效评价研究 [M]. 北京: 中国财政经济出版社, 2003: 35.

[109] 陈文学. 论财政支出效益评价体系的构建 [J]. 湖北财税 (理论版), 2003 (3): 8-12.

[110] 卢静. 论财政支出绩效评价体系之构建 [J]. 现代财经, 2005 (5): 15-17.

[111] 郭亚军, 何延芳. 我国 1994~2001 年财政支出状况的综合评价 [J]. 财经研究, 2003 (9): 40-43.

[112] 郭亚军, 姚爽. 公共支出绩效评价研究综述 [J]. 地方财政研究, 2010 (01).

[113] 陈学安. 建立我国财政支出绩效评价体系研究 [J]. 财政研究, 2004 (08).

[114] 张翼飞, 朱盈盈, 杨明娜. 地方应用型高校财政支出绩效评价体系的构建——基于 CD 大学的实例分析 [J]. 财会月刊, 2016 (32).

［115］冯丽．基于 DEA 方法的浙江省财政科技支出绩效评价实证研究［D］．浙江财经大学，2017．

［116］施筱勇，杨云，迟计，邢怀滨．科技项目绩效评价指标体系研究［J］．科技管理研究，2016，36（10）：39－43．

［117］张君，韦敏．优化政府科技经费投入方式的思考［J］．地方财政研究，2013（11）：48－53．

［118］苗慧．地方财政科技投入效率评价研究［D］．大连理工大学，2013．

［119］黄利潮．地方政府科技投入绩效评价与管理研究［D］．广东工业大学，2008．

［120］胡昕．江西省财政科技投入绩效评价研究［D］．江西财经大学，2016．

［121］董明慧．内蒙古财政科技投入绩效研究［D］．内蒙古师范大学，2014．

［122］何立春．我国财政科技投入绩效评价研究［D］．东北财经大学，2014．

［123］田时中，曾伟，田家华．安徽省财政科技支出动态绩效评价指标研究［J］．统计与决策，2016（07）：61－64．

［124］梁长来．财政科技拨款与经济增长间关系实证分析——基于 VAR 模型［J］．会计之友，2014（20）：95－100．

［125］曹玺．财政科技投入绩效评估研究［D］．复旦大学，2008．

［126］王刚，池翔．我国财政科技支出绩效评价体系构建问题研究［J］．福州大学学报（哲学社会科学版），2014，28（04）：34－37．

［127］田时中，田淑英，钱海燕．财政科技支出项目绩效评价指标体系及方法［J］．科研管理，2015，36（S1）：365－370．

［128］余振乾，余小方．地方财政科技支出绩效评价指标体系构建及其实施［J］．中国软科学，2005（04）：63－69．

［129］祝云．财政支出绩效评价研究简述［J］．经济体制改革，2007（03）：183－184．

［130］胡兴旺．财政科技支出绩效管理研究［J］．财政研究，2007（07）：62－65．

［131］张衡，卢进，王亚萍，赵行旺．财政科技支出绩效评价实践中面临的问题及对策研究［J］．科技管理研究，2008（07）：101－102．

［132］杨云，庞宇，陶蕊．辨析科技项目绩效评价的四个关系［J］．中国科

技论坛，2012（12）：155－158.

［133］侯晓．广西地方财政科技投入绩效评价研究［D］．广西大学，2012.

［134］倪一东．湖北省财政科技投入绩效评价研究［D］．华中科技大学，2010.

［135］刘平．科技项目财政投入绩效评价模型的选择与构建［J］．赣南师范大学学报，2016，37（06）：32－37.

［136］寇铁军，孙晓峰．我国财政科技支出实证分析与政策选择［J］．地方财政研究，2007（03）：4－9.

［137］张洪霞．政府对企业科技投入的模式选择及安全机制研究［D］．吉林大学，2008.

［138］林海波．中国财政科技投入效率研究［D］．辽宁大学，2011.

［139］Guellec Dominique，Bruno Van Pottlesberghe（2000），The Impact of Public R&D Expenditure on Business R&D，OECD Working Paper（2000）.

［140］Holger Gorg and Eric Strobl. The Effect of R&D Subsidies on Private R&D［J］. *Economica*，2007，74：215－234.

［141］Robert S. Kaplan，David P. Norton. Chapter 18 – Putting the Balanced Scorecard to Work The Economic Impact of Knowledge，1998，Pages 315－324.

［142］T. J. Brignall，Johnston，Product Costing in Service Organizations［J］. *Management Accounting Research*，1998（3）：329－355.

［143］Shadish W R，Cook T D，Leviton L C. *Foundation of Program Evaluation：Theory of Practice*［M］. Newbury Park，CA：Sage. 1991.

［144］何芹．环境保护专项资金绩效审计若干问题探讨［J］．财会月刊，2009（2）.

［145］黄溶冰等．节能减排项目的绩效巧计——以垃圾焚烧发电厂为例［J］．会计研究，2013（2）.

［146］马秀．黑龙江省环保专项资金绩效评价指标体系构建研究［D］．黑龙江大学硕士学位论文，2014.

［147］刘晔等．农业与资源环保效益审计研究［J］．审计研究，2007（4）.

［148］刘长翠等．环境保护财政资金绩效评价透视——基于一份调查问卷报告的分析［J］．财政研究，2007（6）.

［149］程亮等．基于逻辑框架法的中央环境保护专项资金项目评估方法研究［J］．环境科学与管理，2013（11）.

［150］房巧玲等．环境保护支出绩效评价指标体系构建研究［J］．审计研

究，2010（3）.

［151］万寅婧等. 环保专项资金项目绩效评价个性指标设计研究——以江苏省省级节能减排（重点污染排放治理）专项引导资金为例［J］. 环境科学与管理，2012（10）.

［152］杨玉楠等. 美国环境类公共支出项目绩效评估体系研究［J］. 环境污染与防治，2011（1）.

［153］房巧玲等. 环境保护专项资金绩效审计基准模型及其基准研究——基于资源配置的视角［J］. 中国海洋大学学报，2013（4）.

［154］黄溶冰等. 我国环境保护财政资金的绩效评价（2006~2011年）——基于审计结果公告的内容分析［J］. 财政研究，2012（5）.

［155］孙宁. 省级环境保护专项资金使用管理的对比分析与"十二五"改革建议［J］. 环境管理与科学，2011（5）.

［156］Environmental Protection Agency. Significant and Quantifiable Results［R］. Washington，D. C.：Environmental Protection Agency. 2008.

［157］宋常，吴少华. 我国绩效审计理论研究回顾与展望［J］. 审计研究，2004（2）.

［158］蔡春，蔡利，朱荣. 关于全面推进我国绩效审计创新发展的十大思考［J］. 审计研究，2010（4）.

［159］王晓生. 公共工程项目绩效评价的经济学分析［J］. 审计研究，2009（3）.

［160］梁新潮，施锦明. 地方财政绩效管理理论与实践［M］. 北京：经济科学出版社，2015.